16,80

Martin Heckel Walther Siedl

Deutschland im konfessionellen Zeitalter

Deutsche Geschichte

Herausgegeben
von Joachim Leuschner (†)

Band 5

Martin Heckel
Deutschland im
konfessionellen Zeitalter

VANDENHOECK & RUPRECHT IN GÖTTINGEN

MARTIN HECKEL

Deutschland im
konfessionellen Zeitalter

VANDENHOECK & RUPRECHT IN GÖTTINGEN

Martin Heckel

geboren 1929, Studium der Rechtswissenschaft an der Universität München, Stipendiat der vorm. kgl. Maximilianeums-Stiftung in München, Erste und Zweite juristische Staatsprüfung in München 1952 und 1957, Promotion 1955 und Habilitation 1960 in Heidelberg; seit 1960 o. Prof. für Öffentliches Recht und Kirchenrecht an der Universität Tübingen, koopt. in der Evang.-Theol. Fakultät; Mitglied der Heidelberger Akademie der Wissenschaften; Vorsitzender des Schiedsgerichtshofes der EKD.

Veröffentlichungen: Staat und Kirche nach den Lehren der evangelischen Juristen Deutschlands in der ersten Hälfte des 17. Jahrhunderts (1956/57, 2. Aufl. 1968); Staat Kirche Kunst. Rechtsfragen kirchlicher Kulturdenkmäler (1968); monogr. Studien in der Zs. der Savigny-Stiftung für Rechtsgeschichte, Kan. Abt.: Autonomia und Pacis Compositio. Der Augsburger Religionsfriede in der Deutung der Gegenreformation (1959), Parität (1963), Itio in partes (1978), Säkularisierung (1980); zahlreiche Beiträge in Sammelwerken, u.a.: Die Kirchen unter dem Grundgesetz (Veröff. d. Vereinigung der deutschen Staatsrechtslehrer, H. 26, 1968); Die religionsrechtliche Parität (Handbuch des Staatskirchenrechts der Bundesrepublik, Bd. I, 1974); Zu Tradition und Fortschritt im Kirchenrecht (Tradition und Fortschritt im Recht. Fs. zum 500jährigen Bestehen der Tübinger Juristenfakultät, 1977). Mitherausgeber der Savigny-Zeitschrift für Rechtsgeschichte sowie der Reihen „Jus ecclesiasticum" und „Forschungen zur kirchlichen Rechtsgeschichte und zum Kirchenrecht".

Für Gisela

CIP-Kurztitelaufnahme der Deutschen Bibliothek

Deutsche Geschichte / hrsg. von Joachim Leuschner. – Göttingen: Vandenhoeck und Ruprecht (Kleine Vandenhoeck-Reihe;...) NE: Leuschner, Joachim [Hrsg.]
Bd. 5.→Heckel, Martin: Deutschland im konfessionellen Zeitalter

Heckel, Martin:
Deutschland im konfessionellen Zeitalter / Martin Heckel. – Göttingen:
Vandenhoeck und Ruprecht, 1983
(Deutsche Geschichte; Bd. 5) (Kleine Vandenhoeck-Reihe; 1490)

ISBN 3-525-33483-4

NE: 2. GT

Kleine Vandenhock-Reihe 1490

Umschlag: Hans-Dieter Ullrich. – © Vandenhoeck & Ruprecht, Göttingen 1983. – Alle Rechte vorbehalten. – Ohne ausdrückliche Genehmigung des Verlages ist es nicht gestattet, das Buch oder Teile daraus auf photo- oder akustomechanischem Wege zu vervielfältigen. Gesamtherstellung: Hubert & Co., Göttingen

VORWORT DES HERAUSGEBERS

Eine Deutsche Geschichte scheint ein Anachronismus zu sein, unzeitgemäß in einer Zeit, in der die Nationen in neue historisch-politische Gebilde eingehen: wirtschaftliche, kulturelle, politische Einheiten, soziale und gewiß ideologische, in denen die älteren Staaten aufgehoben sind. Diese großräumigen Formen gewinnen bereits eigene Geschichte; es entsteht in ihnen ein Bewußtsein ihrer selbst. Mit den Nationalstaaten schwinden Nationen und nationales Bewußtsein. Was soll da eine Deutsche Geschichte?
Ist diese nicht auch methodisch zweifelhaft geworden? Selbst wenn man das Problem beiseiteschiebt, ob es jemals eine einheitliche Geschichte der Deutschen gegeben habe, ist die Frage aufgeworfen, ob nicht an die Stelle der älteren historischen Gegenstände sozio-ökonomische getreten seien, die eher sozialwissenschaftlich als historisch zu analysierende „Strukturen" wären. Es wird behauptet, daß dem Schwund des nationalen Bewußtseins ein Schwinden des historischen folge. Abermals also: was soll da eine Deutsche Geschichte?
Verfasser, Herausgeber und Verleger haben die hier nur skizzierten Probleme mehrfach bedacht; sie fühlten sich am Ende in dem einmal gefaßten Plane grundsätzlich ermutigt. Das historische Interesse ist nicht nur vorhanden, sondern ein neues Geschichtsbedürfnis offensichtlich im Wachsen begriffen.
Freilich kann Deutsche Geschichte nicht mehr als Nationalgeschichte geschrieben werden. Weder Historie der aufeinanderfolgenden Dynastien noch Entwicklung von Volk und Nation im älteren Sinne können die Grundgedanken des Ganzen sein; nicht Macht und Glanz der Herrscher, auch nicht Elend und Untergang des Volkes, weder Ruhm und Verklärung noch Klage und Selbstmitleid. Vielmehr versucht diese Deutsche Geschichte zu Belehrung und Diskussion allgemeine Erscheinungen am deutschen Beispiel zu zeigen. Diese Deutsche Geschichte setzt universalhistorisch ein und mündet in Weltgeschichte, deren Teil sie ist. In allen Perioden wird der Zusammenhang mit der euorpäischen Geschichte deutlich, soll dem allgemein-historischen Aspekt der Vorrang vor dem eng-„nationalen" gegeben werden.
Deutsche Geschichte als einen Teil der europäischen zu schreiben, wird hier also versucht. Aber noch in anderem Sinne ist deutsche

Geschichte fast niemals im engen Begriff „Nationalgeschichte" gewesen: sie war und ist vielmehr Partikulargeschichte. Die Vielfalt ihrer Regionalgeschichten macht ihren Reichtum aus. Wer mit der Forderung ernst machen will, die historisch-politischen „Strukturen" und Grundfiguren, rechts-, verfassungs- und sozialgeschichtliche Phänomene stärker als herkömmlich zu berücksichtigen; wer die bleibenden und weiterwirkenden Erscheinungen hervorheben will, muß sich der Ergebnisse moderner landesgeschichtlicher Forschung bedienen. Nicht so sehr ob, sondern wie heute eine Deutsche Geschichte gewagt werden könne, ist Gegenstand unseres Nachdenkens gewesen.

Die politische Geschichte im weitesten Sinne hat den Vorrang; sie bestimmt die Periodisierung. Politik: das heißt nicht „Haupt- und Staatsaktionen", sondern umfaßt die gesellschaftlichen, wirtschaftlichen und rechtlichen Erscheinungen, ein Geflecht aus wechselseitigen Beziehungen. Daß der Historiker sich auch sozialwissenschaftlicher Methoden bedient, ist selbstverständlich. Dennoch bleibt Geschichte eine Erkenntnisweise eigener Art. Politische Geschichte in dem hier gemeinten Sinne integriert das alles und lehrt den Wandel der Dinge erkennen.

Diese Deutsche Geschichte ist von Verfassern der sogenannten mittleren Generation geschrieben worden, sowohl dem Alter wie der politischen Erfahrung und Auffassung nach. Selbstverständlich trägt jeder Einzelne Verantwortung für seinen Band, hat er für diesen Freiheit. Verfasser und Herausgeber, gebrannte Kinder durch Geschichte allesamt, haben ein kritisches Verhältnis zu ihrem Gegenstand. Darin stimmen sie ebenso überein wie in dem Vorhaben, Geschichte zu schreiben. Weder ein Bündel von Einzelstudien noch positivistische Sammlung, weder Komplikation noch bloße Problemanalysen oder Ereignisgeschichte werden geboten, sondern eine geformte Darstellung des heute und für uns historisch Wichtigen. Insofern verfolgt diese Deutsche Geschichte eine pädagogische Absicht. Indem sie sich an Studenten und Lehrer, ebenso an alle wendet, die etwas von deutscher Geschichte wissen und aus ihr lernen wollen, versucht sie, Probleme in Erzählung, Begriffe in Anschauung umzusetzen. Sie setzt nichts voraus als das Interesse ihrer Leser; sie breitet Stoff und Probleme aus, indem sie analysiert *und* erzählt. Wo immer möglich, wird der gegenwärtige Stand der Forschung erkennbar, ohne im einzelnen belegt zu sein.

Das Ziel also ist weit gesetzt: den Stoff zugleich ausbreitende, ordnende und durchdringende Geschichtsschreibung, und das heißt allemal auch: Reflexion, Urteil und Aufklärung.

Joachim Leuschner

INHALT

Erster Teil

GRUNDFRAGEN DES KONFESSIONELLEN ZEITALTERS

I. Konfession und Staatsgewalt

Das Konfessionelle Zeitalter ist vornehmlich bestimmt durch das Ringen um die Konfession und um den Staat. Diese beiden Momente haben ihm das besondere Gepräge gegeben, wenn man die bunt wogende Fülle der Ereignisse und Entwicklungen dieser spannungsreichen und turbulenten Epoche überblickt.

1. *Konfessionsbildung.* Allenthalben in Europa vollzog sich nun – im Gefolge der Reformation – jener die Zeitgenossen zutiefst aufwühlende Prozeß der Ausformung, Durchsetzung und Auseinandersetzung der Konfessionen. Durch umfassende Bekenntnisformulierungen suchten die verschiedenen Bekenntnisbewegungen das rechte Zeugnis zu geben von der Wahrheit und Geltungskraft der Offenbarung Gottes in Jesus Christus. Diese Bekenntnisformulierungen setzten auf lutherischer Seite schon Ende der zwanziger Jahre ein, fanden in der Confessio Augustana 1530 ihr erstes bleibendes Dokument und mit der Konkordienformel 1580 ihren Abschluß. Die reformierten Bekenntnisschriften folgten ab etwa 1560 in Frankreich, den Niederlanden, Polen, Ungarn, der Kurpfalz. Die Confessio fidei Tridentini von 1563 hat die katholische Bekenntnisposition im Gegenüber verbindlich abgeklärt und festgelegt. Weil sich die christliche Botschaft als Anspruch und Zuspruch Gottes im göttlichen Gesetz und Evangelium an den Einzelnen, an die Völker, an die ganze Welt richtete, suchte man diese göttliche Offenbarung nun in Wort und Geist zu entfalten und sie in Welt und Staat zu verwirklichen. Die Konfession drängte zur Weltdurchdringung, Weltgestaltung, ja Weltbeherrschung, weil sich der Glaube in der Welt bewähren soll und will. Das Erbe des Mittelalters wirkte weiter, die umfassende Einheit von Gott und Welt, Kirche und Reich, geistlicher und weltlicher Gewalt wurde im Prinzip nicht aufgebrochen. Die christliche Bestimmtheit von Glaube, Bildung, Beruf, Besitz, Recht und Macht wurde noch vertieft und verschärft,

der Zusammenhang von himmlischem Heil und irdischem Wohl, von christlicher Tradition und christlicher Zukunftserwartung festgehalten. Die Ansätze zu einer neuen Weltlichkeit in Geist und Kunst der Renaissance wurden überlagert durch die Glut der konfessionellen Kämpfe und der konfessionellen Weltbemächtigung; und doch ist jene moderne Weltlichkeit stets in neuartigen Formen, besonders gegen Ende der Epoche, wieder durchgebrochen.

Charakteristisch für das Konfessionelle Zeitalter war jedoch nicht die Vertiefung der theologischen Probleme, um die sich die konfessionelle Theologie auf den Spuren der reformatorischen bzw. scholastischen Väter in wenig origineller Weise bemühte. Charakteristisch war vielmehr das Anwachsen, ja Ausufern der Konfessionen zu mächtigen weltlichen Bewegungen. Die Konfessionen wurden zur Partei, zur „Religionspartei" als einer geistlich-weltlichen Macht, in der das religiöse Bekenntnis, politische Macht, kulturelles und nationales Erbe, moralische Kultur und gesellschaftliche Struktur jeweils zu einer spezifischen Gesamtheit verschmolzen. Das Geistliche wirkte dabei nur zum Teil als das treibende und tragende Moment; zum Teil wurde es von seinen eigentlichen Intentionen abgelenkt und mit viel Wesensfremdem vermischt. Und die Bekenntnisse prallten sodann als mächtige Blöcke in einer gigantischen Konfrontation quer durch Europa geistlich wie weltlich aufeinander. Ihr Weltanspruch ließ es nicht zu, die Bekenntnisfragen in einen abgetrennten Bereich „des Religiösen" zu verweisen. Und ihre Weltverhaftung hat jene „Verweltlichung" bedingt, in deren Doppelsinn sich – seit Hegels Sprachgebrauch – die Weltverwirklichung und die weltliche Verfremdung bzw. Verflüchtigung des Religiösen widerspiegelt, wie es in der Problemgeschichte neuzeitlicher Säkularisierung seither mannigfach wiedergekehrt ist. Denn freilich: Auch im Konfessionellen Zeitalter hat keine der großen Konfessionen ihre umfassende Gesamtkonzeption von Glaube, Dogma, Kirche, Kultur, Staat, Recht, Wirtschafts- und Gesellschaftsordnung auch nur annähernd ungetrübt und ungebrochen zu realisieren vermocht. Der absolute und unbedingte Anspruch der einen großen Konfession brach sich an dem der anderen. Er wurde überdies verformt von den mannigfachen Bewegungen und Widerständen der Politik, des Geisteslebens, der gesellschaftlichen und ökonomischen Gegebenheiten, die das Bekenntnis auf beiden Seiten stützten und schützten, aber auch mißbrauchten oder unterdrückten. Auf Schritt und Tritt fällt in den Blick: Das Auseinanderklaffen von Bekenntnis und Bekenntnisverwirklichung ist geradezu zum Signum des Konfessionellen Zeitalters geworden.

2. *Staatsbildung.* Das zweite Moment, die Ausbildung des modernen Staates und die Auseinandersetzungen der Staatenwelt Europas, hat sich folgenschwer neben dem Prozeß der Konfessionsbildung und der Konfessionskämpfe vollzogen. Allenthalben in Europa drängte das politische Leben über die überkommenen Formen hinaus. Das Politische gewann eine zuvor unbekannte Bedeutung, wurde bewußt und zum Problem. Aus dem mittelalterlichen „Personenverbandsstaat" erwuchs schon seit dem Spätmittelalter der „institutionelle Flächenstaat" (Th. Mayer) mit der Tendenz zum einheitlichen, geschlossenen Raum, unter der einheitlichen obrigkeitlichen Gewalt, verbunden mit der Eingliederung der intermediären Zwischengewalten. Mit der Entstehung der neuen Mächte in Europa entstand alsbald ihr Kampf um die Selbstbehauptung und ihr Ringen um die Hegemonie. Hegemonie oder Gleichgewicht waren die beiden großen Themen, die fortan die internationale Bühne Europas für Jahrhunderte bestimmen sollten.

Die Ausbildung einer neuartigen Staatsgewalt, die sich als Novum von den buntgestuften und ineinandergelagerten Herrschaftsrechten der verschiedenen mittelalterlichen Obrigkeiten abhebt, ist freilich erst in längeren Zeiträumen – in Deutschland letztlich erst im Staat des 19. Jahrhunderts – zum Abschluß gekommen; erst damals wurde die Staatsgewalt als allumfassende souveräne Staatsgewalt von der Gebundenheit an die überkommenen Herrschaftstitel gelöst und verselbständigt, freilich dann auch wieder verfassungsmäßig gebändigt. In der frühen Neuzeit aber setzt diese Entwicklung in der Breite ein: Nahezu überall traf der Wille zum Fürstenstaat, zur Ausbildung einer straffen monarchischen Gewalt, auf den Widerstand der Stände, die nach Beschränkung der Herrschaft strebten, nach Freiheit im Sinne der Unantastbarkeit überkommener Privilegien, teilweise auch nach aristokratischer Mitregierung, selten jedoch nach eigener Machtübernahme im werdenden staatlichen Gesamtverband. Der Prozeß der Konzentration und Vereinheitlichung der Herrschaftsgewalt führte schließlich zumeist zum Siege der Monarchie und einer straffen monarchisch geleiteten Herrschaftsorganisation, wo und soweit es überhaupt zu modernen staatlichen Strukturen kam. Doch war das durchaus nicht überall der Fall; in der Verfassungsordnung des Reiches ist dies nicht gelungen. Aristokratische Republiken und bündisch aufgegliederte, ausbalancierte Verfassungsformen (Venedig, Schweiz, Niederlande) blieben jedoch insgesamt die Ausnahme im Europäischen Staatenkonzert. Der monarchische Staat aber ist in heftigen Verfassungskämpfen zwischen Fürsten und Ständen entstanden, die fast überall in Europa die Epoche durchziehen.

3. *Ihre Verbindung.* Der Schlüssel zum tieferen Verständnis des Konfessionellen Zeitalters mag weithin darin gesehen werden, daß jener umstürzende Prozeß der Konfessionsbildung und der Konfessionskonflikte mit diesem Prozeß der Staatsbildung und Staatenauseinandersetzungen zusammentraf, sich mit ihm vermischte, ja verschmolz. Der Dualismus der großen Konfessionen und der Dualismus des ständischen Verfassungsproblems haben sich folgenschwer überlagert, verstärkt und verfremdet. Und dieser Dualismus der Konfessionen und Verfassungskräfte wurde in das internationale Spiel der großen Mächte um die Hegemonie Europas hineingezogen. In Frankreich, England, Schottland, den Niederlanden, Schweden, Polen – überall zeigte sich dasselbe Problem und führte zu vergleichbaren Bewegungen und Formen wie im Deutschen Reich und seinen Territorien.

Alles stand irgendwie im inneren und äußeren Zusammenhang: Kraft der dynastischen und konfessionellen Verflechtungen, der Bündnisse der Mächte, der Fühlungnahme und Verbrüderung der Stände, der Gemeinschaft oder Gegnerschaft der Konfessionen wirkte jedes innere und äußere Geschehen auf die anderen Regionen Europas zurück. Die politischen und die religiösen Interessen kamen einander hierbei manchmal in die Quere und verwirrten sich: Wenn etwa das katholische Frankreich die deutschen Protestanten zur Schwächung des Hauses Habsburg stützte, oder wenn sogar Philipp II. von Spanien die protestantische Elisabeth von England zunächst schützte und umwarb, damit England nicht über die Thronfolge der katholischen Maria Stuart letztlich an Frankreich fiel und dann ein französisch-englisches Imperium die politische Vormachtstellung Spaniens aus den Angeln hob. Fast überall in Europa zeigte sich das gleiche Bild in der Innenpolitik: Die Ständekämpfe und Konfessionskonflikte bedingten und steigerten sich gegenseitig. Das Schicksal der Dynastien hing davon ab. Die verfassungsmäßigen Positionen der Stände wurden durch den Konfessionsgegensatz hier verstärkt und dort bedroht.

Politik und Religion hingen eben engstens zusammen. Überall war die Konfessionsbildung und -behauptung ein Politikum ersten Ranges, waren die politischen Entscheidungen und Gestaltungen auch konfessionell herausgefordert und bedingt, in Frage gestellt und legitimiert. Für die deutsche Entwicklung im staatlichen, religiösen und kulturellen Bereich ist dies von ausschlaggebender Bedeutung geworden. Aber selbst Spanien und Italien, die sich in ihrem Inneren von den Bekenntnisgegensätzen und deren Verquikkung mit Verfassungsproblemen freihalten konnten, sind von außen in jene gesamteuropäischen Konflikte hineingezogen worden, ohne deren Rückwirkung auch die Entstehung des spanischen Staatskirchentums nicht zu verstehen ist. Wenn aus dem Staatsbildungsprozeß der großen Mächte der Kampf um die Hegemonie Europas erwuchs, so mußte er zugleich zu einem Kampf um die konfessionelle Hegemonie Europas werden, die für das Überleben und Gedeihen der Konfessionen in den europäischen Ländern von überragender Bedeutung wurde. Das hat der Freiheitskampf der Niederlande (1566–1648), das Scheitern der spanischen Armada vor Englands Küste (1588), das russisch-dänisch-polnische Ringen um das dominium maris baltici (1558–1660) mannigfach gezeigt.

4. *Ihre gegenseitige Verstärkung.* Es ist bekannt, wie sehr beide Bewegungen einander bedingten und verstärkten: Die Konfessionalisierung des Lebens fand im Konfessionsstaat ihre stärkste Ausdrucksform, die sie zugleich vorantrieb und verteidigte. Fast überall in der nachreformatorischen Periode wurde das Bekenntnis als Staatsbekenntnis eingeführt, ausgewechselt, abgesichert. Die Konfession kam durch den Staat zu *Herrschaft* und Triumph über ihre Gegner. Und andererseits fand die landesherrliche Staatsgewalt im Konfessionsbann und Landeskirchenregiment ihre Vollendung, ja wesentlich darauf gestützt hat sie den Widerstand der ständischen Zwischengewalten des Adels, der Städte, ja auch der Geistlichkeit zu brechen gewußt. In vorher ungeahnter Weise verdichtete sich der Zusammenhang der geistlichen und weltlichen Gewalt.

Der Staat stand seit alters im *Dienst* der Religion, nunmehr der Konfession, sah darin letztlich seine Rechtfertigung und Sendung, zog daraus seine überirdische Weihe, Autorität und Erhabenheit über die konkurrierenden innerstaatlichen Gewalten. Aber eben dadurch geriet auch umgekehrt die Konfession zunehmend in den Dienst der Staatsgewalt, wurde als Herrschaftsmittel politisiert und den dynastischen und etatistischen Notwendigkeiten eingeordnet. Konfessionelle und politische Gründe und Ziele sind durchweg in dieser Epoche so eng vermischt, daß ihre – moderne – Unterscheidung oft künstlich herangetragen wirkt. Keine innenpolitische Entscheidung ließ sich ohne den Blick auf ihre konfessionellen Auswirkungen im europäischen Rahmen treffen. Auch die Außenpolitik Europas war nach dem Frieden von Cateau-Cambrésis 1559 und dem Frieden von Vervin 1598 konfessionell beeinflußt, als die führenden katholischen Mächte, Spanien und Frankreich, den gegenseitigen Kampf um die Hegemonie ruhen ließen, diese pax catholica durch die Heiratsverbindung der Häuser Habsburg und Valois besiegelten und im Dienst der Gegenreformation zum

13

Kampf gegen den Protestantismus Europas antraten, der ebenfalls international Verbindung suchte.

Sein Dienst an der Konfession wurde dem Staate mithin reich *entlohnt* durch die unerhörte Steigerung seiner äußeren Macht und seiner inneren Legitimation, seines materiellen und immateriellen Vermögens, durch internationale Bündnisse und Verbindungen, durch Herrschaftsrechte auch über das Kirchenwesen. Ebenso wurde der Dienst am Staat den Konfessionen in den äußeren und inneren Gefahren der Konfessionswirren und Konfessionskriege entgolten durch die staatliche Sicherung und Geltung, durch die öffentliche Förderung, ja exklusive Herrschaft ihres Absolutheitsanspruchs im Lande.

5. *Ihre wechselseitige Störung und Verfremdung.* Und doch gilt andererseits mit gleichem Nachdruck festzuhalten: Beide Bewegungen, die Konfessionalisierung wie die Staatsbildung, haben einander in ihrem Zusammentreffen nicht nur gestärkt, sondern auch vielfach gestört, sowohl äußerlich gefährdet als auch innerlich verfremdet, ja vergewaltigt – gerade dann, wenn dies nach dem Maßstab der Zeitgenossen beurteilt wird. In diesen Spannungen und Störungen treten die Aporien der Epoche zutage, liegt das Heroische und Tragische ihrer Schicksale begründet.

Die konfessionellen Belange, Motive und Argumente verloren durch die Verflochtenheit in die politischen Beziehungen und Bedingungen teilweise ihre Glaubwürdigkeit und Reinheit und damit ihre geistliche Kraft. Auf allen Seiten dienten sie vielfach als Vorwand und Instrument politischer Interessen, wurden mißbraucht und unglaubwürdig und schwächten dadurch oft auch die politischen Positionen, die sie stützen sollten. Das wurde erschreckend deutlich am Beispiel Heinrichs VIII. und seiner Herrschaft über die englische Staatskirche, die er zur straffen organisatorischen Einheit unter dem Staatsregiment ausbildete und deren Bekenntnisstand er im Wechsel seiner Eheaffären und europäischen Allianzbedürfnisse mehrmals zwischen den katholischen und evangelischen Positionen schwanken ließ. Im kleineren Maßstab zeigte sich auch anderwärts der gleiche Befund: Die staatliche Herrschaft im Dienst an der Konfession schlug um in die Herrschaft über die Konfession (cuius regio – eius religio). Sie führte zur menschlichen Verfügung über ihren unverfügbaren göttlichen Grund und Anspruch, zur Pervertierung der Kirche in ein Stück des Staates, der universellen kirchlichen Botschaft in eine partikulare, weltlich eingeführte und aufhebbare Staatsdoktrin. Das Geistliche geriet in den Sog einer übermächtigen Verweltlichung, die gleichermaßen die Ziele, Mittel,

Formen und Gehalte der konfessionalisierten Politik ergriff. Über die Unbedingtheit und Lauterkeit des religiösen Lebensernstes verbreitete sich so ein Schleier von Heuchelei und Lüge, Zynismus und Verdächtigung. Dies hat die bitteren theologischen und kirchenpolitischen Konflikte weiter verschärft und vergiftet. Dies mußte auch die verbliebenen weltlichen Gemeinsamkeiten zwischen den Konfessionsblöcken erschüttern und zerrütten.

Auch dem werdenden Staat wuchsen die Probleme der Konfessionalisierung weithin über den Kopf. Seine noch unfertige weltliche Neuordnung wurde in den Strudel der tiefsten theologischen Probleme hineingezogen, die er nach Lage der Dinge und nach dem Maß der Zeit nicht ausklammern, noch weniger aber mit seinem rohen, weltlichen Instrumentarium lösen konnte. Zu der Stärkung des Staates durch jene Verschmelzung der Staatsbildung und Konfessionalisierung tritt andererseits seine existenzbedrohende Gefährdung durch den inneren und äußeren, weltweiten Konfessionskonflikt. Die Konfessionskriege in Frankreich (1562–1598), die konfessionelle Spaltung und Schwächung des Deutschen Reiches gegenüber Ost und West bieten dafür eindrückliche Exempel. Aber auch die Belastungen Spaniens im Dienst der Gegenreformation liefen den Bedürfnissen des modernen Staates zuwider; sie haben die Nationalinteressen Spaniens schwer geschädigt und seine militärischen und wirtschaftlichen Kräfte im Dienst der katholischen Religion verbluten lassen. Allgemein wurden die außenpolitischen Beziehungen zwischen den Staaten durch konfessionelle Motive und Vorwände unberechenbar belastet und getrübt.

Diese Gefährdungen und Turbulenzen sind nicht Folge des Zufalls oder menschlichen Versagens, sondern einer tieferen Not. Unvereinbares wurde für den modernen Staat in seinen Anfängen zum Gebot der Stunde: Er sollte und wollte der Religion dienen und war gezwungen, sie zu beherrschen, um nicht an ihr zu zerbrechen. Da sich alle weltlichen Probleme der Politik und des Rechts mit der Bekenntnisfrage verquickten und aufluden, mußte er sich der Bekenntnisfrage stellen, sie entscheiden, um mögliche geistliche Störungen im Keim weltlich zu ersticken. War nun der Glaubensstreit durch staatliche Vermittlung (Religionsgespräche, Konzilsbemühungen, Konfessionsvergleiche) nicht geistlich und universal zu beheben, so mußte die religiöse Wahrheitsfrage wenigstens weltlich im partikularen Rahmen als gelöst „gelten", d. h. rechtlich-äußerlich als gelöst fingiert und durchgesetzt werden. Der Absolutheitsanspruch der geistlichen, universalen Wahrheit erschien damit im partikularen Geltungsbereich der Konfessionsstaaten jeweils entscheidend relativiert und säkularisiert, er wurde veräußerlicht, verstaatlicht und verrechtlicht. Und so blieb dieses machtvolle System konfessioneller Staatlichkeit doch beständig in Frage gestellt und gefährdet durch den Rückgriff auf den absoluten Wahrheitsanspruch selbst, wie ihn von innen und von außen Bekenntnisanhänger und Bekenntnisgegner gegen das weltlich instrumentalisierte Staatsbekenntnis und Staatskirchentum kraft höheren Rechts geltend machten – wobei der Glaubensdissens notwendig auch als rechtlicher Widerstand aufzubrechen drohte. Durch die Verklammerung mit der Bekenntnisfrage wurden die alten und die neuerwachsenen Staatsaufgaben deshalb unsäglich erschwert. Schon die überkommene Friedens- und Rechtswahrung wurde zur Aporie, wenn sich Rechtswahrung bzw. Rechtsbruch in den Glaubens- und Kirchensachen jeweils nach divergentem Konfessionsverständnis bestimmte und die Grundbegriffe einander widersprachen, wenn Schutz als Unrecht, Friedwahrung als Versündigung am höheren Frieden, Gehorsam als Bruch höherer Gehorsamspflichten galten. Und die moderne Wohlfahrtspflege geriet zum Zankapfel, wenn sie sich nach dem verschiedenen Bekenntnis vom Weltberuf und Amt der Obrigkeit ausrichtete. Die vornehmste Staatsaufgabe – die Schutzpflicht für die Kirche und die Religionspflege der christlichen Obrigkeit – führte unausweichlich in den Kern des Bekenntnisstreits hinein.

6. *Unausgeglichenheiten und Widersprüche.* So hat die Not und Spannung, die aus der Verschmelzung der Konfessionsbildung mit dem Staatsbildungsprozeß erwuchs, allenthalben in Europa zu eigenartigen Unausgeglichenheiten und Widersprüchen geführt. Die Konfessionen waren zu ihrer Sicherung und Ausbreitung existentiell auf den Konfessionsstaat angewiesen und haben überall die Politisierung des Konfessionellen nach Kräften mit betrieben. Aber sie haben sie teuer bezahlt. Um sich vor den Protestanten zu retten, gab sich die katholische Kirche in die Gewalt der Monarchen, überließ die Bistümer im Reich praktisch als Sekundogenituren den katholischen Fürstenhäusern und mißachtete die Tridentiner Kirchenreformdekrete. Auf der protestantischen Seite führte der reformatorische Kampf gegen die Verweltlichung der katholischen Kirchenverfassung im Ergebnis zu der totalen Eingliederung der Kirche in den weltlichen Staatsaufbau. Beide Konfessionen haben denn auch – freilich nur verhalten und im ganzen wenig erfolgreich – versucht, die kirchlichen Belange der weltlich-staatlichen Entscheidung zu entziehen und ihren reinen Bekenntnisstandpunkt in Recht und Politik durchzusetzen. Wenn sie sich aber gegen die verfremdende Verstaatung der Konfession wehren woll-

ten, dann mußten sie diese Verstaatung kirchlich linientreu überbieten, d.h. den weltlichen Staat konfessionell beschlagnahmen und
völlig mit ihm verschmelzen; gerade das drohte wiederum verstärkt in die verfremdende Verstaatung des Religiösen umzuschla-
gen. So hat die Bekenntnisverwirklichung dem Bekenntnisanspruch
nirgendwo gerecht zu werden vermocht.

Auf seiten der Staaten tritt jene Unausgeglichenheit noch deutlicher hervor: Nicht nur der Dienst am Glauben und die Stärkung
der Obrigkeit durch die Konfession, sondern auch die inneren und
äußeren Gefahren, in die der Konfessionskonflikt allenthalben riß,
trieben die Staatsgewalt zur Identifizierung mit der herrschenden
Konfession. Der Konfessionsstaat erschien als Gebot der Staatsraison. Religiöse und politische Motive und Ziele gingen ununter-
scheidbar ineinander über. So konnte auch die schärfste Konfessionalisierung des Staates auf rein politischem Kalkül beruhen und der
Ausdruck tiefer innerer Säkularisierung, ja zynischer Glaubensver-
achtung sein.

Andererseits regen sich schon zu Beginn der Epoche manche Tendenzen zur Lösung, ja Distanzierung der politischen Ordnung von
den theologischen Problemen und Aporien, mit dem Ziel der äußeren Neutralisierung der Konfessionskonflikte. Sie führten in
Deutschland schon bald zu Friedensordnungen der politischen
Praxis (seit 1532, auf Dauer seit 1555), in Frankreich hingegen zum
Ausbau einer säkularen Staatstheorie inmitten der konfessionellen
Kämpfe. Aber auch diese säkularen Formen erwuchsen keineswegs
aus prinzipieller Säkularisierung, geschweige denn Apostasie, sondern wurden vielfach gerade auch zum Schutze der Bekenntnisse
geschaffen.

Das historische Zusammentreffen von Konfessionsbildung und
Staatsentwicklung hat also schon im 16./17. Jahrhundert zu disparaten Formen des geschlossenen Konfessionsstaats wie der konfessionellen Koexistenz geführt. Vieles, das widersprüchlich anmutet,
hat sich hier doch in innerer Wechselwirkung und Bedingtheit
ergänzt und gestützt. So hat die – sub specie aeternitatis zufällige –
Koinzidenz des Konfessionsbildungs- und Staatsbildungsprozesses
eine spannungsreiche, bunte Vielgestalt historischer Bildungen
hervorgebracht.

II. Die äußere Abgrenzung der Epoche
Deutschlands Sonderstellung und Verflochtenheit
in Europas Gesamtentwicklung

1. Äußerlich ist die Epoche umspannt durch die beiden großen *Friedensschlüsse* von Augsburg 1555 und von Münster-Osnabrück 1648. Ihr enger Zusammenhang macht die innere Einheit des Zeitalters sinnfällig deutlich: Der Augsburger Religionsfriede wurde durch den Westfälischen Frieden in entscheidenden religions- und verfassungsrechtlichen Aussagen förmlich bestätigt („authentisch interpretiert") und fortentwickelt, ja blieb sogar während des 30jährigen Krieges nach Ansicht beider Konfessionen weiter in Geltung, weshalb sie den Krieg nur als Reichsexekutions- bzw. rechtlichen Widerstandsakt gegen den Rechtsbruch der Gegenseite verstanden. Vorher aber – bis 1618 – hat der Augsburger Friede Deutschland die längste Friedensperiode beschert, die es bis heute in den vergangenen Jahrhunderten genoß.

2. Erstaunlicherweise blieb Deutschland damals eine *Insel des Friedens* inmitten der erbittertsten Konfessionskriege und -wirren Europas, gleichsam der Ort der Ruhe im Zentrum des Zyklons – obgleich doch von Deutschland die weltweite Erschütterung der Reformation ausgegangen war. Aber nach dem Schmalkaldischen Kriege war in Deutschland die Friedenssehnsucht größer als anderwärts. Seit dem Wormser Edikt von 1521 hatte man 30 Jahre vergeblich um die geistliche Wiedervereinigung gerungen; so war die Einsicht gewachsen, daß sie mit politisch-militärischen Mitteln nicht zu erreichen war. Der lutherische Zweig der Reformation war einer Gewaltlösung abhold, weil sie seinen geistlichen Grundpositionen des „sine vi, sed verbo", der Zweireichelehre, der geistlichen Natur der Kirchengewalt nicht entsprach. Auf beiden Seiten fehlten politische Köpfe von historischer Größe, Führungskraft und Rücksichtslosigkeit. Die zweite, militante Welle der Reformation – der Calvinismus – hatte sich noch nicht zum Angriff und zur Gegenwehr formiert. Und auch die katholische Reform und die katholische Gegenreformation begannen sich erst allmählich zu sammeln. So kam es nach dem vergleichsweise frühen Ausbruch des Religionskrieges im Jahre 1546/47 zu einer verfassungsmäßigen Beruhigung des Konfessionskonflikts, die Deutschland zunächst die Blutopfer des konfessionellen Bürgerkrieges, einer Pariser Bartholomäusnacht (1572), ersparte und es davor bewahrte, in den allenthalben aufflammenden europäischen Konfessionskrieg hineingezogen zu werden. Aber dann, nach zwei Generationen unnatürlicher,

banger Ruhe, als die eigentliche religiöse Dynamik eher schon abgeklungen war, schlug der europäische Konfessionskampf im 30jährigen Kriege um so heftiger und erbarmungsloser über Deutschland herein. Er wurde freilich immer offener vermischt mit dem internationalen politischen Kräftespiel, das in seiner Verwilderung und Verweltlichung nur die allgemeine notvolle Tiefenproblematik der Epoche offenbarte.

3. Die *Verflochtenheit* des deutschen Sonderschicksals *mit dem europäischen Gesamtschicksal* tritt erst im 30jährigen Kriege und im Westfälischen Frieden grell ins Licht. Sie bestand freilich bereits in der langen, stets labilen Friedensperiode zuvor. Die deutsche Sonderlage war ja wesentlich dadurch bedingt, daß sich die großen Mächte und Konfessionen Europas jenseits der deutschen Grenzen im inneren und äußeren Ringen verzehrten und blockierten. So wurde es möglich, daß das komplizierte verfassungsrechtliche, konfessionell ausbalancierte System Deutschlands nicht durch politische und religiöse Interventionen aus dem Gleichgewicht geriet. Die deutsche Entwicklung läßt sich deshalb nicht isoliert verstehen und würdigen. Die Gleichartigkeit der Probleme und die Verschlungenheit der Mächte und Bewegungen überall in Europa ist gerade ein Kennzeichen des Konfessionellen Zeitalters gewesen.

Der Augsburger Religionsfriede von 1555 gewinnt seine eigentliche Bedeutung als Auftakt unserer Periode erst im Zusammenhang mit dem Friedensschluß von Cateau-Cambrésis von 1559. Dieser hat den Sieg Philipps II. über das mit dem Papst verbündete Frankreich besiegelt, die Hegemonie Spaniens in Mitteleuropa eingeleitet und die geopolitische Konstellation des folgenden Jahrhunderts festgelegt. Frankreichs Vorstöße nach Italien seit 1494 waren damit endgültig abgeschlagen, die spanische Herrschaft in Mailand gesichert, die folgenschwere Einkreisung Frankreichs durch die spanische und österreichische Linie Habsburgs befestigt. Seither mußte die französische Politik langfristig darauf gerichtet sein, diesen Ring zu sprengen. Zunächst freilich folgte 1559 eine Aussöhnung Frankreichs mit Spanien, die durch die Heirat Philipps II. mit der französischen Königstochter bekräftigt wurde; und dann hat die blutige Epoche der Hugenottenkriege (1562–98) das ohnmächtige Frankreich aus dem politischen Kräftespiel Europas ausgeschaltet. – Außenpolitisch bedingt war der innerdeutsche Friede auch im Osten. Die Türkengefahr war seit dem wiederholt verlängerten Waffenstillstand von 1545 für das Reich zunächst gebannt; der türkische Eroberungsdruck ließ trotz mancher kriegerischer

Aktionen doch im ganzen nach. Entlastung für Europa brachten die inneren türkischen Machtkämpfe und die türkischen Kriege gegen das erstarkte Persien Abbas I. (1587–1629), so daß die habsburgische Verteidigung zunehmend durch die „Militärgrenze" mit ihrem Wehrbauernsystem gesichert werden konnte und sich die Türkenfurcht verlor. – Von dem Freiheitskampf der Niederlande (seit 1566) blieb das Reich im wesentlichen unberührt, weil diese infolge der habsburgischen Erbteilung Karls V. an Spanien gekommen waren. Um so heftiger ist es dann in die internationalen Gegensätze zwischen Frankreich, Spanien, Österreich, Schweden verwickelt worden. Aber unser 30jähriger Krieg in Deutschland wird in der herkömmlichen, isoliert deutschen Betrachtung verzeichnet und überschätzt, stellt er doch nur einen Teilausschnitt des großen europäischen Kriegstheaters dar, das in den 60er Jahren des 16. Jahrhunderts begann und mit den Friedensschlüssen von 1659–1661 seinen Abschluß fand: Der Friede zwischen den Generalstaaten und Spanien (1648) ging den Friedensschlüssen zwischen Frankreich und dem Kaiser in Münster sowie zwischen Schweden und dem Kaiser in Osnabrück (1648) voraus. Das isolierte Spanien mußte sich schließlich der aufsteigenden französischen Hegemonie im Pyrenäenfrieden von 1659 beugen. Schwedens Vormachtstellung im Ostseeraum gegenüber Dänemark sicherte der Friede von Roeskilde 1658 und dann (mit Abstrichen) der Friede von Kopenhagen 1660; aber Schwedens Imperialismus gegenüber Polen wurde im Frieden von Oliva 1660 mit dem Kaiser, Kurbrandenburg und Polen beschränkt, gegenüber Rußland im Frieden von Kardis 1661 auf den Status quo festgelegt. Alle diese Friedensregelungen müssen als Einheit gewürdigt werden.

Mit diesen Regelungen war der europäische Hegemonialkampf um die Neuordnung Europas entschieden und – in politischer Hinsicht – eine gewisse Epochengrenze markiert. Schärfer noch erscheint sie unter dem religiösen Aspekt: Das Konfessionelle Zeitalter geht damit zu Ende. Religionskriege wurden seither nicht mehr geführt; die typische Verklammerung der konfessionellen Auseinandersetzungen mit den innen- und außenpolitischen Machtkämpfen der jungen Staatsbildungen Europas klang aus.

Die Schwierigkeiten der Epochenabgrenzung werden evident, wenn man das charakterisierende Stichwort der Epoche sucht. Soll man sie nun als „Gegenreformation" (Ranke, Moriz Ritter) oder als „Katholische Reformation" (Maurenbrecher) oder beides verbindend als „Katholische Reform und Gegenreformation" (H. Jedin) oder aber als „Konfessionellen Absolutismus" (K. Eder, auch H. Lehmann) umschreiben? Alle diese Kategorisierungen erscheinen von einseitigen, verkürzenden Kriterien bestimmt. An den terminologischen Diskrepanzen wird das Disparate und Komplexe, ja Antagonistische des Zeitalters deutlich: Fromm und zugleich brutal, neben seiner Innerlichkeit und Zartheit voll grenzenloser Verrohung, voller Jenseitshoffnung wie auch derbster Diesseitigkeit, selbstgewiß und doch zutiefst verunsichert, zerspalten, aber nach der verlorenen Einheit suchend – so zeigt es verwirrend viele Gesichter. Das historische Verstehen muß sich die Generalisierung und Harmonisierung durch einen symbolhaften Globalbegriff versagen.

III. Von der Einheit zur Vielheit,
von der Universalität zur Partikularität

Ein beherrschendes Thema der Epoche ist der Zerfall der alten Einheit des christlichen Abendlandes in die moderne Vielheit der Konfessionen und Kirchen, Staaten und Kulturen, Wirtschaftsgebiete und Gesellschaftsschichten. Allenthalben – im religiösen, politischen, kulturellen, sozialen und wirtschaftlichen Bereich – vollzieht sich ein analoger Prozeß der Differenzierung: Es kommt zur Aufspaltung und schließlich zur Auflösung der universalen geistlich-weltlichen Einheit der mittelalterlichen Christianitas. Und dem entspricht die Bildung und Verfestigung von neuen Teileinheiten im spannungsreichen Miteinander und Gegeneinander.

1. Die *Christenheit* spaltete sich seit der Reformation in die großen Konfessionen und mannigfachen Sekten. Aus der Ecclesia universalis erwuchsen die partikularen Kirchentümer. In diesem Prozeß ist die Einheit des Abendlandes endgültig zerborsten. Das Papsttum und das Konzil, welche die Einheit der Christenheit bisher sinnfällig repräsentierten und institutionalisierten, waren zum Symbol der Entzweiung geworden.

Der religiöse Auflösungsprozeß der mittelalterlichen Einheitsidee reicht freilich weit zurück in die Epoche der Reformation, ja schon der spätmittelalterlichen Reformkonzilien. Die innere Erneuerung der Christenheit als Einheit und insbesondere die Reform der Kirche an Haupt und Gliedern war ausgeblieben. Im Ringen mit dem Konziliarismus hatte das Papsttum gesiegt. Es hatte sich aber auf die weltlichen Gewalten stützen müssen, die durch die Fürstenkonkordate des 15. Jahrhunderts den Zugriff auf das Kirchenregiment erhielten und also den Gewinn aus dem Kampf zwischen

Papst und Konzil zogen. Die Grundlagen des neuzeitlichen Staatskirchentums mit seinen weitreichenden Mitwirkungs- und Kontrollrechten (Plazet, Ämterbesetzung, recursus ab abusu) wurden schon im Spätmittelalter gelegt. Jedoch: Diese Aufgliederung des kirchlichen Universalismus in Partikularismus und Pluralismus bezog sich vor der Reformation nur auf die Kirchenpolitik und die kirchliche Organisation. Nach der Reformation potenzierte sie sich zur Auflösung der Einheit in Glaube, Dogma, Lehre, Liturgie und religiöser Lebensform. Die reformatorische Bewegung läßt sich in ihrer Auswirkung deshalb nicht mit den spätmittelalterlichen Reformen vergleichen, geschweige denn als deren untergeordnetes Teil- und Spätphänomen verrechnen, wie man dies manchmal neuerdings versucht.

2. Auch im *politischen Bereich* hat sich die Idee einer universalen weltlichen Gesamtordnung seit Mitte des 15. Jahrhunderts irreversibel verloren. Versunken waren die Entwürfe einer umfassenden Reichsreform, die noch während der Reformkonzilien die Geister bewegt hatten. Das Scheitern aller universalen Ordnungsversuche wurde nun endgültig und erschütternd offenbar. Die politische Sammlung und Straffung der Reiche im Westen und Osten Europas ließ ein neues politisches System entstehen: Das neuzeitliche Europa der großen Mächte begann. Sie bildeten fortan das Konzert der ebenbürtigen weltlichen Staaten, die ihre partikularen Aufgaben souverän wahrnahmen, sich dabei in langen Kämpfen verzehrten, am Ende auf dem Westfälischen Kongreß eine neue ("ewige") universale Ordnung des Friedens zu errichten suchten, die doch bald wieder am französischen Hegemoniestreben zerbrach. Dieses weltliche Staatensystem kündigte sich in der zweiten Hälfte des 15. Jahrhunderts an: Mit der Staatsbildung Frankreichs und Englands, sodann Kastiliens unter Isabella (1474–1504) und Aragons unter Ferdinand (1479–1516) auf der iberischen Halbinsel, im jähen Aufstieg und Fall der burgundischen Großmacht unter Karl dem Kühnen (1467–77), mit der Bildung des großen polnisch-litauischen Reichs der Jagellionen unter Kasimir IV. (1447–92), im Aufstieg Ungarns zur mächtigsten Macht Europas unter Matthias Corvinus (1458–90), auch mit der Reichsbildung Böhmens unter Georg Podiebrad (1458–71) hat es seine ersten machtvollen Erscheinungen hervorgebracht. Aber noch haben die partikularen weltlichen Interessen, die sich vital in den Vordergrund schoben, keineswegs allein das Feld beherrscht. Karl VIII. von Frankreich (1483–1498) wollte vielmehr mit seinem folgenschweren Einfall

nach Italien (1494), der das Gleichgewicht der italienischen Staaten zerbrach und die Einheit Europas im Kampfe der modernen Mächte untergehen ließ, noch die Ausgangsbasis für den Kreuzzug und die Führungsrolle des Abendlandes erringen. Und jene Reichsgründungen in Burgund und Böhmen, Ungarn und Polen, desgleichen der spanischen Königreiche hatten sich gerade auch um die universale Kreuzzugsidee kristallisiert: Die Führung des Abendlandes als Einheit zum Kampf gegen die Ungläubigen war ihr letztes, vornehmstes Ziel. Ihr Scheitern beleuchtet um so greller das Scheitern der universalen Einheit Europas.

Universalen Gedanken hat Kaiser Maximilian I. (1493–1519) nochmals phantastisch nachgeträumt, als er 1511 beabsichtigte, das Papsttum und Kaisertum in seiner Hand zu vereinen, und als er wenig später plante, Byzanz zu erobern, um das deutsche Kaisertum durch die altrömische Kaiserwürde zu erhöhen. Karl V. (1519–56), sein Enkel, hat sich sein ganzes Leben lang vergeblich im Dienste eines geistlich-weltlichen Universalismus verzehrt, in dem verschiedene Züge schillern, über die die Forschung bis heute rätselt: Dominierte die Reaktivierung der mittelalterlichen Reichsidee oder die Erweiterung des burgundisch-niederländischen Imperialismus ins Universale? Gab die spanische Idee des abendländischen Kampfes gegen die Ungläubigen und die Häresie den Akzent? Oder die Renaissance der römischen Kaiseridee? Oder handelte es sich um eine beispiellos gesteigerte, „moderne" Weltherrschaft durch die habsburgische Universalmonarchie? Mit der Folge, daß Franz I. von Frankreich (1515–1547) nicht als Vorkämpfer des „modernen" westlichen Nationalstaates gegen das „mittelalterliche Kaisertum" erschiene, sondern als ein Verteidiger der mittelalterlichen Freiheitstradition mit ihrer reichen Gliederung und Eigenständigkeit der Teile im Ganzen der Weltordnung? Wie dem auch sei: Die universalistischen Ziele Karls V. sind irreversibel gescheitert. Zwar ist der Kaiser aus den Kriegen mit Frankreich insgesamt als Sieger hervorgegangen. Die habsburgische Umklammerung Frankreichs konnte nicht aufgebrochen werden, Frankreich wurde aus Italien verdrängt, Habsburgs Positionen in Burgund und in den Niederlanden hat Karl V. gehalten, erweitert und gesichert, die Staaten Italiens wurden von ihm gleichgeschaltet, der Grund für die spanische Hegemonie nach 1559 wurde damals gelegt. Aber alle diese großen und bleibenden militärischen Erfolge haben nicht zum Dominium mundi geführt und die universale Einheit der Christianitas nicht bewirkt; sie hielten sich vielmehr im Rahmen des politischen Kräftespiels der partikularen Mächte und Interessen, das die geistige und staatliche Struktur Europas seither bestimmte.

Die *Kreuzzugsidee* Karls V. scheiterte, sein letztes, wahrhaft universales Ziel, für das er doch – nach seiner bewegenden Abdankungsrede vom 25. Oktober 1555 – all die Mühsal seiner Kriege in Frankreich, Italien, den Niederlanden und Afrika auf sich genommen hatte. Vergeblich suchte der Kaiser seit dem Vertrag von Noyon 1516 bis zum Frieden von Crepy 1544 den dauernden Frieden mit Frankreich und die französische Verpflichtung zum gemeinsamen Kreuzzug durch manche Nachgiebigkeiten zu erkaufen. Die Kreuzzugsidee, in der sich die universale Einheit des Abendlandes nochmals symbolhaft verkörperte, wurde gerade nach den Erfolgen des Kaisers gegen die Korsaren in Tunis 1535 durch das französisch-osmanische Bündnis von 1536 verraten und durch die gemeinsamen französisch-türkischen Flottenoperationen von 1543 vollends zunichte gemacht. Diese zynische, offensive Verbindung des „allerchristlichsten" Königs mit dem Todfeind der Christenheit gegen den Kreuzzugsplan der kaiserlichen Führungsmacht des Abendlandes hat die Einheit der respublica christiana in mancher Hinsicht härter getroffen als selbst die Glaubensspaltung, in der ja beide Konfessionen mit Inbrunst weiter nach der Einheit und Wahrheit des Glaubens strebten, ja sich gerade über ihrem Einheitsverlangen zerstritten. Der Kreuzzugsgedanke hat auch auf dem Trienter Konzil keinerlei Rolle mehr gespielt. Er ist erst im 30jährigen Kriege nochmals aufgeflackert, als Papst Urban VIII. vergeblich zum gemeinsamen päpstlich-französischen Vorgehen gegen die Ungläubigen und die Häretiker aufrief – während Richelieu einen überkonfessionellen, politischen Frieden zwischen den politischen Mächten erstrebte und die Protestanten darin einbezog, statt mit dem Papst gemeinsam die katholische Einheit des Abendlandes erzwingen zu wollen.

Der Wandel des *Kaisertums* war die Folge dieses Zerfalls der mittelalterlichen geistlich-weltlichen Einheit und Universalität. In geistlicher Beziehung konnte der Kaiser als Vogt und Schirmherr der Kirche die katholische Einheit des Reichs nicht erhalten; Karl V. hat dies durch das Wormser Edikt von 1521 und die Reichstagsabschiede von 1529, 1530, 1548 vergeblich versucht, und auch der letzte vorsichtige Vorstoß des Restitutions-Ediktes von 1629 in diese Richtung ist gescheitert. So wurde die kaiserliche Schutzpflicht relativiert und auf die beiden im Religionsfrieden anerkannten Bekenntnisse bezogen, weshalb sie neben dem Schutz der katholischen Kirche auch den Schutz der Häretiker vor der katholischen Kirche umschloß und sich wesentlich auf den weltlichen, politischen Frieden im Reich reduzierte. – Und auch in weltlicher Hinsicht büßte das Kaisertum im Konzert der politischen Mächte

Europas seinen Universalcharakter ein, stand mit bloßem Ehrenvorrang gleichgeordnet neben den anderen Herrschaftsgewalten, war als partikulare Größe auf das Reichsgebiet beschränkt bzw. in die traditionellen partikularen Lehnsbeziehungen Europas verflochten. Vor allem wurde das Kaisertum zum Instrument der partikularen österreichischen Hausmachtspolitik, das die verstreuten und disparaten Ländermassen der Habsburger untereinander verklammerte und sie mit dem Reiche verband. Schon Kaiser Friedrich III. (1440–93), Karls V. Urgroßvater, hatte so durch seine pragmatisch-moderne Heirats- und Hauspolitik das Haus Österreich vergrößert und es dabei auf die Weihe des Kaisertums gestützt. Schon er hat die universalen Züge des Kaiseramtes abgestreift, indes die universalen Ambitionen Maximilians I. und Karls V. ein mißglücktes Intermezzo blieben. Die habsburgische Erbteilungsregelung von 1555/56 hat schließlich das Kaisertum dem Hause Österreich zugewiesen und so vollends jene partikulare Entwicklung eingeleitet, die dann die Donaumonarchie bis zu ihrem Zusammenbruch im Jahre 1918 prägte. Die europäische Vormachtstellung aber ging auf die spanische Linie Philipps II. über, deren Hegemonie – im neuen Europa der großen Mächte – nunmehr rein politischer Natur war und sich nicht mehr durch die traditionelle universale Kaiseridee legitimierte.

Diese *Nachfolgeregelung Karls V.* von 1555/56, die zur Entflechtung der beiden habsburgischen Linien unter Philipp II. und Ferdinand I. führte und die Aufteilung einerseits der österreichischen, andererseits der spanischen, burgundischen, niederländischen und italienischen Besitzungen zwischen ihnen besiegelte, hat ferner auch den universalen Zusammenhang der Politik des Hauses Habsburg folgenschwer aufgelöst. Beide Linien haben sich auf ihre partikularen Aufgaben und Machtmittel beschränkt und gegenseitig freigegeben. Spanien wurde von den verwickelten Konfessions- und Verfassungsproblemen des Deutschen Reichs getrennt und entlastet, Deutschland aber weitgehend aus den Verstrickungen in die spanische Hegemoniepolitik mit ihren niederländischen und italienischen Kämpfen gelöst.

3. Auch *das Recht* ist durch den Zug vom Universalen zum Partikularen vielfach ergriffen worden. Die Glaubensspaltung und Konfessionsbildung hat die alte Einheit des kanonischen Rechts – als universale Klammer der Christenheit – zertrümmert und die verschiedenen partikularen Kirchenrechtsordnungen der Konfessionen in scharfer Scheidung und Gegensätzlichkeit entstehen lassen. Auch das weltliche Recht wurde davon in einer Tiefe und Gewalt

ergriffen, die dem modernen säkularen Rechtsbewußtsein diesseits der Wasserscheide der Aufklärung unvorstellbar erscheint. War doch das weltliche Recht und die weltliche Obrigkeit in ihrem weltlichen Herrschafts-, Schutz- und Dienstamt mit den Fragen des Glaubens und mit den Normen und Institutionen der Kirche vielfältig und untrennbar verzahnt! Alles menschliche Recht stand – fraglos für alle Zeitgenossen – unter Gottes Gebot, galt nur nach seinem Maß und nur in seinen Grenzen, die jedoch die Konfessionen weithin verschieden verstanden, weil der Glaubensstreit den Konsens über die Offenbarung und das göttliche Recht zum Teil zerrissen hatte. Die äußere Gemeinsamkeit der Rechtsordnung wurde zur Fassade, die den Dissens über Sinn, Inhalt und Verbindlichkeit des Rechts in den Tiefenfragen notdürftig verbarg.

Die Rechtspraxis hat freilich vielfältigen Widerstand gegen die Konfessionalisierungstendenzen geleistet, weil die überkommenen Rechtstraditionen im Bewußtsein zäh weiterlebten und weil die neuen staatlichen Interessen dem religiösen Anspruch vielfach grob und erfolgreich widersprachen. Und auch die Rechtswissenschaft hat sich dem Drängen der Konfessionalisierung nur begrenzt geöffnet, sich ihr im ganzen sogar erstaunlich reserviert gezeigt, wie es der Gemeinsamkeit der Zunft und deren diesseitigen Sachgesetzlichkeiten entsprach. So hat man vielfach die Glaubensbedingtheiten und Glaubensdifferenzen des Rechts heruntergespielt und neutralisiert, die überkommenen Normen und Institute wenigstens äußerlich erhalten, die rechtliche Kommunikation zwischen den Konfessionen trotz deren theologischer Trennung nicht abreißen lassen. Dadurch wurden juristische Augenblicks- und Oberflächenlösungen ermöglicht, die die unlösbaren Gegensätze in eine *Tiefenschicht* des Rechts verdrängten. Dort freilich blieben sie bedrohlich liegen, um immer aufzubrechen, wenn die Stürme der Hegemonialkriege und der Ständekämpfe über Europa fegten und die Glaubenswirren neu anfachten bzw. zu Einmischung und Übergriff mißbrauchten. So brachen bei der Interpretation und Exekution der Gesetze und Verträge die Tiefendifferenzen auf, sobald äußere Krisen das Recht auf die Bewährungsprobe stellten. Dies zeigte sich nicht nur an den spektakulären Ereignissen von eminenter außen- und innenpolitischer Brisanz, wenn etwa Pius V. 1570 die Exkommunikation und Absetzung Elisabeths I. (1558–1603) von England und Sixtus V. 1585 den Bann und Ausschluß Heinrichs von Navarra, des späteren Heinrichs IV. (1589–1610), von der französischen Thronfolge verfügten, die Untertanen vom Treueid lösten und nochmals vergeblich die Weltherrschaft der Päpste beschworen. Die Anwendung des kanonischen Eherechts auf protestantische

Thronfolgen zog die Staaten in den Strudel des europäischen Konfessionskonfliktes. Die gleiche Problematik ist beim Abschluß und Vollzug der zwischenkonfessionellen Friedensabmachungen Europas von Frankreich bis Polen und Ungarn, besonders in den Hugenottenkriegen, wiederholt blutig aufgebrochen. Im deutschen Reich aber mündeten die Interpretationskämpfe um den Augsburgischen Religionsfrieden schließlich in den 30jährigen Krieg.

So wurde das Recht als Instrument des Friedens und der Einheit nun im Zerfall der Christenheit dringender denn je benötigt; aber zugleich war die innere Einheit und die äußere Geltung der Rechtsordnung gefährdeter und unsicherer geworden als je zuvor, weil die Einheit und Universalität des Rechtsbewußtseins mit der Glaubenseinheit innerlich weithin zerspalten worden war. Die Konfessionen, die sich im Konfessionsstaat zur politischen Gestalt ausformten, bildeten ihre eigenen partikularen Rechtsordnungen nach ihrem konfessionellen Welt- und Rechtsverständnis heraus, zwischen denen die Verbindungen prekär und schütter blieben.

Aber schwieriger noch: Die Universalität des Rechts und Rechtsbewußtseins wurde nicht einfach beseitigt und ersetzt durch diese neue Partikularität. Als Idee blieb die universale Einheit des Rechts vielmehr auf allen Seiten wirksam – nur eben in der Spaltung und Gegensätzlichkeit der konträren konfessionellen Konzeptionen, die (obgleich partikular geworden) doch jeweils das Ganze im Absolutheitsanspruch des eigenen Glaubens für sich beanspruchten, definierten und begrenzten. So kam man nicht voneinander los und suchte den Widerpart in das eigene geistlich-geistige Rechtsgefüge zu vereinnahmen – nichts lag der Epoche ferner als das moderne Pluralismus- und Trennungs-Denken. Das ist das Verwirrende am Recht (wie auch am Glauben) dieser Zeit: Die universale Einheitsidee starb nicht im Zerfallsprozeß, sondern lebte weiter im wechselseitig übergreifenden Anspruch auf die einzig richtige, die gottgewollte Bestimmung des Rechtes in Kirche, Reich und Land. Das hat die eigentliche Rechtsnot über das Zeitalter gebracht. Gerade das Einheitsverlangen wurde zum Trennungsgrund in der wechselseitigen Vergewaltigung (bzw. Vergewaltigungsfurcht). Das Festhalten am Universalgedanken hat den Prozeß der Aufsplitterung und Abgrenzung der partikularen Rechtsbildungen wider Willen vorangetrieben und zugleich durch den jeweiligen Alleinvertretungsanspruch der universalen christlichen Einheit vergiftet. Und weiterhin: Die Tragik der Zeit lag gerade darin, daß die Glaubenstreue die Rechtstreue zwar einerseits verstärkte (und gegen den Machiavellismus der Renaissance sicherte), aber andererseits erschütterte, weil sie in allen konfessionell relevanten Fragen das menschliche Recht prinzipienschwer und spröde, fragwürdig und umstritten werden ließ. Eben die religiös gefestigte Rechtlichkeit, die in unbedingtem Ernst allein „das" Recht kompromißlos zu wahren suchte, hat die Rechtsordnung vielfach gefährdet und zerbrechen lassen, wenn sie die religiösen Tiefenprobleme des (göttlichen) Rechts aufrührte. Durch die unerschütterliche Rechtlichkeit und konfessionelle Prinzipienstrenge Kaiser Ferdinands II. (1619–37) ist die Reichsverfassung stärker in Gefahr geraten als durch die frivolen Rechtsbrüche anderer Potentaten, die die labile Religionsfriedensordnung alsbald wieder kompromißbereit zu stabilisieren strebten.

Der Verlust der mittelalterlichen Universalität zeigt sich auch im rein weltlichen Recht als Folge der Staatsbildung, die parallel zur Konfessionsbildung verläuft. Die Staaten haben in dieser Epoche jeweils ihre eigene Friedens- und Rechtsordnung aufgerichtet, die exklusive Geltung gewann. Sie haben die „Anarchie" des Spätmittelalters beseitigt, indem sie das Fehderecht überwanden, die intermediären Gewalten des Hochadels, der Kirche, der Städte unter die obrigkeitliche Gewalt beugten, der staatlichen Gesetzgebung und Gerichtsbarkeit in ihrem Territorium Geltung verschafften. Diese Ausbildung partikularer Rechtsordnungen hat mehr und mehr jenen universalen Zuschnitt aufgelöst, in dem sich die Standesgenossen Europas bisher verbunden waren – ein Prozeß, der sich noch weit in das 18. Jahrhundert hin erstreckte und erst in harten Kämpfen durchgesetzt worden ist.

Aber die Überwindung der Anarchie innerhalb der Staaten hat die Anarchie zwischen den Staaten hervorgerufen, die bis ins späte 20. Jahrhundert das schwerste Problem Europas werden sollte: Während der Rechts- und Friedensverband innerhalb der Staaten erstarkte, wurden die rechtlichen Bindungen zwischen ihnen um so lockerer. Das Recht geriet allmählich unter die Verfügungsgewalt der souveränen staatlichen Macht, die keinen Richter über sich anerkannte und sich aus Staatsräson zunehmend über die positivrechtlichen Bindungen erhob, dabei die Schranken des Naturrechts zwar nicht leugnete, aber zu deuten und zu dehnen wußte. Das Recht zwischen den Staaten bestimmte sich mithin durch Vertrag oder Krieg. Die Fehde als mittelalterliches Rechtsinstitut wurde „aufgehoben", d. h. innerstaatlich beseitigt und zwischenstaatlich zum neuen Rechtsinstitut des Krieges fortentwickelt. Dessen Konturen hat die Völkerrechtsgemeinschaft, die sich nun langsam entwickelte, in langem Ringen zu bestimmen versucht, um die Macht zu domestizieren.

Die alte Universalität des Rechtsempfindens hat freilich auch den schneidenden Geist der neuen Zeit noch wesentlich geprägt. Immer noch galt der Friede als Gottes Rechtsgebot und damit als die Regel. Immer noch galt der Krieg als die Ausnahme, die rechtlich nur im Dienste des Friedens und des Rechts statthaft war. Der Krieg trug seine Rechtfertigung nicht in sich, sondern bedurfte des gerechten Grundes, der iusta causa belli, um sich von Mord und Diebstahl abzuheben. Wie die Fehde – aus der er erwuchs, indem der Kreis der Fehdeberechtigungen sich auf die Staaten reduzierte – war der Krieg zulässsig nur als Instrument der Wahrung und Vollstreckung des Rechts, die mangels eines irdischen Richters über den Souveränen unter den Augen des göttlichen Richters von den Berechtigten selbst zu vollziehen war. Krieg wurde nicht (wertfrei) definiert als Friedensstörung, sondern als Rechtsinstitut zur Beseitigung rechtloser Friedensstörung, das nur gegen den Fried- und Rechtsbrecher zur Verfügung stand. Den Krieg verstand man als das Begrenzte, Vorübergehende, den Frieden als das Dauernde, das „seiner Natur nach ewig" (sei Pufendorf), auch wenn in dieser Zeit die Kriege in Europa einander ablösten und sich grausam in die Länge zogen. Am Krieg als Rechtsinstitut wird die Rechtsnot des Konfessionellen Zeitalters und sein Zerfall der Universalität signifikant. Gerade die strenge Ausrichtung auf das Recht hat den Krieg zwar einerseits gedämpft, andererseits aber angefacht durch Rechtsbehauptung und Rechthaberei und so durch diese metaphysische Befrachtung den Frieden ungewollt verringert.

4. Auch in der *Wirtschaft* vollzieht sich in diesem Zeitalter der Zerfall der universalen Einheit in die Vielheit partikularer Größen und Räume. In der Mitte des 16. Jahrhunderts bildete Europa noch eine große, grenzüberschreitende Wirtschaftseinheit. Einheitlich bzw. gleichartig waren die Strukturen in Landwirtschaft und Gewerbe, Bergbau und Handel, Verkehrswesen und Währung. Überall herrschte die Scheidung zwischen Stadt und Land, überall gab es die vielfältige Zusammenarbeit und Ergänzung zwischen ihnen, wenn auch die Schwerpunkte ungleich verteilt waren zwischen den massierten Städtelandschaften des Rheinlands und der Niederlande und den weiten Agrargebieten des Ostens. Einheitlich und gleichartig war die Landwirtschaftsverfassung der Grundherrschaft im Westen und der Gutsherrschaft im Osten, waren die Erzeugnisse, die Anbaumethoden, die verschiedenen Wirtschaftsformen stadtnaher Intensivwirtschaft und stadtferner Getreide- oder Viehwirtschaft mit ihren verschiedenen Fruchtfolgesystemen. Einheitlich war Europa durchzogen von Wirtschaftsschwankungen und Krisen,

d. h. Absatzkrisen wie Versorgungskrisen, von Hungersnöten und Seuchen, von Teuerung und Überfluß, von Preissteigerungen und Preisverfall, die sich überall in auffallend ähnlichem Rhythmus und mit breiter räumlicher Streuung ablösten. International war der unternehmerische Zuschnitt und der technische Standard besonders des Erzbergbaus und des Verhüttungsverfahrens, des Textilgewerbes und des städtischen Handwerks. Übereinstimmend waren auch die Wirtschaftsformen, z. B. die kapitalistische Betriebsweise in der Montanindustrie, das Verlagssystem in der Textilherstellung und die Zunftverfassung im Handwerk. Die Einheit des Abendlandes erwies sich besonders in seinem raumübergreifenden Handel: Es bildete einen großen einheitlichen Handelsraum, durchzogen von bedeutenden Fernstraßen und belebt von intensiven Handelsbeziehungen. Der Fernhandel umfaßte nicht nur die gehobenen Luxus- und Handwerksprodukte, sondern auch den Massentransport von Grundlebensmitteln und Verbrauchsgütern, von Getreide, Vieh, Fisch, Bier, Wein, Gewürzen in riesigen Mengen, dazu von Metallen, Wolle, Tuchen, Leinen. Betrieben wurde er durch Großkaufleute, die vom Kontor aus mit hohen Gewinnspannen wie Risiken die Geschäfte quer durch Europa über ein Netz von Faktoreien und Agenten abwickelten, dabei vielfach in das Bankgeschäft hinüberwuchsen und in enge Geschäftsbeziehungen zu den politischen Mächten traten. Der Großhandel verkaufte die Waren international auf Kredit, und das Kreditgeschäft hat oft den Warenumsatz in den Hintergrund gedrängt. Es ist durch die Skrupellosigkeit und Säumnis der hochverschuldeten Fürsten zunehmend in Bedrängnis geraten. Die Produktions- und Handelszonen Europas sind also seit dem späten Mittelalter bis weit in die frühe Neuzeit keineswegs getrennt und autark gewesen. Große Handelsströme vermittelten eben jenen Austausch zwischen den landwirtschaftlichen Überschußgebieten, den Rohstoffzentren und den städtischen Konsum- und Produktionszonen Europas, desgleichen den Austausch der Konsumgüter und der Gewerbeerzeugnisse zwischen den verschiedenen spezialisierten Erzeugungs- und Fertigungslandschaften in Deutschland, Frankreich, England, Italien, Burgund. Deutschland bildete die Mitte dieses europäischen Handelsnetzes; deshalb wurde es durch den Zerfall dieser Einheit auch besonders stark getroffen.

Im Laufe unseres Zeitalters vollzog sich ein epochaler Wandel von der Weltwirtschaft zur Einzelwirtschaft, d. h. Volks- und Staatswirtschaft mit aufgeteilten, mehr oder minder abgeschlossenen Wirtschaftsräumen unter staatlicher Dienstbarkeit, Beschränkung und Förderung. Der Übergang bahnte sich langsam und allmählich nach 1600 an; eine Zäsur bildete der 30jährige Krieg mit seinen enormen Bedürfnissen und Auswirkungen, besonders seit er sich über die pfälzisch-böhmische Affäre hinaus ausweitete und Wallenstein und Gustav Adolf ein neues kriegswirtschaftliches System entwickelten. Der Staat hat fortan seine schwere Hand im Krieg und Wiederaufbau auf die Wirtschaft gelegt: Er hat sie in seine Erweiterung der Staatsaufgaben und der Staatsorganisation mit einbezogen, sie nach seiner „Staatsraison" und dem neuen Geiste des Rationalismus umgestaltet, sie auf das konfessionelle Ethos des Konfessionsstaates verpflichtet, und ihr eine öffentliche staatstragende Funktion zugewiesen. Das Zeitalter des Merkantilismus begann.

Wie der Verstaatungsprozeß der Konfession eine enorme Intensivierung auf dem Gebiete des Religiösen mit sich brachte, so hat die Verstaatung auch die Wirtschaft im Rahmen des Territorialstaates intensiviert und belebt. Aber gerade dies hat die Einheit und Universalität der Welt nun auch in wirtschaftlicher Beziehung zerstört. So verblaßte die mittelalterliche, universale Ordo-Idee, verfiel ihre Einbindung der Wirtschaftsordnung in ein geistlich-weltliches, hierarchisch gestuftes Weltganzes mit seiner gottbestimmten, irdischen und himmlischen Ordnung, Bindung und Eigenart der Schichten und Stände. Sie hatte bisher nur punktuelle Eingriffe der verantwortlichen geistlichen und weltlichen Gewalten zur Bewahrung und Wiederherstellung gekannt. Dies wich nun allmählich der planvoll gestaltenden, rationalen Staatstätigkeit. Die traditionelle Bestimmung des „Gemeinen Besten" wurde verdrängt durch eine neue Zweckrationalität des „öffentlichen Wohls" zum Zwecke der Verbesserung der ökonomischen Existenz: Die moderne Wirtschaftspolitik als neuartiges historisches Phänomen war damit geboren. Weil sie jeweils an die besonderen staatlichen Grenzen, Ziele, Eingriffsmittel und Förderungsinstrumente gebunden war, hat sie überall zur partikularen Zersplitterung der universalen Wirtschaftseinheit in neue Teileinheiten geführt, die sich dem Ausland gegenüber zunehmend abschlossen und nicht einmal Deutschland als in sich gerundetes, durchgängiges Wirtschaftsgebiet erhalten ließen. Diese wirtschaftslenkenden Bindungen und Begrenzungen des neuen Fürstenstaates haben nicht nur die alte Einheit des mittelalterlichen Ordo-Ideals endgültig verdrängt. Sie haben auch jene Einheit eines weltweiten „Wirtschaftsliberalismus" zersprengt, der die Wirtschaft z. Z. der Reformation bis zur Mitte des 16. Jahrhunderts mit seiner internationalen Marktwirtschaft beherrscht hatte, und der als besondere Etappe der Wirtschaftsentwicklung in gewissem Sinne zwischen den Epochen stand. Das mittelalterliche Ordo-Denken mit seiner Statik und seiner Lehre vom gerechten Preis war zwar noch im breiten Empfinden lebendig, wurde aber mehr und mehr zersetzt durch die Dynamik, mit der die Wirtschaftsentwicklung aufblühte und die politischen und militärischen Finanz-Bedürfnisse der Mächte Europas wuchsen; die kritischen Stimmen der Theologen wie der Unmut des kleinen Mannes wurden beiseite geschoben.

5. Insgesamt ist also in diesem äußeren Zerbrechen und inneren Zerfall der traditionellen christlichen Einheitskultur ein umfassender, unumkehrbarer Prozeß von beispielloser Wucht zu erblicken: Er hat die Einheit und Universalität des Glaubens und des Gottesdienstes zerstört, die universale Einheit der Kirchenorganisation und kirchlichen Rechtsordnung zerbrochen, die politische Einheit des Abendlandes in die Vielheit der Mächte Europas aufgelöst, die Einheit ihres Rechts und ihrer Kultur durch die Bemächtigung seitens der Konfessionen und Staaten zerspalten, die Einheit der Wirtschaft und der Gesellschaft konfessionell und staatlich getrennt, die übergreifende Verbundenheit ihrer Berufe, Stände, Schichten in Europa durch die Grenzen und Kämpfe der Staaten und Konfessionen gelockert oder unterbrochen. Alle diese Entwicklungen haben sich dabei in ihrer Interdependenz gegenseitig vorangetrieben und potenziert.
Aber diese Auflösung der geistlich-weltlichen Einheit hat sich – zur Irritation jenes Zeitalters wie der Nachwelt – weithin wider Willen, ja gegen den erbitterten Widerstand der Zeitgenossen durchgesetzt; dies gilt vor allem für den religiösen Bereich. Und es ist nicht verwunderlich, daß sich das Einheitsstreben, nachdem es in der universalen Dimension scheiterte, alsbald um so straffer in den partikularen Teileinheiten der christlichen Konfessionen und der europäischen Staaten, besonders auch im deutschen Territorium, verwirklicht hat. Dort, im engen partikularen Rahmen, hat mithin das „mittelalterliche" Einheits- und Ordo-Ideal jeweils zur neuen, intensivierten Einheit von Konfession, Staatlichkeit, Kultur, Wirtschafts- und Gesellschaftsordnung geführt, welche die frühe Neuzeit bis zur beginnenden Aufklärung beherrschte. So ist der Einheitsgedanke nicht verschwunden, sondern hat in der Vielfalt und Zersplitterung Europa weiterhin in seinem Bann gehalten.

Zweiter Teil

REICH UND RELIGION.
DER AUGSBURGER RELIGIONSFRIEDE

Der Ausgburger Religionsfriede vom 25. September 1555 ist das wichtigste Verfassungsgesetz des Konfessionellen Zeitalters gewesen, um dessen Auslegung und Anwendung ein Jahrhundert lang bis zum bitteren Ende des Großen Krieges gerungen worden ist. Seine Leistung wie seine Lücken und Mängel sind nur aus der turbulenten Vorgeschichte zu verstehen, die seinen Abschluß und Gehalt erzwang.

I. Die Vorgeschichte

1. Es war ein Friede ohne Kaiser und Papst. Die beiden großen, universalen Lebensmächte, die seit Jahrzehnten durch die Reformation aufs schärfste herausgefordert waren, waren an ihm nicht unmittelbar beteiligt, sondern in eine merkwürdige Zuschauerrolle am Rande des historischen Geschehens gedrängt worden. Kaiser Karl V. hat resignierend alsbald auf seinen Thron verzichtet, nachdem er seit dem Fürstenaufstand von 1552 die Verhandlungen seines Bruders Ferdinand mit den Protestanten hatte hinnehmen müssen. Der Friede wurde mit Vollmacht Kaiser Karls V. von König Ferdinand mit den deutschen Reichsständen in komplizierten Einzelregelungen ausgehandelt und diese dann im Gesamtausgleich gegenseitig austariert; Ferdinands Verhandlungsgeschick hat sich dabei glänzend bewährt. In den getrennten, langwierigen Beratungen des Kurfürstenrats und des Fürstenrats griff man auf viele ältere Formulierungen aus den 40er Jahren zurück; über den toten Punkt riß dann die Resolution Ferdinands vom 6. September die Parteien hinweg. – Der Religionsfriede war als *nationales Ereignis* auf das Deutsche Reich beschränkt und also ein Symbol des Zugs zum Partikularen. Er besiegelte das endgültige Scheitern der Reli-

gionspolitik Karls V., die seit dem Ausbruch der religiösen Krise mit allen Mitteln auf die Wiedervereinigung durch Rückführung der Protestanten in den Schoß der alten Kirche gerichtet gewesen war.

Mit dem Frieden von 1555 begann eine neue Epoche des Reiches und eine neue Ordnung des Staatskirchenrechts. Aber er wird mißdeutet und als historische Zäsur überschätzt, wenn ihn die moderne (Verfassungs-)Geschichtsschreibung durch die Brille des säkularen, aufgeklärten Rechtsdenkens liest, das den modernen Verfassungen des 19. und 20. Jahrhunderts entspricht, dem Konfessionellen Zeitalter jedoch noch fremd und unvorstellbar war. Viel Erbgut des Mittelalters und des Konfessionellen Zeitalters ist fragmentarisch-spolienhaft in ihm verfestigt. Seine Grundstrukturen und seine Einzelnormen sind wesentlich durch die wechselnden Linien der Religionspolitik des Reichs vor 1555 geprägt:

2. Bis 1555 *fehlte* dem Reich die *Einheitlichkeit* der Religionsverfassungspolitik. Die einzelnen Reichsabschiede, Verträge, Edikte haben keine dauerhafte Verfassungsgrundlage geschaffen, sondern bildeten als temporäre Kampf- und Waffenstillstandsregelungen die Ausdrucksform schwerster Verfassungskrisen, die sich in jähem Wechsel jagten und einer tiefen Unsicherheit entsprangen. Sie waren auch durch die weltweiten und wechselvollen innen- und außenpolitischen Verstrickungen Karls V. bedingt, die ihn immer wieder zu Konzessionen in den deutschen Konfessionsproblemen zwangen. Schwere, unvollziehbare Grundsatzentscheidungen wechselten wiederholt mit taktisch lavierenden Kompromiß- und Zwischenlösungen, deren gegenseitiges Verhältnis offen und umstritten blieb.

3. Am Anfang stand der scharfe *Kampf* der katholischen Reichsgewalten gegen die Reformation: Das Wormser Edikt Karls V. als des obersten Vogts der christlichen Kirche hatte 1521 dem päpstlichen Bann die Reichsacht gegen Martin Luther folgen lassen und die evangelische Bewegung verboten. Die kirchliche Verpflichtung des Reichs wurde dezidiert im römisch-katholischen Sinne geltend gemacht. Freilich zeichnete sich schon damals eine erste schwere Störung des traditionellen kanonischen Rechtsverhältnisses der geistlichen und weltlichen Gewalt ab, insofern man den Bann nicht ungeprüft durch die Acht vollzog, sondern den – vom ordentlichen geistlichen Gericht verurteilten – Ketzer nochmals mit freiem Geleit vor Kaiser und Reich über seine Autorschaft und Widerrufsbereitschaft verhörte. Und dann ist in den zwanziger Jahren dieser

Fanfarenstoß zur kaiserlich-katholischen Aktion ergebnislos verhallt.

4. Es folgte eine zwielichtige *Schwebelage* der politischen und rechtlichen Verfassung. Die Vollstreckung des Edikts wurde den Reichsständen anheimgegeben (1526) „wie ein jeder solchs gegen Gott und Kaiserliche Majestät hoffet und vertrauet zu verantworten". Dieser dilatorische Formelkompromiß wurde von den Evangelischen i. S. einer ausdrücklichen reichsrechtlichen Ermächtigung zur kräftigen Fortführung ihrer Reformation interpretiert und exerziert. – Diesen „Mißverstand" hat der zweite Speyrer Reichsabschied von 1529 ausgeräumt, der nun den altgläubigen Reichsständen die Vollstreckung des Edikts gebot, den anderen aber jede weitere Neuerung bis zum Konzil verbot. Das Wormser Edikt war dadurch halb bekräftigt und halb vorläufig suspendiert. – Durch die berühmte Speyrer Protestation der Evangelischen von 1529, die ihnen den (fragwürdigen, als Schimpfname gebrauchten und seither mit viel falschem Protestpathos verklärten) Ausdruck „Protestanten" eintrug, wurde alsbald die prinzipielle Gegenposition der Evangelischen proklamiert: Der Gehorsam gegen Gottes Wort galt ihnen mehr als Mehrheitsbeschlüsse, deren juristische Verbindlichkeit dort aufhörte, wo „in den Sachen, Gottes Ehre und unser Seelen Heyl und Seeligkeit belangend ein jeglicher für sich selbst vor Gott stehen und Rechenschafft geben muß". Dieser Akt des Widerstandsrechts zog nun die rechtlich-konkreten Konsequenzen aus ihrer neuen Sicht des Glaubens wie des Rechts.

5. Auf dem Reichstag von Augsburg 1530 wurde die *Unlösbarkeit der Verfassungskrise* im politischen wie im theologischen und im juristischen Sinne evident: Beide Konfessionen standen sich in prinzipieller geistlich-weltlicher Konfrontation gegenüber. Der Reichsabschied formulierte jetzt nach einem Jahrzehnt vorsichtigen Lavierens schneidend scharf die katholische Mehrheitsposition. Er präsentierte einen rechtsverbindlichen Katalog der römisch-katholischen Zentraldogmen und der evangelischen Häresien, kassierte alle Neuerungen der Protestanten, bestand auf ihrer Pflicht zur Rückkehr und Vergleichung, gebot die Restituierung des Kirchen- und Klosterguts und die strikte Landfriedenswahrung (im katholischen Sinne), beseitigte alle entgegenstehenden Normen und Interpretationen und schärfte den Vollzug des Wormser Edikts ebenso ein wie die Bemühung um eine päpstliche Konzilsberufung. – Die evangelische Gegenseite hat sich in analoger Weise politisch, theologisch und ebenso auch rechtlich formiert. Mit der Confessio

Augustana legte sie 1530 ihr bis heute gültiges Bekenntnis vor, das hier als Staatsschrift die Wahrheit der evangelischen Verkündigung und ihre Berechtigung im Reiche erweisen sollte. Als Organisation des Widerstandsrechtes wurde der Schmalkaldische Bund zur Abwehr des katholischen Rechtsstandpunktes, besonders der Acht und der Kammergerichtsprozesse, geschaffen.

Die Bekenntnisse führten so zu bündischen Hilfs- und Widerstandsorganisationen, die zunächst außerhalb der Reichsverfassung entstanden und eine neue Gliederung der Reichsstände nach dem Bekenntnis schufen, welche quer durch die Reichstagskurien lief. Die Willensbildung des Reichstages wurde dadurch empfindlich modifiziert bzw. gestört und ausgeschaltet. Erst viel später sind die Konfessionsbünde in die Verfassungsorganisation des Reiches voll integriert worden und haben dann sogar bedeutende Verfassungsfunktionen im Reiche (als Corpus Evangelicorum bzw. Catholicorum) übernommen. Aber dieser Stil des gesammelten Auftretens der Reichsstände nach der Konfessionsgruppierung beginnt sich schon seit 1529 und 1530 offen im Reiche einzubürgern; er hat den Passauer Vertrag von 1552 und das Verfahren beim Abschluß der Friedenswerke von 1555 und 1648 bestimmt. Seither hat der Dualismus der beiden Religionsparteien den Dualismus zwischen Kaiser und Reichsständen maßgeblich überlagert und verformt.

6. Die bedrohliche Konfrontation wurde zunächst noch einmal in jäher Wendung abgelöst durch eine Ära *dilatorischer Kompromisse*, die infolge der großen Kriege gegen die Türken (seit 1532), in Italien (seit 1536), in Algier (1541) und gegen Frankreich (1542) unvermeidbar geworden waren. Die vorsichtigen vorläufigen Friedstände von Nürnberg 1532, Frankfurt 1539, Regensburg 1541, Speyer 1544 garantierten zunächst für einige, dann für alle Anhänger der Confessio Augustana einen zeitlich begrenzten politischen Frieden; er wurde abgesichert durch die Aussetzung des Edikts von 1521, des Reichsabschieds von 1530 und der religionsrechtlichen Prozesse und Mandate. Damit war eine erste (begrenzte) reichsrechtliche Anerkennung der lutherischen Reformation durch den Kaiser bzw. die katholische Reichstagsmehrheit ausgesprochen. Die Gewaltlösung wurde ausdrücklich verworfen, allein die „Christliche und freundliche Vergleichung eines gemeinen Freien Christlichen Concilii, Nationalversammlung oder Reichstag" wurde zur Überwindung des „Zwyspalts der Religion" vorgeschrieben. Weitere Detailbestimmungen, die der Kaiser in seinen Deklarationen vom Januar und Juli 1541 erließ und die er einseitig in den Speyrer Reichsabschied von 1544 einfügte, räumten den protestantischen

Obrigkeiten erstmals das Recht zur „Christlichen Reformation" ihrer Kirchen und Klöster ein und brachten erste Regelungen der Parität für das Kirchengut, für die kirchlichen Einkünfte, für den Schutz der Geistlichen der beiden (einander doch verdammenden) Konfessionen „ungeachtet welches Theils Religion" sie seien. Diese Einzelregelungen von 1544 sind später wenig verändert in den Religionsfrieden von 1555 übernommen worden. – Aber ganz allgemein wurde in dieser Ära der Kompromisse die entscheidende geistige Vorarbeit für den Religionsfrieden geleistet: Die Verfassungsperiode der *Suspension* und der Relativierung begann. Die Eindeutigkeit der konfessionellen Ausrichtung des Reichsrechts (die sowohl für die katholischen Mehrheitsbeschlüsse wie für die Akte des evangelischen Widerstandsrechts kennzeichnend war) verlor sich mehr und mehr, d.h. sie wurde einstweilen suspendiert. Das konfessionell einseitige Recht wandelte sich zur doppelkonfessionellen Rechtsordnung, die fortan beiden Konfessionen Schutz und Freiheit gab: Beiden wurde ihr Bekenntnis und ihre Kirchenorganisation, ihr Kirchenamt und Kirchengut gewährleistet, beiden ihre Vorstellung vom Konzil und Religionsvergleich gleichermaßen verbürgt. Die Zweideutigkeit der Begriffe und Regelungen wurde bestimmend, welche jeder der beiden Konfessionen die Auslegung und Sinnerfüllung des Rechts nach dem Maße ihres eigenen Bekenntnisses ermöglichte. So wurde damals das *„Dissimulieren"* als grundlegendes methodisches Prinzip entwickelt. Man hat die tiefen Differenzen und die Unvereinbarkeit des gegenseitigen Absolutheitsanspruchs beider Konfessionen verleugnet bzw. verborgen, indem man sie äußerlich durch Suspensionsmaßnahmen und doppeldeutige Formulierungen zu neutralisieren suchte. Der offene Konflikt wurde so durch einen Kompromiß verhütet, der den Konsens und den Dissens zugleich in sich enthielt.

7. Der Kompromiß zerbrach im Schmalkaldischen Kriege (1546/47), den der Kaiser als rein weltliche *Reichsexekution* gegen den Treu- und Rechtsbruch der evangelischen Fürsten ausgab, die sich ihrerseits auf ihr *Widerstandsrecht* gemäß der Reichsverfassung beriefen, indes der Papst offen zum Ketzer-Kreuzzug aufrief. – Aber zerbrochen ist auch der folgende Versuch des Kaisers zur Zwangslösung des Religionsproblems mittels des „Interims" vom Sommer 1548, das ebenfalls Episode bleiben sollte. Es statuierte das kaiserliche Zwangsbekenntnis einer Misch- und Zwischenreligion mit wesentlich katholischem Gehalt in konzilianter Formulierung und mit dem Zugeständnis des Laienkelches und der Priesterehe. Es wurde als Sonder- und Ausnahmegesetz für die Protestanten allein

erlassen, da sich die Katholiken dem Wunsch des Kaisers nach ihrer Einbeziehung widersetzt hatten. Dieses weltliche Bekenntnisdiktat war ein letztes anachronistisches Exempel der sakralen Kaiseridee, enthielt es doch einen grandiosen Übergriff der weltlichen in die geistliche Gewalt, eine Pervertierung ihrer traditionellen katholischen Kompetenzabgrenzung nach dem kanonischen Recht. Der Papst, mit dem der Kaiser damals auf gespanntem Fuße stand, war vorher weder unterrichtet noch auch nur angehört worden; er hat auch später das Interim nicht förmlich approbiert, sondern widerwillig toleriert und seinen Vollzug teilweise hintertrieben. Seine Durchsetzung aber scheiterte vor allem am hinhaltenden, teilweise auch am offenen Widerstand der Evangelischen. Mit dem Ausbruch des Fürstenaufstands von 1551/52 war auch diese religionspolitische Karte ausgespielt.

8. Die *Wiedervereinigung*, die das unverrückbare Lebensziel der variantenreichen Religionspolitik Karls V. gebildet hatte, war *gescheitert*: Die kompromißlose katholische Gewaltlösung von 1521 war nicht zu realisieren gewesen. Ebenso hatte die konzessionsgemilderte katholische Gewaltlösung des Interims von 1548 versagt. Andererseits hatte auch die geistliche und politische Offensive der Evangelischen das Reich wie die Kirche nicht voll erobern können. – Alle Versuche der gütlichen Überwindung des Glaubenszwiespalts waren genauso vergeblich gewesen. Der langen Kette der Religionsgespräche (etwa von Hagenau und Worms 1540 und Regensburg 1541), welche vom Kaiser und den Fürsten veranstaltet und von den bedeutendsten Theologen beider Seiten abgehalten wurden, war der Durchbruch nicht gelungen. Auch ein Konzil hatte die großen Hoffnungen auf Klärung und Einigung im Glauben und auf gemeinsame kirchliche Reformen nicht erfüllt. Die Konzilspolitik des Kaisers scheiterte am Widerstand des Papsttums, das die konziliaren Theorien seit den Reformkonzilien von Pisa, Konstanz, Basel traumatisch fürchtete. Das Konzil von Trient, das endlich 1545/46 kurz vor dem Ausbruch des Schmalkaldischen Krieges eröffnet wurde, ist dann kein Unionskonzil, sondern ein innerkatholisches, päpstlich geleitetes Reformkonzil geworden, das den Evangelischen als Kampfkonzil erschien. Und nach dem Fürstenaufstand von 1552 waren alle Aussichten auf Annahme seiner Dekrete durch die Protestanten endgültig zerronnen.

So blieb der Glaubenszwiespalt bestehen. Die Bekenntniseinheit im Reiche war weder theologisch noch juristisch-politisch zu erreichen gewesen. Der geistliche Kampf zwischen beiden Konfessionen ging in bitterer Schärfe weiter. Aber mochten die Konfessionen einander weiterhin die Wahrheit und das Lebensrecht bestreiten, so mußte doch wenigstens der weltliche Friede in Recht und Staat gesichert sein. Das christlich motivierte Morden mußte enden.

II. Die Aufgabe und Problematik des Reichskirchenrechts

1. Die historische Aufgabe des Religionsfriedens lag somit in der Aufrichtung einer *politisch-säkularen Friedensordnung* zwischen den beiden großen Konfessionen – trotz (bzw. wegen) ihres fortdauernden theologisch-kirchlichen Kampfes und Absolutheitsanspruchs. Mit unseren modernen Augen liest sich das Grundkonzept dieser politischen Koexistenz und Parität so glatt und selbstverständlich – aber welche Berge von Schwierigkeiten und welche Abgründe taten sich hier vor den Zeitgenossen auf!

2. Die einzelnen Edikte, Reichsabschiede und Religionsverträge vor 1555 gaben mit ihren jähen Wechselfällen nur Augenblicksaufnahmen aus der Oberflächenbewegung der Reichspolitik und des Reichsrechts wieder, die nicht überbewertet werden dürfen. In der Tiefenschicht aber ist die Verfassungslage Deutschlands von eigentümlicher Konstanz gewesen, die mit gewissen Modifikationen noch für den Augsburger Religionsfrieden von 1555, ja über den Westfälischen Frieden von 1648 hinaus bestimmend blieb. Sie war bedingt durch die tiefe *christliche Wesensbestimmung* der Reichsidee, des Rechtsdenkens und des Kirchenverständnisses, die beide Konfessionen zugrunde legten, aber divergierend im Sinn ihres Bekenntnisses geltend machten. In dieser seiner Spaltung blieb das Christliche im absoluten Anspruch noch lange bestimmend für das Reich und Recht:
Das *Reich* galt als heilige Größe, als Sacrum Imperium, welches als das vierte Weltreich nach dem Propheten Daniel bis zum Ende der Zeiten dauerte; es gründete sich auf die heilige universale Kirche, zu deren Vogtei und Schirmherrschaft es verpflichtet war und deren Dogmen reichsrechtlich verbindlich galten. Mochten auch die Sakralmomente der Reichsidee seit dem Investiturstreit im Papst-Kaiser-Streit angeschlagen und durch die lutherische Zweireichelehre weithin fraglich geworden sein, so war die religiöse Weihe und Pflicht des Reichs, des Kaisertums und aller Obrigkeit doch unbestritten.
Das *Recht* wurde ebenfalls letztlich auf beiden Seiten theologisch begründet und begrenzt: Alle Obrigkeit hatte ihre Gewalt von

Gott, war an das göttliche Naturgesetz des Dekalogs und an das ius divinum positivum gebunden, welches die göttlichen Grundlagen der Kirche im Sakrament, Amt und (allgemeinen?) Priestertum umfaßte. Alles menschliche Recht stand unter dem Vorrang des göttlichen Rechts und galt nur in seinen Grenzen. Gottwidriges, d. h. glaubenswidriges Recht wurde als ipso iure nichtig angesehen – im kirchlichen wie auch im weltlichen Recht. Die weltliche Obrigkeit war Gottes Dienerin und also (katholisch) der weltliche Arm der Kirche bzw. (evangelisch) Gottes Amtmann kraft göttlicher Berufung zum irdischen Beruf. Weltlichkeit war bei beiden Konfessionen ein (jeweils verschieden definierter und begrenzter) theologischer Begriff, der im Konfessionellen Zeitalter nicht die Emanzipation des sündigen Geschöpfes vom Willen und Gesetz des Schöpfers und Erlösers zur autonomen Säkularität und zur „Eigengesetzlichkeit" der Rechtsgewalt umschloß.

Und Reich und Recht waren – in evangelischen wie in katholischen Augen – auf Schutz und Förderung der einen, wahren *Kirche Christi* verpflichtet: Ihre göttliche Wahrheit und Unverfügbarkeit, Einheit und Einzigkeit, Katholizität und Universalität wollten beide Konfessionen durch ihre Reformen bzw. Reformationen gegen den Irrtum und Abfall der Gegenseite bewahren. In der Identitätsbehauptung mit dieser einen wahren Kirche machten sie deren Absolutheitsanspruch für sich selber geltend. Die Evangelischen hatten ja nur die Reformation dieser einen „katholischen" Kirche, nicht etwa die Separation und Neugründung einer „protestantischen" Kirche angestrebt. Kirche – das gab es von Rechts und Glaubens wegen eigentlich nur im Singular; die legale und legitime Pluralität mehrerer Kirchen (d. h. bekenntnisverschiedener „Religionsgesellschaften") hat erst sehr viel später die Korporationstheorie der Aufklärung auf säkularer, soziologischer Begründung denkbar und ohne Vorbehalte anerkennbar gemacht.

3. Der unlösbare Zusammenhang des Reichs-, Rechts- und Kirchenproblems hat so die *theologische Wahrheitsfrage* nach dem Ausbruch der reformatorischen Bewegung rasch zur Zentralfrage der Verfassungskrisen und -kämpfe im Reiche werden lassen. Die geistlich-weltliche Einheitsidee des Mittelalters wirkte auf beiden Seiten übermächtig fort. Die Glaubensverbundenheit des Rechts hat die theologische Auseinandersetzung unmittelbar in die juristische Argumentation hineingezogen. Aus dem neuen Verständnis der Heiligen Schrift ergab sich ein neues Verständnis des Rechts, und zwar des kirchlichen wie auch des weltlichen Rechts. Die gesamte – vorsäkulare – Rechtsordnung war ja in einem heute

kaum vorstellbaren Maße von theologischen Prämissen und Prinzipien determiniert, von denen alles abhing, was mit Kirchengut und Pfründen, Zehnten und anderen Gefällen, Bischof und Geistlichkeit, Priestertum und Amtsgewalt, Häresie und Exkommunikation, Obödienz und Exemptionen, Ehe und Familie, Patronat und der Rolle der weltlichen Obrigkeit bei dem allen zu tun hatte. Die ganze Kirchenverfassung sah sich durch die reformatorischen Thesen über Amt und Gemeinde, Sakrament und allgemeines Priestertum grundstürzend verändert. Die Mönche liefen aus den Klöstern und heirateten, wenn die Gelübde nicht mehr galten, sondern Satanswerk sein sollten. Die riesige Vermögensmasse der Seelenmeßstiftungen wurde sinnlos und lag brach. Auf das gleiche Kirchengut erhoben beide Konfessionen prinzipiell und konkurrierend Anspruch. Was die einen als Reformation und Reinigung von gottwidrigen Mißbräuchen für geboten hielten, schien den anderen ein gemeiner Raub, gegen den sie sich mit Possessionsmandaten und Spoliationsprozessen wehrten – in welchen die Gegenseite doch nur frevelhaften Rechtsbruch und faktische Vergewaltigung erblickte, gegen die das Widerstandsrecht zur Durchsetzung des Rechts im Reiche zu mobilisieren war. Ehe, Erbrecht, Ebenbürtigkeit und – das wichtigste Problem im monarchischen Staat – Thronfolge hingen ab von der umstrittenen theologischen Haltbarkeit der kanonischen Ehevoraussetzungen. Letztwillige Verfügungen, besonders Erbeinsetzung bzw. Enterbung unter Vorbehalt der Glaubenstreue bzw. des Glaubenswechsels galten der anderen Seite als sittenwidrig und nichtig. Alles konnte letztlich von der theologischen Beurteilung abhängen. Das galt für die Kompetenzen und die Rechtsgültigkeit der Akte des Kaisers und der anderen Reichsorgane, besonders des Reichstages und der Reichsgerichte, und das galt ebenso für die Akte und die Amtsgewalt des Papstes und des Episkopates. Umstritten war die Charakterisierung einer Materie bzw. Norm als „Geistlich" oder „Weltlich" (z.B. der Obrigkeit und der Ehe als „weltlich Ding" i. S. der Protestanten) je nach dem konfessionellen Verständnis von Kirche und Welt, Kirchengewalt und weltlicher Gewalt, weil hier die Maßstäbe des kanonischen Rechts bzw. der lutherischen Lehre von der Rechtfertigung und der Kirche fundamental auseinandergingen. Die Evangelischen haben die Kirchengewalt auf die geistliche Gewalt des Worts beschränkt (sine vi, sed verbo) und von den kanonistischen Elementen weltlicher Herrschaft (und insbesondere der Weltherrschaft) entblößt; das weltliche Regiment aber wurde in seiner Selbständigkeit, Aufgabe und Herrschaftsgewalt entscheidend erweitert, so daß es sich auch auf die cura religionis und weltliche Straf- und Ordnungsgewalt über das Kirchenwesen im Land bezog. Auch alle Allgemeinbegriffe wie Friede, Freiheit (bzw. Versklavung in Sünde und Irrtum), Gewissen, Autorität, Gehorsam, Zwang, Gerechtigkeit und Billigkeit wurden in den Sog der theologischen Interpretation hineingerissen und sinnverschieden ausgelegt.

Kurz: Die Verfassungswirren des Reichs kreisten letztlich weithin um den rechten Sinn des Rechts im rechten Glauben. Aus Glaubenszweifeln erwuchsen Rechtszweifel, aus Glaubensunsicherheiten eine tiefe Rechtsunsicherheit.

4. Die Glaubensspaltung hat folglich auch eine tiefe, innere *Spaltung der Rechtsordnung* aufgerissen, die rein juristisch gar nicht mehr zu beheben war. Diese innere Aufspaltung der Rechtsordnung aber wirkte um so verwirrender und erbitternder, als beide Konfessionen ja *prinzipiell* an der *Einheit* der Kirche und des Reiches wie des Rechtes festhielten und ihre Einheitsidee mit der Absolutheit ihres Wahrheitsanspruchs vertraten. Beide sprachen ja noch die gleiche Rechtssprache – erst die Aufklärung hat die „papistischen" Begriffe im evangelischen Kirchenrecht zu beseitigen versucht. Beide handelten von den gleichen juristischen Gegenständen und Institutionen in den gleichen theologischen Rechtsbegriffen, aber mit gegensätzlichem theologischen Sinnverstand und widerstreitendem juristischen Ergebnis. Hierin liegt der entscheidende Befund, der auch die folgenden Generationen weit über 1555 hinaus bestimmte und belastete:

Beide Konfessionen waren seit der Glaubensspaltung auseinandergetreten in *zwei gegensätzliche konfessionelle Verfassungskonzeptionen*. Sie waren in der Tiefe unüberbrückbar geschieden. Sie konnten auch im Jahre 1555 nur bruchstückhaft und partiell durch äußere politische Klammern und Ausgleichsinstrumente notdürftig und stets gefährdet verbunden werden. Dieses geistige Auseinandertreten der Religionsparteien zu zwei konträren Verfassungskonzeptionen ist gleichsam der rote Faden, der sich durch alle Verfassungswirren und -experimente der Reformationszeit und des Konfessionellen Zeitalters in Deutschland hindurchzieht. Es wird in der Speyrer Protestation von 1529 erstmals prinzipiell formuliert, in den Friedständen seit 1532 interimistisch abgesichert, im Religionsfrieden von 1555 auf Dauer erhärtet und im IPO von 1648 in die festen paritätischen Verfahrensformen der itio in partes gebracht, welche die konfessionelle Spaltung der Rechtsentwicklung und des Rechtssystems im Reiche fast sinnbildlich ausdrückt. Die späteren Schwierigkeiten im Vollzug des Religionsfriedens waren in dieser Grundstruktur des Rechts prinzipiell angelegt: Wenn eine vorsäkulare Rechtsordnung – in der das überkommene geistlich-weltliche Einheitsdenken auf beiden Seiten der gespaltenen Einheit so stark lebendig blieb – den politischen Frieden vom kirchlichen Frieden abspalten und ihn trotz des kirchlichen Kampfes garantieren sollte, wenn sie die Einheit (des Reichs) in der Zweiheit (des Glaubens und der Kirche) erhalten und die Absolutheit (beider Konfessionsansprüche) in der Relativität (der Koexistenzordnung) schützen und zugleich begrenzen sollte, dann war ihr im Grunde die Quadratur des Kreises zur Aufgabe gestellt! Ohne Bruch und Umbruch war sie nicht zu lösen.

Je mehr die Glaubensspaltung das Reich zerrüttete, desto vordringlicher stellte sich ihm folgende Doppelaufgabe als Existenznotwendigkeit:

5. Als Fernziel mußte auf die konfessionelle *Wiedervereinigung* hingearbeitet werden. Sie war nicht nur eine theologische und kirchenpolitische Aufgabe, sondern ein Verfassungsgebot, weil sie allein die Verfassungswirren aus der Wurzel heilen konnte. Als solches ist das Wiedervereinigungsgebot deshalb auch im Religionsfrieden von 1555 und noch im IPO von 1648 expressis verbis festgeschrieben worden. Es war für beide Konfessionen auch unentbehrlich als Rechtfertigungsgrund und als juristische Brückenkonstruktion, die aus ihrem Absolutheitsdenken hinüberführte in die politische Koexistenzordnung und Gleichberechtigung mit der gegnerischen Antikirche, welche man doch für des Satans hielt. Nur in der Wiedervereinigungshoffnung und -verpflichtung ließen sich jene gewaltigen Verzichte verantworten, die der Friede beiden Teilen abnötigte und die sie so – trotz der Dauergeltung des Friedens – doch nicht als endgültig zu deklarieren brauchten. Nur in der Wiedervereinigungshoffnung war die Hinnahme des gegenwärtigen Zwiespalts kein (unzulässiger) Verrat an der göttlich gebotenen Einheit der Kirche und des Glaubens und an der unverfügbaren Verpflichtung auf das göttliche Recht. Nur so ließ sich die Suspension der katholischen Bischofsgewalt (die doch nach ius divinum menschlich unantastbar und unverzichtbar war) als einstweilige Notmaßnahme legitimieren, desgleichen die Überlassung des entfremdeten Kirchenguts. Nur so war der evangelische Verzicht auf die (göttlich gebotene) Verkündigung zu rechtfertigen, wenn man sich im Religionsfrieden auf das Verbot des „Abpraktizierens" der fremden Untertanen einigte.

6. Als Nahziel aber mußte – bis zur Wiedervereinigung – eine *interimistische* Ordnung von *Not-, Teil- und Zwischenlösungen*

gewährleisten, daß die Einheit, der Friede und die Verteidigung des Reichs gegen die Türken und Franzosen gesichert wurden. Zu diesem Zwecke mußte ein Klima der Verständigung, der Freiheit und Kompromißbereitschaft gepflegt und gefördert werden. So wurde schon seit 1526, dann in der Breite seit 1532 die Schärfe des einseitig-konfessionellen Rechts durch das System von Suspensionen (z. B. der Reichsacht und der bischöflichen Jurisdiktion und der Kirchengutsprozesse gegen die Evangelischen) abgemildert. Dafür wurde jener erwähnte Rechtstyp aus „dissimulierenden" Begriffen und Regeln entwickelt, der in bewußter Mehrdeutigkeit Kompromißregelungen schuf. So wurde im äußerlichen Konsens die politische Einheit und Befriedung ermöglicht, jedoch zugleich im inneren Dissens die geistliche Trennung und Freiheit beider Konfessionen zur divergierenden konfessionellen Interpretation der gemeinsamen Normen und Begriffe gesichert – mochte es sich um Konzil und Religionsvergleich, Einigkeit und Friede, geistliches Amt und Kirchengut, Obrigkeit und Widerstandsrecht handeln. Die – einstweilen unaufhebbare – Spaltung wurde also hingenommen, aber zugleich äußerlich verdeckt. Die Kunst verschleiernder Formelkompromisse im Verzicht auf die Entscheidung des Unlösbaren – das „verbis consentire" – wurde zu solcher Vollendung gebracht, daß spätere Zeiten die Problematik und den unüberbrückten Riß in der konfessionellen Ausgleichsordnung ganz aus dem Blick verloren.

Dieses doppeldeutige, dissimulierende Recht hat einerseits bedeutsam zur Befriedung und zum Ausgleich beigetragen. Andererseits hat es die Wahrheit und Klarheit der Rechtsordnung untergraben und die Rechtssicherheit noch weiter erschüttert, nachdem sie ohnehin schon durch den Glaubenszweifel und Glaubenszwiespalt schwer angeschlagen worden war. Denn beide Teile suchten sich dieser reichsrechtlichen Ausgleichsordnung zum eigenen Vorteil zu bedienen, indem sie auch der Gegenseite ihre eigenen theologischen Maximen bei der Rechtsauslegung unterzuschieben bzw. aufzunötigen suchten. So hat sich ein Schleier von Undurchsichtigkeit und Zweideutigkeit auf alles Recht gelegt, und das hat wiederum einen Vertrauensschwund großen Stils bewirkt, während man doch existenziell auf Vertrauen und Vertragstreue angewiesen war.

Der Religionsfriede hat dieses System der vorläufigen Friedstände seit 1532 weiter ausgebaut, ohne es letztlich prinzipiell zu verändern.

III. Grundprinzip und Inhalt des Religionsfriedens

Der Religionsfrieden von 1555 schuf also eine *Ordnung des politischen Friedens* und der *rechtlich garantierten Koexistenz* zwischen den beiden konfessionellen Machtblöcken bis zu ihrer – auch staatsrechtlich aufgetragenen, einstweilen unerreichten – kirchlichen Wiedervereinigung.

1. Die Glaubenskrise wurde *nicht gelöst:* Der Religionsfriede hat keineswegs den religiösen Frieden gebracht; er hat das nicht gekonnt und auch gar nicht gewollt. Die geistliche Verständigung und Einigung im Glauben war ja ausgeblieben, und auf die Zwangseinheit von Glaube und Recht im Reiche hatte man gerade verzichten wollen. Die Glaubensfrage wurde ferner *nicht eliminiert und ignoriert* im weltlichen Rechtssystem; die Trennung zwischen Staat und Kirche und die prinzipielle Säkularisierung des Verfassungsrechts erschien den Zeitgenossen nach dem Reichs-, Rechts- und Kirchenbegriff des Konfessionellen Zeitalters noch ganz undenkbar. So geschah das Einfachste und Nächstliegende: Die religiöse Wahrheitsfrage blieb *in der Schwebe.* Sie wurde suspendiert und neutralisiert, um in dieser rechtlichen Eingrenzung ihre politische Sprengkraft zu verlieren. Sie wurde also nicht aus dem weltlichen Recht verbannt. Sie wurde aber auch nicht vom weltlichen Recht des Reichs entschieden, wie dies im Territorium geschah. Das Reich behielt so im Prinzip die *Verbundenheit* mit der Kirche, nahm aber den Bekenntniszwiespalt hin als einen unausgetragenen innerkirchlichen Lehrkonflikt, den es unentschieden ließ. So fiel im Rechtsbereich des Reichskirchenrechts keiner der beiden Teile unter den suspendierten Häresievorwurf bis zur – aufgeschobenen, aufgetragenen – Klärung des Glaubenszwistes. Die Einheit des Glaubens und der Kirche im Reich wurde somit im Prinzip gewahrt und zugleich die Zweiheit der zwistigen Konfessionen in der Praxis gesichert. Auch das *Interimistische* der bisherigen Friedstände blieb insofern erhalten, als der Religionsfriede einstweilen(!) – bis zur gebotenen Wiedervereinigung – auf Dauer(!) galt. Die Dauer und die Vorläufigkeit haben sich hierbei paradox verknüpft und bedingt, weil die Dauergeltung des Friedens eben nur durch jene Begrenzung (bzw. Deklarierung) als Interimsordnung möglich war: Ließ sich doch der Verzicht auf die Kircheneinheit, auf die Absolutheit des Bekenntnisanspruchs und auf die Durchsetzung des ius divinum von beiden Seiten nur als einstweilige Suspension, als interimistisch gebotenes Instrument zur Wiedervereinigung in der göttlich gebotenen Einheit konzedieren. Die Dauergeltung konnte

nur interimistisch, die Interimsordnung mußte auf Dauer zugestanden werden.

2. Diese Friedens- und Koexistenzordnung war also *weltlich-politischer Natur:* Sie gab hinfort beiden Konfessionen den gleichen Schutz und die gleiche rechtliche Anerkennung des Reichs; sie gewährleistete ihnen die politische Existenz, die innere geistliche Selbstbestimmung und die äußere Entfaltungsfreiheit ihres Bekenntnisses und Kirchenwesens. Damit war beiden Konfessionen auch garantiert, sich jeweils für das einzig richtige Bekenntnis in der Absolutheits- und Identitätsbehauptung mit der wahren Kirche Christi anzusehen und den Gegner *geistlich* zu bekämpfen. In den tridentinischen Glaubensdekreten und in den frühen wie späteren evangelischen Bekenntnisschriften wurde diese geistliche Verwerfung und Abgrenzung dann auch entschieden proklamiert. Aber diese rechtliche Freiheit zur geistlichen Selbstentfaltung und Auseinandersetzung wurde weltlich eingegrenzt und umhegt durch die mannigfachen Verteilungs-, Schutz- und Schrankennormen des Reichskirchenrechts, die verhindern sollten, daß der geistlich lodernde Brand auch das weltliche Gefüge des Reichs ergriff und einäscherte. Die Einzelregelungen bestimmten:

3. Der *Reichslandfriede* wurde erstreckt auf den religiösen Bereich, der ihm bisher durch das Ketzerrecht versperrt war: Die Augsburger Konfession wurde ebenso wie das römisch-katholische Bekenntnis in den Schutz und die Anerkennung des Reiches einbezogen. Hingegen blieben alle anderen Bekenntnisse, insbesondere die Sekten, davon „gäntzlich ausgeschlossen" (§ 17); ihnen gegenüber bestand das mittelalterliche geistlich-weltliche Einheitszwangssystem fort. – Die Auswirkungen dieses Schutzes und dieser Freiheit waren freilich höchst verschieden für die Reichsaristokratie und für die anderen Stände.

4. Die *Reichsstände* der Augsburgischen ebenso wie der katholischen Konfession – Kurfürsten, Fürsten, Grafen – genossen volle Sicherung ihrer persönlichen Freiheit, Rechtsstellung, Güter und Herrschaftsrechte gegen jede Beeinträchtigung aus Konfessionsgründen, etwa durch die gefürchteten Religionsmandate und -prozesse. Ebenso wurden sie in ihrem geistlichen Status geschützt (§§ 15, 16). Den evangelischen Reichsständen wurde dies ausdrücklich zugesichert für das Bekenntnis, den Kultus, die Kirchengebräuche und Kirchenordnungen – „so sie aufgericht oder nochmals aufrichten möchten" (§ 15). Hierdurch war den weltlichen Reichs-

ständen auch der künftige Übertritt zum Augsburger Bekenntnis freigestellt, ebenso wie ihnen die Rückkehr zum katholischen Glauben offenstand. Den evangelischen Reichsständen war damit sinngemäß die Bestimmung des territorialen Bekenntnisstandes im Lande, also der Religionsbann überantwortet, desgleichen auch die Ordnung des evangelischen Landeskirchentums überlassen. Die Publizistik hat dies später mit der Formel „cuius regio, eius religio" und mit den Begriffen ius reformandi und Summepiskopat recht treffend umschrieben.

5. Den *geistlichen Reichsständen*, also den vielen Fürstbischöfen und Fürstäbten, die das zahlenmäßige Übergewicht der Katholiken im Reichstag und in manchen Reichskreisen bewirkten, wurde ebenfalls der volle Schutz des Reiches in ihren weltlichen und geistlichen Rechten zugesprochen (§ 16). Aber das Reformationsrecht verwehrte ihnen der *„Geistliche Vorbehalt"* (§ 18): Der persönliche Übertritt zur Augsburgischen Konfession sollte ihnen zwar freistehen ohne Strafe und Ehrverlust (womit das Reichsrecht ihre Statusbindungen des kanonischen Rechts flagrant aufbrach). Jedoch traf sie dann der Verlust aller ihrer Kirchenämter, Pfründen, Reichslehen und Territorialherrschaft; ihren Domkapiteln bzw. Konventen wurde das Recht zugesichert, einen katholischen Nachfolger zu wählen. – Diesen „Geistlichen Vorbehalt" hatten die Evangelischen als untragbare Diskriminierung abgelehnt, es aber geschehen lassen, daß König Ferdinand ihn aus kaiserlicher Vollmacht von sich aus in den Religionsfrieden aufnahm. So stand er als einseitige königliche Verordnung wie ein erratischer Block inmitten der Friedensvereinbarung zwischen dem Kaiser und den Reichsständen. – Fragwürdiger noch war eine verschwiegene, dem Frieden nicht einverleibte Nebendeklaration König Ferdinands vom 24.9.1555, die den Evangelischen zur Kompensation in den (katholisch fixierten) geistlichen Fürstentümern den evangelischen Bekenntnisstand der landsässigen Ritterschaft und Städte garantierte.

6. Den *Untertanen* beider Konfessionen wurde das Emigrationsrecht aus Glaubensgründen garantiert, und zwar mit „Weib und Kind", unter Garantie ihres Eigentums und eines Ablösungsrechts der Leibeigenschaft (§ 24). Die Forderung der Evangelischen nach „allgemeiner Freistellung", d.h. uneingeschränkter Religionsfreiheit für jedermann (freilich nur zu den beiden anerkannten großen Bekenntnissen) ließ sich nicht durchsetzen. Daraus war zu folgern, daß die Untertanen dem Religionsbann ihres Landesherrn unterworfen waren, sofern sie sich nicht zur Emigration entschlossen.

Wer blieb, riskierte zur Landesreligion gezwungen oder ausgewiesen zu werden. Nach dem Reichsrecht mußte der Landesherr also keineswegs religiöse Toleranz gewähren; hierzu konnte er sich freilich durch territorialrechtliche Verträge mit seinen Ständen verpflichten, was manchenorts geschah. – Aber durch das religiöse Auswanderungsrecht hatte doch jedermann im Reiche das Recht der freien Bekenntniswahl. So bescheiden heute dieses beneficium emigrandi anmutet – diese Religionsfreiheit im Gewande des religiösen Freizügigkeitsrechts ist das erste allgemeine Grundrecht, das das Reich durch das geschriebene Verfassungsrecht jedem Deutschen garantierte. Es hat damit die fortgeschrittene Mediatisierung aller Herrschaftsbeziehungen durch die aufstrebende junge Territorialstaatsgewalt segensreich durchbrochen und begrenzt. Das in Europa fast durchweg praktizierte Staatszwangskirchentum fand so im deutschen Reiche eine bedeutsame Milderung. Keine Geltung erlangte es freilich in Kaiser Karls V. eigenen Landen, weil Ferdinand zu dieser Konzession die Vollmacht fehlte. So blieb die Todesstrafe gegen die Ketzer in Burgund und in den Niederlanden erhalten; dem Niederländischen Freiheitskampf gegen Philipps II. und Albas Blutgerichte bot der Religionsfriede keinen Schutz.

7. In den 1555 konfessionell *gemischten* Frei- und *Reichsstädten* sicherte eine (schein-)paritätische Status-quo-Garantie beiden Konfessionen ihre bisherige Religionsausübung und ihr Kirchenwesen und Kirchengut (§ 27). Sie schützte vor allem die katholischen Minoritäten dieser Städte in ihren seit dem Interim errungenen Rechten, Kirchen und Gütern und verwehrte den Stadtobrigkeiten die evangelische Reformation ihrer Stadt.

8. Das *reichsunmittelbare Kirchengut* in den Reichsbistümern und -abteien sollte durch den Geistlichen Vorbehalt der katholischen Kirche gesichert werden (§ 18). – Das *mittelbare*, landsässige Kirchengut jedoch, das von evangelischen Reichsständen als Landesherrn im evangelischen Sinn reformiert bzw. säkularisiert worden war, blieb ihnen zur geistlichen bzw. weltlichen Verwendung überlassen, wenn es die katholische Geistlichkeit z.Z. des Passauer Vertrages 1552 „oder seithero" nicht in Possession gehabt hatte (§ 19). Die geistlichen Einkünfte aber sollten der auswärtigen katholischen Hierarchie weiterhin zu bezahlen sein, freilich unbeschadet der weltlichen Obrigkeitsrechte der evangelischen Reichsstände und nur nach Abzug der örtlichen Kirchen-, Pfarr-, Schul- und Spitalbedürfnisse der Evangelischen (§ 21). – Zur Absicherung des Friedens wurde weiter bestimmt:

9. Die *geistliche Jurisdiktion* der römisch-katholischen Kirche über die Augsburger-Konfessions-Verwandten wurde „suspendiert", soweit es ihr Bekenntnis und ihr Kirchenwesen betraf. Damit war insbes. das Ketzerrecht gegenüber der C.A. reichsrechtlich beseitigt (§ 20).

10. Die religiöse *Wiedervereinigung* wurde als Verfassungsauftrag und letzte Lösung aller Religionsprobleme proklamiert. Der Religionsfriede deklarierte sich deshalb als vorläufiges weltliches Mittel für diesen geistlichen Zweck; so galt er „bis zu christlicher, freundlicher und endlicher Vergleichung der Religion und Glaubenssachen", die ihn obsolet werden lassen sollte (§§ 25, 10, 11).

11. Aber mit dem Provisorium wurde die unverbrüchliche *Dauergeltung* des Religionsfriedens verknüpft, falls der Religionsvergleich „durch die Wege des Generalkonzils, Nationalversammlung, Colloquien oder Reichs-Handlungen nicht erfolgen würde" (§ 25). Die aufgetragene Glaubenseinheit war also kraft Reichsrecht nicht durch Religionszwang und Religionskrieg, sondern nur in beiderseitiger, freiwilliger Anerkennung zu erreichen.

12. Der Friede erhielt *Vorrang* und Derogationskraft gegenüber allem früheren und späteren, weltlichen und kirchlichen Recht (§§ 28, 29). Das Versprechen unparteiischer Verfassungsgerichtsbarkeit und der Neuordnung des *Kammergerichts* mit Zulassung evangelischer Beisitzer, sowie die *Exekutionsordnung* gaben dem Friedenswerk die nötigen Sanktionen.

IV. Die Rechtsnatur des Religionsfriedens
als unvollständige säkularisierende Vereinbarung

1. *Vereinbarungscharakter.* Mit dem Religionsfrieden war ein Grund für die Fortentwicklung des Reichs in Frieden und Freiheit inmitten der ringsum tobenden europäischen Konfessionskämpfe gelegt. Er hat in der Praxis wie in der Lehre die Bedeutung eines staatsrechtlichen Fundamentalvertrages und -gesetzes gewonnen. Er trug den Doppelcharakter einer ständischen Vereinbarung zwischen dem Reichsoberhaupt und den Reichsständen (wie jeder Reichsabschied) und einer konfessionellen Vereinbarung zwischen der katholischen und der evangelischen Religionspartei. Durch ihn wurde die entscheidende Verschmelzung des ständischen (bzw.

föderalistischen) Dualismus und des konfessionellen Dualismus festgelegt, welche für die Entwicklung der Religion und des Geisteslebens sowie für die Auseinandersetzung zwischen Monarchie und Ständetum, Einheitsstaatlichkeit und Föderalismus bzw. Partikularismus in Deutschland folgenreich bis heute werden sollte.

2. *Unvollständigkeit* und versteckte *Gegensätzlichkeiten*. Aber damit waren keineswegs alle Fragen gelöst. Der Friede verbarg in sich zahlreiche Lücken, Zweifelsfragen und Spannungen. Er hat, genau betrachtet, nur eine Teileinigung gebracht, deren Fortbildung der Zukunft überlassen war. Er war ja ein von beiden Seiten raffiniert und zäh im „do ut des" ausgehandelter diplomatischer Kompromiß; er enthielt kein logisch-rationales System, das konsequent und in Systembegriffen auf innere Einheit und Widerspruchslosigkeit angelegt gewesen wäre. Selbst der Westfälische Friede trug noch diesen Charakter, auch er lag noch weit vor der Epoche der großen rationalen Kodifikationen der Aufklärung. Beide Religionsparteien hatten höchst verschiedene, schwer ausgleichbare Ziele. Beide hatten auch die Absicht, den Widerpart nach Möglichkeit zu überlisten und sich eine günstige Ausgangsposition für die künftigen Interpretationskämpfe zu sichern, die dann die Epoche bis zum Westfälischen Frieden in Atem hielten. Begriffliche Klarheit und logische Stringenz schien beiden Seiten nicht das dringendste Desiderat, sondern eher hinderlich; die „Unklarheiten", „Unvollständigkeiten", „Halbheiten", die die Geschichtswissenschaft bis heute dem Frieden vorwirft, und von denen er in der Tat wimmelte, sind nicht aus Unvermögen oder Versehen unterlaufen. Sie folgten weithin aus der juristischen Strategie der gegenseitigen Übervorteilung, die schon 1555 angelegt war und die dann später durch die konfessionelle Kontroversjurisprudenz zur hohen Schule kryptotheologischer Gewaltinterpretation entwickelt wurde. Unumgängliche Zugeständnisse suchte man in großherzige Allgemeinheiten aufzulösen und an anderer, versteckter Stelle durch unscheinbare Spezialbestimmungen auszuhebeln. Statt lästiger Schranken ließ man lieber Lücken. Mit Formelkompromissen wurden ungelöste Streitpunkte zugedeckt. Dehn- und deutbare Formulierungen schufen ein (schein-)biederes Einvernehmen und reservierten doch die rigorose eigene Interpretation, die das Konzept der Gegenseite unterlaufen und ihr den eigenen Standpunkt aufnötigen konnte. So ließ sich der Konsens beliebig in Dissens umstülpen, indes man Treue und Vertrauen beteuerte und die Hinterhältigkeit und Gewaltsamkeit der Gegenseite anprangerte. Kurz: Der Friede war gespickt mit Zweifeln und Lücken. Er war –

für sich genommen – nur ein Torso und ein Anfang, der friedvoll gelebt, ergänzt und fortgeschrieben werden mußte. Auf den Vollzug des Friedens kam es an!

3. *Verfahrensprobleme*. Entscheidend war, wie dies geschah: Durfte der Kaiser bzw. die katholische Mehrheit den umstrittenen Friedensinhalt im einseitigen Diktat in ihrem Sinne „klären" und fortentwickeln? Oder waren sie insoweit auf das vertragsartige Einvernehmen beider Konfessionsparteien angewiesen, in dem der Friede 1555 zustande gekommen war? Wichtiger als der materielle Friedensinhalt war das formelle Verfahren des Friedensvollzuges, das den Friedensabschluß von einst und die Friedensinterpretation, Lückenschließung, Präzisierung, Ergänzung und Fortbildung in der Gegenwart und in der Zukunft umschloß: Das materielle und das formelle Gefüge des Friedenswerkes, sein Gehalt und sein Vollzug bildeten eine Einheit und ließen sich nicht trennen. Sonst wurde das gemeinsame Vertragswerk nachträglich zur Disposition eines der Streitteile bzw. Friedenspartner gestellt und damit innerlich aufgelöst und aufgebrochen. „Legitimation durch Verfahren" (N. Luhmann) – diese These moderner Soziologie und Verfassungstheorie – galt für das Konfessionelle Zeitalter mit größerem Recht als für die Gegenwart, weil man nach dem Verlust der religiösen und rechtlichen Gemeinsamkeit noch nicht zur säkularen Einheit des modernen Verfassungsstaats gefunden hatte, weshalb der AR 1555 auch nicht i. S. der rationalen Einheit moderner Verfassungen beurteilt werden kann.

4. *Lücken und Zweifelsfragen*. Entscheidendes war – dem Wortlaut nach – unentschieden geblieben: Unklarheit herrschte über die Voraussetzungen und Rechtswirkungen des landesherrlichen ius reformandi, über die Gültigkeit und den Inhalt des Geistlichen Vorbehalts, über die Deklaration Ferdinands zugunsten der landsässigen protestantischen Ritterschaft und Städte in den geistlichen Fürstentümern. Klärungsbedürftig war die Regelung des mittelbaren, 1552 noch nicht reformierten bzw. säkularisierten Kirchenguts, der religionsrechtliche Status der Reichsritter und der Reichsstädte, unbestimmt der Umfang der geistlichen Jurisdiktion der katholischen Bischöfe. Nichts vereinbart war über das Vermögen auswärtiger exemter Orden, über die Behandlung der Kondominate, über die Zuständigkeit des Reichshofrats in Religionssachen u. a. m. – Und erst die Tiefenprobleme: Welche Fassung der Augsburger Konfession war nun im Reiche zugelassen und anerkannt? Die ursprüngliche, von den Reichsständen 1530 vorgelegte

„invariata", oder die „variata" nach Melanchthons späteren Verbesserungen, oder auch ihre territorialen Fortbildungen, über die die evangelischen Theologenschulen inzwischen in erbitterte interne Lehrstreitigkeiten geraten waren? Sodann: Wer besaß die Kompetenz, über den Inhalt, die Auslegung, die geistliche Bindungswirkung, die Grenzen des evangelischen Bekenntnisses (zu den Sekten und dann zum Calvinismus) zu entscheiden? Wer also durfte den Kreis der evangelischen Bekenntnisanhänger bestimmen und die evangelischen Bekenntnisangelegenheiten definieren, in denen die katholische Bischofsjurisdiktion „suspendiert" worden war?

Aber fataler noch waren die inneren Spannungen in dem Friedenswerk selbst, die eine einvernehmliche Klärung dieser Lücken und Zweifel ungemein erschwerten, zumal sie sich mit den Gegensätzen zwischen dem katholischen und evangelischen Rechtsdenken verquickten.

5. *Säkularisierung.* Da war zunächst die Spannung zwischen den politisch-säkularen und den religiösen Momenten: Einerseits brachte die neue politische Koexistenzordnung von 1555 eine erste, dauernde Abschichtung und Verselbständigung der politisch-rechtlichen Existenz des Reichs von dem kirchlich-theologischen Absolutheitsanspruch beider Seiten! Sie enthielt eine erste Teilemanzipation des Reichsverfassungsrechts vom theologischen Rechtsdenken und vom kirchlichen Rechtssystem, insbesondere des kanonischen Rechts. Sie führte zur (teilweisen) Säkularisierung und Relativierung des Friedens- und Freiheits-, Einheits- und Gleichheitsbegriffs im Reich, die das gesamte Reichsrecht in ihren Bann schlug. Ein ungeheurer Verfassungsumbruch wurde damit eingeleitet: Die pax christiana säkularisierte sich insoweit zum „modernen" weltlichen *Frieden,* als er auch die Häretiker schützte, und zwar gerade gegen das kirchliche Recht! Die Säkularisierung des Friedens zog ja die Säkularisierung vieler reichsrechtlicher Institutionen nach sich, etwa des Eides, mit dem man ihn beschwor, des Kaiseramtes, das ihn abschloß, seiner Kirchenvogtei, die ihn schützte, des Reichstages und der Reichsgerichte, deren Rechtsgewalt und Verfahren sich nach ihm bemaßen. – Sodann: Der theologische *Freiheitsgedanke* begriff bisher die Freiheit bei beiden Konfessionen als Freiheit des Christen aus dem Glauben (zur Wahrheit, in der Einheit der Kirche, kraft der Verkündigung und sakramentalen Gnade der wahren Kirchengewalt); er meinte die Freiheit, die aus der Verdammnis des Irrglaubens und der Sünde zur Seligkeit befreit. Aber der Freiheitsgedanke säkularisierte sich nun zur poli-

tischen Wahlfreiheit zwischen den beiden zugelassenen Konfessionen. Er wurde also zu einer weltlichen Freiheitsform, welche die religiöse Wahrheitsfrage insoweit prinzipiell ausgrenzte und die Bekehrung wie den Abfall von dem wahren Glauben als gleichwertige rechtliche Freiheitsäußerungen gelten ließ. Das widersprach nicht nur strikt dem katholischen Denken, sondern ebenso der lutherischen Freiheit des Christenmenschen, die – im Gefolge des paulinischen Freiheitsdenkens – sola fide und sola gratia aus der Verkündigung des reinen Gotteswortes erwuchs und keine Freiheit des Sünders gegen Gottes Willen kannte. – Und ferner: Die *Einheit* des Reiches nach der Glaubensspaltung konnte nur als säkulare Einheit die religiösen Stürme überdauern. Diese Säkularisierung der Reichsidee hat die Idee der mittelalterlichen geistlich-weltlichen Einheit von Kirche, Reich und Recht unwiederherstellbar gesprengt: Die säkulare, politische Einheit war hinfort durch die religiöse Spaltung und Vielfalt erkauft und bedingt. – Schließlich: Die neue *Gleichheit* und Gleichwertigkeit der beiden Konfessionsparteien wurde erst durch diese Säkularisierung und Relativierung des Friedens-, Freiheits- und Rechtssystems ermöglicht.

6. *Konfessionelle Momente.* Andererseits aber hat das Reichsrecht auch starke kirchlich-konfessionelle Momente behalten, die es vom säkularisierten Rechtsdenken seit der Aufklärung wesensmäßig scheiden. Die Säkularisierung des Reichsrechts war ja nicht als Selbstzweck gedacht, sondern lediglich als Mittel zur gleichzeitigen theologischen Existenzsicherung und paritätischen Entfaltungsfreiheit – zunächst in der Hoffnung auf die Wiedervereinigung. Die Säkularisierung war deshalb in eigenartiger, abgründiger Gegenläufigkeit mit einer prinzipiellen, durchgehenden Konfessionalisierung des Reichsrechts durch beide Religionsparteien verbunden: Dem äußeren Vorrang des politisch-säkularen Rechts entsprach seine dienende Zweckbindung in der konfessionellen Doppelstruktur des Reichs. Sie äußerte sich in der Exklusivität der beiden Großbekenntnisse und ihrer gemeinsamen Front gegen die Sekten, sodann im Zugriff der Konfessionen auf die Reichsorganisation (etwa im Konfessionsproporz der Ämterverteilung) und auf das Gesetzgebungs- und Gerichtsverfahren (bes. in der itio in partes). Deshalb reichte auch die säkularisierende Zurückweisung kirchlicher Forderungen nur soweit, wie es die politische Friedenswahrung, Einheit und Gleichheit im Reiche unumgänglich erforderten; nur insoweit wurde der beiderseitige theologisch-kirchliche Absolutheitsanspruch abgewehrt. Das Reich blieb trotz der Konfessionskonflikte ein christliches Reich (dem nichts ferner lag als die Tren-

nung zwischen Staat und Kirche). Die Glaubensverbundenheit des Reichs blieb mithin prinzipiell bestehen und wurde trotz und inmitten der Glaubensspaltung fortgeführt. Die Glaubensspaltung wurde im Religionsfrieden nicht überwunden und nicht ignoriert, sondern politisch neutralisiert – indem man sie rechtlich institutionalisierte: Die Glaubensspaltung wurde durch diese Verrechtlichung verfestigt, und jede der beiden Religionsparteien wurde gegen den Übergriff der anderen gesichert; zugleich aber wurde beiden Teilen etwa der gleiche Einfluß auf die Reichsgeschicke eingeräumt.

7. *Ihre Verwobenheiten.* Wie labil diese Friedens-Ordnung sein mußte, läßt sich leicht ermessen. In ihrer abgründigen Verwobenheit standen die säkularen und die konfessionellen Elemente einerseits im Gegensatz zueinander, da der Vorrang der weltlichen Friedensnormen die kirchlichen Absolutheitsansprüche und -normen z.T. brach und beschränkte. Doch andererseits ergänzten, ja erforderten sie einander. Nur das säkulare Recht des Reichs konnte den beiden geistlich streitenden Konfessionen den Schutz, die Entfaltungsfreiheit, die Eigenständigkeit ihrer Organisation als Religionspartei (später im Corpus Evangelicorum und Catholicorum) gewährleisten und ihnen die paritätische Teilhabe und Berücksichtigung ihrer Konfessionsprinzipien im Reichsrecht ermöglichen. Nur säkulare, von den theologischen Standpunkten und Streitigkeiten abstrahierende Begriffe und Normen des Reichsrechts konnten verhindern, daß die eine Konfession sich nicht ständig in die internen konfessionellen Fragen des Widerparts einmischte, nicht dessen religiöse Freiheit und Rechtsgleichheit durch parteiisches theologisches Interpretieren, Subtilisieren, Problematisieren, Mitbestimmen und Überstimmen nach fremdem Maßstab verkürzte und beschnitt. So waren beide Konfessionen – gleichsam im Clinch – auf die Säkularisierung des Reichsrechts angewiesen, die sie letzten Endes (in ihrer geistlichen Absolutheits- und Einheitsforderung) nicht guthießen und nur notgedrungen zur eigenen Sicherung anstrebten. Auch die Protestanten waren ja im 16./17. Jahrhundert von religiöser Toleranz und Pluralität noch weltenweit entfernt. Sie haben deshalb – wo sie konnten – in ihren geschlossenen evangelischen Konfessionsstaaten kraft ihrer obrigkeitlichen cura religionis ein strammes Staatskirchentum zur Alleingeltung ihres wahren Bekenntnisses in Kirchenwesen, Erziehung, Geistesleben, öffentlicher Ordnung und Gesellschaft eingerichtet. Im Reiche jedoch haben sie die Gleichberechtigung der Konfessionen und die Unverbrüchlichkeit der weltlichen Friedens-

ordnung (mitsamt ihrer säkularen, relativierten Abfallfreiheit) in ihren Gravamina verherrlicht, weil dies dort für sie das Maximum des Erreichbaren war, das sie in den Stürmen der Gegenreformation am besten schützte.

V. Die Notrechts-, Grundnorm- und Paritätsprobleme

1. *Die Notrechtsproblematik.* Für beide Konfessionen – vor allem aber für die Katholiken – war der Religionsfriede im Grunde ein Produkt der Not, das ihren letzten geistlichen Zielen widersprach, aber situationsgemäß noch das Beste aus der geistlichen Zerstrittenheit und politischen Gefährdung machte. Das läßt die Reichspraxis schon 1555 unmißverständlich erkennen, und die Reichspublizistik hat dies später theoretisch reflektiert. Allgemein betrachtet erschien es allen Seiten problematisch, einen äußeren, politischen Frieden dort aufrichten zu wollen, wo der geistliche, der wirkliche Friede unter den Brüdern fehlte, der aus dem inneren Frieden der Versöhnung mit Gott in der Wahrheit seiner Offenbarung erwuchs. Den katholischen Scharfmachern in der Friedensdiskussion, die gegen Ende des 16. Jh. bis über den Westfälischen Frieden hinaus währte, schien es unmöglich, ja die „höchste Narrheit", „solch übel Zerrüttung" durch „noch mehrer abfall" zu heilen, weil der Religionsfriede „mit Sünden besudelt", ja gar kein Friede, sondern ein „Scheinfriede" und Kampfmittel des Satans sei (A. Erstenberger). Solche Thesen hat freilich selbst der Kaiser mit Ungnade und Schreibverbot quittiert. Aber auch die Evangelischen, die das Geistliche und das Weltliche nach Amt und Rechtsbereich gemäß der lutherischen Zwei-Reiche-Lehre schärfer unterschieden und sich an der Auflösung des überkommen mittelalterlichen Einheitsdenkens theologisch selbst beteiligten, waren im Grunde Gegner der Säkularisierung und der Abspaltung des Politischen vom theologisch kirchlichen Frieden: Die öffentliche Religionsausübung einer Irrlehre sollte nach der maßgeblichen Lehre ihrer Theologen (Joh. Gerhard) und Juristen (Reinking, Carpzov, Arumaeus) nur in einem erschütterten Staatswesen in Frage kommen, und zwar auch dann nur äußerlich geduldet in beschränkter Toleranz, unter Versagung aller öffentlichen Anerkennung und unter Ausschluß jeder Form des religiösen Synkretismus und der Blasphemie, welche die wahre Lehre verletzen würden.
Nur das Notrecht also sollte den Abschluß und die Rechtsgültigkeit des Religionsfriedens gerechtfertigt haben! Schon Karl V. hatte sich

bei seinen ersten vorläufigen Friedständen seit 1532 und dann in seiner Instruktion zum Reichstag von 1555 hierauf berufen. Und noch im Jahre 1955 hat Pius XII. zum vierhundertjährigen Jubiläum des Religionsfriedens dessen Anerkennung auf Notrechtsargumente gestützt. Die scholastische These von der Zulässigkeit des geringeren Übels zur Vermeidung des größeren war noch über 1648 hinaus ein viel diskutiertes Schlüsselargument der Theologie und der Jurisprudenz. Not kennt Notgebot. Mit ihm hat die katholische Reichspraxis die tiefen Eingriffe in die – auf ius divinum beruhende – päpstliche Jurisdiktionsgewalt verteidigt und die dem kanonischen Recht widersprechenden Konzessionen an die Protestanten auch gegen den kirchlichen Protest und Kassationsspruch nach 1648 rechtlich abgesichert. Die katholische Theorie aber war tief zerstritten. Der eine, extreme Flügel verwarf die reichsrechtliche Verbindlichkeit des Friedens rigoros – weil gar kein größeres Übel denkbar sei als die Unmöglichkeit, die Häresie in Zukunft zu beseitigen –, indes der andere Flügel sie kompromißbereit voll anerkannte. Dazwischen gewannen die Mittelpositionen zunehmend literarisches Gewicht und dann auch Einfluß auf die Praxis. Sie suchten die äußere Anerkennung der Gültigkeit des Friedens mit einer restriktiven Interpretation des Friedensinhalts zu verbinden, um so juristisch vorteilhaft Terrain zu gewinnen, ohne die eigene Sicherheit aufs Spiel zu setzen.

In jenen heißen Diskussionen um die Gültigkeit des Friedens als „minus malum" hat die moderne Historiographie nur „dreiste Sophistik" (Moriz Ritter) sehen wollen. Schwerlich mit Recht! In ihnen spiegelt sich die tiefe Rechtsnot der Zeit, die aus der Not der Glaubensspaltung stammt und die sich müht, das Vermächtnis der tausendjährigen Einheit des kirchlichen und weltlichen Wesens, des göttlichen und menschlichen Rechts vor jener Spaltung und Zersetzung zu bewahren, die im Bewußtsein dieser Zeit apokalyptische Perspektiven aufriß. Eine tausendjährige Idee stirbt nicht so leicht wie die modernen Ideologien. In ihrem geistigen Niveau waren diese Argumente, die aus der großen abendländischen Tradition der Theologie und des Rechtsdenkens stammten, haushoch dem flinken Pragmatismus überlegen, der schon im 16. Jh. die gewagtesten politischen Verabredungen ohne Rücksicht auf die tieferen Rechtsgrundlagen und das Rechtsbewußtsein der Epoche praktizierte.

Indessen: Diese Notrechtsargumente waren hochgefährlich. Die Gültigkeit des Rechts war, wenn man ihnen folgte, durch die jeweilige politische Lage bedingt; die allgemeine Normativität wurde von der konkreten Faktizität und ihren Wechselfällen abhängig; die

Dauergeltung der Norm mußte zur situationsbedingten Maßnahme zerrinnen. Die heiligsten Eide lösten sich auf, wenn jene beschwerlichen Friedensnormen nur solange galten, als jeder Partner noch nicht die Macht besaß, den Gegner im erneuten Ringen (um das wahre, höhere Recht) zu überwinden. Es war ein sinistrer Zirkel, in dem die Rechtsfrage von der Glaubensfrage abhing und diese auf die Machtfrage verwies. Gerade die Rechtstreue (im höheren Sinne) erschütterte die Rechtsgeltung, solange nicht die fortschreitende Säkularisierung des Rechtsgefühls den schmalen Steg des Notrechts zur soliden Brücke zwischen den Ufern der Religionsparteien werden ließ. Die Gefahr, daß die Rechtsfragen allzuleicht in Machtfragen umschlagen könnten, wurde allenthalben stark empfunden; sie hat die immer neuen Beschwörungen und Versicherungen über die Geltung und Erneuerung des Religionsfriedens im ganzen wie in seinen Einzelnormen provoziert, die beide Teile bald nach 1555 bis in das 18. Jahrhundert in ritueller Regelmäßigkeit aneinander richteten. Sie redeten freilich – z.T. bewußt – aneinander vorbei.

2. *Grundnorm auf Dauer?* Im Verlauf der Auseinandersetzung wurde an vielen Einzelfragen immer deutlicher, daß sich beide Konfessionen im Gesamtverständnis des Friedenswerkes tiefgreifend unterschieden. In der Tat war 1555 über dem pragmatischen Aushandeln der vielen brennenden Einzelfragen offen geblieben, welcher tiefere Sinn und Rechtscharakter dem allen zukommen solle? Was hatte man da eigentlich beschlossen? Enthielt der Religionsfriede nun die neue, grundlegende Verfassungsnorm des Reichs, welche die bisherige verfassungsmäßige Ordnung entscheidend beseitigte und ersetzte? Oder brachte er nur eine zweite Notstands- und Ausnahmeverfassung (von minderem, begrenztem Rang, Inhalt und Wirkungsgrad), welche die eigentliche, traditionelle katholische Verfassungsordnung keineswegs aufheben, sondern nur in speziellen Punkten zeitweise außer Kraft setzen bzw. durch situationsbedingte Notmaßnahmen eher schützen sollte? Gewisse Anhaltspunkte ließen sich für beide Positionen aus dem Friedenswortlaut entnehmen. Die Lösung hing nicht zuletzt davon ab, welche Chancen man der religiösen Wiedervereinigung noch gab, und unter welchem Vorzeichen (katholisch oder evangelisch?) man sie erhoffte und betrieb. In mancher Hinsicht erinnert dies hier an die Weimarer Reichsverfassung von 1919, die neben der parlamentarischen, repräsentativ-demokratischen Normalstruktur eine zweite (Notstands-)Verfassung präsidialer Demokratie mit

Volkswahl der Staatsspitze, Präsidialkabinetten, Notverordnungen in sich enthielt.

Die Protestanten verfolgten die erste Linie in ihrer Reichspraxis, besonders aber in ihrer rührigen Publizistik. Sie überschwemmte die Universitäten und Gerichte; als herrschende Meinung bildete sie das Bewußtsein und wirkte auf die Praxis zurück, so daß der Westfälische Friede weithin in ihren Termini verfaßt worden ist. Der Religionsfriede galt in dieser Sicht als das neue Grundgesetz, als lex fundamentalis, welche zusammen mit der Goldenen Bulle, dem Reichslandfrieden, der Wahlkapitulation die wahre Verfassung des Reichs enthielt und die Religionsverhältnisse fundamental regelte. Danach waren die Protestanten in den Religionssachen befreit von aller fremden konfessionellen Herrschaft der katholischen Hierarchie wie auch der katholischen Reichsorgane; alle katholischen Rechtsnormen (kirchlicher wie weltlicher Herkunft) waren für sie abgeschafft. Ihr Programm wurde mithin die Auslegung und Fortbildung des Religionsfriedens im Sinn der Säkularisierung, politischen Autonomie und Emanzipation von den theologischen Problemen der Wahrheit, Einheit und Gültigkeit des Rechts. An vielen Einzelpunkten der Friedens- und Freiheitsfrage, des Bekenntnisbegriffs, des Reformationsrechts und Emigrationsrechts, sowie der Kirchengutsprobleme sprang dies in die Augen. Diese Entwicklung zum „modernen" Staatskirchenrecht gab den Protestanten kirchen- und staatspolitisch den sichersten Schutz vor der Gegenreformation, mochte sie auch mit den ursprünglichen Prinzipien Luthers wenig genug gemeinsam haben. Nach dem Trienter Konzil hatte man die Hoffnung auf die Wiedervereinigung abgeschrieben. Dementsprechend wurde jetzt die Dauergeltung der politischen Friedensordnung von 1555 hervorgekehrt; hinweginterpretiert wurden ihre Momente als Interimsordnung bis zum Religionsvergleich. Das Dauerprinzip verschaffte nun dem Politischen einen im Jahre 1555 noch gar nicht absehbaren Eigenwert, wenn vorläufige weltliche Besitzstandsregeln und Notermächtigungen (dem kirchlichen Recht zuwiderlaufend) zu sakrosankten Fundamentalnormen des weltlichen Rechts erstarkten. Das Dauerprinzip ließ ferner die (auf Vorläufigkeit formulierten) „Suspensionen" vollends zur Farce werden. Auch hier zeigte sich jener alte Tiefendissens. Der Zentralbegriff der „Suspension" (der katholischen Bischofsjurisdiktion, der Reichsacht, der Religionsprozesse) wurde von beiden Konfessionen 1555 als dissimulierender Begriff verwendet, weil es der kleinste gemeinsame Nenner war, auf den sich beide im Formelkompromiß ohne förmliche Selbstpreisgabe ihres Glaubens einlassen konnten. Den Evangelischen bedeutete jene

„Suspension" nur eine diplomatisch konziliante Formulierung für die materiellrechtliche Nichtigkeit der „suspendierten" katholischen Rechte, da diese in ihrer Sicht gegen Gottes Wort und Wahrheit verstießen, die göttliche Ordnung der Kirche und die Freiheit des Christenmenschen brachen, deshalb auch weltlich im Grunde nicht rechtsverbindlich waren, sondern den evangelischen Obrigkeiten das Recht zum Widerstand und Schutz ihres Landes und Kirchenwesens gegen den Rechtsbruch der Gegenseite gaben. So hatten sie schon 1534 ihre Rekusation des Kammergerichts durch den Schmalkaldischen Bund begründet.

3. *Interims- und Ausnahmeverfassung?* Für die katholische Seite aber war das Reich in seiner eigentlichen Verfassung römisch-katholisch geblieben – mit einem katholischen Kaiser, mit einer (durch den Geistlichen Vorbehalt gesicherten) katholischen Reichskirche, im Prinzip auch weiterhin im Verbund mit ihrem Haupt, dem Papst! In den Reichshandlungen schimmerte diese Position vielfältig durch; die katholische Publizistik des 16.–18. Jahrhunderts hat sie später in klarer Schärfe auf den Begriff gebracht: Der Religionsfriede habe an der römisch-katholischen Forma Imperii nichts geändert, sondern als interimistische Notverfassung, Ausnahmeverfassung und Übergangsverfassung lediglich begrenzte, vorläufige Konzessionen gewährt. Die Konsequenzen dieser Sicht waren enorm. Der Friede war als Ausnahmenorm restriktiv auszulegen. Was er nicht ausdrücklich aufgehoben hatte, blieb im katholischen Sinn verbürgt. Zweifelsfragen waren katholisch zu klären. Lücken füllte das kanonische Recht im römisch-katholischen Sinne. Das katholische Kirchenrecht sollte also als des „Reichs Gemeines Recht" grundsätzlich auch weiterhin an den Gerichten und Universitäten in Geltung stehen. Schon Kaiser Karl V. hatte auf diese kardinale Bedeutung des ius commune (in katholischem Verstande) hingewiesen; bis zum Ende des Reichs wurde mit dieser katholischen Karte immer wieder aufgetrumpft. Den politischen Charakter des Friedens hat man keineswegs geleugnet, aber einschränkend daraus gefolgert, daß er – nach Kompetenz und Inhalt – eben „nur" politische Wirkung haben und die kirchlichen Verhältnisse rechtlich nicht verändern könnte. Mit „Suspension" war hier nur der einstweilige, faktische Verzicht auf die Vollstreckung gemeint und damit die iure divino unverzichtbare Weitergeltung der Kirchen- und Reichsverfassungsordnung im altgläubigen Verständnis der Katholizität und Einheit postuliert. Die katholische Publizistik sah später im Religionsfrieden also nicht die gemeinsame neue Rechtsgrundlage für beide Konfessionen, sondern ein enges Son-

dergesetz für die Protestanten, das jenseits der allgemeinen, katholischen Rechtsordnung stehen und auf dieselbe keinen Einfluß haben sollte. Als Grundsatzposition zog man den Schluß: Die Anhänger der Augsburger Konfession waren im Reiche lediglich äußerlich geduldet, genossen begrenzte Toleranz, doch keine Parität; sie sollten vor den Reichsgerichten grundsätzlich den katholischen Normen unterworfen sein, soweit sie nicht ausnahmsweise und ausdrücklich davon freigestellt worden waren.

4. *„Vorverständnis" und Lückenschließung.* Der Kampf um dieses „Vorverständnis" des Friedens und um den normativen Gesamtzusammenhang wurde schon bald nach 1555 wichtiger als die Auseinandersetzung um die einzelnen Friedensartikel selbst, denen dadurch im Bedeutungswandel ein diametral entgegengesetzter Sinn zuwachsen mußte. Zumal die Lücken ließen sich je nach dem normativen Vorverständnis finden und schließen, verbreitern und verringern. So paradox es klingt: An seinen Lücken war das Wesen des Friedens besser zu erkennen als an seinen Normen! Und das Verfahren bei der Lückenschließung machte die Probe auf den grundsätzlichen Charakter des Reichs: Erfolgte sie weiterhin (wie 1555) in freier und gleicher Vereinbarung zwischen beiden Konfessionen, so erwies sich dadurch der Friede – im Sinn der Protestanten – als Grundnorm und das Reich als paritätisch-weltliches Gefüge, wie es der Westfälische Friede 1648 ausdrücklich klarstellte. Ließ sich die Lückenschließung jedoch einseitig durch die katholischen Reichsorgane in schlichter Anwendung des kanonischen Rechts durchsetzen, so galt der Friede nur als begrenzte Ausnahmeregelung, die den katholischen Charakter des Reichs erhärtete. Das Verfahren des Friedensvollzugs bestimmte also den Grundcharakter des Reichs; alle Auseinandersetzungen um die Einzelheiten waren durch diese Grundsatzfrage folgenschwer belastet.

5. *Paritätsprobleme.* Ob Parität schon im Religionsfrieden von 1555 verbürgt war oder erst 1648 im IPO ausbedungen wurde, das ist bis heute umstritten geblieben. Historiker von Rang – wie Leopold von Ranke und Moriz Ritter – haben das erstere bejaht, andere Gelehrte ebenso entschieden das zweite vertreten. Moderne Urteile hierüber kranken vor allem an der mangelnden Differenzierung dieser komplexen Frage und an der Willkür, mit der zumeist ein isoliertes, untergeordnetes Kriterium herausgegriffen wird, um daran das Gesamtsystem zu messen. Zunächst: Parität ist ein *Rechts*problem, das sich nach normativen, nicht lediglich nach faktisch-politischen Kriterien bemißt (etwa nach der politischen

Übermacht und den Erfolgen in späteren Zeiten). Der Sinn des Religionsfriedens bestand ja gerade darin, das faktische Nebeneinander und Gleichgewicht der Konfessionen in ein Verhältnis rechtlicher Koexistenz, Sicherheit, Freiheit (und Rechtsgleichheit?) umzuwandeln, zu stabilisieren und zu neutralisieren. Sodann: Der Friede enthielt eine ganze Fülle *spezieller* Paritätskonstruktionen auf den Spezialgebieten des ius reformandi, Kirchenguts, Emigrationsrechts usw., die in sich mehr oder auch minder paritätisch ausgestaltet waren, die also den einen oder den anderen Teil begünstigen oder benachteiligen konnten. Und überhaupt: Parität der *Rechtsform* konnte Imparität der *Rechtswirkung* bedeuten. Wie dies an der katholikenfreundlichen Parität der gemischten Reichsstädte ins Auge sprang, so hätte umgekehrt die (1555 abgelehnte) Parität einer allgemeinen Religionsfreiheit (gemäß dem protestantischen „Freistellungs"-Begehren) die Katholiken 1555 in echte Existenzgefahr gebracht, weil ihnen das Volk damals noch in Scharen zu entlaufen drohte. Sie haben darum gegen die Parität der Glaubensfreiheit die Parität des Glaubenszwanges („Ubi unus dominus, ibi una religio") ins Spiel gebracht, den beide Konfessionen (jedoch nur im eigenen Lande!) benutzen konnten; dies haben zunächst auch die Protestanten zur Ausbreitung ihres Glaubens, die Katholiken hingegen zur Abwehr, später jedoch zur Rückgewinnung in der Gegenreformation praktiziert. Allgemein betrachtet: *Formal*parität (der gleichen Rechtsform für beide Teile) war eben keineswegs gleichbedeutend mit *materieller* Parität (der „gleichen", d.h. ausgeglichenen rechtlichen Inhalte und Wirkungen) für beide Teile. Das formalgleiche ius reformandi und ius emigrandi begünstigte zunächst stark die Evangelischen. Die formalparitätischen Besitzstandsgarantien kamen der reicheren katholischen Seite zugute usw. Gleichheit war (und ist) eben eine Frage des Aspekts und Maßstabs, unter dem man die Gleichheitsrelation beurteilt. Die gemeinsamen religiösen Maßstäbe aber waren zerbrochen. Wirkliche, materielle Parität konnte nicht darin bestehen, daß die eine Seite ihre religiösen Prinzipien in ein Netz formalgleicher Rechtsnormen knüpfte, um den Gegner damit zu fangen und zu fesseln. Genau dies aber haben beide Parteien beständig versucht. Sie machten vom eigenen konfessionellen Grund und Maßstab aus ihre bieder klingenden, formalparitätischen Anerbieten, die die andere Konfession als Gipfel imparitätischer Zumutung auffaßte und mit entsprechenden Gegenvorschlägen quittierte. Formale Gleichheit nach fremdem Maßstab wurde zum rabulistischen Instrument verkappter Unterwerfung des Gegners unter die theologischen und rechtlichen Prinzipien der eigenen Konfession, wobei man sich geschickt mit einem scheinbaren, formalen Verzicht auf seinen Absolutheitsanspruch drapierte. Gerade in der Gleichheitsproblematik redete man heillos aneinander vorbei; König Ferdinand hat dies schon 1555 beklagt, und die Gravamina der Religionsparteien bis 1648 haben dies immer wieder zur Sprache gebracht.

Wirkliche Parität erforderte, daß man einen mittleren Ausgleich zwischen den so überaus verschiedenen theologischen Prinzipien und Positionen der beiden Partner fand, daß beide etwa die gleiche Freiheit der Entfaltung, des Schutzes und des Einflusses unter etwa gleichen Schranken und Opfern erhielten. Materielle Parität ließ sich nur im *kompensatorischen Ausgleich des Gesamtgefüges* finden, der die formalparitätische bzw. offen imparitätische Regelung der Einzelfragen überhöhte und so die Ungleichheiten der Teillösungen austarierte. Wurde sie 1555 erreicht? Man wird es wohl ohne Zögern bejahen dürfen, wenn man die rechtliche Ausgangssituation, die beiderseitigen Zielvorstellungen und alle Einzelbestimmungen von 1555 insgesamt wägt und wertet. Beide Religionsparteien trafen sich in ihren Erfolgen und Enttäuschungen auf etwa halbem Wege. Das katholische Bekenntnis hatte die rechtliche Alleingeltung bzw. Vorherrschaft auf die Dauer verloren, das evangelische sie nicht errungen. Gewiß, der Kaiser und die Mehrheit im Kurfürstenkolleg und Reichstag blieben katholisch und behielten manches Herrschaftsinstrument (Reichshofrat, Lehnsrecht, Regalien, Exekutionsmittel), aber die Rechtsstellung der großen weltlichen Reichsstände der C. A. wurde 1555 in Reich und Territorium wesentlich gestärkt. Und inhaltlich stand ja das Grundmodell der politischen Koexistenz- und Friedensordnung den protestantischen Positionen näher als der katholischen Idee· und Forderung, so daß der katholische Verlust in der Gesamtbilanz eher noch überwog. – Diese Parität des Gesamtsystems von 1555 läßt sich nicht bestreiten mit jenen imparitätischen Einzelheiten, bei denen spezielle Anliegen des einen oder anderen Partners ohne formalparitätische Gleichschaltung berücksichtigt worden waren. In der Gesamtlösung hielten sich die einzelnen Begünstigungen und Benachteiligungen wechselseitig die Waage. Vollends untauglich (aber oft zitiert) als Paritätskriterium ist jener ominöse „Suspensions"-Begriff: Er war eine dissimulierende Formulierung, welche schon seit langem zur Verschleierung des Dissenses in Gebrauch stand und als solche gerade keinen sachlichen Maßstab lieferte, sondern das Fehlen gemeinsamer Maßstäbe zu verdecken hatte. Und überdies hing ja der Umfang der „Suspendierung" der katholischen Bischofsrechte von den Evangelischen ab, da sie sich auf die evangelischen Bekenntnissachen bezog. Ähnlich fragwürdig sind die Paritätsargumente aus dem in seiner Rechtskraft umstrittenen Geistlichen Vorbehalt. – Volle Parität i. S. der Gleichwertigkeit und des Gleichranges beider Konfessionen ließ sich aus dem Verfahren schließen, das sich bei der Vereinbarung 1555 und im Vollzug des Friedens schließlich in paritätischen Bahnen vollzog, und das 1648 bestätigt worden ist.

VI. Die historische Bedeutung

Nach Gehalt und Wirkung war der Friede mithin ebenso komplex wie ambivalent, im Mittelalter verwurzelt und doch weit in die Neuzeit hinüberführend.

1. *Einheit in der Spaltung.* Die mittelalterliche Einheit von Glaube, Kirche, Reich und Recht hat er einerseits erhalten, andererseits gespalten: Die Religion blieb die wichtigste öffentliche Angelegenheit und Aufgabe; ihre Einheit (und Wiedervereinigung) blieb im Prinzip unaufgegeben; Schutz, Förderung und Herrschaft des Glaubens und des Kirchenwesens galten als erstes Amt der Obrigkeit, die Verbundenheit der weltlichen Ordnung mit der Kirche wurde auf beiden Seiten eher noch enger; die „Konfessionen" erwuchsen zu mächtigen geistlich-weltlichen Parteien, in denen Bekenntnis und Politik, Theologisches und Juristisches bei Katholiken wie Protestanten jeweils zur inneren Einheit erwachsen waren. Der Staat war christlicher Staat, die Religion blieb Staats- und d. h. obrigkeitliche Zwangsreligion. Das Reich galt weiter als sacrum imperium (Sektenverbot, Kaiserliche Advokatie, Widmungsschutz des Kirchenguts u. a. m) und seine Glieder waren streng als Konfessionsstaaten organisiert. Aber in der Einheit klaffte der unüberbrückbare konfessionelle Riß. Diese Spaltung – in der festgehaltenen Einheit von Glaube und Recht – war durch die paritätische Religionsverfassung rechtlich in Form gebracht worden; sie war dadurch (politisch und theologisch) entschärft und neutralisiert, aber auch verfestigt und verewigt worden. Diese Verrechtlichung des Konfessionskonfliktes hatte tiefgreifende und durchaus ambivalente Folgen, die dem folgenden Jahrhundert zu schaffen machten.

2. *Doppelschichtigkeit.* Der Religionsfriede begründete eine eigenartige Doppelschichtigkeit des deutschen Staatskirchenrechts: Im Reiche galt ein Reichskirchensystem der Parität und der konfessionellen Relativierung bzw. Neutralität zwischen beiden Bekenntnis-

sen, das aus der Not geboren war, aber dem Geist der Zeit im Grunde noch durchaus zuwiderlief. Erst in der Aufklärung erhielt es eine breite geistesgeschichtliche Legitimation aus den Ideen der Toleranz, der natürlichen Religion, des religiösen Relativismus nachgereicht. Im Territorium aber galt im Prinzip ein strikt entgegengesetztes System konfessioneller Einheitlichkeit, Imparität und Absolutheit, das erst im Laufe des 19. Jahrhunderts von den modernen paritätisch-liberalen Prinzipien erfaßt und umgestaltet worden ist. Beide Schichten aber waren – in ihrer Gegensätzlichkeit – paradox verflochten: Das unkonfessionelle Reichskirchenrecht schützte in der Gegenreformation die konfessionelle Geschlossenheit der Territorien, deren Stärkung wiederum die politische Paritätsordnung im Reiche stützte und im Gleichgewicht erhielt. Dieses Wider- und Zusammenspiel gab der wendigen Reichspublizistik und Reichspraxis reiche juristische Entfaltungsmöglichkeiten.

3. Der Religionsfriede bediente sich der *ständischen* Verfassungsstruktur: Ihr Antagonismus und ihre Autonomie der Reichsstände gegenüber dem Kaiser hat ganz wesentlich dazu verholfen, die Gegensätze zwischen den Konfessionsparteien durch eine Koexistenzordnung der Freiheit und Parität, Abgrenzung und Teilhabe auszubalancieren. Diese aufgelockerte ständische Struktur des Reiches hatte und hat auch später alle Versuche einer konfessionellen Zwangsvereinigung scheitern lassen.

4. Aus ihr ist der konfessionelle *Föderalismus* Deutschlands erwachsen, der die Aufgliederung des Reichs in die Territorien für sein religionsrechtliches System benützte: Die neutralparitätischen Elemente der Religionsverfassung wurden im Reichsrecht institutionalisiert, die konfessionell geschlossenen Elemente aber dem Territorialrecht zugewiesen und in gegenseitiger Verklammerung abgestützt. Der deutsche Föderalismus, der die Verfassungsentwicklung Deutschlands bis zur Gegenwart bestimmte, hat eine seiner Hauptwurzeln im Staatskirchenrecht des Konfessionellen Zeitalters.

5. Der Gedanke einer *Verfassungs-Bindung* aller öffentlichen Gewalten an paktierte, vorrangige Fundamentalgesetze ist im Deutschland der frühen Neuzeit wesentlich durch das Staatskirchenrecht des Reiches erhärtet worden. Das hat im Reich den Absolutismus verhindert und eine Form der Rechtsstaatlichkeit entstehen lassen, die noch ein Rousseau und Voltaire neidvoll gepriesen haben. Freilich hat auch dies die Entwicklung des Reichs zum

modernen Staat verhindert und seine außenpolitische Schwäche in den europäischen Hegemonialkriegen mitbedingt.

6. Im *Territorium* ist der moderne weltliche Flächenstaat und seine landesherrliche Obrigkeit durch den Religionsfrieden entscheidend begünstigt worden: Der Bekenntnisbann und das Kirchenregiment wurden der große Hebel, durch der: die reichsständischen Territorialgewalten den Widerstand der intermediären Kräfte – des Adels, der Städte und der Geistlichkeit – weithin gebrochen haben. Gestützt auf das öffentliche Landesbekenntnis als Staatsdoktrin, auf die Landeskirche als Staatsanstalt, auf die obrigkeitliche Kirchengutsverwaltung und -verwendung haben sie den Grund für die neuzeitliche Staatlichkeit und die enorme Erweiterung und Intensivierung ihrer geistlichen, politischen, wirtschaftlichen und sozialen Aufgaben und Mittel gelegt.

7. Die katholische *Reichskirche* blieb zwar in den geistlichen Fürstentümern als Verfassungstypus erhalten, wie sie seit Otto dem Großen im 10. Jahrhundert zur Stütze der Reichsgewalt gegen den Stammespartikularismus und die Zentrifugaltendenzen des Lehnswesens eingerichtet und als Reichspartei politisiert worden war. Aber in Norddeutschland, auch in Ost- und Mitteldeutschland gingen die Reichsbistümer und -abteien an die Protestanten verloren. Wo sie im Westen und Süden erhalten blieben, dienten sie zur Versorgung katholischer Prinzen, die der Papst freigiebig von den kanonischen Voraussetzungen des Bischofsamtes hinsichtlich Bildung, Eignung, Alter, Pfründen- und Ämterhäufung, ja selbst der Priesterweihe dispensierte. – Die Reichsbistümer wurden zu Sekundogenituren der Wittelsbacher und Habsburger und so von einer tiefen Verweltlichung überwältigt, die den Reformdekreten des Tridentinischen Konzils strikt zuwiderlief.
Im übrigen konnte sich die katholische Kirche unter dem Schutz des Religionsfriedens durch das Trienter Konzil geistlich regenerieren und politisch sammeln. Aber sie hatte durch den Religionsfrieden weite Teile ihrer Kirchenorganisation und ihres Kirchengutes verloren und die Realisierbarkeit ihres theologischen Absolutheitsanspruchs de iure und de facto eingebüßt. Das Reichsrecht, das die alte Kirche einerseits entscheidend schützte, hatte sich andererseits von der kanonischen Autorität prinzipiell gelöst, paritätisch ausgestaltet und die Katholizität der katholischen Kirche in die Partikularität und Konkurrenz mit dem anderen Bekenntnis verwandelt.

8. Dem *evangelischen* Kirchenwesen brachte der Religionsfriede die lange ersehnte politische Sicherung und rechtliche Anerken-

nung im Reich. Aber sie war äußerlich und innerlich teuer erkauft durch den Verzicht auf weitere Verkündigung im katholischen Land, durch die örtliche Zersplitterung seiner „Katholizität" und Einheit in eine Vielzahl von Landesbekenntnissen und Landeskirchen sowie durch deren Politisierung und Überantwortung an die weltlichen Obrigkeiten. Obgleich das landesherrliche Kirchenregiment der Zwei-Reiche-Lehre und dem Kirchenrechtsdenken der lutherischen Reformation widersprach, wurde die Kirche in der Praxis im Religionsrecht des Reichs mehr und mehr zur Staatsanstalt, das Bekenntnis (der Wahrheit des Evangeliums!) zur weltlich verfügbaren, politisch verfügten Staatsdoktrin. Der Kampf der Reformation um die Freiheit der Wahrheit und des Wortes Gottes gegen die Verweltlichung und Weltbemächtigung der katholischen Weltkirche hatte die evangelische Kirche wider Willen durch die Not der Zeit tief in neue weltliche Verstrickungen und Verfremdungen durch die weltliche Politik und Rechtsordnung geführt. Auch dies war im Religionsfrieden angelegt und festgeschrieben worden.

Dritter Teil

DAS RINGEN UM DIE RELIGIONSVERFASSUNG DES REICHS SEIT 1555

I. Die Verrechtlichung der Konfessionskonflikte.
Das erste Jahrzehnt

1. *Die kryptotheologische Rechtsargumentation.* Alsbald nach 1555 begann ein eigenartiges hundertjähriges Ringen zwischen den beiden Religionsparteien um die Erweiterung des eigenen und die Beschneidung des gegnerischen religiösen Machtbereichs im Reich. Es ist von anderen Epochen der deutschen Geschichte dadurch unterschieden, daß seine politischen und geistlich-geistigen Auseinandersetzungen vorzugsweise als Rechtsstreitigkeiten aufgemacht und ausgetragen worden sind: Jene Verrechtlichung des Religionskonfliktes und des Machtkampfes (S. 45 ff, 63), die der Religionsfriede 1555 erstrebt und erzielt hatte, hat sich im guten wie im bösen als überaus wirksam erwiesen, weshalb für diese Zeit auch heute das rechtshistorisch-kritische Verstehen besonders provoziert erscheint. Die Religionsfragen wurden also auffallend juridifiziert und politisiert behandelt. Die direkte theologische Kommunikation zwischen den Konfessionen riß im Grunde ab und ging im Unflat gegenseitiger Widerlegung und Verketzerung unter. Sie wurde durch eine konfessionell voreingenommene, jedoch säkular verdeckte kryptotheologische Rechtsargumentation verdrängt: Beide Teile wollten ihre eigenen konfessionellen Prinzipien und kirchenpolitischen Vorteile durch die parteiische, nur scheinbar neutrale Auslegung der gemeinsamen säkularen Religionsfriedensartikel durchdrücken, was von der Gegenseite als besonders hinterhältig und vergiftend zurückgewiesen worden ist. Im verschleierten theologischen Interpretationsübergriff versuchten die Katholiken viele Rechtsfragen der Evangelischen auch reichsrechtlich auf die katholischen Prinzipien des kanonischen Rechts festzunageln – indes die Protestanten umgekehrt die Rechtsbeziehungen auch der katholischen Seite nach den protestantischen Grundsätzen uminterpretierten. So wollte man die gegnerische Konfession wenigstens

äußerlich ein Stück weit auf den Boden des eigenen konfessionellen Rechts- und Weltverständnisses herüberziehen, nachdem die Hoffnung auf die Heimkehr der getrennten Brüder begraben werden mußte. Gerade auch die rein „juristische" Deduktion auf dem gemeinsamen säkularen Rechtsboden wirkt deshalb weithin wie ein gespenstisches Schattenfechten, das die wahren konfessionellen Gründe in der Tarnung nur um so wirksamer zum Ziele bringen wollte.

2. *Theologische Fragwürdigkeiten.* Diese Verrechtlichung des Religiösen blieb notwendig an der äußeren (eben der rechtlichen) Seite der religiösen Phänomene und Probleme hängen. Sie hat deshalb – systembedingt – die geistlichen Tiefenfragen um die gemeinsame Wahrheitssuche, Umkehr und Rückkehr zu dem gemeinsamen Herrn der Kirche zugeschüttet. Der äußerliche politische Ausgleich im Reiche hatte die Nötigung zur inneren theologischen Einigung in der Kirche Christi abgenommen. Diese Verrechtlichung des Glaubensstreites in der paritätischen Religionsverfassung des Reichs hat so die Glaubensanliegen beider Teile zwar einerseits rechtlich abgesichert, andererseits aber juristisch veräußerlicht, verhärtet und verfremdet. Die doktrinäre Intransigenz der orthodoxen und der gegenreformatorischen Kontroverstheologie potenzierte sich durch die Kontroversjurisprudenz. Diese „Gesetzlichkeit" (im theologischen wie juristischen Sinne) war verbunden mit jener tiefen Säkularisierung und Politisierung der Glaubensfragen, die aus der obrigkeitlichen Verfügung über das Göttliche folgte. Die „Verkrustung" der Religionsverhältnisse hat sich im Westfälischen Frieden noch verstärkt, als durch sein „Normaljahrssystem" alle Religionsverhältnisse auf dem Stand des Jahres 1624 zeitlich und örtlich in einer gespenstisch-gigantischen Zementierung erstarrten, die erst die Erweckungsbewegungen und die Aufklärung in ihrer Reaktion auf das Konfessionelle Zeitalter überwanden.

3. *Politische Integrationsverluste.* Und ebenso hat die Verrechtlichung des Politischen die Tugend des politischen Kompromisses pervertiert durch Rechthaberei; sie hat die öffentlichen Institutionen (insbes. den Reichstag und die Reichsgerichte) zu juristischen Herrschafts- und Kampfinstrumenten gemacht und dadurch ihre – politisch offene, juristisch undeterminierte – Integrationsfunktion verdorben. So wurde das Einigwerden durch die spröde rechtliche Verkarstung ungemein erschwert. Das hat sich auch damals als verhängnisvoll erwiesen. Zu allen Zeiten waren und sind ja komplizierte und antagonistische Verfassungsgebilde in besonderer Weise

auf Kompromiß und Integration angewiesen, wie die moderne Verfassungstheorie seit Rudolf Smends „Integrationslehre" am Beispiel des föderalistischen, pluralistischen Verfassungsstaats der Gegenwart auch für die historische Besinnung bedenkenswert entwickelt hat. Das Reich war in seiner Spaltung und Lähmung auf die politische Fortentwicklung und Lösung seiner verfahrenen Rechtsprobleme angewiesen. Und überdies war gerade hier die tiefere Verständigung und Einigung geboten, weil der Religionskonflikt bei allen Rechtsproblemen in der Tiefe mitschwang, Glaubensfragen aber primär theologisch einigungsbedürftig, nicht rein juristisch entscheidungsfähig sind.

4. *Verkettung mit den Verfassungskonflikten.* Die Verrechtlichung hat ferner den Konfessionsgegensatz mit den anderen Rechtsproblemen der Reichsverfassung verkettet: Er wurde von den Kompetenzen und Verfahrensformen des Kaisers, des Reichstages, der Reichsgerichte abhängig und wirkte seinerseits – politisch-juristisch verfremdet und verfremdend – auf deren politische Spannungen, Krisen und Entwicklungen zurück. Die einseitige Interpretation und Exekution des Friedens durch den Kaiser ebnete diesem den Weg zum Absolutismus, der damals in den westlichen Staaten aus den Konfessionswirren erwuchs und der im kaiserlichen Restitutionsedikt von 1629 nach Wallensteins Erfolgen seine letzte Chance im Reich erhielt. Und ebenso standen die Religionsverhandlungen unter dem Druck der Außenpolitik. Sobald die Türkengefahr nachließ, leistete man sich Religionskämpfe, bis das Risiko wieder zu neuen Kompromissen zwang.

Im Religionsfrieden – seinem Grundprinzip und seinen „dubia" und Lücken – waren die nachfolgenden Konflikte um seinen rechten Verstand und Vollzug in beklemmender Determiniertheit angelegt; sie wurden alsbald mit unheimlicher Konsequenz entfaltet. Der Friede enthielt beides: Sicherungen des Status quo und Ermächtigung zur „Reform" bzw. zur Veränderung der Verhältnisse. Beides wurde – je nach Lage und Kraft – von beiden Seiten gegeneinander geltend gemacht. Die ersten zwei Jahrzehnte nach 1555 waren die Protestanten in der Offensive, während sie dann durch die erstarkte Gegenreformation in die Defensive getrieben wurden. Erst auf der Höhe des großen Krieges haben sich die protestantischen Ziele und ihr Verfassungsverständnis mit schwedischer Hilfe wieder teilweise tonangebend durchsetzen lassen.

5. *Die Vertagung der Wiedervereinigung.* Schon auf dem Regensburger Reichstag des Jahres 1556/57 hebt das große Mißverstehen und Mißverstandenwerden an.

Der Wiedervereinigungsauftrag enthüllte alsbald seine Aporien, weil der *Konzilsbegriff* der Evangelischen dem der Katholiken und ihres kanonischen Rechts strikt widersprach. Der Teilnehmerkreis ließ sich nach ihrem Prinzip des allgemeinen Priestertums nicht auf die Hierarchie beschränken; der Papst kam für sie nicht als Leiter und Richter des Konzils in Frage, sondern im Grunde nur als dessen Angeklagter; Entscheidungsnorm und Gültigkeitsvoraussetzung aller Konzilsbeschlüsse war für sie einzig Gottes Heilige Schrift, nicht auch die Tradition der Kirche, die sich als menschliches Gemächte vor Gottes Wort zu rechtfertigen und reformieren hatte. So blieb der Religionsausgleich verwiesen auf den schwankend-schmalen Steg der Religionsgespräche, die dann trotz der Bemühungen und Zugeständnisse Ferdinands bei Laienkelch und Priesterehe in Worms 1559 endgültig scheiterten. – Den Anträgen der Protestanten auf Aufhebung des geistlichen Vorbehalts erteilten Kaiser Ferdinand und die katholischen Reichsstände eine scharfe Abfuhr. Dennoch wurde dem Kaiser eine stattliche Türkenhilfe bewilligt. Das zukunftsschwere pfälzische Junktim der Türkenhilfe mit den Religionsverhandlungen wurde abgeschlagen.

6. *Die Gravamina.* Nach diesem Auftakt begann auf dem nächsten Reichstag von Augsburg 1559 das große Bombardement der evangelischen und katholischen Religions-Gravamina, das künftig in gleichsam ritueller Wiederholung alle Reichstage überzog und noch die Westfälischen Friedenstraktate von 1645 bis 1648 in Atem hielt. Beide Seiten wehrten sich gegen die „ungeräumten Deutungen und Auslegungen" des Friedens durch die Gegenseite, beide beteuerten die eigene Friedensliebe und Rechtstreue, beide versicherten, durch ihre Beschwerden den Frieden „nicht disputierlich machen, noch zu einigem ungleichen Verstand oder Deutung ziehen" zu wollen, beide listeten die inkriminierten Rechtsverdrehungen der Gegenseite in langen, fortgeschriebenen Katalogen auf, und beide verwahrten sich gegen die gegnerischen Argumente und die damit bemäntelten Rechtsbrüche. Der beiderseitige Kampf um die Rechtsauslegung verschärfte sich als Kampf um den Rechtsvollzug. Beide Seiten entwickelten dabei ihre Positionen zu fortschreitender Breite, Dichte, Intensität und Agressivität. Beide schlossen die Lücken und klärten die „dubia" auf ihre Weise. Was der eine Teil als Auslegung geltend machte, schien dem anderen als hanebüchene Verletzung bzw. als eigenmächtige Änderung des Friedensinhalts, die allenfalls in neuer künftiger Vereinbarung gemeinsam ausbedungen werden könnte. Mit dem Abgang der friedliebenden Generation, die 1555 paktiert hatte, gewannen die Scharfmacher

auf beiden Seiten die Vorhand in den 70er Jahren. Die Elemente des Ausgleichs im Friedenswerke selbst verblaßten, und das Konfliktspotential, das in ihm selbst latent enthalten war, wurde immer bedrohlicher aktualisiert. Die beiderseitigen Freiheits-, Rechts- und Friedenskonzeptionen, die 1555 auf den gemeinsamen Wortlaut eingeblendet worden waren und dabei ihre Sinndifferenz dissimulierten, rückten nun zu scharfen Kontrastbildern auseinander. Jeder Einzelstreitpunkt fügte sich fatal zusammen zum System und wurde zum Existenzproblem erhoben. Die eigenmächtige Realisierung des Rechtsstandpunkts schuf Fakten, die ihre Eigendynamik entwickelten und den Rechtskonflikt verschärften.

Im einzelnen ging es in den Gravamina seit 1559 um die bekannten Fragen (S. 52 f.), wobei die Annullierung des Geistlichen Vorbehalts das wichtigste Dauerthema blieb. Der Kaiser anerkannte 1559 zwar prinzipiell seine Pflicht zur Wahrung des Religionsfriedens gegen Verletzungen, hielt die Beschwerden jedoch in ihrer Schwierigkeit nicht für entscheidungsreif und verwies die Parteien an das Kammergericht, das die Zweifel und Lücken des Religions-Friedens notfalls „den gemeinen geschriebenen Rechten, auch aller natürlichen Ehrbarkeit, Billigkeit und menschlicher Vernunft gemäß" entscheiden solle. So blieben alle Fragen in der Schwebe, dem Dissens der beiden konkurrierenden Rechtsauffassungen ausgeliefert.

II. Die Lage um 1566

1. *Der Kampf um den Geistlichen Vorbehalt.* Der Augsburger Reichstag von 1566 fand eine veränderte Lage vor: Von ihrer rechtlichen Bestreitung des Geistlichen Vorbehalts waren die Protestanten inzwischen zur Tat geschritten und hatten begonnen, sich der Bistümer im Reiche zu bemächtigen; mit Ausnahme Hildesheims waren 1566 schon alle Bistümer Norddeutschlands jenseits der Weser in ihre Hände geraten. Sachsen war vorausgegangen und hatte sich schon seit 1559 die – in ihrem Reichsfürsten-Status und ihrer Reichstagsmitgliedschaft umstrittenen – sächsischen Bistümer Meißen, Merseburg, Naumburg gegen den Widerstand Kaiser Ferdinands I. fester und fester einverleibt. Brandenburg verfuhr ebenso mit den landsässigen Bistümern Havelberg und Lebus und machte sogar die großen Reichsstifter Magdeburg und Halberstadt zu brandenburgischen Sekundogenituren. Ähnlich

fielen das Erzbistum Bremen, die Bistümer Lübeck, Verden, Camin, wie zuvor schon Schwerin und Ratzeburg, unter den Zugriff der benachbarten protestantischen Fürstenhäuser. Der Hergang verlief jeweils verschieden, aber analog: Mit Glaubenseifer verquickten sich überall politische Machterweiterungstendenzen, territoriale Staatsbildungsprozesse, Bereicherungssucht und dynastische Familienpolitik; neben die kirchliche Verkündigung trat die juristische Rabulistik, politische Erpressung, Täuschung und religiöse Heuchelei. Man infiltrierte, drückte und spaltete die Domkapitel, ließ protestantische Prinzen zum Bischof bzw. Administrator wählen, verschaffte ihnen – z.T. mit trügerischen Ergebenheitserklärungen – kaiserliche Belehnungen bzw. Lehnsindulte, ja bisweilen sogar die päpstliche Bestätigung, oder man übernahm schlichtweg die Administration der Stifter durch die benachbarte Territorialherrschaft als Vorstufe der Annexion. Ein ganzes Bündel von Argumenten wurde immer wieder – bis 1648 – dafür aufgeboten; es macht die charakteristische Doppelbödigkeit dieser juristischen Argumentationen deutlich, desgleichen ihren Trend zur Säkularisierung: Der Vorbehalt sei nichtig, denn er verstoße gegen Gottes Wort und Gebot, weil er die wahre Verkündigung unterdrücke. Dieser theologische Frontalangriff war natürlich – neben der weltlichen Habgier und dem politischen Kalkül – für alle „juristischen" Deduktionen in der Tiefe bestimmend. Doch wurde er meist nicht so offen vorgetragen; man wußte ja, daß er für den katholischen Gegner bzw. Partner unannehmbar war, ihn zum offenen Kampfe provozierte, den Boden der rechtlichen Gemeinsamkeit und damit des eigenen Schutzes zerstörte. So wurde die Nichtigkeit des Vorbehalts „juristisch" dargetan: Der Reichstag habe ihn nicht beschlossen, dem Kaiser die Kompetenz zur Gesetzgebung gefehlt, die protestantische Religionspartei habe weder ausdrücklich noch stillschweigend so paktiert, wenn sie die Eigenmächtigkeit Ferdinands geschehen ließ. Zum gleichen Ergebnis führe der inhaltliche Widerspruch zu Frieden, Freiheit, Gleichheit der Reichsstände als dem Telos und System des ganzen Friedenswerkes. Und überdies wurde im Eventualvorbringen die Bestimmung umgewendet und zum eigenen Vorteil ausgespielt: Nach seinem Wortlaut verbiete der Vorbehalt ja dem Domkapitel keineswegs, einen Protestanten zum Nachfolger zu wählen, oder gemeinsam mit dem Bischof das Stift zu reformieren, sei doch der ganze Vorbehalt nur „in favorem Capituli" erlassen, dessen Freiheit nicht in Zwang zu verdrehen sei usw. So wurde die konfessionelle Entscheidungsfrage in der säkular-juristischen Argumentation verdeckt, um ihr desto wirksamer freie Bahn zu schaffen.

2. *Streit um das Reformationsrecht am Kirchengut und in den Städten.* Durch das Reformationsrecht der Obrigkeit war das mittelbare Kirchengut bis 1566 in der Kurpfalz, in Baden, in Württemberg und anderwärts im großen Stil durch Kloster- und Pfarreireformen dem evangelischen Gottesdienst, Schul-, Spital- und Armenwesen zugeführt bzw. für weltliche Zwecke des Festungswesens, Straßen- und Landesausbaus erübrigt worden. Um die Städte war ferner ein Bündel verschiedener Konflikte entbrannt: In den 1555 gemischtkonfessionellen Reichsstädten begann allmählich die Beseitigung des katholischen Kultus nach vielfältigen pöbelhaften Gottesdienststörungen, unter Einziehung der Klöster und Pfarren, was dem Paritätsgebot von 1555 durchaus zuwiderlief. Straßburg nahm den Katholiken das Münster und die Stiftskirchen, in Ulm, Eßlingen, Heilbronn, Schwäbisch Hall zeichnete sich die gleiche Entwicklung ab. In der Landstadt Trier, der Hauptstadt des Kurfürst-Erzbischofs, bildete sich schon 1559 eine protestantische Gemeinde, die nur mühsam gegen den Widerstand des Rates und der Bürgerschaft ausgewiesen werden konnte. Die katholische Reichsstadt Aachen konnte das Eindringen der Protestanten in das Kirchenwesen und in den Rat 1566 nur mit Hilfe des Herzogs von Jülich und des Kaisers abschlagen und einstweilen die katholische Alleinherrschaft behaupten. Den evangelischen Reichsstädten aber machten der Kaiser und sein Reichshofrat das ius reformandi streitig und suchten sie auf der katholischen Seite zu halten, obwohl nur die gemischtkonfessionellen Reichsstädte 1555 auf den Status quo der Parität festgelegt worden waren, die anderen Reichsstädte sich aber auf das ius reformandi der Reichsstände berufen konnten. Und auch die anderen seit 1559 unerledigten Beschwerden wurden von beiden Seiten 1566 erneuert.

3. *Der Kampf um die „Freistellung".* Neue Grundsatzfragen sorgten für eine Verschärfung in der Sache und im Ton: Die evangelischen Gravamina beschwerten sich nicht nur über die Unterdrückung des Emigrationsrechts evangelischer Untertanen; sie deduzierten jetzt aus dem Auswanderungsrecht auch das Recht der Nichtauswanderung mit ungestörter Religionsausübung im katholischen Heimatland, weil es nach „dem wahren klaren hellen Buchstaben des Religionsfriedens ... in der Untertanen Macht und Willkür stehen soll abzuziehen ... oder zu bleiben." Der evangelische Kampf für die „Freistellung der Geistlichen" entgegen dem Geistlichen Vorbehalt ward so erweitert auf die allgemeine „Freistellung" aller Landstände und Untertanen, d. h. auf die unbeschränkte Religionsfreiheit im Reich. Davon erhoffte man den

großen Zustrom zum evangelischen Glaubenslager und also die rechtliche bzw. die faktische Unterspülung aller katholischen Status-quo-Garantien, soweit der Religionsfriede solche noch enthielt. Das Ringen um die „Freistellung", d. h. die allgemeine Religionsfreiheit, hat die literarische und juristisch-politische Auseinandersetzung in den nächsten Jahrzehnten beschäftigt und den erbitterten Widerstand der Katholiken erregt. – Der Kaiser lehnte die erbetene allgemeine Deklaration des Religionsfriedens 1566 wiederum wie 1559 ab und verwies zur Klärung der Zweifelsfragen auf den nächsten Reichstag sowie auf das Reichskammergericht. – Diese juristischen Spezialprobleme waren 1566 freilich überschattet von zwei zentralen Bekenntnisfragen.

4. *Die Stellung des Reichs zum Tridentinum.* In der Konzilsfrage wurde der Ton der Gravamina – bisher juristisch unterkühlt – nun theologisch schärfer. Die Evangelischen präsentierten eine Widerlegung der „greulichen und Gottes Wort widerwärtigen Artikel" des kurz zuvor (1563) beendeten „parteiischen Schein-Conciliums" von Trient. Sie appellierten an die Pflicht des Kaisers als „Haupt der Christenheit", darauf „bedacht zu sein, wie zwischen allen Ständen des Heiligen Reichs eine Christliche gottselige wohlgegründete Vergleichung getroffen und dem heilwürdigen, seligmachenden Evangelio Gottes unwandelbaren Befehl nach ... Tür und Tor aufgetan, der König der Ehren eingelassen und die öffentliche und in Gottes Wort verbotene Abgötterei endlich abgeschafft werde". Da ein allgemeines, freies Konzil nicht stattgefunden habe, noch zu erreichen sei, verlangten sie die Einberufung und Leitung eines deutschen Nationalkonzils durch den Kaiser. Das wiesen die katholischen Reichsstände brüsk, der Kaiser betulich zurück.
Statt dessen übernahmen die katholischen Reichsstände geschlossen für sich die Glaubens- und Gottesdienst-Dekrete des Tridentinums, als des für sie verbindlichen, ordentlichen christlichen Konzils; sie baten freilich um die Aussetzung der Disziplinarbeschlüsse bis auf bessere Zeiten. Mit dieser innerkirchlichen Verbindlichkeit des Tridentinums für die Katholiken war die Religionsspaltung zum unwiderruflichen Schicksal des Reichs geworden.
Zugleich aber verfestigte sich die wachsende Divergenz zwischen dem Kirchenrecht und Reichsrecht: Der Kaiser, die Katholiken und die Protestanten einigten sich noch einmal (zum letzten Mal vor 1648) auf eine förmliche Bestätigung und gemeinsame „treuliche", „unverbrüchliche" Bekräftigung des „hochbeteuerten" Religionsfriedens von 1555. Der Religionsfrieden mit seinen Schutz- und Freiheitsgarantien zugunsten des lutherischen Glaubens ging also

nach Reichsrecht den Trienter Konzilsbeschlüssen vor! Das Tridentinum wurde damit auf seine innerkatholische Geltung beschränkt und praktisch zum Partikularkonzil einer partikularen Bekenntnisgemeinschaft im paritätischen Reich degradiert. Es büßte im Reichsrecht seinen Anspruch als Universalkonzil für alle Getauften der ganzen Christenheit ein, wurde in seiner Absolutheit, Einzigkeit, Universalität und seinem göttlich legitimierten Geltungsanspruch reichsrechtlich nicht anerkannt, sondern politisch-paritätisch relativiert!

Der Konzilsbegriff des katholischen Kirchenrechts unterschied sich also nicht nur vom Konzilsbegriff der evangelischen Theologie und Kirche, sondern auch von dem Konzilsbegriff des Reichsrechts: Wenn das Reichsrecht vom „Christlichen Konzil" als dem Mittel der Wiedervereinigung sprach, folgte es weder dem exklusiv katholischen noch dem entsprechenden evangelischen Konzilsverständnis, sondern meinte ein übergreifendes, überparteiliches Konzil, welches bei beiden Konfessionen friedlich und frei als Instrument der Religionsvergleichung (nicht der Religionsvergewaltigung) Anerkennung finden mußte, wie es der paritätisch-doppelkonfessionellen Struktur des Reichskirchenrechts entsprach. – So war die Konzilsfrage reichsrechtlich höchst differenziert: Der Religionsfriede schützte beide Konfessionen in ihrer theologischen Eigenständigkeit und Freiheit vor dem fremdkonfessionellen Diktat. Er schützte deshalb die Protestanten vor dem katholischen Konzil und dessen Unterwerfungsanspruch, deckte ihre theologische Polemik gegen das Tridentinum und ihr innerkirchliches Widerstandsrecht gegen seine Dekrete im Rahmen des evangelischen Kirchenrechts. Andererseits schützte er auch das Tridentinische Konzil, d.h. seine Geltung für die Katholiken und katholischen Kircheneinrichtungen vor den Protestanten und ihren Übergriffen in den katholischen Raum und Rechtskreis; auch den Katholiken war die theologische Polemik aus den Konzilsdekreten gegen die protestantischen Lehren und Praktiken unverwehrt, sofern sie sich auf den geistlichen Kampf beschränkte und die geschützten Rechtspositionen der Evangelischen nach dem Religionsfrieden unangetastet ließ. Das Reichsrecht verband also die Abwehr des Tridentinums (hinsichtlich der Protestanten) mit der Anerkennung des Tridentinums (hinsichtlich der Katholiken) und überhöhte dies durch einen über- bzw. doppelkonfessionellen Konzilsbegriff in seiner Wiedervereinigungsregelung.

Und der Heilige Stuhl? 1555 hatte er die Dinge notgedrungen laufen lassen und auf einen förmlichen Protest gegen das Reichskirchenrecht verzichtet, der erst nach 1648 viel zu spät erging und wirkungslos verhallte. Die Bestätigung des Religionsfriedens auf dem Reichstag von 1566 stellte die Kurie nun neu und prinzipiell vor die Entscheidungsfrage. Pius V. schwankte lange, besorgte sich theologische und juristische (divergierende) Gutachten durch den Legaten Commendone und den Jesuitengeneral Franz Borgia, für den die Jesuiten Natalis, Ledesma und Canisius eine sorgfältige Studie erstellten. Sie beruhigten den Heiligen Vater durch eine (gleich kühne wie extreme) Interpretation des Friedens im katholischen Sinne, die ihn von öffentlicher Protestation und Verurteilung Abstand nehmen ließ: Der Friede enthalte nur eine zeitweilig-zeitbedingte Suspension der unverbrüchlich weitergeltenden Jurisdiktion und Rechtsstellung der katholischen Kirche, keine Rechtsverbürgungen für die Protestanten, sondern nur die Aussetzung der Vollstreckung des katholischen Rechts im katholischen Reiche. Es war jene Linie der Zukunft, die in verschiedenen Versionen die Kirchenpolitik der Kurie, aber auch die Reichspolitik der katholischen Reichsstände (wenngleich in diplomatisch-konzilianten Formen) prägte: Der Religionsfriede wurde äußerlich erhalten und bekräftigt, innerlich konfessionell bemächtigt und als Mittel eines juristisch verdeckten „kalten Krieges" zur Machterweiterung eingesetzt. Die juristische Interpretation wurde dabei wieder stärker konfessionalisiert und ihre säkularisierenden Momente wurden abgeschwächt – wie ja ganz allgemein die Geistesentwicklung im letzten Drittel des 16. Jahrhunderts auf allen Lebensgebieten einer verstärkten Konfessionalisierung unterworfen war. So hatte die förmliche Bestätigung des Religionsfriedens auch 1566 keinen Ausgleich in der Sache, sondern den Keim zu künftigen Konflikten gebracht.

5. *Das Eindringen des Calvinismus.* Calvinistische Lehren, insbesondere über das Abendmahlsverständnis, waren in den 60er Jahren in die lutherische Kurpfalz eingedrungen. Kurfürst Friedrich III. hatte sich durch seine calvinistischen Neigungen und Aktivitäten von allen anderen evangelischen Fürsten isoliert. Sein schlimmster Feind jedoch war Kaiser Maximilian II. (1564–76), der anders als sein fromm-katholischer Vater Ferdinand (1556–1564) selbst protestantische Neigungen erkennen ließ, jedoch die Sekten haßte. Das Ergebnis der langwierigen Verhandlungen war auch hier überaus bezeichnend: Theologisch konnten sich die Evangelischen nicht einig werden, politisch hielten sie jedoch weiterhin zusammen. Die theologischen Fragen (um den wahren Inhalt der C.A.) wurden auch hier aus den Aufgaben und Kompetenzen der Reichsorgane ausgeschieden; sie wurden den Protestanten als

innerprotestantische Angelegenheit zur Entscheidung überlassen. Die Säkularisierung des Reichsrechts schritt fort; die Sonderung von Glaube und Recht im Reichsrecht wurde vertieft. Die religiöse Spaltung der beiden Konfessionen wurde durch das Recht weiter verfestigt. Die Einheit des Reichs sah sich mehr und mehr auf die politisch-säkulare Verbindung reduziert.

Als der Kaiser den protestantischen Reichsständen die Erklärung abverlangte, ob sie den Pfälzer noch als lutherischen Glaubensgenossen (und deshalb vom Religionsfrieden geschützt) anerkennen könnten, antworteten sie gewunden und diplomatisch differenzierend. Seine theologische Übereinstimmung mit der Confessio Augustana in der Abendmahlsfrage wurde bestritten, aber sein Ausschluß aus dem Religionsfrieden energisch verneint und seine Verfolgung als Sektierer verhindert: Weil sich der Kurfürst selbst bereitwilligst als Anhänger der Confessio Augustana ausgebe, weil er doch im „Haupt-Artikel der allein seligmachenden Justifikation ... dem wahren Verstand der Augsburgischen Konfession anhängig sei" und weil er sich durch Gottes Wort „weisen lassen wollen", worum man sich in standhafter Treue zum reinen, lauteren lutherischen Bekenntnis künftig verstärkt bemühen werde! Und zugleich wurde als prinzipielle juristische Forderung formuliert: Über die Auslegung und die Mitgliedschaft des evangelischen Bekenntnisses habe allein der evangelische Teil im innerevangelischen Konsensbildungsprozeß zu entscheiden, ohne dem Urteil und der Mitsprache der fremden Konfession unterworfen zu sein. – In der Folgezeit hat sich diese Position maßgeblich durchgesetzt. Der Calvinismus konnte sich folglich im rechtlichen Mantel des lutherischen Bekenntnisses ungestört ausbreiten, obgleich die lutherischen Theologen die calvinistisch-reformierte Sakramentenlehre theologisch schärfer bekämpften als die katholische Lehre von der Wandlung.

III. Der Streit um die Stellung der Confessio Augustana im Reich

1. *Gegensätze.* Die ganze dissensbefrachtete Kompliziertheit des bikonfessionellen Koexistenzsystems von 1555 mit seiner Verklammerung von Säkularisierung und Konfessionalisierung wurde an der Calvinistenfrage wie im Gewitterblitz erhellt: Die Katholiken sahen im Lippenbekenntnis des pfälzischen Kurfürsten zur C.A. („weil ich Calvini Bücher nie gelesen ... so kann ich um so viel weniger wissen, was mit dem Calvinismo gemeinet ... Ich habe die

Augsburgische Confession unterschrieben und versiegelt, dabei ich auch beständig zu bleiben gedenke") eine durchsichtige Finte, um sich in den Frieden einzuschmuggeln. Die Antwort der anderen Protestanten aber erschien ihnen als Bruch und Aufweichung des Sektenverbots, als eigenmächtige Erweiterung des Friedens, als rein politisches Manöver und als Verrat am evangelischen Bekenntnis selbst. So forderten sie vom Kaiser ein rechtliches Verbot und die Rückgängigmachung der reformierten Reformen in der Kurpfalz, wie es der Kaiser auch alsbald verfügte und wiederholt anmahnte. Die Evangelischen hingegen wollten einerseits die Verdrängung des lutherischen Bekenntnisses durch das reformierte in der Pfalz verurteilen und verhindern. Andererseits konnten sie die Schwächung der protestantischen Konfession und Religionspartei im Reiche politisch und theologisch nicht verantworten und keineswegs der Gegenreformation die Kompetenz zur juristischen Entscheidung der innerevangelischen theologischen Konflikte überlassen. Es waren durchaus auch theologische Gründe, die sie hier umtrieben, freilich auch hier fatal verquickt mit den politischen Zwängen der Situation.

2. *Bekenntnisgrenzen und Sektenverbot.* Hinter den vordergründigen politischen und juristischen Streitfragen um die Bekenntnisgeltung stand eben in der Tiefenschicht auch hier der Dissens zwischen den Konfessionen über das (theologische und juristische) Wesen des Bekenntnisses, der Bekenntnisgrenzen und des Bekenntnisschutzes. Zwar hatten sich beide Konfessionen im Sektenverbot das Wort gegeben, wenigstens an der Außenfront gegen die Sektierer die verbliebene Gemeinsamkeit zu wahren, um die (beiderseitig intendierte) christliche Einheitsidee auch während der Glaubensspaltung soweit wie möglich zu erhalten.
Aber das Sektenverbot ließ sich jeweils nur in der Eigenverantwortlichkeit beider Teile für ihr eigenes Bekenntnis vollziehen. Das Reichsrecht hatte ja infolge der Glaubensspaltung die übergreifenden theologischen Maßstäbe verloren, einen neutralen Richter über beiden Konfessionen gab es in Bekenntnisfragen nicht und das fremdkonfessionelle Bekenntnisdiktat zwischen ihnen war verboten. Das Sektenverbot war notwendigerweise eine „lex imperfecta"; es setzte die Loyalität gegenüber dem anderen Partner und die Treue zum eigenen Bekenntnis voraus. Mit reichsrechtlichen Mitteln ließ sich der (jeweils bestrittene) „Mißbrauch" nicht ausschließen, daß der Gegner eine Sekte mit seinem Bekenntnis ummäntelte, weil man seine religiöse Selbstbestimmung respektieren mußte und sonst abglitt in unzulässige Bekenntnisübergriffe. So

war es schon 1555 rechtens und systemgerecht im konfessionellen Koexistenzsystem, und so hat es der Westfälische Friede dann (durch die itio in partes, die die Majorisierung der fremden Konfession verbot) explizit konkretisiert, was in der Sache 1648 keine normative Neuerung bedeutete.

3. *Zum evangelischen Bekenntnisbegriff.* An der Sekten- bzw. Calvinistenfrage wurde offenbar: Die evangelische Theologie verstand unter Bekenntnis etwas ganz anderes als die Katholiken. Für letztere war dies relativ einfach und entscheidungsreif: Das Bekenntnis – etwa die Confessio fidei Tridenti – war ein „Lehrgesetz", das als rechtlich verbindliches Glaubensgebot von der kompetenten kirchlichen Jurisdiktionsgewalt erlassen wurde und in Geltung stand, kirchenrechtlich und reichsrechtlich Gehorsam heischte und juristisch mit Hilfe des weltlichen Arms erzwungen werden konnte. Für die Evangelischen aber gab es keinen Papst und keine Lehrgesetzlichkeit; nach ihrem Verständnis der Rechtfertigung des Sünders und der Freiheit aus dem Glauben, des „Gesetzes und Evangeliums" (als Kernstück des christlichen Glaubens) war das Bekenntnis kein „Gesetz" und konnte nicht „gesetzlich" gelten – weder im theologischen noch im juristischen Sinne. Das evangelische Bekenntnis galt nur als Zeugnis der Brüder und Väter von der Wahrheit des Evangeliums, als menschliche, dienende Antwort auf Gottes Wort, die nicht sich selbst (gleichsam als neue „Tradition" der Kirche) für absolut setzen und „gesetzlich" zur Geltung bringen durfte, sondern die über sich hinauswies auf den Herrn, den sie in dem Bekenntnis suchen und zeugnisgebend verkündigen wollte, wie es das „solus Christus", „sola scriptura", „sola gratia" und „sola fide" untrennbar wies. Deshalb konnte das evangelische Bekenntnis dem Gläubigen des allgemeinen Priestertums den Rückgriff auf Gottes Wort in der Heiligen Schrift nicht verwehren, nicht den Herrn selbst durch das menschliche Bild von ihm verdrängen. Alle Bekenntnisbindung und -verpflichtung hing ganz ab von seinem theologischen Wahrheitsgehalt, vom „quia" und „quatenus" seiner Übereinstimmung mit Gottes Wort. Das Bekenntnis sollte Gottes Offenbarung nachschreiben, nicht sich selbst vorschreiben; stets mußte es die Heilige Schrift als Norm und Richterin anerkennen und sich dem Prozeß der vertieften theologischen Wahrheitsfindung und Konsensbildung auch für die Zukunft öffnen. Nach dem Verständnis Luthers war das Bekenntnis ja nicht primär als „Lehre", als objektivierte Bekenntnisformel zu verstehen, sondern als ein Gesamtvorgang des lebendigen Bekennens zu begreifen, das aus dem Verkündigungsgeschehen erwuchs und ihm

wiederum dienend zugeordnet war. Evangelische Bekenntnisbildung und Bekenntnisbindung konnte deshalb theologisch legitim
nur geistlich im mutuum colloquium und im consensus fratrum
geschehen. Es ließ sich nicht durch weltlichen Zwang der weltlichen Gewalt durchsetzen, weil dies der evangelischen Freiheit aus
dem Glauben und den fundamentalen Begrenzungen der lutherischen Zweireichelehre widersprach. – Diese geistliche Wesensart
des evangelischen Bekenntnisbegriffs war durch den Religionsfrieden zweifellos gedeckt, da er den Evangelischen ihren Bekenntnisstand und ihre künftige Bekenntnisentwicklung („so sie aufgericht
oder nochmals aufrichten möchten)" nach ihrem geistlichen Selbstverständnis ohne Fremdbestimmung garantierte. Doch die juristische Verwertbarkeit und „Anwendung" des evangelischen Bekenntnisses war durch dieses sein theologisches Wesen erheblich
kompliziert: Weder im evangelischen Kirchenrecht noch im
Reichsrecht durfte es schlicht-forsch „juristisch-normativ" (als
„Lehrgesetz") verstanden und vollzogen werden.

4. *Juridifizierung und Säkularisierung des Bekenntnisses im
Reichsrecht.* Freilich liegt auf der Hand, daß diese lutherische Sicht
des Bekenntnisses schon im 16. Jahrhundert einer zweifachen
Gefährdung ausgesetzt war. Zum einen erlag es weithin der säkularisierenden Verfremdung des Bekenntnisses durch die eigenen
evangelischen Territorialgewalten, die es als Staatsbekenntnis i. S.
einer Zwangs- und Staatsideologie durch weltlichen Rechtsakt kraft
freier politischer Dezision einführten und praktizierten, und dafür
den Religionsfrieden als eine Art reichsrechtliche Ermächtigungs-
grundlage ansahen (bzw. säkularisierend mißdeuteten). Diese juri-
stisch-säkulare Version ist denn auch von den protestantischen
Praktikern und Kronjuristen theoretisch formuliert worden, die mit
der Formel „cuius regio, eius religio" einen rohen weltlichen Bekenntnisbann als „höchstes Regal" zum juristischen System wei-
terentwickelten.
In der Calvinistenfrage wurde diese säkulare Argumentation für
die Juristen das Ei des Kolumbus. Man spaltete einfach das Bekenntnis auf in einen theologischen und einen juristischen Bekenntnisbegriff. „Sensu theologico" gehörten zur C.A. nur die
Lutheraner, „sensu politico" nahm man auch die Reformierten
dazu, obwohl sie nach dem Urteil der reformierten Theologen
kaum, nach dem der lutherischen gar nicht zur C.A. zu zählen
waren. So konnten sich die evangelischen Juristen die ungewisse
und unerfreuliche Auseinandersetzung mit den Theologen schlichtweg sparen: Der reichsrechtliche Schutz der evangelischen Gesamt-

partei blieb ungefährdet durch die inneren orthodoxen Schulen-Streitigkeiten um Abendmahl und Prädestination. Desgleichen ließ sich so die theologische Mitsprache und Mitentscheidung der Katholiken in evangelischen Bekenntnisdingen von vornherein abblocken. Der Westfälische Friede hat diese Linie aufgenommen, indem er – durch weltliches Gesetz – die Reformierten als Untergruppe der C. A. deklarierte (Art. VII § 1 IPO) und also insoweit den reichsrechtlichen Bekenntnisbegriff in juristischer Autonomie und Emanzipation vom theologischen Bekenntnisbefund definierte. Daran zeigt sich die fortschreitende Säkularisierung des Reichskirchenrechts zwischen 1555 und 1648; der Religionsfriede hatte seinerzeit das Augsburgische Bekenntnis gerade als geistlich-kirchliche Erscheinung bezeichnen und schützen wollen. – Aber bei aller geistlichen Verarmung und politisch-juristischen Veräußerlichung des evangelischen Bekenntnisgedankens schon im 16. Jh. ist zu resümieren: Nach außen, der katholischen Gegenseite gegenüber bot sichtlich die Säkularisierung und juristische Verselbständigung des Bekenntnisbegriffs der C. A. den Evangelischen den besten Schutz, da er das (krypto-)theologische Hineininterpretieren und „Umfunktionieren" der C. A. durch die Katholiken ausschloß. Auch hier erwies sich, daß die geistliche Freiheit und Selbstbestimmung der Evangelischen in der Schale eines säkularen Rechtsbegriffs und Rechtsinstituts weltlich am besten geborgen sein konnten – wie dies bis heute eine vielfältig bestätigte Erfahrung des modernen, säkularen Staatskirchenrechts im konfessionell gemischten und vollends im weltanschaulich-pluralistischen Staate der Gegenwart geworden ist.

5. *Fremdkonfessionelle Bekenntnisinterpretation.* Die andere Gefährdung der C. A. lag in der katholischen Bemächtigung der evangelischen Bekenntnisinhalte und Bekenntniszugehörigkeit. Sie blieb noch bis in das 18. Jahrhundert virulent: Man bestimmte den Inhalt und die Rechtsstellung der C. A. nach katholischem Muster als „Lehrgesetz" im Rahmen der katholischen Reichs- und Rechtsidee. Die Evangelischen erschienen so – man nahm ihre Katholizitätsbeteuerungen im römischen Sinne beim Wort – im Grunde als Katholiken, bei denen einzelne, engstens umrissene Lehrabweichungen („gesetzlich" juridifiziert und formelhaft veräußerlicht) ausnahmsweise (natürlich ohne Parität) zu tolerieren waren. Das evangelische Bekenntnis zerfiel in dieser Sicht in ein Sammelsurium isolierter und sinnentleerter Einzelheiten, die aus dem Zusammenhang der reformatorischen Theologie und der lebendigen evangelischen Bekenntnisbildung gerissen wurden. So ließ sich

selbst die katholische Wandlungslehre in den Abendmahlsartikel der C.A. hineininterpretieren. Da nur die „unveränderte" C.A. von 1530 reichsrechtlich zugelassen worden sei, hat man die seitherige Lehrentwicklung der Protestanten als unzulässig deklariert; seit den 80er Jahren wurde daraus gelegentlich gefolgert, daß es im Grunde gar keine echten, legalen Anhänger der C.A. mehr im Reiche gäbe und deshalb der Religionsfriede gegenstandslos geworden sei. Die Reichsorgane folgten zwar diesen Thesen nicht. Aber in den Territorien war die fremdkonfessionelle obrigkeitliche Entscheidung auch juristisch oftmals relevant, wenn man etwa den evangelischen Emigranten kraft katholischer Prüfung die evangelische Bekenntniszugehörigkeit absprach, deshalb die religiöse Auswanderungsfreiheit verwehrte und sie als Sektierer mit Glaubenszwang und Konfiskationen überzog.

Im Grunde war der Dissens in der Bekenntnisinterpretation ja nicht verwunderlich, sondern die Konsequenz der Aporien, die der Friede von 1555 in sich trug: Wenn sich 1555 die beiden Religionsparteien gegenseitig die Anerkennung und den Schutz ihrer Konfession versprachen, so hatte jede Seite ihr eigenes Bekenntnis – theologisch wie juristisch – als Beweismittel und Sicherungsinstrument der theologischen Wahrheit verstanden, das Bekenntnis der Gegenseite jedoch theologisch für lauter Lug und Trug gehalten und juristisch als Denunzierungs- und Zernierungsinstrument von Irrtümern benützt, die jedenfalls nicht über ihre notvoll konzedierten Grenzen weiterwuchern durften. Die Bezugnahme auf das Bekenntnis wurde mit diametral entgegengesetztem Vorverständnis und Ziel ausbedungen und entfaltet; so war es eine Frage der Zeit, bis der Dissens darüber offen ausbrach. – Die itio in partes gemäß Art. V § 52 IPO hat die Lösung klar herausgestellt: Jede Konfession bestimmte ihre Bekenntnisfragen selbst, und zwar alleine.

IV. Die Konfessionskonflikte seit den 70er Jahren

1. *Die Veränderung der Kräfte*. In den 70er Jahren wandte sich langsam das Blatt. Der protestantische Vormarsch erlahmte und kam zum Stehen, die katholische Gegenwehr formierte sich zum geistlichen und politischen „roll back". Das Tridentinum zeigte seine Wirkung. Die Evangelischen aber zerstritten sich dogmatisch und politisch. Sachsen, das frühe Kernland der Reformation, fühlte sich konfessionell saturiert und vom Osten gefährdet, hielt deshalb

zur Kaiserpolitik der Reichseinheit und Türkenabwehr und zeigte sich zu konfessionellen Konzessionen auf Kosten der anderen Protestanten geneigt. Die Kurpfalz hingegen ergriff die Initiative zu einer aktiven Konfessionspolitik, die die Verknüpfung mit auswärtigen Glaubenskämpfen nicht scheute und risikofreudig das reichsständische Instrumentarium der Reichstags-, Reichsjustiz- und Reichsfinanzverfassung benützte. Doch der Wind blies ihr zunehmend steifer ins Gesicht.

2. *Declaratio Ferdinandea.* Weder bei der Wahl Rudolfs II. (1576–1612) zum römischen König i.J. 1575 – der als ein menschenscheuer Sonderling, von den Jesuiten am spanischen Hofe erzogen, schon bald seinem leutseligen Vater Maximilian als Kaiser nachfolgte – noch auf dem Regensburger Reichstag von 1576 gelang es den Protestanten, die rechtliche Bestätigung jener ominösen geheimen Deklaration Kaiser Ferdinands vom 24.9.55 zu erreichen, die den evangelischen Bekenntnisstand der landsässigen Ritterschaften und Städte in den katholischen geistlichen Fürstentümern garantierte. Sie war damals am Vorabend des Religionsfriedens von König Ferdinand den Evangelischen ausgefertigt worden, um ihren Widerstand gegen den Geistlichen Vorbehalt durch dieses Trostpflaster zu beschwichtigen; sie war also politisch als wichtiger Sonderposten in das Gesamtgeschäft des Friedens einbezogen worden, und wie der Geistliche Vorbehalt war sie nur von der Autorität des Kaiseramtes und Königswortes gedeckt. Aber sie war dann in Vergessenheit geraten, weil man nach 1555 in den geistlichen Fürstentümern zunächst alles laufen ließ. Als nach dem Tridentinum nun die ersten energischen katholischen Reformen in den geistlichen Gebieten, zuerst im Fuldaischen und im Eichsfeld begannen, zogen die Protestanten sie zur allgemeinen Überraschung ans Licht. Natürlich bestritten die Katholiken, die in ihr überdies eine infame Fälschung vermuteten, ihre Rechtsgültigkeit, da sie – von den katholischen Reichsständen nicht bewilligt – dem Religionsfrieden nicht förmlich eingefügt worden sei, ihm inhaltlich widerspreche und somit unter dessen Derogationsklausel falle, die alles entgegenstehende „ältere" Recht aufgehoben habe.

3. *Protest der Wetterauer Grafen.* Ebenso erfolglos blieb 1576 der Protest der Wetterauer Grafen, als die Katholiken den dehnbaren Wortlaut des Geistlichen Vorbehalts verschärft interpretierten: Sie unterwarfen ihm nicht nur wie bisher die geistlichen Reichsstände (die Fürstbischöfe und -Äbte), sondern auch alle minderen Geistlichen, und sie bezogen ihn nicht nur auf den Übertritt eines katho-

lischen Reichsstands, sondern auch auf den Eintritt der Protestanten in alle anderen Pfründen. So schlossen sie den zahlreichen protestantischen Adel von den Domherrn- und Stiftsherrnpfründen aus, die ihm seit Jahrhunderten nach dem „frommen Stifterwillen" zur zölibatären Versorgung seiner nachgeborenen Söhne und Töchter diente, so daß – nach den gravamina der Protestanten – die evangelischen Geschlechter verarmten und sich die Grafen mehrten „wie die jungen Hasen". – Und wiederum scheiterte die protestantische Verhandlungstaktik: Der Reichsabschied 1576 wurde ohne vorherige Erledigung der Religionsbeschwerden mit einer stattlichen Türkenhilfe bewilligt, zu welcher sich die Pfälzer freilich nur in der von ihnen konzedierten Höhe verbunden fühlten. – Der Kaiser aber lehnte es wiederum ab, gegen den Willen einer der beiden Parteien etwas am Religionsfrieden zu ändern oder zu deklarieren.

4. *Die Aachener Händel.* Auf dem folgenden Reichstag von 1582 stritt man über das Reformationsrecht der Reichsstädte aus Anlaß der Reformation in Aachen. Die Protestanten sprachen dem Rat der Reichsstadt wie allen anderen Reichsständen das ius reformandi zu, der Kaiser und die Katholiken behaupteten hingegen seine Pflicht zur Wahrung des Status quo. Ein Urteil des Reichshofrats bekräftigte endlich 1593 den katholischen Rechtsstandpunkt. Die Protestanten bestritten dessen Kompetenz und die Rechtmäßigkeit der Entscheidung. Der Aachener Rat widersetzte sich weiterhin, bis 1598 die kaiserliche Acht und Exekution die Alleinherrschaft des katholischen Gottesdienstes wiederaufrichtete. Konfessionsstrategisch war diese Entscheidung von großer Bedeutung, war doch der Nordwesten mit seiner Nähe zu den Niederlanden für das ganze Reich gewissermaßen als die Wetterecke anzusehen, was auch dem Krieg um Köln und Kleve kardinale Wirkung gab.

5. *Der Magdeburger Sessionsstreit.* Auch im Kampf um den Geistlichen Vorbehalt erlitten die Protestanten empfindliche Niederlagen. Im Erzbistum Magdeburg hatte das protestantisch gestimmte Domkapitel den jungen kurbrandenburgischen Prinzen Joachim Friedrich auf den erzbischöflichen Stuhl gewählt. Aber Kaiser Maximilian II. hatte ihm im Jahre 1566 auf Rat des Reichsvizekanzlers Zasius die Belehnung (und auch ein vorläufiges Lehnsindult) versagt, weil nach dem altüberkommenen Reichskirchenrecht die kaiserliche Belehnung ohne die päpstliche Bestätigung des Gewählten unstatthaft sei. Der unbekümmerte protestantische

Administrator behielt daraufhin das Erzstift eben faktisch und ohne die Rechtsgrundlage der Belehnung in Besitz. Nun erschien er 1582 plötzlich auf dem Regensburger Reichstag, um dort demonstrativ seine reichsständischen Rechte auszuüben. Doch die erbosten Katholiken machten ihm Sitz und Stimme im Reichstag streitig und drohten unter Führung Bayerns und Kurmainz' durch ihren Auszug den Reichstag zu sprengen. Die Mehrheit der Protestanten ließ nun den Administrator lau im Stich, so daß er eilig abreiste, um seinen Anspruch für bessere Zeiten offenzuhalten. Nach dem Magdeburger Sessionsstreit haben protestantische Administratoren nur noch in seltenen, peripheren Ausnahmefällen, in Bremen und Lübeck etwa, kaiserliche Lehnsindulte erlangt. Ihr Vormarsch in der Reichskirche kam zum Stehen, wie die Kölner Sache zeigte.

6. *Der Kölner Bistumsstreit.* Noch im gleichen Sommer 1582 hatte sich Erzbischof Gebhard Truchseß von Köln heimlich zur Konversion und Heirat mit dem adligen Stiftsfräulein Agnes von Mansfeld entschlossen. An Weihnachten gab er seinen Übertritt kund und stellte die lutherische Konfession neben dem katholischen Glauben im Erzstift frei. Die Mehrheit seines Domkapitels und seiner rheinischen Landstände widersetzte sich; so kam es zum offenen Krieg zwischen dem Bischof und seinen streitbaren Prälaten. Die meisten evangelischen Reichsstände jedoch scheuten kriegerische Verwicklungen. Auch die Hilfe der Niederländer blieb aus. Nur der verwegene Pfalzgraf Johann Casimir stürzte sich für Gebhard Truchseß ins Getümmel. Das Domkapitel aber warb weiter Truppen, genoß die Unterstützung des Kaisers und der Spanier, deren berühmter Feldherr Alexander von Parma seine Truppen aus den Niederlanden in den Aachener Raum entsandte. Die Internationalisierung der deutschen Streitigkeiten zeichnete sich ab. Köln war eine Bastion des Katholizismus im Nordwesten, am Kölner Erzstuhl hing die Parität im Kurkolleg und damit die Königswahl und das katholische Kaisertum. Bischof Gebhard aber feierte in seiner Bonner Residenz rauschende Bankette und genoß die neue Freiheit mit den Freuden des Brautstands und der Ehe. Bald mußte er in seine westfälischen Landesteile ausweichen, deren Stände zu ihm hielten. Inzwischen wurde er vom Papst gebannt und als Bischof abgesetzt. Das Domkapitel wählte im Mai 1583 den liederlichen Herzog Ernst von Bayern, bereits Bischof von Freising, Lüttich, Hildesheim, später auch von Münster, zum Kölner Erzbischof. Der Kaiser erteilte dem neuen Bischof bald darauf ein Lehnsindult als dem rechtmäßigen Landesfürsten, der mit bairischen und spanischen Truppen seinen Vorgänger und Konkurrenten aus dem Feld schlug

und nach Holland abdrängte. Das Kölner Erzstift wurde für fast zwei Jahrhunderte fest mit dem Hause Wittelsbach verbunden.

7. *Reformen im Würzburgischen.* Nach dem Kölner Bistumsstreit folgten 1585 ebenfalls katholische Bischofswahlen in Paderborn und Osnabrück. Bisher hatten sich die geistlichen Reichsfürsten allenthalben mit der äußerlichen Sicherung des katholischen Besitzstandes begnügt und es geschehen lassen, daß in Adel, Volk und Geistlichkeit die lutherischen Bräuche und Gedanken um sich griffen und die Forderung nach einer protestantischen Kirchenordnung immer unverhüllter erklang. Doch jetzt erwuchs in Julius Echter von Würzburg der katholischen Kirche eine wahrhaft fürstliche Bischofsgestalt von hoher Bildung, Tatkraft und Reformgesinnung, die das altkirchliche Kirchenwesen von innen erneuerte, Priesterseminare gründete, die geistliche Bildung hob, 1582 die Würzburger Julius-Universität mit pompösen Feiern ins Leben rief und ihre Leitung den Jesuiten anvertraute, Visitationen veranstaltete, die lutherisch gesinnten Geistlichen aus ihren Ämtern vertrieb, den Trotz der protestantischen fränkischen Ritterschaft und Bürger unnachsichtig brach, die Hartnäckigen aus dem Lande jagte. Nun wurde der katholische Kultus mit seinen sinnenfrohen und erhebenden Riten, Prozessionen, Heiligenfesten, Ablässen eingeübt, die Fürsorge für die Kranken und Alten energisch in Gang gesetzt, das großartige Juliusspital dafür errichtet und das Würzburger Bistum, in dem vorher bereits der Protestantismus zu überwiegen schien, in den Schoß der alten Kirche zurückgeführt. Der Bann war gebrochen, das Beispiel machte Schule. Papst Gregor XIII. nahm sich der deutschen Dinge erstmals mit Tatkraft und Kenntnis an, erneuerte und steuerte sie durch die Nuntiaturen, die bisher schon am Kaiserhofe, nun auch in Köln und Salzburg, München und Graz für die Entfaltung der Trienter Reformen und für die Sammlung und Stärkung der politischen Kraft des Katholizismus sorgten.

8. *Der Straßburger Kapitelstreit.* Auch im Südwesten gelang es, den Dammbruch zu verhindern. Der päpstliche Nuntius schloß im Juni 1583 drei hochadelige protestantische Kapitulare des Straßburger Domkapitels als Ketzer von ihren Benefizien aus.
Sie appellierten an den Kaiser und setzten sich im Sommer 1584, gestützt vom protestantischen Magistrat der freien Reichsstadt, mit bewaffneter Macht in den Besitz der reich bevorrateten Kapitelsgebäude. Die kaiserlichen Restitutionsbefehle wurden wie gewohnt mißachtet. So ging es einige Jahre weiter, in denen sich das gespal-

tene Kapitel durch Ergänzungswahlen prominenter Prinzen nahezu verdoppelte. Auch hier drohte wiederum die Internationalisierung des deutschen Konfessionskonflikts, die seit den Aachener Händeln und dem Kölner Krieg die ganze Westgrenze des Reichs ergriff. Die Katholiken suchten sich 1590 den mächtigen Kardinal Guise von Lothringen als Koadjutor und Kandidaten für die kommende Bischofswahl zu sichern, um über das Straßburger Stift die katholische Partei im Reiche mit der katholischen Ligue in Frankreich zu verbinden. Nach dem Tode des Bischofs 1591 wählten die protestantischen Kapitulare im Mai 1592 rasch einen jungen brandenburgischen Prinzen zum Bistumsadministrator und setzten sich in festen Plätzen des Bistums fest. Da rückte auch der Kardinal von Lothringen mit seiner Truppe ein und ließ sich von den katholischen Kapitularen im Juni 1592 ebenfalls zum Bischof wählen, wurde jedoch alsbald durch den soeben in Frankreich abgemusterten Söldnerführer Christian von Anhalt bedrängt. Das führte 1593 zum Waffenstillstand und zur Teilung des Stifts nach dem Besitzstand, so daß sich nun mehrere Jahre beide Prätendenten kampfbereit gegenüberstanden. 1599 erwirkte der Lothringer Kardinal vom Kaiser die Belehnung mit dem Fürstbistum, wofür er im Kompensationsgeschäft einen jungen Habsburger Prinzen als Koadjutor vom Kapitel postulieren ließ. 1604 gab schließlich der Administrator auf. Der protestantische Zugriff auch auf dieses süddeutsche Stift war abgeschlagen, wie es das Knäuel von Recht und Macht und Zufall letztendlich ergab.

9. *Kurpfälzischer Widerstand. Streit um die Türkenhilfe.* Die aufgeschreckten Protestanten sammelten sich zur Gegenwehr um Johann Casimir, der 1583 die Regierung der Kurpfalz ergriffen hatte. 1590 wurden die Religionsbeschwerden unerhört scharf formuliert und auf dem Regensburger Reichstag von 1594 erneut in dieser Schärfe vorgebracht, von den Katholiken jedoch in gleicher Weise widersprochen. In seiner rigorosen Ablehnung vertrat der Kaiser nun jene katholische Interpretation des Friedens, die sich inzwischen scharf konturiert herausgebildet hatte. Der offene Dissens des protestantischen und des katholischen Verfassungsverständnisses trat immer gefährlicher in den Vordergrund der Politik. Auch die Gefahr von außen hat die Konfessionen nicht mehr zusammenstehen lassen. Im Jahre 1593 brach nach 25jährigem Waffenstillstand der Türkenschrecken wieder über das Reich herein. Der Türkenhilfe wegen mußte der Reichstag nun wieder häufiger versammelt werden. Das aber gab Gelegenheit, die Konfessionsstreitigkeiten wirksam aufzuheizen und ihre Abstellung vor der

Bewilligung der Türkenhilfe zu verlangen. Um die Wirrnis zu vollenden, spalteten sich die Protestanten seit dem Regensburger Reichstag von 1594. Die radikale Partei der „Korrespondierenden" unter Kurpfälzer Führung ließ die Konflikte eskalieren, nachdem sie durch den mäßigenden Einfluß Kursachsens nicht mehr zurückgehalten war. Wegen ihrer Steuerverweigerung auf dem Regensburger Reichstag von 1597/98 zog sie sich alsbald Prozesse vor dem Kammergericht zu, an deren Ende die Reichsacht drohte. Zu dem geplanten Bündnis hiergegen kam es doch – noch – nicht, und nach ihrer Verurteilung 1602 beeilten sich die Korrespondierenden, Kurpfalz voran, nachzugeben und dabei schnell noch eine günstige Steuerschuld-Abfindung mit dem Kaiser auszuhandeln.

10. *Theologische Polemik und Kalenderstreit.* Zur wachsenden Verbitterung trug die verschärfte theologische Polemik bei, die ständig Öl ins Feuer goß. Seit 1586 erschienen die „Disputationes de controversiis fidei" des Kardinals Robert Bellarmin, ein Werk von eminenter Gelehrsamkeit und Systembegabung, das die gewaltsame Ausrottung der Ketzerei als göttliche Gewissens- und Rechtspflicht der Kirchengewalt, der weltlichen Obrigkeit und auch des Volkes im Widerstand gegen häretische Fürsten umfassend aus der Schrift und aus der Tradition der Kirche folgerte. Nun traten auch katholische Juristen wie der Reichshofrat Georg Eder und der Reichshofratssekretär Andreas Erstenberger mit intimer Praxiserfahrung und scharfsinniger Systematik der Flut der protestantischen Traktate und Pamphlete entgegen. Der Religionsfriede wurde konsequent am göttlichen Recht gemessen, die häretische Glaubensfreiheit als satanischer Betrug entlarvt und jede Konzession des Reichsrechts an die frevelhafte menschliche „Autonomia" radikal zurückgestutzt; die prinzipielle Generalabrechnung und umsichtige Spezialinterpretation haben sich darin kunstvoll und konsequent verknüpft. Die militante Konfessionalisierung ergriff unaufhaltsam das Geistesleben, die Weltanschauung der Massen, das Rechtsdenken und die innere und äußere Politik. Die konfessionalisierten Wissenschaften, die populäre Literatur, die Massenpredigt und die Massenerregung haben einander hierbei wirkungsvoll gesteigert. Deutschland zerfiel in Hader und Bitternis.
Sogar die gemeinsame Berechnung der Zeit zerriß. Papst Gregor XIII., aufgeschlossen für die Wissenschaften, hatte durch die Bulle vom 24. Februar 1582 den neuen Kalender eingeführt, der seinen Namen trug. Darin war angeordnet, daß am 4. Oktober 1582 in der Zeitrechnung zehn Tage zu überspringen seien, die der alte Kalender Julius Caesars (der das Jahr um gut 11 Minuten zu lang an-

setzte) inzwischen dem astronomischen Zyklus der Zeit vorangeeilt war. Diese sinnvolle und in der ganzen romanischen Staatenwelt akzeptierte Reform stieß auf den erbittertsten Widerstand der Protestanten, als der Kaiser die päpstlichen Kalenderanordnungen inmitten der Kölner Kriegswirren kraft kaiserlicher Machtvollkommenheit verbindlich machte, ohne zuvor das Einverständnis der deutschen Reichsstände eingeholt zu haben. Da ging es dann nicht mehr um das Problem der Zeit und um den Umlauf der Gestirne, sondern um die Autorität von Papst und Kaiser und um die Freiheit des Evangeliums und der deutschen Reichsstände von der angemaßten päpstlichen Weltherrschaft – wenn nun die hochheiligsten evangelischen Feiertage der Geburt und des Sterbens des Herrn entgegen dem alten christlichen Herkommen und Rechtszustand nach den Geboten der Macht des Antichrists auf Erden gehalten werden sollten! Bis 1700 blieb es also – rechtlich höchst umstritten – bei der Verdoppelung des Kalenders und deshalb der Feiertage. Das hat die Lebensverhältnisse und auch die Reichsgeschäfte ungemein erschwert.

V. Die Kirchengüterfrage. Kompetenz- und Verfahrensprobleme der Religionsverfassung

1. *Der Vierklosterstreit.* In den 90er Jahren ist eine seit langem schwelende Streitfrage plötzlich zu schwersten Konflikten aufgelodert, durch die schließlich die gesamte Reichsjustiz zusammenbrach. Es ging um die Reformationsberechtigung evangelischer Obrigkeiten an dem territorialen, „reichs-mittelbaren" Kirchengut, das sie in großem Umfang seit 1555 eingezogen und für evangelische Kirchen, Pfarren, Schulen und Spitäler umgewidmet oder auch – weil kirchlich nicht benötigt – für weltliche Zwecke der Wohlfahrt, des Landesausbaus, der Verteidigung, der fürstlichen Machterweiterung und Repräsentation verwendet hatten. In jenen evangelischen Territorien, die nicht (wie Sachsen) schon 1555 zu den Stammlanden der Reformation gehörten, beruhte das gesamte Kirchenwesen des Landes materiell auf diesen Kirchengutsreformen, ebenso ein wesentlicher Teil der jungen Territorialstaatsgewalt. Unabsehbar waren die Folgen, wenn man den evangelischen Kirchen und Staaten diesen Grund entzog; die alte Kirche war ja die reichste Grundkapital- und Wirtschaftsmacht im Lande gewesen, bevor sie in der Glaubens- und Staatsumwälzung liquidiert

worden war. Waren die bisherigen Konfessionskonflikte gleichsam als Grenzkämpfe an wechselnden Frontabschnitten verlaufen, so drohte das Restitutionsverlangen des mittelbaren Kirchenguts als breiter Einfall der Katholiken in die rückwärtigen Heimatgebiete der Protestanten, was sie in existentiellen Schrecken versetzte.

Schon 1557 war eine Klage des Karthäuserprovinzials gegen den Grafen von Oettingen wegen des Klosters Christgarten beim Reichskammergericht eingereicht worden, die bis zur Litiskontestation 24 Jahre lang an prozeßhindernden Einwänden hängen blieb (war denn ein Ordensprovinzial ohne Reichsstandschaft überhaupt durch den Religionsfrieden berechtigt?) und weitere 18 Jahre (bis 1599) auf ihr Urteil wartete. Schon 1593 hatte das Kammergericht gegen den Reichsritter von Hirschhorn wegen der Einkünfte seines eingezogenen Karmeliterklosters entschieden, 1598 gebot es den Markgrafen von Baden-Durlach die Restitution des Klosters Frauenalb und verbot der Reichsstadt Straßburg die Eingriffe in ihr Margarethenkloster. Nun also schien die Lawine der aufgestauten Kirchengutsprozesse über die Protestanten loszudonnern! Da mochte es belanglos scheinen, daß speziell diese vier Klostersachen teilweise nur um Rand- und Vorfragen örtlicher Gerichtsgewalt, umstrittener Pfandverhältnisse und dgl. kreisten – die bange Frage des Reformationsrechts am mittelbaren Kirchengut wuchs riesengroß hinter ihnen empor. Offensichtlich hatte sich das Kammergericht (z. T. auch seine protestantischen Assessoren) angeschickt, den katholischen Restitutions-Standpunkt zur ständigen Judikatur zu erheben.

2. *Die Problematik der Kirchengutsregelung.* Die materiellrechtliche Rechtsfrage der Kirchengutsreformen war indessen komplizierter, als sie auf den ersten Blick erschien. Sie war belastet von jenen Lücken, Unklarheiten, aber auch Scheinklarheiten und unausgetragenen Prinzipienspannungen, die den Frieden von 1555 überhaupt charakterisieren und ihn dem modernen Verstehen so rätselhaft schwer erschließen. Ausdrücklich war in ihm ja nur bestimmt worden, daß den Protestanten dasjenige Kirchengut verblieb, welches die (katholische) Geistlichkeit im Jahre 1552 „oder seithero" nicht besessen hatte. Über das später reformierte Gut sagte der Wortlaut nichts, und diese dunkle Lücke war durch die zweideutige Fassung anderer einschlägiger Bestimmungen des Friedens (über den Schutz der geistlichen Reichsstände, die Aufhebung der geistlichen Jurisdiktion, die Regelung geistlicher Gefälle u. a. m.) von beiden Teilen schon 1555 bewußt weiter verunklart worden. Immerhin, der Umkehrschluß lag nahe, daß das andere,

1555 noch nicht konzedierte Gut katholisch bleiben sollte. So wurde seit damals bis heute oft argumentiert.

Allein, sowohl die Vorgeschichte als auch die Genesis des Friedens selbst, sein Ziel und sein Systemzusammenhang nahmen diesem argumentum e contrario die Überzeugungskraft. Jene Bestimmung über das mittelbare Kirchengut und die Kirchengefälle war im wesentlichen aus dem Speyrer Reichsabschied von 1544 übernommen worden; sie gehörte nach Geist und Ausgestaltung jenen vorläufigen Interimsordnungen an, die – auf den Augenblick fixiert – durch strikte Status-quo-Bestimmungen einen verfilzten und verwirrten, so auf Dauer unhaltbaren Zustand einstweilen festzuschreiben hatten, um der künftigen großen Bereinigung der Glaubens- und Rechtsnöte nicht vorzugreifen. Mit der Einfügung in das Friedenswerk von 1555 erfuhren derartige ältere Versatzstücke notwendig eine Wandlung ihres Sinns und ihrer Wirkung, da ihre ursprüngliche Intention im neuen Verfassungsrahmen z. T. überholt, z. T. aber unrealisierbar wurde, je länger sich der Wiedervereinigungsfall verzögerte. Der Religionsfriede hatte ja neben diesen partiellen Status-quo-Normen im Jahre 1555 umfassende Ermächtigungen zur Veränderung der Religionsverhältnisse durch das Reformationsrecht der Reichsstände ausgesprochen; die Vorläufigkeit war der Dauergeltung gewichen; statt bei der interimistischen Festlegung verschränkter Rechtsverhältnisse stehen zu bleiben, war der Friede 1555 wesentlich zum Grundprinzip einer Dauerlösung durch die klare Konfessionsbereinigung und -ordnung im territorialen Raum übergegangen. Dem System und dem Ziel des Friedenswerkes von 1555 lief es diametral zuwider, durch sinnwidrige und systemfremde Auslegung und Aufwertung älterer Einzelteile unabsehbare Streitigkeiten aus der juristischen Pandorabüchse auszusäen. Und wie grotesk unsinnig erschien die Folgerung, daß das gesamte Kirchengut in katholischem Besitz verbleiben sollte, wenn das gesamte Land und Volk ringsum legal zum evangelischen Bekenntnis übergewechselt war! Das Recht des Kirchenguts enthält stets die materielle Verkörperung der kirchlichen Verhältnisse und Ideen eines Zeitalters, die sich in seinen Normen höchst charakteristisch widerspiegeln. Auch innerhalb des Religionsfriedens war die Kirchengutsverfassung sinnvoll nur als ein Teilstück der Kirchenverfassung und ihres darauf geeichten Staatskirchenrechtes zu verstehen. Man mußte die Kirchengutsbestimmungen (bzw. ihre Lücken) in der juristischen Interpretation auf die zentrale Dauerordnung des Kirchenwesens durch das ius reformandi der Reichsstände abstimmen; das Ganze des Friedens durfte nicht von den Einzelheiten her aus den Angeln gehoben werden. Solche Probleme sind in der Geschichte des Staatskirchenrechts nicht selten: Auch die Weimarer Staatskirchenartikel von 1919 haben bei ihrer wörtlich unveränderten Rezeption ins Bonner Grundgesetz von 1949 bekanntlich einen Sinnwandel erfahren, der sich aus dem neuen Systemzusammenhang im freiheitlich-demokratischen, sozialen Rechtsstaat ergab (insbesondere aus der Aufwertung des Grundrechtsteils, aus der Entfaltung der Sozialstaatlichkeit und aus der Ausdehnung der Staatstätigkeit auf die früher staatsfreien Bereiche der Gesellschaft), während die ursprüngliche Aufgabe von 1919 (die restliche Beseitigung des landesherrlichen Kirchenregiments und die Liquidation der christlichen Staatsstruktur und Staatskirchenhoheit) 1949 längst erledigt war. Kurzum: Die Friedensvereinbarung von 1555 erwies sich hier als dunkel und lückenhaft. Mußte man sie dann nicht durch neue Vereinbarungen klären bzw. ergänzen?

So jedenfalls lautete die Folgerung und Forderung der politisch aktiven Protestanten. In ihr ist weniger Sophistik zu erblicken, als ihre Gegner damals (auf dem Hintergrund der katholischen Reichs- und Rechtsidee) anprangerten, und als auch die moderne Historiographie den Protestanten vielfach vorwirft, wenn sie ihr modernes Bild der nationalen, säkularen Rechtseinheit auf die rechtliche Zerrissenheit des Konfessionellen Zeitalters projiziert. Die Protestanten gelten danach gewissermaßen als Hochverräter, weil sie sich „den Reichsorganen" (d. h. dem katholischen Verfassungsverständnis) nicht widerstandslos unterwarfen.

3. *Die Rolle des „Gemeinen Rechts"*. Aber galt – um die Lücken im Religionsfrieden zu schließen – nicht einfach das „Gemeine Recht"? So haben es der Kaiser und die Katholiken schon seit 1559 mit Hilfe des Kammergerichts praktizieren wollen. Doch dieses „Gemeine Recht", d. h. das kanonische und römische ius utrumque des Reichs, war ja selbst durch den Glaubenszwiespalt unsicher und zerspalten (S. 40–43): Die allgemeinen Besitz- und Besitzschutznormen des weltlichen Rechts, die vor Rechtsbruch schützten, bezogen sich hier in den Kirchengutsfragen auf die geltende kirchenrechtliche Rechtslage. Das Kirchenrecht aber sah die (rechte) Widmung des Kirchen-, Stifts- und Pfründeguts zum (wahren) kirchlichen Zweck und Gebrauch vor, welcher auf den (wahren) Glauben gemäß dem richtigen (göttlich bestimmten) Bekenntnis verwies. Das Kirchenrecht war ja bei beiden Konfessionen auf die Wahrheitsfrage gegründet und abgestellt! Beide Konfessionen gingen auch im weltlichen Recht noch von der Einheit und Einzigkeit der wahren Kirche Christi aus (S. 40), nicht aber von dem aufgeklärten Pluralismus beliebig vieler koexistenter „Religionsgesellschaften" des

nachorthodoxen säkularen Weltverständnisses und Staatskirchen-rechts. Beide beanspruchten das Kirchengut deshalb für sich als die wahre Kirche Jesu Christi. Das hatte rechtlich in die Aporie und in die Kriegsgefahr geführt. Der Religionsfriede hatte deshalb den übergreifenden religiösen Absolutheitsanspruch beider Teile poli-tisch entzerrt und beschränkt; er hatte so jeweils die eine Konfes-sion vor der Unterwerfung unter das Recht der anderen geschützt. – Wenn nun jedoch der Kaiser und die katholischen Reichstags-Ma-joritäten durch ihre Theorie der „Lücke" und der einseitigen(!) Lückenfüllung die Evangelischen doch wieder unter das kanonische Recht (im römisch-katholischen Verständnis) zu beugen suchten, dann kam für die Protestanten der Religionsfriede insgesamt ins Wanken: Ihre Freiheit schien bedroht, die aufgehobene geistliche Jurisdiktion der katholischen Geistlichkeit auf Umwegen wieder-hergestellt, das evangelische ius reformandi verkürzt und entwer-tet, die Vertragsnatur des Friedens mißachtet, die Gleichheit der Konfessionen in die Diskriminierung der Evangelischen pervertiert. Lücken ließen sich nach Belieben finden und schließen. Verfas-sungslücken sind allezeit gefährlich. Die Fatalität einseitiger Lük-kenschließung ist auch aus anderen Verfassungsstrukturen anderer Epochen bekannt; mit seiner Lückentheorie hat Bismarck den preußischen Budgetstreit durchgefochten und seine parlamentari-schen Gegner aus ihren Verfassungspositionen ausmanövriert.

Hier wurde für die Protestanten die Spitze eines Eisbergs sichtbar, auf den sie keinesfalls hintreiben durften: Was aus dem „ius com-mune" des Reichs (d. h. aus dem kanonischen Recht im katholi-schen Verständnis) alles zu machen wäre, das hatte die katholische Jurisprudenz seit diesen Jahren bis zum Restitutionsedikt Ferdi-nands II. von 1629 in einer konsequenten Theorie entfaltet, die das Reichskammergericht auf die katholischen Positionen festzulegen suchte. Der katholische Rückgriff auf das Gemeine Recht gab keine unparteiische Lösung der Konfessionskonflikte.

4. *Das Problem der Rechtsfortbildung.* Der Vierklosterstreit brachte mithin die alte, bislang verdeckte Grundproblematik des Friedens von 1555 scharf und hell ans Licht. Und es lag in der Logik der Dinge, daß nun – da man sich im materiellen Rechtspro-blem hoffnungslos festgefahren hatte – die Verfahrensfrage zu-kunftsschwer ins Zentrum rückte. Seit 1594 proklamierten die evangelischen Gravamina: Der Reichshofrat habe keine Kompetenz in den Religionsfriedenssachen, da insoweit das Kammergericht zuständig sei. Dem Kammergericht obliege die Entscheidung der Religionsstreitigkeiten, soweit der Religionsfriede gemeinsam auf-

gestellte Regeln enthalte. Insoweit habe auch der Kaiser die Pflicht, die offenbaren Rechtsbrüche zu ahnden (z. B. durch Abstellung der Religionsgravamina, Kassation der rechtswidrigen Urteile seines Reichshofrats, Einstellung ihrer rechtswidrigen Exekutionen). Jedoch: Die Klärung der Lücken und Zweifelsfragen des Religionsfriedens sei nicht den Reichsgerichten, sondern allein den Reichsständen zur paritätischen Vereinbarung vorbehalten. Und in der Tat: Wenn man den Religionsfrieden als Maßstab und Grundnorm nahm (und also seinem Grundprinzip politischer Koexistenz, religiöser Freiheit und rechtlicher Selbständigkeit beider Konfessionen nicht einseitig die mittelalterlich-katholische Reichs- und Rechtsidee überstülpte), dann schien es konsequent: Die Schließung der Verfassungslücken (in jenen 1555 unverglichenen Zentralfragen) mußte durch die Verfassungsergänzung der lex fundamentalis von 1555 erfolgen – also im gleichen paritätischen Rechtssetzungsverfahren wie 1555 vereinbart werden! Nur dies entsprach dem Doppelcharakter des Religionsfriedens als reichsständischer und als konfessioneller Vereinbarung (S. 49 f.). Nur dies hielt seinen rechtlichen Vorrangs- und Verwerfungsklauseln stand, die das widersprechende (ältere wie jüngere) Recht vernichteten (S. 49). Die Schließung der Verfassungslücken gehörte ja als „politische" Aufgabe der Rechtsgestaltung nicht primär in die Rechtsanwendungs-Kompetenz der Reichsgerichte, sondern sie drohte deren justitielles Wesen innerlich zu verfremden und zu gefährden. Es ging hier eben nicht um die Anwendung des „geltenden" Rechts, weil insoweit die allgemeine Rechtseinheit mit der Glaubenseinheit zerbrochen war, die besondere politische Friedensordnung von 1555 aber lücken- und bruchstückhaft geblieben war. Für die „normale", d. h. normgebundene richterliche Rechtsanwendung und Rechtsfortbildung fehlte insoweit die äußere Verfassungsbasis und die innere Einheit und Gemeinsamkeit der Rechtsgrundlagen. Der Richter war (und ist) kein Kommissar der freien politischen Entscheidung.

5. *Die Grenzen der Gerichtsbarkeit.* Das Kammergericht war hier also in seiner Rechtsprechungsfunktion hoffnungslos überfordert, ja mit unlösbaren Aufgaben konfrontiert. Gerade als Gericht war es – paradox, doch konsequent – selbst hilflos zum Opfer jener Verrechtlichung der religiösen und politischen Konflikte zwischen den Konfessionen geworden, die die Entwicklung im Deutschen Reich seit 1555 beherrschte. Das lag nicht nur an jener Lückenhaftigkeit seiner Entscheidungsnormen, sondern am Grundprinzip der Juridifizierung selbst: Sie trieb die Dinge zur Sprödigkeit und rechthabe-

rischen Verhärtung, führte zu rechtlicher Vergröberung gerade der sensiblen religiösen Fragen, war unfähig zu politischen Konzessionen und Kompromissen, war auch funktionsbedingt stärker rückwärts gewandt und normativ festgelegt als zukunftsoffen und flexibel. Und sie war kasuistisch und isoliert jeweils auf die anstehenden Einzelstreitsachen beschränkt, ohne sie – do ut des – im abgewogenen und beiderseits zumutbaren Gesamtausgleich einer gerechten Generalparität lösen zu können, die das Gebot der Stunde war. Die rechtliche Argumentation war überdies auf beiden Seiten doppelbödig und dissimulierend, weil die theologischen Motive und Bezüge für das Gericht schwer greifbar aus dem Untergrund wirkten.

Das Kammergericht hat diese Gefahren offenbar zunächst deutlich gesehen und sich ihrer umsichtig zu erwehren gesucht. Nachdem der Religionsfriede 1555 geschlossen war, wollte es sich nicht mehr als einseitiges Kampf- und Herrschaftsinstrument der katholischen Partei gebrauchen lassen (wie in den Zeiten des „rechtlichen Krieges" gegen die Schmalkaldischen), sondern beiden Konfessionen unparteiisch Recht sprechen. So bemühte es sich um die Klärung der Rechtsgrundlagen, indem es Kataloge der „dubia" aufstellte und sie immer wieder dem Reichstag bzw. den Deputationstagen zur Entscheidung vorlegte, wie es etwa 1557, 1566 und 1582 geschah. Zudem gewährte es vorläufigen Rechtsschutz durch die schneidigen „Mandatsprozesse", die (ohne den Rechtsstreit der Parteien in der Sache selbst zu entscheiden) gegen eigenmächtige Veränderungen einschritten, dem Beklagten freilich nur beschränkte Einwendungen gestatteten und dadurch seine Rechtsstellung verkürzten, wenn der Hauptprozeß durch Prozeßverschleppung platzte. Solche Mandatsprozesse ergingen häufig in Kirchengutssachen, aber auch zum Schutz des ius emigrandi z. B. gegen den Bischof Julius Echter von Würzburg. Das Kammergericht war also nach 1555 bis zum Vierklosterstreit keineswegs untätig geblieben. Auch wurde seit 1560 in Religionsfriedensprozessen die Parität der Assessoren beider Konfessionen in den Senaten vorgeschrieben, was freilich öfter zum Patt führte, wenn sich „paria vota" gegenüberstanden. Doch die eigentliche Gefahr lag für das Gericht nicht in den Schwierigkeiten der Organisation und des Verfahrens, sondern der Kompetenz, die ihm von außen streitig gemacht wurde.

Es ging nun Schlag auf Schlag. Bisher waren die Störfälle der Reichskirchenverfassung jeweils getrennt geblieben, so bedrohlich sie sich häuften. Nun aber schürzten sie sich unheilvoll zum Knoten. Der Magdeburger Sessionsstreit verknüpfte sich mit dem

Reichsjustizproblem, das sich an der Kirchengüterfrage verhedderte und sich in den Streit um die Geltung des Majoritätsprinzips verfing, welche am Grunddissens und an der Bestätigung des Religionsfriedens scheiterte.

VI. Verfassungsstörungen durch die Funktionsunfähigkeit der Reichsorgane

1. *Das Ende der Kammergerichtsvisitationen.* Bald war die Reichsjustiz in Religionssachen gelähmt. Gegen die Urteile des Reichskammergerichts gab es das Rechtsmittel der Revision, und erst nach dessen Entscheidung konnte die Exekution des Urteils erfolgen. Über diese Revisionen hatte die jährliche ordentliche Visitationskommission zu befinden. Als deren Mitglied kam 1588 das Erzstift Magdeburg an die Reihe, dessen protestantischer Administrator Joachim Friedrich wegen des Geistlichen Vorbehalts weder die kaiserliche Belehnung (auch kein Lehnsindult) noch Sitz und Stimme auf dem Reichstag durchsetzen konnte. Um den Zündstoff der Sessionsfrage nicht zum allgemeinen Reichsbrand zu entflammen, hat der Kaiser selbst die Aussetzung der Visitationskommission veranlaßt. Sie ist seither nicht mehr zusammengetreten. So blieben die Kammergerichtsprozesse unerledigt, die ständische Reichsjustiz war gelähmt. – Die Entscheidungen des Reichshofrats im Aachener, Straßburger, Donauwörther Streitfall aber wurden von den Protestanten als Machtsprüche und Rechtsbrüche bestritten.

Um der Justizkrise abzuhelfen, übertrug die Reichstagsmehrheit 1594 die Kammergerichtsvisitationen (seit 1598 ausdrücklich auch die Kammergerichtsrevisionen) außerordentlicherweise dem sog. Deputationstag, einem Ausschuß von Reichsständen, der im übrigen bedeutsame Kompetenzen insbesondere bei der Landfriedenswahrung nach der Reichsexekutionsordnung besaß. Das Stimmverhältnis dort war für die Protestanten noch ungünstiger als im Reichstag. Folglich verließ ihr aktiver Flügel (Pfalz, Brandenburg und Braunschweig) im Sommer 1601 den Deputationstag unter Protest gegen dessen Kompetenz. Die Katholiken wichen zurück. So wurde der Deputationstag vertagt, d.h. er blieb gesprengt. Die Pfälzer konnten dies als einen bedeutenden Sieg verbuchen. Die härtere Linie schien sich bezahlt zu machen.

2. *Sprengung des Reichstages 1608.* Auch der Regensburger Reichstag von 1608 platzte, nachdem sich alle umkämpften Einzel-

fragen zu einem wahren Rattenkönig entwickelt hatten. Alle wesentlichen Reichsorgane waren in der Folge mattgesetzt.

Als Vorbedingung für die Bewilligung der Türkensteuer verlangten die Protestanten – die Pfälzer und die Sachsen diesmal in der Gefahr vereint – die förmliche Bestätigung des Religionsfriedens im Reichsabschied, so wie dies auf den ersten drei Reichstagen nach 1555, zuletzt noch 1566, geschehen war. Das war das Neue: Jetzt ging es um das Ganze, um die Geltung dieses Reichsfundamentalgesetzes überhaupt, nicht mehr um einzelne Beschwerden bzw. Rechtsbrüche der Gegenseite. Aber damit war auch der Nebelschleier zerrissen, der bisher die wogenden Einzelauseinandersetzungen verbarg; der tiefere Grundbefund der Reichs-Religionsverfassung enthüllte sich in der unüberbrückten Konfrontation der beiden konträren Verfassungskonzeptionen. Während die Kurfürsten eine verschleiernde Bestätigungsformel akzeptierten, die jedem Teil das Ausweichen in seine Deutung des Friedens nicht verschloß, lehnten im Fürstenrat Bayern und die herrischen kaiserlichen Räte ein solches prinzipielles Zugeständnis als völlig unannehmbar ab: Würde doch damit die Protestanten-Interpretation des Friedens, die als Grund und Ziel des Protestanten-Antrags nicht zu leugnen war, in der Sache von allen Ständen zugegeben oder zumindest aufgewertet – und dies zu einem Zeitpunkt, in dem die Protestanten sich erkühnten, ihre (in Augen der Katholiken) immensen Rechtsbrüche gegen den Geistlichen Vorbehalt und die Kirchengutsbestimmungen durch die Vereitelung der gerechten Reichsjustiz abzusichern! Der Religionsfriede müßte „nicht auffm Papier, sondern in Wercken und Thaten gehalten werden"!

Erzherzog Ferdinand aus der Steiermark, der den Reichstag als des Kaisers Stellvertreter leitete und der in seinen Landen als unerbittlicher Protestantenverfolger berüchtigt und gefürchtet war, drehte den Spieß geschickt, gefährlich um: Man nehme den protestantischen Bestätigungsantrag katholischerseits friedliebend an – mit dem verstärkenden Zusatz, daß alles, was der eine wie der andere Teil dem Religionsfrieden zuwider sich angeeignet habe, restituiert und künftig der Friede unbedingt gehalten werde! Schockiert erblickten die Protestanten hierin eine neue, höchste Perfidie und ihren eigenen rechtlichen und faktischen Ruin. Dieser fatale Zusatz – in einem Reichsabschied! – ließ sich als Oktroi der katholischen Interpretationsversion auf alle Protestanten praktizieren, wenn man ihn auf dem Hintergrund der vorliegenden Gerichtsurteile und der Haltung des Kaisers wie der Reichstagsmehrheit verstand. Sogar das alte Ausweichmittel, der dilatorisch-dissentierende Formelkompromiß, hatte versagt, ja war selbst zum schlimmsten Streitobjekt geworden.

So zogen sich die Protestanten auf eine Ablehnung aus Verfahrensgründen zurück. Die Pfälzer reisten ab. Die Sachsen blieben, verweigerten aber die Zusammenarbeit mit den Katholiken. Schließlich spitzte sich alles auf die Zulässigkeit einer einseitigen katholischen Mehrheitsentscheidung zu. Doch haben die Katholiken damals die maiora nicht einzusetzen gewagt. Die Reichsstände lösten sich ohne Abschied auf. Auch der Reichstag war wie der Deputationstag von 1601 gesprengt.

3. *Scheitern der Reichstagsverhandlungen 1613.* Auch auf dem Regensburger Reichstag von 1613 waren die rechtlichen Fronten im wesentlichen unverrückt, die Lage jedoch verschärft, vor allem infolge der Bündnisgründungen der protestantischen Union im Mai 1608 und der katholischen Liga im Juni 1609. Die Justizkrise und die Verfahrensfragen standen im Vordergrund, daneben blieb der Stapel der alten, unerledigten Religions-Gravamina aufgetürmt. Beide Konfessionen hatten sich mit detaillierten Forderungskatalogen und Aktionsprogrammen festgelegt. So scheiterten die halbherzig-schlauen Ausgleichsverhandlungen, die Bischof Melchior Klesl, der agil-intrigante Ratgeber Kaiser Matthias', zur Empörung beider Seiten angeregt hatte. Die Mittelpartei setzte sich nicht durch. Die Katholiken machten diesmal Ernst mit dem Majoritätsprinzip. Am 22. Oktober 1613 wurde ein Reichsabschied von der katholischen Mehrheit verabschiedet, jedoch vom scharfen Protest der Protestanten verworfen. Die Krise war da, das Reich brach auseinander, wie es sich 1608 schon abgezeichnet hatte.

Die Weichen waren gestellt: Krieg oder amicabilis compositio hieß die Alternative. Aber die deutsche Tragik war, daß man zunächst den einen, dann erst den anderen Weg beschritt. Beide Konfessionen waren längst vor dem großen Kriege faktisch wie rechtlich auseinandergetreten, ja gegeneinander angetreten. Es hatte keinen Sinn, diesen Befund leugnen oder ihn bezwingen zu wollen – Majoritätsbeschlüsse versagten ebenso wie „das ius canonicum und die Kanonen", was sich leidvoll genug erwies. So mußte die Verrechtlichung versuchen, das bittere Auseinandertreten der Religionsparteien rechtlich in Form zu bringen, dadurch zu neutralisieren und beide Teile frei und gütlich wieder zu verbinden. Das geschieht dann endlich 1648 in der Verfahrensnorm der „itio in partes" des Westfälischen Friedens (Art. V § 52 IPO): Indem sie die konfessionelle Majorisierung und Vergewaltigung ausschloß und die Auslegung,

Klärung, Ergänzung und Vollziehung des Religionsfriedens ausschließlich der „amicabilis compositio" beider Konfessionen vorbehielt, hat sie die Pattsituation seit 1588 aufgenommen, rechtlich anerkannt und zugleich überwunden. Aber sie ergab sich bereits zwingend aus den materiellen Grundentscheidungen von 1555 für Frieden, Freiheit und Gleichheit beider Konfessionen, wenn man den Religionsfrieden als Dauer- und Grundnorm ohne Verkürzung gelten ließ. Der Widerstand der Protestanten und ihr Verlangen nach Vereinbarung ohne Überstimmung kann deshalb nicht – wie meist geschieht – nur als politisches Manöver und revolutionärer Rechtsbruch gegen eine (viel zu modern-nationalstaatlich verstandene) Staats- und Rechtseinheit des Reichs angesehen werden, die es im bikonfessionellen Koexistenzsystem so gar nicht gab. Die Krise von 1608/13 fällt nicht als zufällige Irregularität aus dem Friedenssystem von 1555 heraus. Sie offenbart vielmehr den großen Spannungsbogen der Kontinuität, der sich vom ersten großen Protest der Protestanten 1529 bis zum Westfälischen Frieden, ja bis zum Ende des Reichs 1806 erstreckt, weil das Reich die ungelöste Glaubensspaltung als Spaltung des Rechts zwischen beiden Konfessionen hinnehmen mußte, beide jedoch zu neuer Einheit in Freiheit säkular verband.

Vierter Teil

DIE POLITISCHE UND RELIGIÖSE ENTWICKLUNG IN DEN HABSBURGER LANDEN UND IM REICHE BIS ZUM DREISSIGJÄHRIGEN KRIEG

I. Die Religionsverhältnisse in den Jahrzehnten vor dem Dreißigjährigen Krieg

1. *Die innere und äußere Lage der Protestanten.* Während der letzten Reichstage hatte sich eine ungeheure Erregung unter den Protestanten verbreitet. Unaufhaltsam rollten die Wellen der Gegenreformation auf sie zu. Gewiß, sie hatten die juristische Offensive der Katholiken zurückgeschlagen. Aber darüber waren die tragenden Institutionen des Reiches schwer beschädigt worden, auf die sie sich auch selbst zur eigenen Sicherheit und Freiheit angewiesen wußten. Trotz der Niederlagen in Aachen, Köln und Straßburg war das längst geplante Bündnis der evangelischen Reichsstände nicht gelungen. Die innerprotestantischen Spannungen wuchsen zwischen dem kaiserfreundlichen Kursachsen und der Kurpfalz, die immer hektischer und verwegener ihre diplomatischen Aktionen und Verbindungen quer durch das aufgewühlte Europa spannte und ein Gewirr von Bündnisprojekten mit den Niederlanden, Ungarn, der französischen Krone, den Hugenotten gegen die österreichisch-spanische Vormachtstellung anzuzetteln suchte. Calvinisten und Lutheraner stritten sich über die Abendmahlslehre hinaus in der Christologie, Soteriologie, Prädestination und im Staats- und Weltverständnis; die sächsischen Hoftheologen verkündeten, in zentralen dogmatischen Positionen den Katholiken näherzustehen. Innerevangelische Reibungen ergaben sich auch aus verschiedenen dynastischen Fragen, aus Landesteilungen und Erbstreitigkeiten in den badischen, hessischen und braunschweigischen Landen, besonders aber aus der Jülicher Erbfolge seit 1592, die einen Keil zwischen die protestantischen Prätendenten Brandenburg, Pfalz-Neuburg und Zweibrücken trieb.
Und wie bestürzend hatte sich die europäische Situation im ganzen für die Evangelischen verschlechtert, seit Spaniens Armada vor der Küste Englands 1588 gescheitert war: Der Friede von Vervin

(1598) beendete den Krieg zwischen den beiden katholischen Groß-mächten Spanien und Frankreich. Auch Jakob I. von England schloß 1604 Frieden mit Spanien, das sich nun ganz auf die Niederlande werfen konnte. Schon bezogen die spanischen Truppen im Herbst 1606 wiederum unter flagranter Mißachtung der Neutralität des Reichs Stellungen im Reichsgebiet. Bereits 1598 hatte der fürchter-liche spanische Einfall im Rheinland – mit seinen Einquartierun-gen, Kontributionen, Brandschatzungen, Verheerungen und Reli-gionsbedrängnissen mitten im sog. Frieden – die klägliche Unfähig-keit der Reichskreise zur Reichsverteidigung nach der Reichsexeku-tionsordnung offenbart. Die Internationalisierung der deutschen Konfessionskonflikte zeichnete sich wieder drohend ab. Die West-konflikte schienen zunächst für das Reich gefährlicher zu sein als die Ostverwicklungen, über die es später in den großen Krieg gezo-gen werden sollte. Seit Johann Casimir hatte die Kurpfalz die Ge-neralstaaten nachhaltig mit Geld und Truppen unterstützt; 1605 ließ sich auch Kurbrandenburg zu Subsidien für sie gewinnen. Überall – in den Niederlanden, den österreichischen Erblanden, in Ungarn, Frankreich, Spanien, Polen, nicht zuletzt im Reich – sahen die Protestanten den Plan des Papstes und der Jesuiten zur Ausrot-tung des evangelischen Glaubens ins Werk gesetzt. Die Friedens-frage hatte sich deshalb für sie bedeutsam ausgeweitet. Der Friede nach außen setzte den inneren Frieden zwischen den Religionspar-teien voraus, wenn nicht ein Abwehrsieg des Kaisers über die Türken womöglich nur den Auftakt zum Untergang der Protestan-ten bilden sollte. Ihr Antrag auf Bestätigung des Religionsfriedens 1608 stand ebenso wie ihre Stellung zur Türkensteuer in diesem Gesamtzusammenhang des Friedens in Europa. „Sey es vergeblich, von außwendiger Sicherung zu reden, wenn nicht im Reich innerli-cher Fried sey", meinten die evangelischen Kurfürsten vor dem gescheiterten Reichstag von 1608. Und wie bedrohlich stand es in den Habsburger Landen!

2. *Das Ende der Religionspolitik Maximilians II.* In den österrei-chischen Erblanden hatte sich die Auseinandersetzung zwischen den Konfessionen – wie zumeist in Europa – mit dem Machtkampf der Krone gegen die Stände verquickt.
Maximilian II. (1564–1576), der dem Protestantismus selbst un-durchsichtig zuneigte, sogar einen protestantischen Hofprediger hielt und seinen Lieblingsgedanken der freien kirchlichen Vereini-gung nur notgedrungen fallen ließ, verabscheute die gewaltsame Durchsetzung des katholischen Absolutheitsanspruchs. Vollends den Religionskrieg haßte er, weil er die Religion verderbe und das

Land ruiniere – sei er erst einmal ausgebrochen, dann werde sein Ende nicht abzusehen sein. So war seine Religionspolitik des Ausgleichs in scharfen Gegensatz zur harten Linie Philipps II. von Spanien getreten. Während Alba in den Niederlanden wütete und die Interessen des Reichs zunehmend darunter litten, hatte er – unterstützt von den Kurfürsten – vergeblich bei Philipp II. in der dortigen Religionsfrage zu vermitteln versucht, dabei auch die dynastischen Interessen des deutschen Hauses Habsburg vorsichtig, doch vergeblich ins Spiel gebracht, nachdem die Niederlande durch Karl V. unglücklicherweise an die spanische Linie verloren gegangen waren. In den österreichischen Landen hatte der Protestantismus inzwischen festen Fuß gefaßt, die ausgelaufenen Mönche und Priester waren durch theologisch gebildete evangelische Geistliche abgelöst worden, die evangelische Gemeindebildung schritt fort in Stadt und Land. Die Mehrzahl der weltlichen Stände hatte auf den Landtagen von 1564–1566 die Freigabe der Augsburgischen Konfession, ja kaum verhüllt auch die Abschaffung der katholischen Religion gefordert. Auf dem entscheidenden unterösterreichischen Landtag von 1568 ließ Maximilian die monatelangen Verhandlungen mit den evangelischen Ständen zunächst öffentlich platzen („suspendieren") – aber nicht um sie scheitern zu lassen, sondern um dadurch Papst Pius V., den Legaten Commendone, den Herzog Albrecht von Bayern und vor allem Philipp II. von Spanien, die ihm hochentrüstet zusetzten, hinters Licht zu führen: Während er sie alle mit katholischen Absichtserklärungen betrog, gab er dem unterösterreichischen Adel damals heimlich seine „Konzession" der freien Religionsausübung, die er am 14.1.1571 durch eine „Assekuration" förmlich bekräftige. Maximilian hat sie bindend für sich und seine Nachfolger ausgestellt und sie alsbald auf den oberösterreichischen Adel erstreckt. Inhaltlich war sie freilich so vieldeutig und unpräzise wie die meisten Religionsabsprachen des 16. Jh., bei denen man sich gerne alle Zukunftsmöglichkeiten durch das richtige Maß von Bindung (des andern) und Freiheit (seiner selbst) offen hielt. Die Adelsstände erlangten also das Recht der Religionsausübung für sich, ihre Angehörigen und Untertanen, freilich nur gemäß der ursprünglichen Augsburgischen Konfession und nach einer vom Kaiser selbst genehmigten(!) evangelischen Gottesdienst-Agende, und nur in „ihren Häusern" und „zugehörigen Kirchen". Den Städten und Märkten, die – gleichfalls mehrheitlich protestantisch – ihren Gottesdienst faktisch ausübten, blieb die gleiche Rechtsstellung vorenthalten. Den Katholiken freilich wurden ihre Rechte und Einkünfte garantiert. Die Schwebelage dieser Regelungen wurde auch daran deutlich, daß Maximilian den protestantischen Ständen seine Zustimmung lediglich zu ihrer liturgischen Agende, nicht aber zu einer rechtlichen Kirchenordnung gab, da er die Stände nicht durch ständische Kirchenbehörden stärken wollte. So blieb der österreichische Protestantismus auf jener anarchischen Stufe geistlicher Regellosigkeit, kirchlicher Zersplitterung und weltlicher Ausgeliefertheit an die lokalen Adels- und Munizipalgewalten stehen, die andernorts längst überwunden war und später seine Abwehrkräfte schwächte. Aber die österreichischen Stände waren damit zufrieden und zahlten ihrem Landesherrn – anders als ihre widerspenstigen Standesgenossen aus den Niederlanden – bereitwillig enorme Steuern für den Türkenkrieg und die Tilgung landesherrlicher Schulden.

Auch in Böhmen hat Maximilian gegen Ende seiner Regierung der evangelischen Stände-Mehrheit – Lutheraner und Böhmische Brüder hatten sich unter der „Böhmischen Konfession" dafür äußerlich zusammengeschlossen – im Sommer 1575 die Freiheit und den Schutz ihres Glaubens zugesichert, um ihre Steuerwilligkeit und um die Wahl seines Sohnes Rudolf auch zum böhmischen König zu erhalten. Hier waren die Städte darin einbezogen. Aber dieses Versprechen des Kaisers und seines Sohnes war noch unbestimmter und ließ ältere Verbotsgesetze von 1508 gegen die Böhmischen Brüder in Kraft.

In Österreich aber haben die Adeligen die Konzession von 1571 sofort aufs extensivste strapaziert: Als ihnen „zugehörige" Kirchen wurden auch solche Kirchen vom Adel mit evangelischen Pfarrern besetzt, für die an sich dem Landesfürst, dem Bischof oder einem Klosterabt die Ernennung zustand, wenn nur irgendein weltliches Vogtei- oder Pfandrecht des Adels im Bereich dieser Kirchen zu finden war. Die Dörfer, Städte, Märkte richteten massenhaft eigenmächtig den evangelischen Gottesdienst mit evangelischen Predigern ein. Sie fanden Unterstützung bei den Adelsständen der Herrn und Ritter, die in ihren städtischen Häusern, besonders im Landhaus zu Wien und Linz, täglich öffentlichen Gottesdienst und Unterricht mit deftigster Polemik gegen die Katholiken durch dort festangestellte Prediger abhalten ließen. Tausende strömten dazu hin. Das evangelische Kirchenwesen blühte – trotz mancher Schatten in puncto Kirchenzucht und Reinheit der Verkündigung. Man hatte ja kein Konsistorium und keine festen Superintendenten, zerstritt sich über dogmatische Nebenfragen der flacianischen Erbsündenlehre und stand unter der Fuchtel des derben und lebensfroh-streitbaren Adels, der vielfach die Religionsgeschäfte auf seinen Saufgelagen traktierte und sich am Kirchengut schamlos bereicherte. All das wendete sich mit Maximilians Tod:

3. *Die Gegenreformation in Unter-, Ober- und Innerösterreich.*
Rudolf II. (1576–1608 bzw. 1612) brachte schrittweise und beharr-
lich die katholische Vor- und Alleinherrschaft wiederum zur Geltung, gestützt auf die Jesuiten und die Landesobrigkeit. Als Zentralfigur diente ihm Melchior Klesl, ein Wiener Konvertit und
Jesuitenzögling von einfacher Herkunft, rücksichtlos, schlagfertig
und gewandt, plebejisch und voll heiligen Eifers, der in jungen
Jahren eine steile Karriere als Wiener Domprobst, Universitäts-
kanzler, passauischer Generalvikar für Unterösterreich, päpstlicher
Delegat und Visitator erklomm und später (1587/88) als landes-
fürstlicher Kommissar zur Durchführung der Gegenreformation,
als Bischof von Wien (1602) und dann unter Kaiser Matthias als
Direktor des Geheimen Rats eine große Rolle spielte. Im Juni 1578
wurde es ernst: In Wien wurden die Prediger ausgewiesen und das
protestantische Kirchen- und Schulwesen im Landhaus unterbun-
den. Ebenso wurden in allen Städten Unterösterreichs die evangelischen Gottesdienste beseitigt, die Bürger zur Rückkehr durch
Zwangsbeichte und -kommunion genötigt, wenn sie nicht ausgewiesen werden wollten. In den Dörfern der Wiener Umgebung, in
die die Wiener scharenweise zum Gottesdienst ausliefen, erhielten
die Adelsherrn und ihre Prediger den undurchführbaren Befehl, die
fremden Gottesdienstbesucher fernzuhalten, was sie zum leichten
Opfer landesherrlicher Strafsanktionen werden ließ. Katholische
Pfarrbesetzungen, Visitationen, Reformagenden, Priesterseminare
haben den protestantischen Einfluß in der Pfarrgeistlichkeit während der nächsten zwei Jahrzehnte konsequent zurückgedrängt und
weithin ausgeschaltet. Patronats-, Vogtei- und Kirchengutsstreitig-
keiten wurden zur summarischen Entscheidung an den landesherrlichen Hof gezogen, die protestantisch usurpierten Kirchen dem
Bischof restituiert.
Härter war der Widerstand in Oberösterreich. Die vorzüglich organisierten Adelsstände, die über eigene Finanzen und Steuern,
eigene Steuerverwaltung, eigene Landesverteidigung und eigene
Truppen verfügten, widersetzten sich. Die Städte widerstrebten.
Die Bauern aber, wehrhaft und waffengeübt, selbstbewußt und
über die enormen Landessteuern und Frondienste ergrimmt, erhoben sich zu örtlichen Tumulten und schließlich zum großen
Bauernaufstand des Sommers 1595. Es gelang, die Erhebung in
Verhandlungen überzuleiten, welche man in die Länge zog; und als
sie nach zwei Jahren wiederum aufflackerte, wurde sie militärisch
erstickt durch die vereinten Kräfte des Kaisers und der adeligen
Stände, die um ihre soziale Vormachtstellung bangten. Am
12. August 1596 erging ein großer kaiserlicher Erlaß, der die Strei-

tigkeiten aus Maximilians Konzession von 1571 in deren engster Restriktion entschied: Der Gottesdienst der Adelsstände in „ihren Häusern" wurde auf die Wohnhäuser der Herren selbst präzisiert. Den Städten und Märkten blieb das Recht zum evangelischen Gottesdienst verwehrt. Der Adel durfte als „zugehörige" Kirchen nicht diejenigen besetzen und benützen, für die er nur weltliche Titel wie Vogtei und Pfandbesitz aufzuweisen hatte. Bürger und Bauern unter katholischer Obrigkeit hatten sich vom protestantischen Kultus fernzuhalten. Dem Adel wurden Zusammenkünfte in Religionssachen streng verboten, was jeden Ansatz zur übergreifenden kirchlichen Organisation der Evangelischen zerschlug. Streitigkeiten über Religionsfragen blieben dem Landesherrn zur Entscheidung vorbehalten, der sich die maßgebliche Interpretation der Konzession von 1571 reservierte. Und nun wurden auch hier die Städte und das Bauernland gegen erbitterten Widerstand Stück für Stück mit Strafen, Kontrollen und Bedrängnissen zum alten Glauben zurückgezwungen, die Prediger ausgewiesen, die Osterbeichte, Kommunion und Fasten durchgesetzt. Papst Clemens VII. widerrief um die Jahrhundertwende die Konzession des Abendmahls unter beiderlei Gestalt, die Pius IV. 1564 den österreichischen und bairischen Bischöfen anheimgegeben hatte. Die Vorherrschaft der katholischen Kirche war wiederhergestellt, als das neue Jahrhundert eingeläutet wurde. Schon wurde bei Hofe die Aufhebung der Konzession von 1571 erwogen, um sich des hundertfachen Streits um ihre Auslegung und Ausführung ein für alle Male zu entschlagen.

Und auch in Innerösterreich – Steiermark, Kärnten, Krain – war um die Jahrhundertwende der Sieg der Gegenreformation entschieden. Erzherzog Ferdinand, der spätere Kaiser Ferdinand II., hat seit 1598 konsequent das evangelische Kirchen- und Schulwesen in den Städten und Gemeinden zerschlagen, den evangelischen Gottesdienst verboten, die Prediger ausgewiesen, den Adel auf die bloße Gewissensfreiheit ohne öffentliches Religionsexerzitium beschränkt, die übrige Bevölkerung durch den Beichtzettelzwang zur Massenkonversion oder zur Auswanderung getrieben. Widerstand war sinnlos in diesem von rekatholisierten Gebieten umschlossenen Land, das überschwemmt war von den kaiserlichen Truppen des Türkenkrieges.

Zwei Ereignisse brachten den Evangelischen unverhofft Erleichterung:

4. *Der große Ungarnaufstand* Stephan Bocskays seit dem Jahre 1604 ließ die im Türkenkrieg erprobte kaiserliche Armee auseinan-

derlaufen, griff auf Siebenbürgen über und mündete durch das Bündnis der Ungarn mit dem Sultan ein in den Türkenkrieg. Mit Mühe gelang dem Erzherzog Matthias im Namen seines kaiserlichen Bruders Rudolf ein doppelter, wenig ruhmvoller Friedensschluß: Der Friede zu Wien vom Juni 1606 mit den Ungarn gewährte deren Adel, Freistädten, königlichen Märkten und Grenztruppen die freie Religionsausübung für das lutherische, calvinische und katholische Bekenntnis. Der zwanzigjährige Waffenstillstand zu Zsitwa-Torok vom November 1606 beendete mit beträchtlichen Gebietsverlusten den Türkenkrieg. Rudolf freilich plante ihn fortzusetzen, weil er in diesen Friedensschlüssen seine Religion und sein Haus verraten glaubte. So war er auf die Türkenhilfe des Reichtags angewiesen, was die Stellung der Protestanten im Jahre 1608 stärkte.

5. *Der Habsburger Bruderzwist* vor allem ließ die Protestanten plötzlich zum Zünglein an der Waage werden. Die feindlichen Brüder, bisher eifernde Protestantenverfolger, brauchten die Hilfe ihrer Stände, die mit Religionskonzessionen teuer zu erkaufen war. Erzherzog Matthias sah sich gezwungen, den kaiserlichen Bruder Rudolf II. zu entmachten. Rudolfs Regierungsunfähigkeit war offenbar geworden; menschenscheu und entschlußlos, seit Jahren umgeben von Lakaien, von fortschreitender körperlicher und geistiger Erkrankung gezeichnet, durchkreuzte er durch seine eifersüchtigen, fahrigen Umtriebe die Politik des Bruders und drohte ihre bescheidenen Erfolge in dieser höchsten Krise des Reiches und des Erzhauses zu zerstören. Seit 1605 schon hatte er Matthias nahezu unbegrenzte Vollmacht für Krieg und Friedensschluß an der Ungarn- und Türkenfront geben müssen. Nun sollte Rudolf ganz ausgeschaltet, ja abgesetzt werden. Auf einer Versammlung der Erzherzöge wurde Matthias im April 1606 in Wien als „das Haupt und die Säule" des Hauses Habsburg zur Wahrung seiner Interessen erkoren und den Kurfürsten als Nachfolger des Kaisers vorgeschlagen. So kam es im Februar 1608 zu der sensationellen Preßburger Konföderation zwischen Erzherzog Matthias und den Ständen Ungarns, Oberösterreichs, Unterösterreichs und seit April auch Mährens: Man verband sich (in Wahrheit gegen den Kaiser) zur Wahrung des äußeren und inneren Friedens und zum gegenseitigen Schutz vor jeglicher(!) Gewalt und Störung, besonders zur Durchführung der beiden Friedensschlüsse von 1606. Das Preßburger Bündnis lud auch die übrigen Stände der habsburgischen Lande zum Beitritt ein. Kaiser Rudolf zog sich zurück auf Böhmen, verbot die Aktion mit scharfen Strafen an Gut und Blut und trieb damit in

den Entscheidungskampf. Matthias zog mit Truppenmacht zum Marsch auf Prag.

Aber Rudolf gewann die Unterstützung der Stände Böhmens. Die Preßburger Konföderation lockte sie nicht, da sie – vom Glanz der Prager Residenz bestrickt – um die Sonderstellung der böhmischen Kronlande und um ihre ständischen Sonderrechte daselbst bangten. So blieben sie dem Kaiser mit Geld und Truppen treu zur Seite. Schon drohte vor den Mauern Prags die Entscheidungsschlacht, da wurde zwischen den feindlichen Brüdern und ihren sie begleitenden und kontrollierenden Ständedeputationen am 25. Juni 1608 der Ausgleich ausgehandelt: Rudolf übertrug Matthias die Krone und Regierung Ungarns und forderte die Stände auf, ihn als Ungarns König „anzunehmen, zu proklamieren und zu krönen"; desgleichen trat er ihm Österreich und Mähren ab. Hingegen behielt Rudolf Böhmen und Schlesien; doch wurde Matthias schon als künftiger Nachfolger Rudolfs von den böhmischen Ständen festgestellt.

6. *Erneute Religionskonzessionen in Böhmen und Österreich.* Der Preis war hoch für beide Brüder. Schon während der Auseinandersetzungen waren die Adelsstände der österreichischen wie der böhmischen Erblande, repräsentiert durch ihre Ausschüsse, wie selbständige Verbündete der habsburgischen Brüder aufgetreten. Die Österreicher hatten sich von Matthias die Garantie ihrer verletzten Freiheiten versprechen lassen und sich im Lager vor Prag durch ein geheimes Bündnis zum Schutz ihrer Religionsausübung zusammengeschlossen. Auch Kaiser Rudolf mußte den Ständen Böhmens im Mai 1608 vorläufig die evangelische Religionsfreiheit zusichern. Dramatisch ging es weiter. Als Rudolf weitere Religions-Konzessionen zurückwies und den Landtag auflöste, beriefen die 30 Direktoren der evangelischen Ständemehrheit Böhmens das Landesaufgebot und rüsteten zum Krieg. Da akzeptierte er machtlos und resigniert einen ultimativ überreichten protestantischen Entwurf und erließ ihn als „königlichen Majestätsbrief" vom 9. Juli 1609 mit Gesetzeskraft: Allen Untertanen der evangelischen Konfessionen von 1575 wurde ebenso wie den Katholiken volle Gewissensfreiheit vom obrigkeitlichen Religionszwang zugesichert. Die Stände, d. h. die Herren und Ritter, aber auch die Städte, erhielten das Recht des evangelischen Gottesdienstes „frei an allen und jeden Orten". Sie durften ihre Kirchen bauen und ihre Geistlichen bestellen. Die Kirchenorganisation wurde gesichert durch die Garantie des evangelischen Konsistoriums als oberster Kirchenbehörde und der Prager Universität als oberster evangelischer Ausbildungsstätte.

Deren Aufsicht und Bestellung wurde den „Defensoren" anvertraut, die von den protestantischen Ständen frei zu wählen waren. Sie bildeten mit einigen protestantischen obersten Kronbeamten und Kreisdeputierten einen Ausschuß, der wichtige Leitungs- und Beschwerdekompetenzen besaß. Man hatte aus den früheren Nöten und Versäumnissen gelernt: Das Kirchenwesen war lokal und überregional gut durchorganisiert, mit der politischen Ständeverfassung verzahnt und abgesichert sowie durch übergreifende Ständebündnisse geschützt. Nach gleichem Muster wurde die evangelische Kirche in Schlesien aufgrund des Majestätsbriefs vom 20. August 1609 verfaßt und dann durch ein gegenseitiges militärisches Schutzbündnis mit den Ständen Böhmens verbunden.

Viel bescheidener waren die protestantischen Erfolge in den anderen Erblanden: In Mähren konnte Matthias die Stände schnell zur Huldigung bewegen gegen ein allgemeines Versprechen, sie wegen ihrer Religion nicht zu verfolgen. Den Ungarn bestätigte er die Religionskonzessionen des Wiener Friedens von 1606 mit einigen Erweiterungen, so daß die Huldigung und Königskrönung auch dort reibungslos erfolgte. Die evangelischen Stände Ober- und Unterösterreichs aber erreichten – alleingelassen – trotz fieberhafter Aktivitäten ihres mannhaften Führers Erasmus von Tschernembl nur die enttäuschende Resolution Matthias' vom 19.3.1609. Sie verweigerte die Ausdehnung der Religionsfreiheit auf die Städte, versprach vage die Aufhebung der gegenreformatorischen Restriktionen, die Rudolf an Maximilians protestantenfreundlicher Religionskonzession von 1571 praktizierte, und verhieß ein bikonfessionelles Schiedsgericht in Kirchensachen, das dann doch nicht zustandekam. Von einer Rückgängigmachung der quälenden Gegenreformation Österreichs war keine Rede.

7. *Ungelöste Fragen.* Die Entscheidung zwischen den Habsburger Brüdern, desgleichen zwischen ihnen und ihren Ständen war offensichtlich nur vertagt. Da der Kaiser fortfuhr, die labile Ordnung aus den Friedensverträgen von 1606 zu stören, marschierte Matthias im März 1611 zum zweiten Mal auf Prag. Rudolf, nun ganz verfallen und verlassen, wurde zur Abdankung gezwungen und Matthias sah sich am 23. Mai 1611 zum König von Böhmen gewählt. Rudolf starb im Januar 1612. Nun mußte auch Matthias den böhmischen Ständen jenen Majestätsbrief Rudolfs von 1609 mit allen enormen Stände- und Protestantenkonzessionen feierlich bestätigen, desgleichen seine Erhebung zum böhmischen König als freie Wahl der Stände faktisch anerkennen. Der monarchische Gedanke hatte eine schwere Einbuße erlitten. Doch schon lag die

nächste Forderung der Stände auf dem Tisch: Ein Bündnis zwischen allen Landständen in Böhmen, Ungarn, Österreich, Mähren sollte eine gemeinsame ständische Kriegsverfassung schaffen, die jene zersplitterten ständischen und protestantischen Freiheitsgarantien wirksam zu verteidigen imstande war. Quer durch die buntverschiedenen Habsburger Länder rührte sich die Verbindung und Verstärkung des Stände-Elementes auf Kosten der fürstlichen Komponente und ebenso des protestantischen Widerstands gegen die katholische Restauration. –

An den Religions- und Ständewirren der Habsburger Erblande war abzulesen, wie sehr man sich an das Recht klammerte, um in der Ungunst und Wechselhaftigkeit der Zeiten die politischen, religiös erhitzten Verhältnisse durch Vertragsabsprachen und Vertragstreue zu stabilisieren; so suchte man die Glaubensfeinde und Verfassungsgegner in rechtliche Partner zu verwandeln. Aber ebenso zeigte sich, wie schwankend – hier morastig und dort vulkanisch eruptiv – dieser beschworene Rechtsboden gleichwohl allenthalben blieb, wie Recht und Macht hier ständig miteinander rangen, ja selbst gespalten waren, und welche Wirkungen eine machtvolle Rechtsauslegung zustande brachte. Diese Wirren waren auch die Folge dessen, daß die habsburgischen Landstände von ihren zersplitterten, wechselgejagten kleinen Religionsvergleichen abhingen und sich nicht wie die Reichsstände auf den großen, dauerhaften Religionsfrieden des Reichs von 1555 stützen konnten. Oder war es auch damit nun zu Ende? Das Schicksal Donauwörths schreckte die beiden Religionsparteien im Reiche von neuem auf:

8. *Die Acht gegen Donauwörth.* Donauwörth, die kleine freie Reichsstadt im Schwäbischen Kreis, hatte eine recht typische Entwicklung genommen. 1555 besaßen die Protestanten bereits die Mehrheit in der Bevölkerung und im Rat, hatten die einzige Pfarrkirche im Besitz und waren im Begriffe, die religiöse und politische Alleinherrschaft zu erringen. Der Religionsfriede mit seiner Paritätsklausel für die gemischten Reichsstädte schob dem rechtlich den Riegel vor. Aber faktisch scheinen die Katholiken sich nicht mehr wohl gefühlt zu haben und so waren sie im Jahre 1608 auf sechzehn Familien zusammengeschrumpft. Doch diese fanden ihren Rückhalt am Benediktinerkloster zum Heiligen Kreuze, das an die Stadt angrenzte und seine jungen Mönche bei den Dillinger Jesuiten zum Glaubenskampfe hatte stählen lassen. Durch Predigten und Andachtsübungen erregten sie Eifer und Haß mit großer Resonanz im Volk; seit den 70er Jahren nahmen sie auch die eingeschlafenen Prozessionen ins Umland zu den Nachbarkirchen wieder

auf. Da war es ihnen unumgänglich, auch durch die protestantisch gewordene Stadt zu ziehen, und zwar voller Bekennermut mit fliegenden Kirchenfahnen direkt über den Markt, statt durch die Seitenstraßen und die Fahnen eingewickelt, wie vom Rat befohlen. Diese lächerliche Bagatelle wirkte wie das Feuer an der Lunte. Der protestantische Pöbel verprügelte die Prozessionsteilnehmer und zog die geweihten Fahnen durch den Straßenkot. Da verklagte der Bischof von Augsburg als Schirmvogt des Klosters die Stadt wegen Religions- und Landfriedensbruchs vor dem Reichshofrat; nach einem rechtlich zweifelhaften Mandatsverfahren und nach erneuten Prozessionen und Tumulten wurde in unziemlich abgekürztem Prozeß 1607 die Acht über die Stadt verhängt. Ihre Exekution bekam Herzog Maximilian von Baiern übertragen, obgleich er nicht dem schwäbischen, sondern dem bairischen Kreise angehörte und deshalb den Protest der umliegenden protestantischen Reichsstände von Baden und Württemberg bis Ansbach, Ulm und Nürnberg provozierte. Maximilian hatte in seiner vorsichtigen, doch eisenharten Konsequenz wohl keineswegs den Anlaß zum großen Religionskonflikt gesucht, blieb jedoch unerbittlich, nachdem er hineingezogen und durch den tumultuarischen Bürgertrotz der Donauwörther in seiner fürstlichen Autorität schimpfiert worden war. Noch vor dem Reichstag von 1608 schlug die hervorragend organisierte bairische Verwaltung und Militärmacht zu: Schon war die Stadt am 17. Dezember 1607 besetzt, von bairischen Kommissaren übernommen, die Schar der Prediger und Hetzer verschwunden, die Pfarrkirchen den Jesuiten übergeben, der katholische Kultus zur Alleinherrschaft erhoben, der evangelische Gottesdienst verboten, die Exekutionskosten der bairischen Besetzung und Verwaltung aber auf einen Pfandbesitz der mittellosen Stadt verrechnet, die diese Summen unmöglich aufbringen konnte. Es nützte nichts, daß der lutherische Herzog von Pfalz-Neuburg ein kleines Truppenkontingent sich auf Büchsenschußweite vor der Stadt verschanzen ließ, um den Protest der Protestanten rechtserheblich zu bekunden. Für jeden Evangelischen schien klar: Der Religionsfriede war eklatant gebrochen. Wie Donauwörth konnte es morgen jedem anderen Reichsstand gehen; der Bruch auf dem nahenden Reichstag, den Erzherzog Ferdinand, der siegreiche Vorkämpfer der Gegenreformation in der Steiermark, im Auftrag Kaiser Rudolfs Anfang Januar 1608 eröffnete und leitete, war vorgezeichnet.

II. Union und Liga

1. *Die Gründung der Union.* Aus den gelähmten Reichsorganen verlagerte sich die politische Initiative auf die konfessionellen Bünde: Wenige Tage nach der Sprengung des Reichstags (S. 96 f.) gründeten die Kurpfälzer mit Pfalz-Neuburg, Württemberg, Baden-Durlach, Ansbach und Kulmbach am 15. Mai 1608 die Union. Übers Jahr traten ihr Pfalz-Zweibrücken, Hessen-Kassel, Anhalt und die großen evangelischen Städte Nürnberg, Straßburg, Ulm bei, denen sich Kurbrandenburg nach dem Regierungswechsel von Joachim Friedrich auf Johann Sigismund anschloß. Kursachsen blieb jedoch fern, ebenso einige bedeutende norddeutsche Fürstenhäuser. Dennoch: Seit dem Schmalkaldischen Bund gab es nun, zwei Menschenalter später, die erste Organisation der Protestanten von großem religiös-politisch-militärischem Kaliber, im Bundeszweck und in der Bundesverfassung nach jenem mächtigen, damals glücklosen Vorbild aufgebaut, freilich heimgesucht auch von den gleichen Nöten: Von den Spannungen zwischen den risikofreudigen und den vorsichtigen, zwischen den leistungsbereiten und den sparsamen Reichsständen, zwischen den Fürsten und den Städten, auch von dem Gegensatz zwischen den Lutheranern und Reformierten. Und brennend wurde wiederum die alte Frage, ob man sich im Reiche einigeln oder wagemutig-bedenkenlos ausgreifen sollte in die Weite der großen europäischen Diplomatie, mit ihren gerade jetzt durch die Wende in den Niederlanden verheißungsvollen Konstellationen und Bündnischancen – nachdem sich der Streit der Konfessionen ohnehin zum großen europäischen Machtkampf um Freiheit, Gleichheit, Gleichgewicht oder Hegemonie ausgewachsen hatte und sich offensichtlich nicht mehr in dem baufälligen Gehäuse der Friedensordnung des Reichs mit seiner Verrechtlichungs-Einrichtung hegen ließ?

2. *Ihre Stellung zum Reiche.* Die Union wurde gegründet als Defensivbündnis der friedliebenden Reichsstände zum Schutze „ihrer Rechte" (nicht förmlich zum Schutze der C. A.), so daß man die giftig umstrittene, gefährliche Frage nach Wahrheit und Recht des Calvinismus (gemäß dem Evangelium, der C. A. und dem Religionsfrieden) lutherischerseits jetzt nicht entscheiden mußte. Der Bund richtete sich gegen jeden widerrechtlichen und gewaltsamen Angriff auf seine gegenwärtigen und künftigen Glieder – d. h. gegen die einseitigen Gesetzgebungsakte der katholischen Reichsmajoritäten, ihre Prozesse und Exekutionsakte, die die Protestanten als Verfassungsbruch der lex fundamentalis von 1555 für nichtig

hielten, weshalb sie sich nun auf dem Boden des Reichsrechts kraft ihres Widerstandsrechts gegen den Staatsstreich der Katholiken wehren wollten. Errichtet wurde ein Bundesschatz und Bundesheer. Kurpfalz wurde zum Direktor der Union bestellt, mit dem Recht der Geschäftsleitung, der Korrespondenz, des Vorsitzes in der Bundesversammlung. Das Kommando der Streitkräfte sollte zunächst für drei Jahre an die Kurpfalz, dann im Turnus an die anderen Fürsten fallen. Der Verteidigungsfall wurde durch eingehende Verfahrensbestimmungen geregelt; sie sahen mit Kautelen auch den Fall vor, daß ein Krieg über das Bundesgebiet hinaus geführt werden müßte, verbanden also die defensive Zielsetzung mit der erforderlichen operativen Flexibilität. Die Glieder leisteten hohe Bundessteuern, welche die der letzten Türkenhilfen des Reiches übertrafen; die Lage war offensichtlich für sie ernst. Das reichte freilich bei den gewaltigen Rüstungskosten im europäischen Vergleich nur für eine bescheidene Armee.

Mit Heinrich IV. von Frankreich, der sich in diesen Monaten um ein antispanisches Bündnis mit den Generalstaaten und England bemühte und die Union in dieses hineinzuziehen suchte, wurden laufende, aber doch distanzierte Beziehungen unterhalten. Insbesondere die Reichsstädte widerstrebten wegen ihrer Abhängigkeit vom Kaiser den internationalen Verwicklungen. So verharrte die Union als rechtlicher Beistands-Bund in Bereitschaft. Sie blieb im Banne jener Verrechtlichung von Religion und Politik im Reiche – gerade jetzt, als sie die zerbröckelnden Formen der Reichsinstitutionen einerseits verließ, andererseits aber durch ihre Auffangstellung eben neu sichern wollte. Deshalb wurden die großen politischen Erfolge der protestantischen Sache ohne das Zutun der Union errungen: So der Friede und die Freiheit der Niederlande im Waffenstillstand mit Spanien vom 9. April 1609, der den Generalstaaten die Anerkennung ihrer Souveränität, ihrer protestantischen Kirchenverhältnisse und ihrer Freiheit des Handelsverkehrs in den iberischen Kolonialgebieten bescherte, so auch die Erfolge der evangelischen Stände im habsburgischen Bruderzwist von 1608 und 1609. Ein energisches, außenpolitisch-militärisches Ausgreifen in die Kriege und Friedensschlüsse Europas hätte den Reichsverband und die Religionsverfassung des Reichs vollends gesprengt, deren rechtsstaatliche Friedensgarantien man nicht verspielen, sondern (im eigenen Verständnis) verstärken wollte, gerade weil man das warnende Beispiel der außerdeutschen Religions- und Bürgerkriege mit ihren hohen Risiken vor Augen hatte. Die Sicherung des Rechts – trotz bzw. gerade wegen seiner Unvollkommenheiten – war durchaus ein Wert im nüchternen politischen Kalkül der kleinen deutschen Höfe, nicht bloß ein Zeichen unpolitischer Weltfremdheit und Provinzialität, wie es eine deutsch-protestantische Historiographie in verlorenen Großmachtträumen nachhinein besser wissen wollte.

3. *Gründung und Zielsetzung der Liga.* Das katholische Gegenbündnis – die Liga – brachte Herzog Maximilian ein Jahr später, im Juli 1609, in München zustande. Außer dem mittelgroßen, aber vorzüglich verwalteten und schlagkräftigen Baiern gehörten ihm nur geistliche Reichsfürsten an; sie rafften sich in ihrer Läßlichkeit nur zögernd dazu auf. Immerhin waren die Fürstbischöfe von Augsburg, Konstanz, Passau, Regensburg, Würzburg, dann auch die geistlichen Kurfürsten von Köln, Mainz, Trier sowie die Fürstbischöfe von Bamberg, Speyer, Straßburg, Worms mit weiteren reichsfreien Prälaten zum Beitritt zu bewegen. Österreich – ohnehin vom Bruderzwist zerrissen und durch die außerdeutschen Fragen des Hauses Habsburg vom Reiche abgelenkt – wurde von Maximilian vorsichtig ferngehalten. Bundesdirektor und Bundesfeldherr wurde der Herzog von Baiern, unterstützt von einigen Kreisadjunkten. Die Ausgestaltung der Bundesverfassung mit ihrer Regelung der Bundeshilfe, Bundeskasse, Bundesstreitkraft zog sich länger hin; sie ähnelte derjenigen der Union und suchte wie sie die Zentralisierung der Leitung mit der Integration der Bundesglieder und ihrer Gliederung nach Kreisen zu verbinden. Die Liga hing bei der Opfer- und Tatenscheue der Prälaten ganz von der Erfahrung, Stärke und Entschlußkraft Maximilians ab; auch tat sie sich organisatorisch schwerer. Das hatte die fatale Folge, daß sie sich stärker um internationale Hilfe bei den Königen von Spanien und von Polen, beim Papst, beim Herzog von Lothringen und bei italienischen Fürsten bemühte, also die gefährliche Internationalisierung der deutschen Streitfragen bes. durch die Hilfe Spaniens vorantrieb. Indessen: Auch die Liga wurde als rein rechtliches Verteidigungsbündnis gegründet, zum Schutz des Reichsrechts und – auf katholischer Seite hat man es klar herausgestellt – der katholischen Religion gegen die Rechtswidrigkeiten der konfessionellen Gegenfront. Im Konfessionellen Zeitalter sprach niemand von Angriff und Eroberung. Allen Seiten ging es stets nur um die Verteidigung des Glaubens und des Rechts – hier also des Reichsrechts von 1555, dessen konfessionell relativierte Friedens- und Freiheitsgarantien beide Teile im Lichte ihrer einseitigen Verfassungkonzeption und letztlich im Dienst des eigenen religiösen Absolutheitsanspruchs interpretierten und durchzusetzen entschlossen waren.

III. Religionspartei und Reichsverfassung

1. *Von der Ausgleichsordnung zum Konflikts-System.* Die Verrechtlichung des konfessionellen Gegensatzes blieb also dominierend, aber sie verwandelte sich: Aus einer akzentuierten, rechtlichen Ausgleichsordnung wurde zunehmend ein normatives juristisches Konflikts-System, das zur rechthaberischen Verhärtung trieb. Politische Flexibilität und Konzessionsfähigkeit gewann es erst wieder nach der unmenschlichen Not des Dreißigjährigen Krieges, weil erst dann die evidente Notrechtsargumentation (S. 55 ff.) die festgefahrenen Rechtsstandpunkte für neue Verhandlungen weichmachte. Was 1648 vereinbart worden ist, hätte ja im Grunde schon 1608 im do ut des der Konfessionen konzediert werden können. Hierfür lagen freilich damals die organisatorischen Voraussetzungen noch im argen:

2. *Reichsreform und Reformation.* An den Bundesgründungen von 1608/09 wurde erkennbar, daß die traditionelle Verfassungsstruktur des Reichs – so wie sie sich seit 1495 unter Maximilian I. in den reichsständischen Formen der Reichsreform herausgebildet hatte – den konfessionellen Bedürfnissen nicht gerecht wurde und mit der konfessionellen Spaltung rechtlich nicht fertig wurde. Die beiden Bewegungen der Reichsreform und der Reformation hatten ja – in einem historisch zufälligen Zusammentreffen – seit der Wende zum 16. Jahrhundert kurz nacheinander das Reich überrollt. Sie haben einander überlagert und modifiziert, z. T. auch in charakteristischen Interferenzen gebrochen: Die ständische Reichsverfassung bot der Reformation den Schutz der reichsständischen Libertät der deutschen Fürsten gegen den katholischen Kaiser, aber sie hat die reformatorische Bewegung auch aufgesplittert und territorial absorbiert. Andererseits hat auch die Reformation die politische Selbständigkeit der Reichsstände religiös gekräftigt und gegen die absolutistischen Tendenzen des Kaisers gestärkt, weil diese als verhaßte Glaubensunterdrückung verdoppelten Widerstand fanden. So haben sich der konfessionelle Dualismus und der ständische Dualismus gegenseitig verfestigt und gesichert, wie schon im Blick auf den Schmalkaldischen Bund (S. 36) und den Religionsfrieden (S. 49 f.) aufgefallen war. Indessen: Diese Sicherung und Verbindung von Ständetum und Religion im Reich war zwar faktisch zum Kardinalpunkt des Systems geworden, aber rechtlich hatte sie sich in den Reichsinstitutionen nur unvollkommen ausgeformt. Die Reichsorganisation war ja durch die Reichsreform soeben festgelegt gewesen, als die konfessionellen Wirren in die Reichsverfassung

einbrachen. So hat man 1555 nichts daran geändert, zumal damals die schwierigen speziellen Religionsprobleme die ganze Kraft in Anspruch nahmen. Also blieb das Gegenüber von Kaiser und Reichsständen und die komplizierte Kuriengliederung und Verfahrensweise des Reichstags wie bisher bestehen, obgleich ihre traditionelle ständische Abstufung in die Gruppen der Kurfürsten, der Fürsten (mit den Grafen und Herren) und der Städte in dieser Gewichtung z. T. anachronistisch geworden war und den wahren Kräfteverhältnissen und Frontlinien keineswegs mehr entsprach. Vor allem ging nun der konfessionelle Riß faktisch quer durch alle Kurien hindurch, ohne rechtlich gefaßt (und damit gebändigt) zu werden.

3. *Ergänzungsbedürftigkeit der Reichsorganisation.* Weil aber eine entsprechende rechtliche Gliederung des Reichs – etwa nach zusätzlichen konfessionellen Kurien – unterblieb, bot die Reichsverfassung den konfessionellen Kräften und Willensbildungsprozessen keinerlei institutionelle Entfaltungsmöglichkeit, sondern drängte sie aus der Reichsorganisation hinaus und in die „freien" konfessionellen Sonderbünde bzw. Widerstandsbünde ab. Das blockweise politische Auftreten der evangelischen und der katholischen Reichsstände (z.B. bei der Behandlung ihrer Religionsgravamina) hatte dieses institutionelle Manko der Verfassungsorganisation zunächst wettmachen wollen, es dann aber um so deutlicher fühlbar gemacht, je weniger sich eine (beiderseits befriedigende) Lösung finden ließ, wie das Scheitern der Reichsjustiz lehrte. Die verschiedensten Abhilfeversuche (paritätische Besetzung der Kammergerichtssenate, Deputationen usw.) hatten nicht genügt. Insofern warf die Gründung der Union und Liga (wie schon des Schmalkaldischen Bundes) ein scharfes Licht auf eine tiefere Verfassungsstörung und dringende Ergänzungsbedürftigkeit: Der Friede von 1555 beruhte in seiner normativen und faktischen Geltung darauf, daß die Vertrags-Schließenden von einst als Vertrags-Erhalter von heute weiterfungierten und sich darin bewährten. Das setzte eine paritätische und selbständige Organisation der Konfessionen voraus, die ein freies Verhandeln zwischen ihnen zur Klärung und Präzisierung der offenen Probleme ermöglichte und deren Ergebnisse dann auch verbindlich werden ließ. Daran aber fehlte es bislang.

Ein Doppeltes war also das Gebot der Stunde, wenn die Befriedung nicht Stückwerk bleiben sollte: Die Konfessionen mußten sich als Parteien, d.h. als Religionsparteien organisieren; und diese so formierten Parteien mußten dann in das Gefüge der Reichsverfassung eingebracht, d. h. institutionell eingegliedert werden. Die religiösen Abwehrfreiheiten und Verteilungsnormen von 1555 mußten dabei durch politische Partizipationsmöglichkeiten und Teilhaberechte ergänzt werden, welche beide Religionsparteien auf Dauer in die Reichsorganisation fest einbanden.

Der Ansatz dafür war gegeben; die defensive Zielsetzung beider Bünde von 1608 und 1609, der Union wie der Liga, zum Schutze und zur rechtlichen Erhaltung der Reichsverfassung war ja keine Phrase, sondern bitter ernst gemeint. Keine der beiden Religionsparteien wollte den Religionsfrieden aufkündigen, sondern ihn bewahren und durchsetzen – auch in dem ganzen langen Dreißigjährigen Krieg, der deshalb gar kein moderner „Krieg" war, sondern ein Kampf um das Recht im „Frieden", der weitergalt und weitergelten sollte in der Sicht der Zeitgenossen! Die Reichsverfassung mußte Formen finden, die sich den Rechtstreuewillen beider Konfessionen nutzbar machten, ihre Rechtpositionen aber durch Verhandlungen aus der Konfrontation ins Gespräch, zur Entspannung und zu einem Ausgleich brachten, der ihre Sicherheit in Freiheit (mit den unumgänglichen Verzichten) rechtlich und tatsächlich festigte und verbürgte.

4. *Die Eingliederung des Widerstandsrechts und der Widerstandsbünde in die Reichsverfassung.* Das große Thema der Reichsverfassung im 16./17. Jahrhundert lag ja darin, das Widerstandsrecht der Stände und der Konfessionen im Reiche durch eine feste Ausgleichs- und Freiheitsordnung einzugrenzen, ja absorbierend zu erübrigen: Von der Fehde zum Rechtsfrieden, von der Selbsthilfe zum Rechtsgang, von der Eigenmacht zur Einordnung, von der (fremden bzw. eigenen) Unterwerfung zur ständischen Mitbestimmung verlief der Gang der Rechtskultur seit der Friedensbewegung des Hochmittelalters und vestärkt seit der ständischen Reichsreform um die Wende des 15. zum 16. Jahrhundert: Sie hatte den Gegensatz zwischen Kaiser und Reichsständen durch die Organisation ihres Zusammenwirkens in Form gebracht und zugleich „aufgehoben"; das Widerstandsrecht wurde damit auf den Fall ihres Versagens reduziert. Entsprechendes mußte für den konfessionellen Gegensatz geschehen, weil er in den Formen der traditionellen Reichsorganisation (die ja aus anderen Gründen und Zielen entstanden waren) nicht zu bewältigen war, sondern die Reichsorgane nacheinander lahmgelegt hatte. Für das Reich kam es jetzt entscheidend darauf an, das Widerstandsrecht aus Glaubensgründen zu entschärfen bzw. organisatorisch aufzufangen! Denn dieses Widerstandsrecht war ja ganz und gar auf die je eigenen Bekennt-

nispositionen der beiden Religionsparteien ausgerichtet und einge-
schworen; seine Ausübung zog folglich das Reich in den Strudel
der unlösbaren geistlichen Konflikte und rechtlichen Maßstabdiver-
genzen hinein. Mit der Gründung der Union und Liga – beides
Organisationen des konfessionellen Widerstandsrechts – war das
Reich vor die Alternative gestellt, ob es über kurz oder lang auch
äußerlich auseinanderbrechen und sich im Kampf zerfleischen
sollte, oder ob es gelang, das morsche und in den Fugen krachende
Reich in neuer Weise auf diese konfessionellen Bünde abzustützen
und ihnen integrierende Verfassungsaufgaben zu übertragen.

Diesen letzteren Weg hat das Reich dann nach dem Großen Krieg
in einleuchtender Konsequenz eingeschlagen: Als Corpus Evangelicorum und Corpus Catholicorum waren nach 1648 beide Religionsparteien religiös und politisch formiert, vom Reiche anerkannt, in
die Reichsorganisation integriert und somit neutralisiert. Durch
ihre Vereinbarung wurden die Gesetze und sonstigen Entscheidungen (z. B. der Interpretation und Exekution) in den religionsrelevanten Fragen ausgehandelt, während insoweit das normale
Reichstagsverfahren nach dem Mehrheitsprinzip in den traditionellen Kurfürsten-, Fürsten- und Städtekurien ausgeschaltet war (vgl.
S. 204 f.). So hatten diese konfessionellen Corpora eine eigenartige
Zwitterstellung: Einerseits waren sie freie Zusammenschlüsse der
Stände gleichen Glaubens außerhalb des Reichsverfassungsaufbaus.
Andererseits aber ragten sie in den Verfassungsrahmen herein und
übten gewisse Verfassungsfunktionen aus; die Reichweite und
Grenze ihrer Eingliederung war noch im 18. Jahrhundert umstritten. Diese Corpora haben in derart domestizierter Form die Nachfolge der Union und Liga in der Weiterentwicklung der Reichsverfassung angetreten, wie schon die alte Reichsstaatslehre richtig
sah. – Mit Vorbehalten läßt sich der Entwicklungsgang der Religionsparteien des 17. Jahrhunderts dem der politischen Parteien im
modernen Verfassungsstaat vergleichen, die auch zunächst als
staatsfreie Vereinigungen der Gesellschaft im Gegensatz zum
monarchischen Obrigkeitsstaat entstanden, aber dann langsam als
staatstragende, schließlich als konstituierende Kräfte in den demokratischen Parteienstaat (teilweise) verfassungsrechtlich inkorpo-
riert worden sind. Und auch im Verfassungsstaat des 19. und
20. Jahrhunderts haben sich die Ausgrenzungs- und Abwehrfreiheiten der Grundrechte des klassischen Liberalismus (die in gewissem Sinn das Erbe des präkonstitutionellen Widerstandsrechts und
der Widerstandsbünde antraten) nur im wechselseitigen Verbund
mit den demokratischen Selbstorganisations- und Partizipations-
rechten des freiheitlichen Mehrparteien- und Verbändewesens voll

entfalten können (welche eine gewisse historische Entsprechung in den Partizipationsmöglichkeiten der Religionscorpora besaßen). – Freilich ist dieser Verfahrenstyp „de corpore ad corpus" zwischen den Konfessionsgruppen (statt der sonstigen Beratung und Beschlußfassung in den Reichstagskurien) nicht erst auf Grund des Westfälischen Friedens entwickelt worden: Er wurde bereits 1529, dann in den frühen Friedständen von 1532, 1539, 1541, 1544, 1552 und im Augsburger Frieden von 1555 praktiziert; und ebenso ist auch der Westfälische Friede ausgehandelt worden. Die itio in partes und amicabilis compositio des Art. V § 52 IPO von 1648 hat hier nur die politische Praxis bestätigt, rechtlich sanktioniert und zum festnormierten Institut ausgeformt.

5. *Die Problematik des Mehrheitsprinzips.* Die Union richtete sich als Organisation des Widerstandsrechts vor allem gegen die Geltung des Mehrheitsprinzips in den religionsrelevanten Dingen (vgl. S. 51, 93 f., 98). Insgesamt hatte sich das Majoritätsprinzip im weltlichen Recht in der 2. Hälfte des 16. Jahrhunderts mehr und mehr durchgesetzt; es blickte ja inzwischen auf eine lange Geschichte im Kirchenrecht seit der konziliaren Epoche zurück. Freilich galt es noch nicht in der modernen scharfen Verbindlichkeit; ein Mehrheitsbeschluß wurde zunächst mal von der Mehrheit als eine Art Vorschlag an die Minderheit gemacht, die alsbald lauten Protest zu erheben pflegte, um einen neuen, weiter entgegenkommenden Mehrheitsbeschluß zu provozieren, bis sich maioritas und protestatio fanden oder aber ein Rechtsstreit um das gute (d. h. das bessere) alte Recht entbrannte. Die Protestation war ein althergebrachtes Institut des Rechts, ohne den Beigeschmack des Rechtsbruchs oder gar des Revolutionären. Maioritas und protestatio standen nicht eigentlich im Konflikt, sondern waren als Instrumente einer tastend-offenen Verfahrensform korrespondierend aufeinander zugeordnet, um einen breiten Ausgleich in praxi zu erzielen. Auch wenn sich mit der Konsolidierung der Reichsverfassung nach der Reichsreform im frühen 16. Jahrhundert die Bindungswirkung der Mehrheitsentscheide zunehmend durchsetzte, blieb es dabei: Mehrheitsbeschlüsse wie Proteste waren in diesem Sinne auf Einigung ausgerichtet und auf die Einigungsmöglichkeit als Grundvoraussetzung aufgebaut; als solche gehörten sie zu den konventionellen Waffen der Rechtsgenossen.

Aber da hatte der große Protest der Protestanten vom Jahre 1529 das Widerspiel zwischen Mehrheitsbeschluß und Gegenprotest in eine andre, todernste Dimension geschleudert: Je stärker sich die Trennung der Konfessionen verfestigte und die Hoffnung auf ihre

Wiedervereinigung schwand, um so schärfer wurde in den Fragen des Glaubens und der glaubensmäßig relevanten Politik die gemeinsame Grund- und Wertvorstellung zerstört und die Einigungsmöglichkeit ausgeschlossen, die bisher die Partei der maioritas und die der protestatio übergreifend umschloß. In den religiösen Kernzonen der juristischen Streitfragen war ja ein echter, religiöser Konsens nicht zu erhoffen und zu erzielen, da der Religionsfriede den religiösen Frieden weder brachte noch bringen wollte (S. 45), sondern sich auf den politischen Koexistenz-Ausgleich und auf die äußeren Friedens- und Freiheitsgarantien beschränkt hatte, die den theologischen Dissens zwischen den Konfessionen letztlich stabilisierten. Die „rechtliche" Mehrheitsentscheidung in religiösen Dingen mußte der überstimmten Konfession als schiere faktische Vergewaltigung erscheinen, weil die gemeinsame geistliche und rechtliche Basis der Entscheidung und Anerkennung fehlte: dem Mehrheitsprinzip war insoweit sein Legitimations- und Geltungsgrund entzogen. Die konfessionelle Majorisierung galt aber auch als Verletzung des positiven Rechtes, weil sie die aufgehobene geistliche Jurisdiktion der Bischöfe auf dem Umweg über die Reichstagsbeschlüsse der katholischen Reichsstände wieder zum Zuge brachte und als Verstoß gegen die Garantie der evangelischen Lehr-, Kultus- und Kirchenordnungsfreiheit empfunden wurde. In summa: Die Reichsverfassung mußte Formen finden, die den religiösen Dissens der beiden Konfessionen durch Schutz vor konfessionsfremder Vergewaltigung sicherten und doch den politischen Konsens in den Reichsgeschäften ermöglichten, so daß das Reich trotz der religiösen Spaltung wenigstens politisch lebensfähig blieb. Eben dies wurde durch die Eingliederung der konfessionellen Bündnis-Corpora in die Reichsorganisation (über die itio in partes) so gut wie damals möglich erreicht.
Die Bedeutung dieser Verfahrensfragen ist gar nicht zu überschätzen. Hier lag der archimedische Punkt, von dem aus alle Probleme des materiellen Rechts aus den Angeln gehoben werden konnten: Durch das Majoritätsprinzip drohte aus der paritätischen Vereinbarung von 1555 (S. 49) im Wege einer stetigen Verfassungswandlung ein akzentuiert katholisches Fundamentalgesetz zu werden. Es war entscheidend für die paritätische Fortentwicklung des Reichs und Rechts, daß die Protestanten das freie und paritätische Vereinbarungsverfahren erzwangen.

6. *Die ständische und konfessionelle Aufgliederung des Reichs:* Diese Ablehnung bzw. Eingrenzung des Mehrheitsprinzips bildet einen wesentlichen Unterschied des Alten Reichs vom modernen

Staat. Sie war die Folge der konfessionellen und ständischen Aufgegliedertheit der alten Reichsverfassung: Im Reich wie in den Territorien galt das Mehrheitsprinzip ja jeweils nur innerhalb der verschiedenen Ständekurien (der Kurfürsten, Fürsten, Städte im Reich bzw. der Geistlichen, des Adels, der Städte in den territorialen Landtagen), weil nur insoweit die gemeinsame Wert-, Rechts- und Interessenbasis bestand, die die Eingliederung in die Gemeinschaft der Standesgenossen rechtfertigte und die Unterwerfung unter ihre Mehrheitsbeschlüsse zumutbar erscheinen ließ. Zwischen den verschiedenen Kurien aber gab es nur Verhandlungen (de corpore ad corpus) und keine Majorisierung. Die ständestaatlich organisierten Reichs- bzw. Landtage waren ja kein modernes Parlament, das einheitliche, durchgehende Abstimmungen praktizierte; sie kannten auch keine (modernen) Repräsentanten des Volkes (als Einheit, gemäß der Volkssouveränität), sondern weisungsgebundene Vertreter nur ihrer Stände, ohne das freie Mandat der Volksrepräsentation. Deshalb darf hier nicht (unbewußt) der moderne Maßstab der demokratischen Staatseinheit, Repräsentation und Mehrheitsentscheidung supponiert werden, wenn man dem Ringen um maioritas, libertas religionis und amicabilis composito der Religionsparteien des Konfessionellen Zeitalters gerecht werden will. Da erschien es den Protestanten als offenbare Ungerechtigkeit und Unzumutbarkeit, die Gemeinsamkeit des Glaubens geringer zu werten als die Verbundenheit der Standesinteressen, und also ihre evangelische Konfession der katholischen Majorisierung zu unterwerfen, während eine Majorisierung zwischen den weltlichen Ständegruppen ausgeschlossen war. Die freie Willensbildung und Einigung der Konfessionen ohne fremdes Religionsdiktat war ein Desiderat der Reichsverfassung, um so die reiche (auch spannungsreiche) Gliederung der Stände und Konfessionen im freiheitlichen rechtlichen Zusammenwirken zur Einheit zu integrieren.

7. *Die Verschmelzung von Geistlichem und Weltlichem.* Diese Integration der Konfessionsbünde in die Reichsorganisation stand insbesondere deshalb vor außerordentlichen Schwierigkeiten, weil sich die Glaubenssachen kaum von den weltlichen Reichsgeschäften abgrenzen ließen. Beide Konfessionen gingen aufs Ganze, auf die ganze Welt. Sachliche Zuständigkeitsabgrenzungen „des Religiösen" vom „Weltlichen" mußten da versagen, die causa religionis ließ sich nicht eingrenzend definieren, so sehr sich die Juristen darum mühten. Noch fehlte ja die (typisch moderne) sektorale Aufteilung des Lebens und die rechtliche Sonderung und Verselbständigung der verschiedenen „Rollen" des modernen Menschen

(privater, öffentlicher, persönlich-religiöser, kirchlich-offizieller, beruflicher, familiärer, allgemeinpolitischer, parteipolitischer, weltanschaulicher Art) mit ihren unendlichen Möglichkeiten der freien, individuellen Rollenwahl und Rollenkombinationen (wie sie die moderne „Rollen"-Soziologie wissenschaftlich offenlegte); erst die Aufklärung, die Französische Revolution und der Liberalismus seit den Stein'schen Reformen haben zur breiten Emanzipation von den ständischen und konfessionellen Bindungen (d. h. „Rollenverknüpfungen") geführt. Im konfessionell gebundenen, z. T. konfessionell geschlossenen Staats-Kirchen-Gesellschaftssystem aber hing alles noch zusammen; Religion, Politik und Recht waren engstens verklammert und das Bekenntnis durchwaltete das Staatsethos, die Wirtschaftsverfassung, das Sozial- und Geistesleben. Das war durch die Verchristlichung des Weltlichen und die Verweltlichung der Konfessionen bedingt, die ihrerseits freilich fragwürdig, umstritten und nicht ungebrochen waren.

So griffen denn die Konfessionsbünde – charakteristisch für das Konfessionelle Zeitalter – weit in die „weltliche" Politik hinaus, die sich nicht von den speziellen Konfessionsbelangen abstrahieren ließ. Jedes – modern gesehen – „weltliche" Ereignis konnte ja die Verstärkung oder Bedrohung der eigenen Konfession bedeuten: Außenpolitik, Reichssteuer, Reichsarmee und Reichsjustiz, wenn sie der Minorität auf den Hals gerieten.

Während der Westfälischen Friedenstraktate hat man deshalb die Kompetenz der Religionsparteien bewußt nicht auf sog. „causae religionis" beschränkt, als man den speziellen Verfahrensgang der itio in partes zum Austrag der Religionsdifferenzen näher ordnete. Das hätte ja nur neuen Streit zwischen den Konfessionen über die Frage ausgelöst, was jeder Teil unter seinen „Religions-Sachen" verstand bzw. nach Ansicht der gegnerischen Konfession (!) verstehen durfte. Die Ehe etwa galt für die Protestanten nicht mehr als Sakrament, sondern als „weltlich" Ding – aber das eben kraft ihrer theologischen Definition von „Welt", weltlichem Amt, Weltberuf und Weltverantwortung in ihrer Schöpfungstheologie. Diese hat gerade das Weltliche einer viel strengeren Amts-, Ehe- und Berufsmoral aus Glaubensbindungen (einer „innerweltlichen Askese") unterworfen, als es die welterfahren-weltkluge katholische Hierarchie und Kirchenordnung tat, so daß dieser die Protestanten ihrerseits Verweltlichung vorwarfen und nicht daran dachten, ihr die Bischofsjurisdiktion über die „weltlichen" evangelischen Rechtsverhältnisse zu überlassen. Die Eingliederung der Religionsparteien in das Reich war nur möglich über ein offenes, freies Integrationsverfahren, das beiden Partnern die unzensierte Geltendmachung ihrer

Belange in der Breite ihres religiös-politischen Spektrums erlaubte. Diese Linie hat sich dann auch nach 1648 durchgesetzt, so sehr man über viele Einzelfragen stritt. – Aber kehren wir nach diesem Ausblick zu den Ereignissen zurück.

IV. Die Stände- und Religionsfragen im Auftakt des Dreißigjährigen Krieges

1. *Recht und Macht im Wechselspiel.* Die Katastrophe, in der das Abenteuer Kurfürst Friedrichs V. von der Pfalz als böhmischer Winterkönig endete, führte zur völligen Umwälzung in Böhmen und in allen habsburgischen Erblanden sowie zu tiefgreifenden Rückwirkungen auf die Reichsentwicklung. Die kurze leichte Schlacht am Weißen Berge vor Prag vom 6. November 1620 hat – wie es in der Geschichte leider zuzugehen pflegt – das jahrzehntelange Ringen der Geister um den wahren Glauben und das richtige Recht in einer militärischen Entscheidungsstunde hier brüsk und folgenschwer entschieden. Der Traum vom Ständetum und „Evangelium" in Böhmen, Mähren, Österreich war ausgeträumt und wich der Realität der Monarchie und der „wahren Katholizität".

Charakteristisch für den Böhmischen Aufstand und die ersten Phasen des 30jährigen Krieges, der aus ihm erwuchs, ist wiederum die erstaunlich starke Rolle des Rechtsmoments bzw. der Rechtsverbrämung aller Machtkonflikte. Die großen epochalen Kämpfe zwischen Monarchie und Ständetum und zwischen Protestantismus und Katholizismus wurden in Rechtsförmlichkeiten und Rechtsstreitigkeiten aufgezogen. Gewiß dienten diese z. T. nur zur Bemäntelung weltlicher Machtgier und geistlicher Herrschsucht. Aber sie haben mit ihrer Tendenz zu Konsequenz, Verhärtung und Schwerfälligkeit doch auch inhaltlich das politische Handeln und die geistliche Entfaltung beider Teile stark bestimmt. Alle kämpfen auf allen Seiten für „das" Recht, d. h. für ihr eigenes, besseres Recht gegen den Rechtsbruch der Gegenfront. Die größten politischen und religiösen Umwälzungen wurden als Vollstreckung des de iure geltenden, bislang nur de facto gebrochenen Rechtszustandes durchgesetzt. So war die religiös motivierte (bzw. beschränkte) Rechtlichkeit der Zeit gerade mit ein Grund der brutalen Rechtsbrüche und Rechtsunsicherheiten, weil es ein gemeinsames Recht – vor der Vollendung der modernen Staatsbildung und nach der Auflösung der universalen Kircheneinheit – in dieser Epoche säkularer Übergänge zur Irritation der Zeitgenossen noch nicht gab. Und wie schwierig und riskant war für alle Teile damals die Rechtsbehauptung: In einer Rechtsordnung ohne innere Einheit, übergreifenden Konsens und funktionierende Organe, die sich auf die Eigenständigkeit und Widerstandsbefugnis gründete, war jeder Herr von Stand gezwungen, seine Rechte mit Protest und Getöse zu verteidigen. Man mußte bis zu jener schwer kalkulierbaren Grenze gehen, die der Gegenpart seinerseits als offenbaren, nicht hinnehmbaren Rechtsbruch mit Depossedierung und Konfiskation, mit harten Strafen an Gut und Blut sanktionieren werde – sofern man ihm nicht in der Gunst bzw. Not der Stunde weitere rechtliche Konzessionen abtrotzen konnte, die als gnädige Bestätigung altgeübter Freiheit beide Teile ihre Reputation wahren ließ. Man konnte nur rechtlich leben – die Zeit der Raubritter und Strauchdiebe, auch der gewalttätigen Eigenmacht eines Albrecht Alkibiades und eines Ritter Grumbach war vorbei. Aber das rechtliche Leben war nicht einfacher geworden, verlangte ständig Mut zu zeigen und auf der Hut zu sein, um sein Recht nicht einzubüßen.

2. *Neues Ringen in den Erblanden.* Als Kampf um das (bessere) Recht hat sich auch der böhmische Aufstand entwickelt. Kaiser Matthias hat die großen Konzessionen, die er widerwillig-notgedrungen im Bruderzwist des Hauses Habsburg den vereinigten Ständen und Protestanten der Erblande hatte machen müssen, alsbald systematisch und konsequent in immer engerer Interpretation beschnitten. Er saß im Vorteil der Kontinuität und der Institutionen. Die gegnerischen Stände aber waren zersplittert und trafen sich nur spontan und sporadisch; im Augenblick war ihre geballte Macht furchterregend, aber immer wieder zerfiel sie rasch. Der große Plan der gemeinsamen Ständeverbindung und ständischen Kriegsverfassung unter Leitung der protestantischen Mehrheit wurde auf dem Prager Generallandtag im Sommer 1615 von den Ständevertretern Böhmens, seiner Nebenländer, Ungarns, Unter- und Oberösterreichs wochenlang ergebnislos debattiert. Vollends in Kaiser Ferdinand II. (1619–1637), dem früheren Erzherzog der Steiermark, fanden die Leidenschaften und Pläne der Stände ihren Meister: Weder krank noch scheu wie seine Vorgänger, war er körperlich robust und geistig schwerfällig, weshalb er gewissenhaft auf seine Räte und seinen Beichtvater hörte, dazu gutmütig und umgänglich, an sich auch nicht fanatisch. Skrupulös und fromm verbrachte er täglich Stunden mit Brevier-Andachten und Messen in tiefer Devotion; sein Herrscheramt nahm er als göttliche Pflicht und Berufung so ernst wie die gläubigsten Protestanten. Ohne jeden Zug ins Große war er doch in Gefahren und Katastrophen

gesegnet mit der Unerschütterlichkeit der religiös gefestigten Natur, die sich auf rechtem Wege weiß und willens ist, ihre Glaubensprüfungen in dieser tobenden Welt ohne Verleugnung ihres Herrn zu bestehen, dazwischen in den Freuden starker Jagden Entspannung suchend. Seine machtvoll-chancenreiche, aber auch riskante Doppelstellung als Kaiser im Reiche und als Haupt des Hauses Habsburg hatte zur verhängnisvollen Folge, daß sich die schweren Konflikte um Konfession und Ständetum in den Erblanden mit denen des Deutschen Reichs verschlangen, als aus dem Rechtsstreit in Böhmen ein Aufstand, dann ein Krieg erwuchs, der zwangsläufig in das Reich hinübergriff.

3. *Der böhmische Aufstand 1618.* In Böhmen wurde der Majestätsbrief und der ihn ergänzende interkonfessionelle Ständevergleich vom 9.7.1609 enger und enger restringiert. Auslegungsdifferenzen gab es hier vor allem über das (unpräzis gefaßte) Recht zum Kirchenbau im Gebiet der Prälaten und der königlichen Kammergüter. Im Städtchen Braunau widersetzten sich die Bürger dem Befehl des Kaisers zur Auslieferung der Kirche an den örtlichen Benediktinerabt; in Klostergrab ließ der Prager Erzbischof die evangelische Kirche kurzerhand abreißen. Zugleich verbot der Erzbischof den evangelischen Gottesdienst in Klostergrab, was den Majestätsbrief eindeutig verletzte. Andere Schikanen der kaiserlichen Regierung kamen hinzu. Zweispurig war Matthias' Politik: Im Reiche verfolgte sie eine weiche Welle der Vermittlung und bemühte sich nach der Sprengung des Reichstags ergebnislos um „Kompositionen"; in den Erblanden schlug sie die harte Linie der katholischen Gegenreformation und des monarchischen Erbrechts und Regierungsstiles gegen die Wahl- und Beschränkungstendenzen der Stände ein. Am 5. Juni 1617 gelang ihr ein Durchbruchserfolg: Erzherzog Ferdinand wurde zum künftigen böhmischen König vom böhmischen Landtag nicht etwa gewählt, sondern „angenommen", weil die Regierung ihren Erbrechtsanspruch von den Ständevertretern durch Einzelaufruf Mann für Mann bestätigen ließ. Der Groll der Stände stieg. Die Defensoren beriefen die – 1609 rechtlich verbürgte – Protestantenvertretung nach Prag, die im März 1618 ihre Beschwerden dem Kaiser übermittelte. Der aber verbot das weitere Zusammentreten der Protestanten als Aufruhr. Man traf sich doch alsbald im Mai, und die Verlesung des kaiserlichen Verbotes schürte die Erregung. So zogen die versammelten Ständevertreter am 23. Mai 1618 zum königlichen Schloß hinauf, um die kaiserlichen Räte wegen der rechtswidrigen Befehle zu stellen. Einige Heißsporne um den Grafen Thurn benützten die Gelegen-

heit zum Bruch, den sie für unabwendbar hielten. Der Tumult begann, eine Protestation kam zur Verlesung, die beiden kaiserlichen Räte Slawata und Martiniz wurden als Feinde und Friedensstörer niedergeschrien und – eh' man sich's versah – von Thurn und seinen Freunden mitsamt ihrem Sekretär Fabricius aus dem Fenster gestürzt. Doch die „Defenstrierung" – eine böhmische Form der Volksjustiz seit den Hussitenkriegen – schlug fehl. Die Räte und der Sekretär blieben bei ihrem Sturz in 17 Meter Tiefe am Leben, wohl weil sich ihre schweren Mäntel blähten und sie weich auf Unrat und Gewächs im Schloßgraben fielen. Sie konnten sich, während ihnen nachgeschossen wurde, ins Haus des Kanzlers Lobkowitz retten, dessen tapfere Frau den Grafen Thurn und seine Schar zurückweichen ließ.

Der Brand des 30jährigen Krieges war entzündet. Mochten die böhmischen Stände auch verkünden, daß die Erhebung nicht dem Kaiser, sondern nur seinen ungetreuen, gesetzlosen Räten gelte – der Fenstersturz, ein Mordversuch an den kaiserlichen Statthaltern, zog immer weitere Kreise. Auf alle Fälle mußten sich die Stände nun in Verteidigungszustand setzen, Werbungen und Rüstungen veranstalten, Bundesgenossen zu gewinnen trachten. Die Konföderationsbestrebungen mit den anderen Ständen der Habsburger Lande wurden jetzt auf dem Prager Generallandtag vom Juli 1619 aktiviert, die Bündnispläne mit der protestantischen Union im Reiche realisiert – all das trieb sie den kaiserlichen Verboten zuwider in den offenen Konflikt. Und als nun Ferdinand nach Matthias' Tod 1619 die Regierung ergriff, brach allenthalben, in Böhmen, Mähren, den Lausitzen, Ober- und Unterösterreich der Aufstand los. Graf Thurn besetzte mit den böhmischen Ständetruppen im April 1619 Mähren und warf sich dann nach Süden. Anfang Juni stand er in den Vorstädten Wiens. Doch wenn er auch alsbald zurück in das bedrohte Böhmen ziehen mußte, so brachte noch im Sommer 1619 der Aufstand und Anschluß Ungarns unter Bethlen Gabor den Konföderierten neue bedeutende Erfolge. Ferdinand hat das alles mit Gleichmut durchgestanden. Zum endgültigen rechtlichen Bruch der böhmischen Stände mit Ferdinand führte am 26. und 27. August 1619 ihre Wahl des Kurfürsten Friedrich V. von der Pfalz zum böhmischen König.

4. *Friedrich V. von der Pfalz als böhmischer König.* Der Kurfürst hatte sich zeitig für die böhmische Krone interessiert – sein einer Landesteil, die Oberpfalz, grenzte ja an Böhmen – und seinen Konkurrenten Karl Emanuel von Savoyen bei den Böhmen überrundet; zuletzt aber hatte er gezögert und – zu spät – die Verschie-

bung der Wahl erbeten. Als er nun im Herbst 1619 mit bösen Ahnungen seine Heidelberger Residenzstadt verließ, winkte und weinte das Volk in so ergreifenden Klagen, daß selbst der lebensfrohen Kurfürstin Elisabeth – der jugendlichen Tochter Jakobs I. von England, die voller Übermut und Ehrgeiz in das Abenteuer trieb – die Tränen kamen. Aber dann folgte mit Pomp in Prag die Königskrönung, die Feste reihten sich, sogleich ward die dynastische Verbindung der Pfalz mit Böhmen betrieben, wiewohl die Böhmen doch soeben ihr freies Wahlrecht gegen ihre altangestammte Dynastie mit Existenzgefahr verteidigten. Der Pfälzer Hof blieb fremd im Land, dessen Sprache er nicht verstand und dessen Verwaltung in den alten Händen weiterlief. Die böhmische Armee wurde vergrößert mit Hilfe der überanstrengten Pfalz. Böses Blut machte die rücksichtslose Calvinisierung in den königlichen Patronatspfarreien und vollends der Bildersturm im Prager Dom, der als Grablege der Könige Böhmens und der letzten deutschen Kaiser seit Jahrhunderten mit reicher Kunst geschmückt war und nun auf Befehl des Königs zu Weihnachten 1619 rechtzeitig zum gereinigten reformierten Tempel verödete. Vor allem aber hatten die diplomatischen Werbungs-Aktionen um auswärtige Verbündete erschreckend geringen Erfolg: Jakob I. von England, des Winterkönigs Schwiegervater, ließ es an tatkräftiger Unterstützung fehlen und ging über Vermittlungsdienste nicht hinaus. Neutral blieb auch das innerlich geschwächte Frankreich, Savoyen trieb ein falsches Spiel mit Subsidienversprechen, und die Union gab zwar im Juni 1619 ein geheimes Bündnisversprechen, fiel aber im November 1619 in ihre streng defensive Haltung zurück. Die Böhmen waren auf ihr Bündnis in den Erblanden zurückgeworfen und wesentlich auf sich gestellt; daß sie über die Ungarn mit den Türken anknüpften, nahm ihnen viel moralischen Kredit.

5. *Die Rolle der Liga und Union.* Inzwischen waren beide Bünde ins Spiel gerückt. Beide hatten in den vergangenen Jahren schwerste Krisen durchgestanden. Die Union hatte in Norddeutschland nie recht Fuß gefaßt, Kursachsen fehlte ohnehin, Kurbrandenburg trat 1617 aus, mit Mühe wurde der 1618 ablaufende 10jährige Bundesvertrag bis 1621 verlängert. Noch schlimmer stand es mit der Liga, die zwischendurch auf einen kümmerlichen süddeutschen Rest um Baiern zusammengeschmolzen war. Aber Maximilian von Baiern hatte im Januar 1619 mit Hilfe der rheinischen geistlichen Kurfürsten die alte Liga wiederhergestellt und rüstete in erprobter Konsequenz und Realistik die Truppen für die bevorstehenden Gefahren. Mit Ferdinand von Österreich war er als Vetter, Schwa-

ger, Studiengenosse (bei den Ingolstädter Jesuiten) und durch den Gleichklang der Gesinnung und des Glaubens eng verbunden. So half Maximilian dem Kaiser letztlich entscheidend mit Geld und Truppen. Aber er tat nichts umsonst. Der Preis, den er verlangte – die Pfälzer Kur und Pfälzer Lande – trieb das Reich nachmals weiter in den Krieg, weil er die Friedenschancen nach Abschluß des böhmischen Feldzuges vereitelte. Für die Armee der Liga erhielt Maximilian das Kommando und weite Vollmacht; der Einsatz der Truppen wurde ihm nach „Occasion" zur „Discretion" gestellt. Hingegen war der Pfälzer Kurfürst als General der Unionsarmee auf die Defensive beschränkt und an die Zustimmung eines Kriegsrats gebunden worden, damit er die Union nicht in seine Abenteuer hineinziehen konnte. Kursachsen trat sogar den katholischen Verbündeten des Kaisers bei, weil es Rebellentum und Calvinismus an seiner böhmischen Grenze fürchtete, dem Kaisertum in alter Reichstreue verbunden war und die Lausitz als kaiserlicher Lohn winkte.

6. *Die Ausschaltung der Union durch den Ulmer Vertrag.* Vor dem Entscheidungsgang des Herbstes 1620 hat sich die Union vorsichtig mit der Liga arrangiert. Im Vertrag zu Ulm vom 3.7.1620 konnte Maximilian sie zu einem Nichtangriffspakt mit der Liga bewegen, der beiden Bünden gegenseitig jeden Verstoß gegen den Land- und Religionsfrieden verbot. Dritte Mächte waren nicht mit einbezogen. Die Liga hatte also freie Hand, in Böhmen einzugreifen, das der Union nicht angehörte. Die unierte Kurpfalz jedoch war dem Zugriff der kaiserlichen und der spanisch-niederländischen Armee unter Erzherzog Albert und Spinola ausgesetzt, die formell nichts mit der Liga zu tun hatte, ihr aber die Kriegsführung gegen die Unierten in der Rheinpfalz abnahm. Der Vertrag von Ulm bedeutete die Selbstausschaltung der Union aus dem politisch-militärischen Entscheidungskampf um Böhmen ohne die erstrebte Sicherung der Unierten im Reiche.

Fünfter Teil

DER DREISSIGJÄHRIGE KRIEG

I. Der böhmisch-pfälzische Krieg

1. *Der Feldzug und Zusammenbruch in Böhmen.* Maximilian aber ließ unverzüglich marschieren und riß die zaudernden katholischen Bundesgenossen mit. Maximilian war ein Politiker von diplomatischer Umsicht und Entschlußkraft, dazu ein Organisator und Verwaltungsmann von hohen Graden; ein Feldherr freilich war er – unsoldatisch von Natur und Bildung – nicht. Aber er hatte seinen Tilly, einen frommen, alten, asketisch-schlichten General, der drahtig und erfahren das Kriegshandwerk der Zeit meisterlich beherrschte. In Kürze unterwarf die bairische Armee Oberösterreich und dann zusammen mit den kaiserlichen Kräften Böhmen. Die Schlacht am Weißen Berge vor Prag vom 6. November 1620 entschied durch Tillys Plan und Schwung den Sieg des Kaisers trotz der ungünstigen taktischen Ausgangslage, gerade noch rechtzeitig, bevor der Wintereinbruch die Operationen zum Erliegen brachte.

Der Krieg in Böhmen war zu Ende. Der Katastrophe der böhmischen Armee folgte der völlige Zusammenbruch der Regierung und die überstürzte Flucht Friedrichs V. über Breslau, Brandenburg, Wolfenbüttel in die Niederlande nach Den Haag. Aber Friedrich, dem seine junge, schöne Gemahlin trotz aller Fährnisse zur Seite blieb, gab im Exil nicht auf. Von hier aus zog er wie früher seine Fäden zu Europas Höfen, durch die englische Verbindung ganz anders weltmännisch eingeführt als die provinziellen deutschen Standesgenossen. Er hatte auch durchaus nicht ausgespielt. Je mehr die Mächte Europas nach den kaiserlichen Erfolgen eine österreichisch-spanische Hegemonie befürchteten, stieg er im Kurs; so gelang es ihm, vielfältige Unruhe zu stiften mit der alten Verwegenheit der Pfälzer Politik und der neuen Verzweiflung des Heimatlosen, der nichts zu verlieren und alles zu gewinnen hat. Als souveräner Fürst konnte er mit fremdem Gelde auch weiter Truppen halten.

2. *Fortgang der Kämpfe in der Oberpfalz und Rheinpfalz.* Und
alsbald standen drei protestantische Condottiere für ihn im Feld,
aus jener neuen, harten Generation, die militärische Führungskraft,
Organisationsgeschick und Finanztalent in sich vereinten und die
mit Ehrgeiz, Abenteuerlust und Profitgier ihre rasch angeworbe-
nen, bunt gewürfelten Armeen im wechselnden Sold und Auftrag
verdingten und damit in kühnen Diversionen kreuz und quer durch
die geschundenen Lande operierten. So kämpfte nun für den flüch-
tigen Winterkönig Ernst von Mansfeld, ein wendiger, ehrgeiziger
Glücksritter, der zuvor im Dienst des Kaisers, des Herzogs von
Savoyen und der Union gestanden hatte. In Pfälzer Diensten stand
ferner der „tolle Christian", Administrator von Halberstadt und
Prinz von Braunschweig-Wolfenbüttel, überschäumend von Lebenslust und todesverachtender Verwegenheit, berstend vor Haß
auf die Pfaffen, deren Stifter er brandschatzend verwüstete. Von
diesem kecken Kavalier ließ sich die leichtsinnige Kurfürstin Elisabeth, nachdem sie nun ihr Königreich verloren hatte, gerne den
Hof machen; an seinem Hut trug er den Handschuh, den sie ihm
einmal launig überließ. Aus anderem Holz war der Markgraf
Georg Friedrich von Baden, der bibelfest und kriegserfahren sich
aus Glaubenstreue als Truppenführer für seine evangelische Sache
zu Verfügung stellte, nachdem er, um frei zu sein, seine Lande
dem ältesten Sohne übertragen hatte.
So blieb der Krieg im Gange. In Kommission des Kaisers eroberte
Maximilian im Sommer und Herbst 1621 die Oberpfalz. Der Krieg
zog sich hinüber nach der Rheinpfalz und nach Baden: Der Markgraf von Baden wurde am 6. Mai 1622 in der harten Schlacht bei
Wimpfen, Christian von Halberstadt am 20. Juni 1622 bei Hoechst
besiegt. Mansfeld warf sich aus der Pfalz ins Elsaß und in die
Champagne , wurde von seinem bankrotten Kriegsherrn entlassen,
wechselte in den Dienst der protestantischen Niederländer über
und kämpfte sich kühn und verlustreich durch die spanischen Niederlande nach Norden durch. So waren alle Erblande wieder in der
Hand des Kaisers, seine Feinde geschlagen, die Ober- und die
Rheinpfalz unterworfen. Mit Bethlen und den Ungarn wurde der
Friede von Nikolsburg im Januar 1622 abgeschlossen.

3. *Ursachen der Kriegsverlängerung.* Warum schloß man nicht
einen allgemeinen Frieden? König Jakob I. von England suchte ihn
zu vermitteln und schlug den Verzicht Friedrichs V. auf das Wahl-
reich Böhmen gegen die Restitution in seine Pfälzer Kur und Lande
vor. Aber der Kurfürst war zu anständig, seine böhmischen Untertanen ohne Amnestieversprechen dem Kaiser preiszugeben; in

Böhmen jedoch wüteten zuerst das Blutgericht und dann die Konfiskationen. Vor allem aber: Der Krieg war teuer, die Sieger brauchten Geld und mangels dessen Beute. Der Kaiser war im Kampf um seine Lande und Rechte ein armer Mann geworden. Maximilian von Baiern aber, der sich auf Sparsamkeit und Buchführung verstand, hatte sorgsam Rechnung gelegt und für die Unsummen seiner Rüstungs- und Kriegskosten das von ihm unterworfene Oberösterreich zum Pfandbesitz erhalten. Von ihm verwaltet wurde auch die Oberpfalz, die ihm der Kaiser in tiefer Diskretion schon wiederholt als Beute versprochen hatte; aber sie reichte schon nicht mehr zur Bezahlung der laufend wachsenden Armeeausgaben aus. Und zu begleichen war für Baiern auch noch die alte Rechnung hinsichtlich der Kur: 300 Jahre zuvor, im Hausvertrag von Pavia 1329, hatte die bairische und die pfälzische Linie des Hauses Wittelsbach den alternierenden Wechsel der Kurstimme unter sich ausbedungen; daß die Pfälzer sie seit der Goldenen Bulle von 1356 für sich allein in Anspruch nahmen, sahen die Baiern seither als altes Unrecht an, das längst zu sühnen war. Nach rechtlich umstrittenen Verhandlungen wurde Maximilian vom Kaiser am 25. Februar 1623 mit der erblichen Pfälzer Kur belehnt. Die Gefahr der protestantischen Mehrheit im Kurkolleg und eines protestantischen Kaisertums war gebannt. Um Oberösterreich auszulösen, war die Abtretung der Oberpfalz an Baiern unausweichlich, das auch die Rheinpfalz als Pfandbesitz in Anspruch nahm.

4. *Die Ächtung Friedrichs V. von der Pfalz.* Aber rechtlich setzte der zangenmäßige Einfall der spanisch-kaiserlichen Armee und der Liga in die Pfälzer Lande die Ächtung der Pfälzer Kurfürsten als Friedbrecher im Reich voraus, sonst machten sich der Kaiser und die Liga selbst des Reichslandfriedensbruches schuldig. Hier ging es ja um die Reichsexekution gegen einen Reichsstand, nicht um die Unterwerfung von Landständen unter die Landesobrigkeit wie in Böhmen. Und diese Acht mußte nach der siegreichen Schlacht in Böhmen vom 6. November 1620 rasch erfolgen, damit die militärische Offensive nicht zum Stehen kam. Hier lag der Haken: Das ganze, vom Kaiser eingeschlagene Verfahren war nach den schwankenden und strittigen Rechtsgrundlagen höchst zweifelhaft. Es hing u. a. von der Rechtmäßigkeit der Wahl Friedrichs V. zum böhmischen König durch die Stände Böhmens ab, denen die Kaiser Rudolf und Matthias ihr Wahlrecht ja seinerzeit förmlich bestätigt hatten. Die Kurfürsten, deren Rates der Kaiser hier nach der Wahlkapitulation bedurfte, wichen aus. So ließ der Kaiser auf eigene Verant-

wortung die Achterklärung ohne förmlichen „ordentlichen Prozeß" am 22. Januar 1621 öffentlich verkünden. Ein weiterer kapitaler Streitpunkt der Reichsverfassung zwischen den Konfessionen war damit gesetzt.

5. *Die Auflösung der Union:* Einstweilen freilich brachte die Pfälzer Acht dem Kaiser den beachtlichen Vorteil der Legalität, so bestreitbar sie auch war. Der Krieg in der Oberpfalz und Rheinpfalz konnte auf Maximilian in kaiserlicher Kommission übertragen werden. Vor allem: Die Union wurde durch die Acht vollständig demoralisiert. Als Rechtsverteidigungsbund mußte sie Friedrich V., ihr Haupt, nun fallen lassen – oder aufs Ganze gehen, die Acht rechtlich bestreiten und militärisch den Krieg gewinnen. Hatte die Acht Bestand, dann zog ja jede Unterstützung des Geächteten selbst die Acht und den Verlust von Recht und Herrschaft nach sich. In der gegebenen politischen Lage hatte der Rechtsstandpunkt der Union gegen den Kaiser und die Liga keine Chance. So wurde unter den Gliedern der Union der Drang zum Abfall durch Separatabkommen mit dem Kaiser unaufhaltsam. Am 14. Mai 1621, 13 Jahre nach ihrer Gründung, war das Ende der Union gekommen; die letzte Tagung zu Heilbronn liquidierte die Unionsarmee und die finanziellen Außenstände. – So war die Politik der Union rundum gescheitert: Vergeblich hatte sie den Kampf der protestantischen Reichsstände im Reiche (um die Interpretation der Religionsverfassung) mit dem Kampf der protestantischen Stände in den Erblanden (gegen die katholische Gegenreformation und die monarchische Erstarkung) kombinieren und verstärken wollen. Nun hatte die Katastrophe in Böhmen zum Verlust ihrer rechtlichen Organisation im Reich geführt, durch deren Ausfall die konfessionellen Belange diffus geworden und rechtlich um so schwerer zu fassen und zu neutralisieren waren.

6. *Die kaiserliche Neuordnung in Böhmen.* Die habsburgisch-katholische Restauration in Böhmen zeigte alle Scheußlichkeiten, deren die Epoche in ihrer trüben Vermischung geistlicher und weltlicher Leidenschaft und Berechnung fähig war. Vom Februar 1621 ab erließ das Ausnahmegericht die Haftbefehle und Bluturteile, am 21. Juni wurde mit 27 Hinrichtungen der prominentesten protestantischen Magnaten ein Exempel des Terrors statuiert. Die Köpfe der Führer waren kaum gerollt, da lenkte der Kaiser ein zu profitabler Milde. Selbst die Freiheitsstrafen kamen rasch in Abgang, dafür gingen die Wellen der Konfiskationen um so gründlicher über das ganze Land. Etwa die Hälfte der adeligen und städti-

schen Grundherrschaften kam in des Kaisers lockere Hand, der zu einer zentralisierten, strammen Grundvermögens- und Finanzverwaltung – nach dem Ratschlag seines bairischen Vetters Maximilian – nicht imstande war. So war die Masse alsbald verschleudert an seine schamlosen neuen Getreuen. Zu den übelsten Geschäftemachern gehörten der Statthalter Karl von Lichtenstein und der Obrist Albrecht von Wallenstein, der als ein schneidiger, herrischer, prunkliebender Offizier nach 1619 dem Kaiser zwei Reiterregimenter aufgestellt und zum Sieg geführt hatte und der seit 1622 als Kommandant von Prag auch über die militärische Quartierverteilung im ganzen Land verfügte, vor der man allenthalben zitterte. Er wußte riesige Darlehen aus dunklen Quellen zu erschließen und damit um die Städtchen Friedland und Reichenberg einen Landkomplex von der Größe eines Fürstentums zu erwerben. Weil die Geldnot der kaiserlichen Regierung durch die einmaligen Verkaufserlöse nicht zu stillen war, verpachtete der Kaiser im Jahre 1622 sein gesamtes Münzwesen von Böhmen, Mähren, Unterösterreich an eine dubiose Finanzgesellschaft, hinter der sich seine hohen Hofbeamten, Wallenstein eingeschlossen, verbargen, die nun im großen Stil das Geld verschlechterten und das gesamte Volk damit betrogen, ja auch den Kaiser doppelt prellten, indem sie ihre Schleuderpreise aus den Güterkäufen damit bezahlten. – Diese Konfiskationen und Grundverkäufe hatten weitreichende soziale und politische Folgen. Ein Großteil des alten böhmischen Adels wurde vertrieben, verarmte und mußte heimatlos sein Brot in den Armeen aller Herren suchen. Dafür rückte eine landfremde neue Aristokratie deutscher, italienischer, spanischer und französischer Herkunft ein, die ihren Rückhalt nicht mehr im ständisch-autochthonen Zusammenhalt, sondern an der Krone suchte und zur neuen Klammer der bislang getrennten Lande wurde; der internationale Zuschnitt der Donaumonarchie kündigte sich an.

Auf diese gesellschaftliche Umwälzung folgten die Verfassungsreformen. Vorläufig wurde die kaiserliche Regierung diktatorisch ohne den Landtag geführt, Steuern ohne Landtagsbewilligung ausgeschrieben und alle einschneidenden Maßnahmen der Militärverwaltung, der Einquartierungen, Kontributionen, Lieferungen eigenmächtig durchgeführt. Am 10. Mai 1627 endlich erging das neue, monarchische Grundgesetz der „verneuerten böhmischen Landesordnung": Das Erbrecht des Herrscherhauses wurde fest normiert und von der Wahl bzw. Annahme der Stände entbunden. Das Gesetzgebungsrecht blieb dem König vorbehalten. Im Landtag wurden als erster Stand wieder die Prälaten eingeführt, die dort in den Hussitenkriegen abgegangen waren; die Leitung und Geschäftsordnung im Landtag stand dem König zu. Die Zustimmung der Stände blieb auf die Steuerbewilligung beschränkt. Ständebünde und -parteien waren hinfort verboten, die Alleinherrschaft der tschechischen Sprache fiel, das Konfiskationsverbot wurde beseitigt und die Truppenwerbung und -führung allein der Krone reserviert. – In Mähren folgte 1628 eine ähnliche Ordnung nach.

7. *Die kirchliche Restauration in Böhmen.* Die kirchliche Umgestaltung war gleichfalls rigoros. Der Majestätsbrief Rudolfs vom 9.7.1609 (S. 107) galt durch den Aufstand als verwirkt. Das Endziel des Kaisers war die Ausrottung des gesamten Protestantismus in Böhmen. Aber um die lutherischen Reichsstände nicht zu provozieren, wies er einstweilen nur die calvinistischen Prediger aus. Allein, der Nuntius und die Jesuiten drückten auf sein Gewissen, weil die Duldung der Häretiker jetzt ohne Not und ohne gültigbindendes Versprechen Sünde sei; so wurden im Oktober 1622 auch die lutherischen Prediger aus Prag und allen königlichen Städten vertrieben, was den politischen Ausgleich mit den Protestanten im Reiche wie befürchtet folgenschwer verdarb. Und dann nahm in den nächsten Jahren die Verfolgung der evangelischen Gemeinden, Stadtmagistrate und Gutsherrn unnachsichtig ihren Lauf, mit scharfen Verboten und Strafen für Gottesdienst und Unterschlupf und mit Belohnungen für Denunzianten- und Verräterdienste; die geistlich-weltlichen Kommissare der Regierung und des Erzbischofs brachten System und Erfolg in die Aktionen. Und selbst den Katholiken Böhmens wurden nun die Abendmahls-Konzessionen der Prager Kompakten aus der Hussitenzeit entzogen.

Der Aufbau der katholischen Kirche in Böhmen hatte unter diesen Umständen seine Schwierigkeit; er mußte von oben und von außen her erfolgen. Der erzbischöfliche Stuhl, das Domkapitel, die Jesuitenkollegien und Klöster im Lande wurden aus den Konfiskationen herrschaftlich ausgestattet, der Klerus als Stand über Adel und Städte erhoben und in den Landtag geholt. Hatten vormals die böhmischen Aufständischen die Jesuiten vertrieben und das geistliche Gut weithin verschleudert, so wurde nun als erstes die Restitution des Stifter-, Klöster-, Pfründeguts verfügt und den Jesuiten ein führender Einfluß eingeräumt. Aber man mußte weithin ganz von vorne beginnen, gab es doch in weiten Teilen des Landes fast keine katholischen Priester und Gemeinden mehr. Neben die reichen geistlichen Wirkungsformen des katholischen Kultus trat deshalb harter weltlicher Zwang. Die militärische Einquartierung war die fürchterlichste Geißel, um fruchtlosen Geboten und Strafen Nachdruck zu verleihen; irgendwo mußte die Soldateska ja untergebracht werden; hier diente dieses Übel wenigstens einem frommen Zweck und der Schonung der Bekehrten. Die Zwangskonversionen kamen so recht gut voran. Die königlichen Amtleute befragten Rat und Gemeinden über ihre Bekehrungsbereitschaft und überstellten sie den mitgebrachten Jesuiten und Kapuzinern zur Missionierung und Kontrolle; die Beichtzettel waren dann beim Stadthauptmann abzuliefern. Die Protestanten wurden systematisch vom Handwerk, vom Handel und von den öffentlichen Ämtern ausgeschlossen. Das Emigrationsrecht wurde wegen seiner Folgen für die geschwächte Wirtschaft rechtswidrig z. T. verwehrt, z. T. beschwert durch Vermögenskonfiskationen, hohe Abzugssteuern, Behinderung beim Verkauf der Habe, vorzeitige Umlegung der Kommunalabgaben, welche die garantierte Auswanderungsfreiheit weithin faktisch annullierten. Begabte Knaben wurden ihren verzweifelten evangelischen Familien entrissen und für die Jesuitenkollegien rekrutiert; die Knabenlese war sonst nur bei den Türken für ihr Janitscharencorps bekannt.

Insgesamt wurde die Macht des Kaisers in kurzer Zeit unvorstellbar gesteigert. Das Land freilich war durch die gewaltigen Umwälzungen des Religiösen, Sozialen, Politischen und Wirtschaftlichen zutiefst getroffen, durch die Geldentwertung und Kontributionen verarmt, in seinen angestammten Freiheiten gebrochen. Die Rückwirkungen auf das Reich waren groß und auf längere Sicht zwiespältig. Die Protestanten duckten sich nach dem böhmischen Exempel, dachten jedoch zur Selbsterhaltung erst recht an künftigen Widerstand. Das Ausland hatte Sorge vor einer universalen österreichisch-spanischen Hegemonie. Mit den Erfolgen des Kaisers in Böhmen wuchs außerhalb der Wille zum Widerstand. Das empfindliche, kreuzweise verbundene Balance-System der reichsständischen Libertät und der konfessionellen Parität geriet durch die monarchisch-katholische Restauration in Böhmen aus dem Gleichgewicht. Das Schicksal Böhmens erschien als Menetekel an der östlichen Wand des Reichs.

8. *Kirchliche Restaurationen in der Pfalz.* Katholische Restaurationen kamen alsbald nach der Besetzung auch in der Pfalz in Gang. Der Bischof von Speyer, Philipp Christoph von Sötern, nahm die von den Kurfürsten reformierten Klöster und Stifte wieder in Besitz und brachte eine neue Prozeßwelle in Gang. Er stand ja als „Kammerrichter" von 1611–1652 an der Spitze des Reichskammergerichts und wußte die prozessualen Waffen streitentschlossen zu gebrauchen; mit Friedrich V. hatte er manche demütigenden Grenzhändel hinter sich, die ihm die Lust zu Konzessionen ausgetrieben hatten.

Vor allem beim Reichshofrat häuften sich die Klagen der Prälaten um das nach 1552 eingezogene mittelbare Kirchengut. Der Vierklosterstreit schien doch nur das Vorspiel eines jetzt ausbrechenden allgemeinen Prozeßkriegs gewesen zu sein. Ebenso stand die Restitution der reichsunmittelbaren geistlichen Fürstentümer an – kaum war damit zu rechnen, daß dem „tollen Christian" die Administration von Halberstadt verbleiben werde. Die Prozesse mußten immer weitere Kreise ziehen, der Rechtsstandpunkt trieb überall zur Konsequenz.

So waren die bisherigen Auseinandersetzungen über Ständetum und Konfession in den Erblanden, über den Böhmischen Aufstand, über die Kriegskosten und Beutebedürfnisse, über die Ächtung des Pfälzer Kurfürsten und die Unterwerfung seiner Lande schließlich wieder eingemündet in die alten, seit zwei Generationen unerledigt weiterschwelenden Verfassungskonflikte um den Religionsfrieden und um die Parität der Konfessionen im Reiche. Noch gab es ja keinen allgemeinen Krieg – der Plakatbegriff des „Dreißigjährigen Krieges" ist aufzulösen –, sondern einzelne Aktionen von sehr verschiedenem politischen, juristischen und militärischen Gewicht. Von einer Lösung der bikonfessionellen Verfassungsfragen war man weiter denn je entfernt. Der Reichstag und die Reichsjustiz waren gelähmt, der Kaiser hatte sich verhaßt gemacht – man hatte keinen Ansatzpunkt zu einer Verständigung, die zudem durch den Fortgang der kriegerischen Aktionen immer schwieriger wurde.

9. *Feldzug und Restauration in Niedersachsen.* Der böhmisch-pfälzische Krieg – der erste Akt des Dreißigjährigen Krieges – war freilich noch nicht ganz zu Ende. Mansfeld und Christian von Halberstadt operierten – noch oder wieder – in Norddeutschland, vornehmlich im niedersächsischen Kreis. Tilly brach im Mai 1623 schließlich nach Norden auf, bekam den Halberstädter zu fassen und schlug ihn am 6.8.1623 vor Stadtlohn, worauf sich dieser wie Mansfeld in niederländische Dienste rettete. – Und nun begann der rechtliche Zugriff des Kaisers auf die protestantischen Stifter und Klöster, in Parallele zu jenen Kirchengutsprozessen in Süddeutschland. Als unmißverständliche Drohung empfanden die Protestanten die dauernde, kostenzehrende Einquartierung der Liga-Armee im niedersächsischen Kreise, die hier dem Kaiser als Exekutionsmittel für seine Mandate gegen die Stifter zur Verfügung stand. Die Sorge und Erbitterung der Protestanten wuchs und mit ihr das Streben nach Sicherung durch auswärtige Verbündete.

II. Der niedersächsisch-dänische Krieg

1. *Die außenpolitische Vorbereitung.* Der nächste, fünf Jahre lange Abschnitt des großen Kampfes – der sog. niedersächsisch-dänische Krieg – schloß sich alsbald mit umfassenden außenpolitischen Aktionen an. So hat das Ringen um die Religionsverfassung jetzt die Internationalisierung der deutschen Fragen befördert und den allgemeinen Hegemonialkampf mit ausgelöst, in den Europa nun unaufhaltsam trieb. Die norddeutschen protestantischen Reichsstände gerieten in ein weitgespanntes diplomatisches Netz gegen Spanien und Österreich. England brach im Herbst 1623 mit Spanien; das langwierig ventilierte Projekt der Heirat des Thronfolgers Karl (später Karl I.) mit der spanischen Infantin war geplatzt. König Jakob I. von England verlangte jetzt wieder mit Nachdruck die Rückführung seines Schwiegersohnes Friedrichs V. in die Pfalz. Frankreich trat Spanien im Veltlin entgegen, um dessen lebenswichtige Verkehrslinien zwischen den spanischen Niederlanden und dem spanischen Herzogtum Mailand abzuschneiden und die spanisch-österreichische Umklammerung aufzusprengen. England und Frankreich verbanden sich durch die Heirat des neuen englischen Königs Karl I. mit der französischen Prinzessin Henriette im Mai des Jahres 1625. Beide Mächte finanzierten im Sommer 1624 die Armee Mansfelds neu zum Einbruch in die Pfalz und ins Veltlin. Beide schlossen im Juni 1624 mit der Republik der Niederlande ein Defensivbündnis und verpflichteten sich zur Aufstellung einer Armee. Frankreich umwarb seit Sommer 1624 Kurbrandenburg, Kursachsen und andere protestantische Reichsstände mit Bündnisprojekten, die ihrer religiösen und reichsständischen Freiheit Schutz versprachen. Kurbrandenburg und England bemühten sich im August 1624 erfolgreich um ein Kriegsbündnis mit König Gustav Adolf von Schweden. Auch König Christian IV. von Dänemark, der als Landesherr von Holstein-Gottorp zugleich deutscher Reichsfürst war, ließ sich im Januar 1625 dafür gewinnen, hatte er doch selbst für sein Haus ein Auge auf etliche norddeutsche Stifter geworfen und das Erstarken des Kaisers mit Sorge verfolgt. Aber über der Prestigefrage des Oberbefehls entzweiten sich der schwedische und der dänische König – verhängnisvoll für die Protestanten. Gustav Adolf trat daraufhin zurück und zog in seinen eigenen Krieg gegen Polen. Christian IV. von Dänemark aber gelang es, den schwankenden niedersächsischen Kreis endlich im Mai 1625 auf seinen Kurs zu bringen, sich zum Kreisobersten wählen zu lassen und eine Kreisarmee zum Schutze des Religionsfriedens und der Augsburger Konfession aufzustellen. Im Juni 1625 zog er

zur Offensive gegen Tillys Truppen und vereinigte sich mit dem Mansfelder Corps.

2. *Wallenstein*. Der Krieg brach erneut aus. Ende Juli 1625 rückte Tilly in den niedersächsischen Kreis ein. Beide Gegner überboten sich in Friedensbeteuerungen. Beide zögerten noch und suchten ihre an Kampfkraft wie an Umfang unzulänglichen Armeen vor den Entscheidungsschlachten zu verstärken. Da griff dem Kaiser ein Glücksfall ohnegleichen unter die Arme. Er fand ein organisatorisches Genie, das ihm in seiner chronischen Finanznot sozusagen kostenlos eine Armee aus dem Boden stampfte: Wallenstein.

Wallenstein, 1583 geboren, hatte zunächst im lutherischen Altdorf Theologie studiert, wo er als notorischer Raufbold und Randalierer relegiert worden war. Nach einer Kavalierstour durch Europa war er 1607 von den Böhmischen Brüdern zum Katholizismus konvertiert und in den kaiserlichen Dienst getreten. Zwei vorteilhafte Heiraten hatten ihn, der aus altem, aber armem böhmischem Adel stammte, zuerst reich werden lassen und dann als Schwiegersohn des Grafen Harrach in die Kreise des Geheimen Rates am kaiserlichen Hof eingeführt. Seinen Güterkomplex um Friedland trug er dem Kaiser 1623 als Lehen an und wurde dafür in den Reichsfürstenstand erhoben. Die Reichsstände sahen solche böhmischen Landsassen neuen Schlages in ihren Kurien mit Befremden. Erfahren in Truppenwerbung und Kreditgeschäften finanzierte er die Armee durch ein wesentlich verschärftes Kontributionssystem auf Kosten der unglücklichen Einquartierungsländer. Während der harte, biedere Tilly nur die Verproviantierung aus dem Lande preßte, im übrigen die Kosten von seinem Kriegsherrn bezog, schlug Wallenstein auch den Sold, die Bekleidung, die Versorgung von Mann, Roß und Gerät auf die Kontributionen. Und er bezahlte fürstlich; die Obristen erhielten das fünffache, die Hauptleute das dreifache des sonst üblichen Salärs. Es mußte sich ja für sie rentieren; nachdem sie ihre Regimenter und Kompagnien zunächst mit Hilfe eigener Vorschüsse auf die Beine zu stellen hatten, brachten Quartier und Beute, wenn es gut ging, mit Gewinn alles herein. Das ganze Offizierskorps wurde so persönlich an das kriegerische Charisma und Finanztalent des Obergenerals gebunden und als Unter-Unternehmer gewissermaßen marktwirtschaftlich auf Gedeih und Verderben am Erfolge des Kriegs-Geschäftes interessiert, das den Kontributionspflichtigen gegenüber die Zwangswirtschaft auf eine makabre Höhe trieb. Mochten die gequälten Länder stöhnen – das Unternehmen bewährte sich. Keine Macht Europas hatte dem Kaiser Vergleichbares entgegenzusetzen. Wallenstein gab den

Soldaten Reichtum, Ruhm und Freiheit. Aber er wußte dreinzufahren, wenn es darauf ankam; zeigte ein Regiment Feigheit vor dem Feinde, so traf auch die Offiziere ohne Erbarmen das Todesurteil des Kriegsgerichts.

Was war das für ein Mann, der alle Maße sprengte? Für den Historiker bleibt Wallenstein in seiner genialen Findigkeit und Unergründlichkeit die rätselhafteste Gestalt seines Jahrhunderts, ein Thema für Dichter und Essayisten: Ein Zauderer war er, aber von hoher, blitzschnell zupackender Entschlußkraft, der lauernd warten konnte wie vor Zirndorf, bis ihm der Erfolg von selbst zufallen mußte. Vorsichtig schien er bis zum Ruf der Feigheit und war doch in den Entscheidungsschlachten mit der todesverachtenden Verwegenheit des Reitergenerals im mörderischen dichtesten Getümmel. Er war ein Emporkömmling und Nonkonformist, war ein Beweger der Geschichte und rücksichtsloser Umgestalter der tradierten Ordnungen, von höchster Individualität und Unberechenbarkeit, der doch sein Fatum fixiert in den Gestirnen glaubte und sich die Freiheit des Entschlusses davon bestimmen ließ. Zweimal bestellte er das Horoskop von Kepler, der ihm die dunkle Katastrophe seiner Ermordung fast exakt – und doch nutzlos – vorausberechnet hat. Er war ein Mann der kühlen persönlichen Distanz, für den die Seinen dennoch durchs Feuer gingen; er war ein Realist und offenbar doch auch ein Träumer mit phantastisch ausschweifenden Plänen; er war ein Pessimist, dem doch das böse Ende unvorstellbar war, als alle Zeichen dies verrieten; er war ein Mann des Krieges, durch den er hochgekommen war, doch dann erfüllt von tiefer Sehnsucht nach dem Frieden, vielseitig aufgeschlossen, grübelnd, einsam, krank. In manchen Zügen war er seiner Zeit um Generationen voraus – als Finanzmann, merkantilistischer Landesfürst, Wirtschaftsmanager, als Heerführer von überragendem Talent der Taktik, Strategie und Menschenführung, als Schöpfer moderner Staatlichkeit mit ihrer Rationalität, Organisation, Bürokratie, mit ihrer Abstützung der öffentlichen Ordnung auf die unpersönlichen, institutionellen Momente, die in so krassem Gegensatz standen zu jenem Geist des alten, treuen, ritterlichen Rechts der feudalen Bande und ebenso zu der tiefen religiösen Weltverantwortung und Weltbewährung der Obrigkeit als Gottes Amtmann im weltlichen Gottes-Dienst nach der Lehre der Reformation. Zum Kaiser fühlte er ein nüchtern rechnendes Verhältnis auf Gegenseitigkeit, das frei war von anhänglicher dynastischer Ergebenheit. Die Glaubensnöte und Prinzipienstreitigkeiten der Religionsparteien ließen ihn kalt. In seinem Heer und seinem Lande sah er auf Leistung, nicht auf die Konfession; sein Stabschef

Holk war evangelisch wie viele Soldaten und Offiziere der Armee. Und doch war Wallenstein auch ein Letzter einer verklungenen Epoche, ein Gründer, der sich nicht zum Bewahrer bilden konnte und dessen Werk mehr einriß als aufbaute, ein letzter bindungsloser Condottiere, der Gott und die Welt in jähem Aufstieg in die Schranken rief, und der dann letztlich am Hunger dieser wirren Zeit nach Halt und Ordnung und höherer Legitimität scheiternd um so tiefer stürzte, als er zu hoch gegriffen hatte und seinen Platz nicht fand im Stufenbau eines Ordo-Denkens, welches nach Sicherheit und Stabilisierung verlangte und das Exzeptionelle in diesen seinen Dimensionen nicht vertrug.

Von April 1625 an, als ihm der Oberbefehl über die neue Armee eröffnet worden war, hatte Wallenstein die Infanterie- und Reiterregimeter bei Eger gemustert und zog dann Anfang September 1625 zu Tilly in den niedersächsischen Kreis. Im Bistum Halberstadt und Erzbistum Magdeburg nahm er Winterquartier. Die Restitution der norddeutschen Stifter hatte er mit Pater Lamormain, dem Beichtvater des Kaisers abgesprochen, vor allem um den Prinzen Leopold Wilhelm, des Kaisers zwölfjähriges Söhnchen, standesgemäß zu versorgen, nachdem die Erblande infolge ihrer Unteilbarkeit und Primogenitur seit 1621 dafür nicht mehr aufkommen konnten.

Während sich so die Stellung des Kaisers erstmals durch eine eigene stattliche Armee verstärkte und aus der drückenden Abhängigkeit von der Liga Maximilians befreite, sah sich der Dänenkönig in seinem Bemühen um Allianzen und Subsidien enttäuscht und weithin auf sich selbst gestellt. Das allzu unbestimmte englisch-dänisch-niederländische Bündnis hielt nicht, was er davon erhoffte. Kurbrandenburg sprang ab, auch Schweden und die meisten deutschen Reichsstände entzogen sich. Frankreich aber näherte sich Baiern und der Liga, um sie vom Kaiser zu trennen, und unterstützte deshalb den bairischen Anspruch auf die Pfälzer Kur und Beute. Nur Bethlen Gabor, der alte Unruhestifter aus Siebenbürgen, ließ sich im Juni 1626 zu einer entlastenden Kriegsoperation gegen den Kaiser bestimmen, welcher ihm seine Tochter nicht zur Gemahlin gegeben hatte.

3. *Kriegshandlungen in Norddeutschland, Oberösterreich, Ungarn.*
Im Frühjahr 1626 ergriffen die drei Generale des Dänenkönigs die militärische Initiative: Ernst von Weimar stieß nach Westen vor ins Bistum Osnabrück, wo Christian IV. von den überrumpelten Domherrn die Wahl seines Sohnes Friedrich zum Koadjutor mit der Anwartschaft auf den Bischofsstuhl erzwang. Christian von

Halberstadt brach nach Süden in Hessen ein. Ernst von Mansfeld versuchte im Vorstoß nach Südosten am 25. April 1626 den stark-befestigten Brückenkopf Wallensteins über die Elbe bei Dessau zu stürmen, wurde jedoch in schweren Kämpfen abgeschlagen. Tilly schritt nun zur Gegenoffensive und besetzte Hessen-Kassel und das Herzogtum Calenberg. Schon war der Plan eines vereinigten gro-ßen Angriffs der kaiserlichen und der ligistischen Armee elbab-wärts gegen Holstein und Dänemark gereift, da mußte alles umge-worfen werden, weil sich der Kaiser plötzlich in einen Mehrfron-ten-Krieg verwickelt sah:

In Oberösterreich brach im Mai 1626 wieder ein großer prote-stantischer Bauernaufstand los, nachdem der Kaiser im Vollgefühl seiner neuen Macht mit dem Oktoberedikt 1625 die Ausrottung des Protestantismus durch allgemeinen Konversions- bzw. Emigra-tionsbefehl und Verbot des evangelischen Gottesdienstes angeord-net hatte; die Prediger und Lehrer waren schon ein Jahr zuvor vertrieben worden. Mächtige Bauernhaufen schlugen im Septem-ber und Oktober einige tausend Mann regulärer kaiserlicher und bairischer Truppen, bis Pappenheim mit einer kleinen Armee Ma-ximilians die Empörung erstickte. Der Sieg der Gegenreformation in den gesamten Erblanden war damit durch Waffengewalt ent-schieden. – Sodann hatte sich in den Niederlanden die Offensive der protestantischen Generalstaaten so bedrohlich für die Spanier entwickelt – die wichtigste Grenzfestung Oldenzaals war gefallen –, daß ihr versprochenes Hilfscorps für Wallenstein und Tilly ausblei-ben mußte. – Vor allem aber hatte sich im ungeschützten Osten ein gefährlicher Kriegsschauplatz eröffnet: Ernst von Mansfeld fiel in einer kühnen Diversion dem Kaiser im Juli 1626 überraschend in den Rücken, stieß vor nach Schlesien und Böhmen, bis über die Karpaten und nach Ungarn, um sich mit Bethlen Gabor zu vereini-gen und die kaiserliche Front von rückwärts aufzurollen. Wallen-stein folgte ihm nach Olmütz in Gewaltmärschen, die seine Infan-terie schmelzen ließen, bekam ihn in Kremsier fast zu fassen, verlor ihn, der nach Osten auswich, wieder aus den Augen, traf dann nach turbulenten Zügen Ende September 1626 in Ungarn bei Neuhäusl auf Bethlen Gabor und dessen türkisches Hilfskorps. Aber dann zögerte er wieder; statt der großen Entscheidungs-schlacht kam es nur zu kleinen Gelegenheitsgefechten, so daß ihm Bethlen in der Nacht nach Osten entwischte. Wallenstein setzte ihm nicht nach Ungarn nach, sondern begab sich über die Waag zurück nach Tyrnau ins Winterquartier. Der Angriff aus dem Osten im Jahre 1626 war damit abgeschlagen. Die gegnerischen deutschen Truppen weilten führerlos in Ungarn; Ernst von Mansfeld und Ernst von Weimar wurden vom Tod hinweggerafft, wie schon zuvor der dritte General des Dänenkönigs, Christian von Halberstadt. Mit Bethlen Gabor kam es zum Frieden von Preßburg am 20.12.1626, der letztlich den Nikolsburger Frieden von 1622 bestätigte.

4. *Erste Widerstände gegen Wallenstein.* Aber im ganzen rief diese erste, wenig rühmliche Operation Wallensteins nach all den Opfern für die riesigen Rüstungen doch Enttäuschungen hervor und ließ eine intrigante Gegenpartei am Hofe wachsen, mit der Wallenstein fortan zu ringen hatte und der er später unterlag. Im Hofkriegsrat und im Geheimen Rat zu Wien reizten Wallensteins Eigenmächtigkeiten bei der Besetzung der höheren Kommandostellen, bei den Werbungen, Einquartierungen, Kontributionen, sowie die ständige Vergrößerung des Heeres. Doch hat er seine Feinde zunächst glänzend ausmanövriert: Seine Rücktrittsdrohung versetzte den Hof in Schrecken, weil die enormen Außenstände an die Armee nicht zu bezahlen waren, bei dem System ihrer Aufstellung aber alles an Wallensteins Augen hing, man also die riesige, unbefriedigte Armee ohne ihn weder führen noch loswerden konnte. So wurden ihm für den Verzicht auf seinen Rücktritt seine Vollmachten in respektvoll geführten Verhandlungen noch erweitert. Aber das Ungewitter zog sich weiter zusammen. War Wallensteins berühmte Devise, daß der Krieg den Krieg ernähre, so mußte er auch im Frieden hausen wie im Feindesland, und dies in den Quartiergebieten der verbündeten Reichsstände, ja des Kaisers selbst. Das System schlug je länger desto stärker zurück auf den Erfinder und auf seinen Auftraggeber. Der Kaiser sah sich einer wachsenden, erbitterten Opposition der evangelischen wie der katholischen Reichsstände gegenüber. Die Liga und der Kaiser entzweiten sich, just als dem Kaiser die politische Vormachtstellung und den Katholiken der Sieg im Religions-Verfassungsstreit winkte. Tilly und Wallenstein belauerten einander. Die Liga plante schon für den Eventualfall die bewaffnete Gegenwehr gegen Wallensteins Übergriffe. Maximilian von Bayern fürchtete und haßte Wallenstein und arbeitete in seiner unnachsichtigen Konsequenz, die nichts vergaß und nie vorpreschte, auf dessen Sturz.

5. *Die Unterwerfung Norddeutschlands.* Der alte Tilly hingegen hatte im Sommer 1626 wiederum Ruhm und Sieg errungen, Christian IV. von Dänemark in der Schlacht von Lutter am Barenberge am 27.8. glänzend geschlagen und damit den Krieg in Norddeutschland entschieden. Fast alle niedersächsischen Reichsstände unter-

warfen sich dem Kaiser. Es war auch höchste Zeit für sie. Ferdinand griff schon zu seiner anderen Waffe, der Reichsjustiz, die die Erfolge der Armeen für den Kaiser und die Katholiken einzubringen hatte. Der Kaiser brauchte wieder Beute zum Bezahlen; das ging nicht ohne Ächtung, Konfiskation, Verpfändung des Erlangten ab. Wer sich nicht beugte, erlitt das Schicksal Friedrichs V. von der Pfalz. Schon machten sich die kaiserlichen Kommissare auf die Reise zur Konfiskation der Reichsstände, die den kaiserlichen Mandaten im Kriege nicht nachgekommen waren.

Die Operationen im Jahre 1627 verwirklichten dann den gemeinsamen Angriffsplan zur Bezwingung des Dänenkönigs, dessen desolates Bündnis mit England, Frankreich und den Generalstaaten versagte. Zum Ärger Tillys und Maximilians führte Wallenstein den Oberbefehl und teilte sich die ehrenvollsten Aufgaben zu. Zunächst vernichtete er die führerlose Armee des Gegners in Schlesien und Polen, zog dann durch Brandenburg nach Mecklenburg, zur Unterelbe und zum Stoß nach Holstein, während Tilly von Niedersachsen aus die linkselbischen Gebiete unterwarf. Die dänische Armee wurde zerschlagen und mußte sich im Lauf des Herbstes nach und nach ergeben. Das Reich war von den Feinden des Kaisers befreit, das Festland bis hinaus nach Jütland von ihm erobert, die Dänen auf die Inseln vertrieben, die man ohne Flotte nicht erobern konnte. Der Krieg schien mit dem Sieg des Kaisers entschieden zu sein.

6. *Kaiserliche Herrschaftspläne im Ostseeraum. Stralsund. Der Lübecker Friede 1629.* Das war die Stunde großer Pläne und der neuen Ordnung des Erreichten. Die Ereignisse im Reich gerieten immer stärker in die Dynamik des gesamteuropäischen Kräftespiels: Es war bestimmt vom Kampf Spaniens mit den Niederlanden, vom Gegensatz Spanien-Österreichs gegen Frankreich und vom Kampf um den Ostseeraum zwischen Schweden und Polen. Aber der kaiserliche Hof hat offensichtlich die Gefährlichkeit dieser Konstellationen in der prekären geopolitischen Lage Deutschlands unterschätzt.

Da war der phantastisch imperiale Plan einer kaiserlichen und spanischen Seeherrschaft in der Nord- und Ostsee mit der Besetzung der Hafenplätze an der Weser-, Elbe-, Odermündung und entlang der Ostseeküste, angeregt von den Spaniern, um ihren niederländischen Feinden die Lebensader des Ostseehandels abzuschnüren. Auch Wallenstein interessierte sich dafür, weil er im eben eroberten Ostseeraum die Befriedigung seines dynastischen Ehrgeizes erhoffen durfte; nach seinen letzten Siegen griff er ungehemmt ins Weite, prahlte sogar, im nächsten Feldzug das Osmanenreich zu zermalmen. Im April 1628 erlangte er die Bestallung als „General des Oceanischen und baltischen Meeres". Als Folge war der aktive Eintritt der Generalstaaten und vor allem Gustav Adolfs von Schweden in die deutschen Kriegshandlungen vorherzusehen. Und die Gefahren verschärften sich durch Wallensteins Erwerbung Mecklenburgs, dessen Herzöge sich den kaiserlichen Mandaten widersetzt hatten. Im Januar 1628 hatte der Kaiser insgeheim das Herzogtum an Wallenstein „verkauft" mit allen Hoheitsrechten, wobei der Kaufpreis mit den riesigen Forderungen Wallensteins aufgerechnet wurde. Erst ein Jahr später publizierte der Kaiser die Acht gegen die alten Landesherren, auf der doch alles rechtlich fußte. – Wallenstein war nun mit Mecklenburg und Friedland einer der größeren deutschen Fürsten, von den altererbten Dynastien der deutschen Reichsstände als Parvenü beargwöhnt und gefürchtet. Im April 1628 erfolgte auch seine Bestallung als „General-Oberst-Feldhauptmann".

Indessen erlitt Wallenstein jetzt seinen ersten folgenschweren Mißerfolg: Stralsund, günstig am Meer gelegen und gut befestigt, trotzte ab Februar 1628 den Einquartierungsbefehlen und dann der Belagerung. Im Juli 1628 konnte Wallenstein die Stadt trotz tagelanger schwerer fortgesetzter Sturmangriffe, die er persönlich kommandierte, nicht einnehmen. Aber der militärische Mißerfolg wog leicht gegen den politischen Schaden. Gustav Adolf von Schweden hatte mit der Stadt ein Bündnis abgeschlossen, sie so zu seinem Waffenplatz und Sprungbrett für den Einfall in das Reich gemacht und sie durch ein schwedisches Expeditionskorps verteidigen lassen; praktisch war er damit schon in den Krieg gegen den Kaiser eingetreten. Wallenstein aber gab in einer seiner dem Hofe unbegreiflichen Wendungen plötzlich die Belagerung auf, schlug den König von Dänemark in einer letzten Schlacht bei Wolgast und betrieb im Bewußtsein der heraufziehenden Gefahren den Friedensschluß mit Christian IV. von Dänemark, vom Kaiser nun zu den Verhandlungen bevollmächtigt. Auch auf dem Feld der hohen Politik zeigte sich Wallenstein als Meister der Verhandlungtaktik, der hoch zu reizen, zu erschrecken, entgegenzukommen und dann die Interessen auszugleichen wußte.

So schloß er zur Überraschung und Enttäuschung des kaiserlichen Hofes mit jener Eigenmächtigkeit, die man in militärischen Dingen bereits kannte, mit den Dänen den generösen Lübecker Frieden vom 7. Juni 1629: Christian IV. zog sich aus der Reichspolitik zurück und überließ die Protestanten ihrem Schicksal, verzichtete auf alle Rechte an den deutschen Bistümern, blieb dafür aber von

Abtretungen und Kriegskostenforderungen verschont. Der Kaiser mußte seinen Feldherrn und die Liga also aus anderer Beute selbst bezahlen.

7. *Konflikte in Italien.* Der Lübecker Friede war dringend nötig, um der Verzettelung der kaiserlichen Kräfte zu begegnen. Neben dem Krieg im Norden hatte sich der Kaiser von den Spaniern in das oberitalienische Kriegstheater um Mantua und Montferrat hineinziehen lassen, das ihn in den großen Konflikt mit Frankreich stieß. Der letzte Herzog von Mantua war im Dezember 1627 kinderlos gestorben. Sein Nachfolge-Prätendent war nach dem Erbrecht der Herzog von Nevers, ein Vasall der französischen Krone. Dem widersetzten sich sowohl Spanien als auch Savoyen, weil sie die französische Machterweiterung (besonders im Mantuaner Landesteil Montferrat) verhindern und selbst das strategisch beherrschende Gebiet erwerben wollten; so nahmen es spanische und savoyische Truppen eigenmächtig und komplizenhaft in Besitz. Der Kaiser aber war der Oberlehnsherr in diesem Rest von Reichsitalien. Deshalb verfügte er den Spaniern zuliebe eine Zwangsverwaltung durch einen kaiserlichen Kommissar, der prompt zwischen alle Stühle geriet und den Protest und Widerstand Nevers, Savoyens, Spanien-Mailands, Venedigs, des Papstes und aller italienischen Patrioten provozierte, die gegen den Einbruch Spaniens und des deutschen Kaisers nach Italien heftigst protestierten. Als Schutzmacht Italiens trat nun Frankreich auf den Plan; nach Niederwerfung der Hugenotten – La Rochelle war am 1. November 1628 gefallen – zog Richelieu mit dem französischen König noch im Februar 1629 über die Alpen und legte auf Montferrat eine französische Besatzung. Die französische Politik der Einfallstore wurde jetzt in Italien realisiert und durch Bündnisse Frankreichs mit Venedig und Savoyen abgesichert. Der Kaiser nahm diese Herausforderung an, ließ sich zu einem gemeinsamen Eroberungskrieg (der Spanier gegen Mantua, des Kaisers gegen Venedig) gewinnen und besetzte im Mai 1629 die Bündner Pässe zum Einmarsch nach Italien. Auch im Herzogtum Lothringen und in den Stiftslanden des (formell noch zum Reich gehörenden) Bistums Verdun spitzte sich der Konflikt mit Frankreich zu. Aber das alles wurde bald überschattet durch die Operationen Gustav Adolfs von Schweden, die die militärische und politische Lage umschlagen ließen.

III. Die Neuordnungsversuche durch das Restitutionsedikt vom 6. 3. 1629

1. *Die Ausgangslage.* Die innere Befriedung und Neuordnung Deutschlands, das nach wie vor am Ausfall der wichtigsten Reichsorgane krankte, war nur auf einem Reichstag zu erwarten, der sich zu einem großen Verfassungs- und Friedenskongreß auswachsen mußte. Auch das Ausland war davon nicht mehr fernzuhalten, weil sich der deutsche Verfassungs- und Konfessionskonflikt inzwischen zum europäischen Hegemonialstreit ausgewachsen hatte, der keine innerdeutsche Beilegung, geschweige denn Machtverschiebung mehr zu erlauben schien. Nur durch umfassende Verhandlung der gesamten religions- und verfassungspolitischen Beschwerden und Forderungen, und nur im „do ut des" der paritätisch ausgewogenen, freiwillig abgeglichenen Generalkompensation (S. 33, 62) war – wie schon 1555 – die Befriedung zu erreichen. Sonst blieb alles Stückwerk und auf Sand gebaut. Nach der Rechtsüberzeugung der Zeit war den Reichsständen der Widerstand erlaubt gegen rechtswidrige Machtakte, auch wenn sie in der Form von Rechtssprüchen ergingen – es sei denn, es gelang dem Kaiser nach den Erfolgen Wallensteins die völlige Umgestaltung des Reichs im Sinne monarchischer Vollgewalt nach dem Muster Böhmens. In mancher Hinsicht glich die Lage jetzt derjenigen zur Zeit des Interims von 1548.

Aber nicht nur die protestantischen, auch die katholischen Reichsstände widersetzten sich einer solchen Entwicklung zum kaiserlichen Absolutismus. Und ihre Liga war eine organisierte Macht! Sie handelte dem Kaiser gegenüber hier gleichsam geschäftsführend auch für ihre protestantische Konkurrenz, die längst eingeschlafene Union. Das war die Ironie in der Geschichte: Der reichsständische Dualismus mit seinem Gegensatz der Fürsten gegen den Kaiser hat nolens volens im kritischen Moment den konfessionellen Dualismus mit seiner typisch deutschen Parität erhalten.

Alle einseitigen Akte, wie sie der Kaiser schon seinerzeit von 1519 bis 1555 erfolglos praktiziert hatte und nun erneut zur Remedur der alten Kalamitäten ergriff, stießen deshalb auf reichsständische bzw. konfessionelle Widerstände; sie mußten mit Zwang arbeiten und riefen bei der ersten außenpolitischen Gelegenheit Gegengewalt hervor. Wenn schon das Mehrheitsprinzip in den Reichsorganen den Rechtszwiespalt nicht überwinden konnte, so war dem Kaiser dies allein noch schwerer möglich, da ihm die reichsständische Verfassung Deutschlands im Wege stand.

Indessen: Durch die Siege der Kaiserlichen und der Liga war die Entwicklung des Reichs an eine historische Kehre gelangt: Die Stunde der Entscheidung nach jahrzehntelangen entnervenden Verhandlungen schien gekommen. Alle Feinde waren aus dem Reich vertrieben. Der Kaiser hatte die Gewalt und war entschlossen, sie zu gebrauchen. Die Beichtväter und der Nuntius Carafa trieben an. Die Notrechtsargumente boten sich an; die katholische Publizistik hat sie wieder eifrig ventiliert. Ein eminentes Kriegsziel, der Preis der Opfer eines blutigen Jahrzehnts, „die ganze Frucht der von Gott uns bishero verliehenen Victorien" war für Ferdinand II. greifbar nahe gerückt, die Stunde der Abrechnung gekommen. Und doch: Im Reiche ging es anders zu als in Böhmen oder in den Niederlanden. Es loderten keine Scheiterhaufen, es rollten keine Köpfe. Die Verwirkung der Religionskonzessionen wurde nicht ausgesprochen. Der Kaiser hielt seinen Eid selbst gegenüber den Häretikern, obgleich er ihnen Eidbruch und bewaffnete Empörung vorwarf. Er hielt sich streng an den Religionsfrieden – nur eben in dessen streng katholischer Interpretation! Die Restitution der kirchlichen Güter und Rechte, der entfremdeten Bistümer und Klöster war sein Ziel. Nicht die Ausrottung des evangelischen Glaubens stand zur Debatte; die theologischen Extremisten setzten sich nicht durch; auch Pater Lamormain bestärkte den Kaiser als Beichtvater auf dieser Mittellinie. Bei Papst Urban VIII. aber fand der Einsatz des Kaisers für die Kirche keinen Dank, stützte sich Ferdinand doch auf jenes verabscheuungswürdige säkulare Reichsgesetz von 1555, das sich zugunsten der Häretiker am ius divinum und an der Jurisdiktion der Hierarchie vergriff. Guten Gewissens half deshalb der Papst (als Patriot Italiens) im Krieg um Mantua den Franzosen, die ihrerseits den Protestanten gegen den katholischen Kaiser halfen, als er von ihnen das Kirchengut für den Papst wiedererlangen wollte. Und während sich der Kaiser auf dem Gipfel seiner Stärke wähnte, zog Richelieu mit dem großartigen Weitblick seiner Politik das furchtbare Netz des internationalen Bündnissystems gegen den Kaiser zusammen, das diesem noch zwei Jahrzehnte Krieg bis zur Erschöpfung bescheren sollte.

2. *Die Vorbereitung des Edikts.* Mehrere Aktionen mündeten schließlich ein in das kaiserliche Restitutionsedikt vom 6. März 1629. Zunächst lief die Welle der einzelnen Kirchengutsprozesse noch einmal gegen die Protestanten an. Der Bischof Heinrich von Augsburg und andere Prälaten hatten seit 1623, verstärkt seit 1627 den Reichshofrat zur Restitution der landsässigen Klöster und Stifter mobilisiert. Wichtiger noch war die Wiedergewinnung der

verlorenen norddeutschen Bistümer, durch die man nicht nur das Kirchengut, sondern auch den Religionsbann in diesen geistlichen Fürstentümern gewann und so weite protestantische Gebiets- und Volksteile zurückerlangen konnte. Der Nuntius, nicht minder Maximilian und der Kaiser waren deshalb an dieser Bistumsfrage vor allem interessiert, die ihnen neue nord- und westdeutsche Sekundogenituren verhieß. Aber der Weg über katholische Bischofswahlen durch Säuberung und Einschüchterung der Domkapitel war langwierig und unsicher; in Magdeburg wurde noch 1628 dem Sohn des Kaisers ein sächsischer Prinz vor die Nase gesetzt, so daß der Kaiser diese Panne durch den Papst persönlich reparieren lassen mußte. Und drittens wurde in den paritätischen Reichsstädten die Wiederherstellung der kirchlichen und politischen Verhältnisse durch kaiserliche Mandate und Kommissare gegen Ulm, Straßburg, Kaufbeuren, Lindau u. a. versucht.

Aber die herkömmliche Einzelerledigung dieser Dinge vor den Gerichten zog sich ins Unabsehbare, weil die Rechtsgrundlagen schwankend, die Fakten bestritten und die Beklagten um Einwendungen nicht verlegen waren. Da die Zeit drängte, entschloß sich Ferdinand II. in einem großen Entscheidungsakt, die verworrenen rechtlichen und tatsächlichen Verhältnisse durch allgemeine Normen im ganzen neu zu „klären" bzw. regeln. Jedoch: Die Kompetenz des Kaisers hierzu – ohne Reichstag – war höchst prekär. Der Mühlhausener Kurfürstentag vom Spätherbst 1627 begutachtete gewunden, der Kaiser könne die vorgebrachten alten Religionsbeschwerden beider Konfessionen „erörtern" (und d. h. entscheiden), „soweit und viel darinnen submittiert". Und eine solche „Submission", d. h. freiwillige Unterwerfung der Protestanten, wurde nun vom Kaiser in dreister Verdrehung bzw. Fiktion unterstellt. Natürlich betrachteten die Protestanten das Edikt als nichtig; Sachsen und Brandenburg übermittelten dem Kaiser ihren rechtlichen Protest, den diese lediglich verbale Reaktion aufatmen ließ.

3. *Sein Inhalt und Vollzug.* Das Restitutionsedikt vom 3. 6. 1629 brachte eine authentische Interpretation des „wahren" (katholischen) Sinnes der Religionsfriedensnormen: 1. Die Einziehung und evangelische Verwendung des landsässigen, mittelbaren Kirchenguts nach 1552 wurde als Verstoß gegen den Inhalt des Religionsfriedens, gegen das ius divinum (im katholischen Verstand) und gegen das Gemeine Recht verworfen und verboten. 2. Der Geistliche Vorbehalt wurde als gültig, Verstöße gegen ihn als rechtswidrig festgestellt. 3. Der Religionsbann, also das Zwangsreformationsrecht und die Ausweisungsbefugnis der Reichsstände gegen ihre

Untertanen wurde bekräftigt, 4. die „Freyheit des Gewissens" wurde auf das Emigrationsrecht beschränkt, 5. die Declaratio Ferdinandea als ungültig zurückgewiesen. 6. Der Religionsfriede blieb auf Anhänger der „Anno 1530 den 25. Juni übergebenen ungeänderten Augsburgischen Konfession" beschränkt, alle anderen sollten als „Secten" davon ausgeschlossen sein. 7. Den Protestanten wurde für die Bistümer und Stifte allgemein Besitz, Regalien, Lehen, Reichstags-Session und -Stimmrecht abgesprochen. 8. Die Religionsgravamina der Evangelischen wurden zurückgewiesen.

Sodann zog das Edikt daraus die Konsequenzen im verfahrensrechtlichen Sinn: Die Kompetenz des Kammergerichts wurde gegen die bisherige Bestreitung bekräftigt, ihm aufgetragen „auff diese unser offentliche Erklärung auch ins künfftig ohne weiter disputirn ... zu iudiciren", also das Urteil im kurzen Prozeß zu fällen. Aber „weil die spolia und turbationes als auch occupierung der Stiffter ... gantz notori", genüge in solchen Fällen sogar das abgekürzte Verfahren durch kaiserliche Kommissare zur gewaltsamen Restitution an die Berechtigten.

Die Kommissare schwärmten aus. Das Massenverfahren der Restitution nahm seinen Gang, besonders im niedersächsischen, westfälischen, oberrheinischen, fränkischen und schwäbischen Kreis. In vielen Territorien bedeutete dies den Ruin nicht nur der Landeskirche, sondern teilweise auch der Territorialstaatsgewalt. Vor allem die Klöster zog man ein. So wurden in Württemberg von den 14 großen Klöstern fünf durch den Reichshofrat, eins durch das Reichskammergericht, acht durch die kaiserlichen Kommissare im summarischen Verfahren jetzt dem Landesherrn und seinem Kirchenwesen aberkannt und gewaltsam den Katholiken restituiert. Die Bistümer aber kamen in die Hand der Habsburger und Wittelsbacher Prinzen. Um die Beute begann alsbald ein häßlicher Streit mit giftigsten Pamphleten zwischen den alten Orden der Benediktiner, Zisterzienser, Prämonstratenser und andererseits den Jesuiten, welche die alten Orden bei Papst und Kaiser als Versager anschwärzten und über den jesuitischen Beichtvater Lamormain erreichten, daß ihnen ein Gutteil zur Gründung von Kollegien und Seminaren übergeben wurde. – Die 1555 konfessionell gemischten Reichsstädte waren in das Restitutionsedikt nicht einbezogen worden, weil der kaiserliche Hof mit ihnen besser einzeln verfuhr. So hat man ihren garantierten konfessionellen Status quo der Parität von 1555 nicht nur rigoros restituiert, sondern auch vielfältig verletzt, indem man der großen evangelischen Mehrheit ihre alten Kirchen und Ratsstellen wegnahm, ihre Gottesdienste, Schulen und Spitäler, Gewerbe unterband. In Augsburg häuften sich Rechts-

brüche und Schikanen; in Ulm, Kempten, Lindau, Memmingen ging
es ähnlich zu.

4. *Seine Bedeutung.* „Gegenreformation" oder „katholische Reformation"? Die neuere Geschichtsschreibung hat oft darauf verwiesen, daß die katholische Bewegung des 17. Jahrhunderts mit jenem
älteren, abgestandenen Begriff der (äußeren, gewaltsam durchge-
setzten) „Gegenreformation" nicht zutreffend gewürdigt werde,
sondern als „katholische Reformation", als geistlicher Aufbruch
und innere Erneuerung, als zweiter Zweig der großen Reformation
der Christenheit im 16./17. Jh. neben der evangelischen Bewegung
zu begreifen sei. So richtig und beherzigenswert das sicher war –
der große Entscheidungsschlag der Katholiken im Reich 1629 ließ
leider wenig davon spüren. Der Kampf der katholischen Konfession
im Reich verlief primär als Kampf um das katholische Recht, nicht
als ein geistliches Ringen um die Reinigung und Erneuerung des
christlichen Glaubens. Er wurde durch Rechtsspruch und Rechts-
vollstreckung politisch und gewaltsam durchgesetzt. Er war zutiefst
durch jene Verrechtlichung geprägt, die seit 1555 mit allen ihren
großen Vorteilen wie Fragwürdigkeiten die religiöse und verfassungsrechtliche Szene beherrschte. Auch die Evangelischen waren
ihr in gleicher Weise anheimgefallen. Und wieder zeigte sich, wie
sehr das Signum des Konfessionellen Zeitalters in der Verweltlichung der Konfession bestand (S. 10, 65), die ihre weltliche Verwirk-
lichung und Verfremdung zugleich umschloß. Nicht Bischöfe nach
dem kardinalen Maß der Tridentiner Reformdekrete gelangten auf
die Bischofsstühle, sondern Prinzen von durchaus weltlichem Zuschnitt, unter Befreiung von allen geistlichen Qualifikationsvoraus-
setzungen und Kumulationsverboten des Trienter Reformkonzils:
Des Kaisers fünfzehnjähriges Söhnchen Leopold Wilhelm erhielt zu
den Bistümern Passau und Straßburg auch Halberstadt, Magdeburg
und die Sukzession für Bremen, der bairische Franz Wilhelm bekam zu Osnabrück noch Minden und Verden. Die Kurie konnte
offenbar jetzt gar nicht anders handeln, als mit dem Kirchengut,
das sie von den weltlichen protestantischen Fürstenhäusern zurück-
erlangte, die weltlichen katholischen Fürstenhäuser zu belohnen,
die Gut und Blut, Land und Herrschaft im Kampf für ihre katholische Kirche gewagt hatten und bald weiter wagen mußten.
Das Restitutionsedikt von 1629 sollte Episode bleiben, da sich das
Kriegsglück wieder wandte. Als bloße „Klärung" und nur auf
„Submission" nahm es zwar nicht die Vollgewalt eines Gesetzge-
bungsrechtes für den Kaiser ohne den Reichstag in Anspruch.

Dennoch wirkte es wie ein Fanal. Das Beispiel Böhmens schockte; die Protestanten fürchteten um ihre Konfession, die Katholiken mit den Protestanten für ihre Libertät. Auch damals im 17. Jahrhundert vollzogen sich die großen Veränderungen in kleinen Schritten; sie kamen unscheinbar aufgemacht daher als Akte rechtlicher Interpretation und Vollstreckung. Und angesichts der unverrückten Fronten, in denen der juristische Stellungskrieg um die Bistümer und Kirchengüter seit über 70 Jahren schon verlief, auch angesichts der bisherigen Zurückhaltung des Kaisers gegenüber den reichsständischen Rechten bedeutete das Restitutionsedikt den großen Einbruch des Kaisers in die Positionen der Protestanten wie der Reichsstände überhaupt. Der Kaiser führte es ja auch aus eigener Autorität aus, bediente sich dafür der kaiserlichen Kommissionen und des Reichshofrats, seiner Behörde, die außerhalb der ständischen Reichsorganisation geblieben war. War es nicht eine Frage der Zeit und der Macht, bis er die Rechte der Reichsstände vollends beiseite schob? Im Restitutionsedikt bahnte sich eine kaiserliche Kirchenherrschaft an, die Konkurrenz des landesherrlichen Religionsbanns im Territorium, durch dessen Einsatz den Reichsständen ja damals großenteils die Unterwerfung ihrer trotzigen Landstände unter ihre Konfessionsherrschaft und unter ihre junge Territorialgewalt gelang. Die Fernwirkungen des Restitutionsediktes – als Anfang angesehen – konnten außerordentlich sein. Da drohte in Zukunft nicht nur die konfessionelle Verschiebung in den norddeutschen Bistümern und den eingesprengten geistlichen Enklaven im protestantischen Gebiet, sondern die Wandlung der gesamten Reichsverfassung. Das Edikt stärkte gewaltig die monarchische Autorität des Kaisers auf Kosten der Eigenständigkeit und Mitwirkung, Libertät und Integration der Reichsstände sowie des paritätischen Konsenses der Konfessionen – also auf Kosten aller jener Verfassungsprinzipien, auf die sich die Reichsverfassung seit der ständischen Reichsreform Maximilians I. von 1495 und seit dem Religionsfrieden von 1555 gründete. Schon wurde im Reichshofrat die Frage verhandelt, ob nicht allen Bekennern der Konkordienformel von 1580 der Schutz des Religionsfriedens entzogen werden könnte, indem man diese breite lutherische Bekenntniseinigung als Überschreitung der 1555 garantierten unveränderten Ausgburger Konfession deklarierte. Das hätte das Ende Religionsfriedens bedeutet.

Die Religionsverfassungsfragen bildeten freilich seit geraumer Zeit nur mehr die begleitende, leiser tönende Melodie, deren altes Leitmotiv jedoch in neuen Variationen weiterklang, als sich nunmehr das innerdeutsche Ringen verstärkt zum europäischen Machtkampf erweiterte.

IV. Der schwedische Krieg

1. *Die diplomatische Vorbereitung.* Schon ein Jahr nach dem Restitutionsedikt sah sich der Kaiser auf der ganzen Linie seiner Außen- und Innenpolitik zum Nachgeben gezwungen. Neue, furchtbare Feinde – Frankreich, Schweden, die Niederlande – hatten sich gegen ihn verbündet, während die Reichsstände beider Konfessionen seine Schwächung suchten.

Frankreich, soeben von der Geißel der Hugenottenkriege befreit, war entschlossen, die Hegemonie der Habsburger und den Ring der spanisch-österreichischen Einkreisung aufzubrechen. Sein Zugriff auf Oberitalien und die Pässe Graubündens traf die Lebensadern Spaniens an den strategischen Verbindungswegen zwischen Mailand und den Niederlanden. Im Frühsommer 1630 besetzten Richelieu und sein König in einem zweiten raschen Feldzug ganz Savoyen und die Einfallspforten nach Italien. Um seine Kräfte nicht zu zersplittern, sah sich der Kaiser gezwungen, alle italienischen Kriegsziele und Positionen gegen Frankreich aufzugeben. Aber Richelieu und sein umtriebiger Unterhändler, der Kapuzinerpater Joseph, zogen die Friedensverhandlungen so in die Länge (in den Verträgen von Regensburg vom 13. Oktober 1630 und Cherasco vom 6. April und 19. Juni 1631), daß der Kaiser seine Italien-Armee nicht nach Norden abziehen konnte und dadurch um den Preis seiner Konzessionen betrogen war. Doch das war alles Vorgeplänkel. Frankreich vermied noch lange Zeit den offenen Kampf mit dem Kaiser und ließ mit seinem Gelde andere Mächte für sich kämpfen. Es suchte den Kaiser von Spanien zu trennen, um zunächst Spanien isoliert zu bezwingen. Frankreich strebte nach der Führungsrolle in Europa als „Schiedsrichter der Christenheit". Und es strebte nach Stabilisierung seiner Hoheit über Metz, Toul und Verdun (des „Reichsvikariats" seit dem Fürstenaufstand von 1552), sodann nach Herrschaft im Elsaß und am Rhein, nach Brückenköpfen und Einfallspforten in das Reich, die es sich später in Koblenz, Philippsburg und Breisach verschaffte. Auch wollte es das Herzogtum Lothringen erwerben und ganz aus dem Verband des Reiches lösen. Frankreich schloß jetzt also Frieden, um den Krieg mit den Waffen der Diplomatie gegen den Kaiser um so furchtbarer zu verlängern; und Richelieu war der Mittelmäßigkeit des Wiener Hofes diplomatisch turmhoch überlegen.

An der niederländischen Front gerieten die Spanier in Bedrängnis, auf deren Unterstützung der Kaiser angewiesen war. Die protestantischen Generalstaaten hatten im Herbst 1628 die spanische Silberflotte gekapert und durch diese Riesenbeute die Mittel zur verstärkten Rüstung und Offensive gewonnen. Im April 1629 begannen sie die Belagerung der Festung Herzogenbusch; fiel dieses Bollwerk, standen Flandern und das Reich den Niederländern offen, wie Wallenstein im Alptraum sah. Aber der Kaiser zwang ihn durch eigenhändige Billets, Truppen für den verhaßten Italienkrieg abzuzweigen. Herzogenbusch fiel im September 1629. Die Generalstaaten drangen nach Wesel und Emmerich vor, nahmen Quartier im Reichsgebiet von Cleve, Berg und Mark, mischten sich in die Reichsgeschäfte, vermittelten die endliche Einigung der deutschen Prätendenten im Jülicher Erbschaftsstreit: In den Verträgen vom 9.3.1629 und 26.8.1630 kamen Cleve und Mark an Brandenburg, Jülich und Berg an Neuburg. Im Frühjahr 1631 erzwangen sie als Preis des eigenen Abmarschs den Abzug der spanischen Truppen aus dem nordwestdeutschen Reichsgebiet. Die Auflösung der Reichsgewalt war evident geworden. Das Bündnis Frankreichs mit den Generalstaaten vom 17. Juni 1630 verschaffte diesen jährlich eine Million Livres französischer Subsidien.

Kurfürst Maximilian sah das konfessionelle Ziel der Liga durch die außenpolitischen Verwicklungen des Kaisers in die spanischen Interessen und Kämpfe bedroht. Das alte enge Verhältnis Kaiser Ferdinands zu seinem bairischen Vetter war längst abgekühlt. Ständige Mißhelligkeiten zwischen der bairischen und der kaiserlichen Armee über die strategische Planung, Kriegsführung, Werbungs- und Quartierpraxis drohten bereits zu offenen Zusammenstößen zu eskalieren. Maximilian haßte Wallenstein, was dieser ihm mit blankem Hohn vergalt. So öffnete sich Maximilian den diplomatischen Werbungen Richelieus; seit Oktober 1629 wurde das französisch-bairische Defensivbündnis vom 8.5.1631 ausgehandelt, das die gegenseitige Neutralität in einem Krieg Frankreichs mit dem Kaiser und Spanien, die Bereitstellung gegenseitiger Hilfscorps, die Garantie für Baierns alte und neue Lande mitsamt der Pfälzer Kur versprach. Mit dieser Rückversicherung und Einschränkung war Baiern bereit, dem Kaiser gegen die Schweden zu helfen. – Den Schweden vor allem hat Frankreich den Weg in den Krieg geöffnet. Ein Waffenstillstand zwischen Polen und Schweden vom 26. September 1629, vermittelt vom französischen Gesandten Charnacé, gab Gustav Adolf Rückenfreiheit zu seinem Sprung ins Reich. Dann kam nach langen Vorverhandlungen das französisch-schwedische Bündnis von Bärwalde am 23. Januar 1631 zustande, zunächst für fünf Jahre, doch mit Verlängerungsmöglichkeit: Schweden verpflichtete sich zur Kriegführung in Deutschland mit 30000 Mann zu Fuß und 6000 zu Pferd, Frankreich zu einer Million Livres Subsidien jedes Jahr. Die Neutralität gegenüber der Liga wurde auf Richelieus Wunsch garantiert, jedoch relativiert durch die Bedingung der Gegenseitigkeit; ebenso garantierten die Schweden die katholische Religionsausübung in den künftig eroberten Gebieten, was in der relativierenden Bezugnahme auf den deutbaren Religionsfrieden ebenfalls nicht viel heißen wollte.

2. *Der Regensburger Kurfürstentag. Wallensteins Entlassung.* Bei der Eröffnung des Regensburger Kurfürstentags im Juli 1630 zeigten die Kurfürsten dem Kaiser die kalte Schulter. Die protestantischen waren gar nicht erschienen. Die katholischen aber verlangten: Frieden mit Frankreich in Italien, keinesfalls Krieg mit den Generalstaaten, Verständigung mit Schweden. Und im Inneren: Drastischen Abbau der kaiserlichen Armee, die Neuordnung ihrer Führung, gerechte Regelung der Kontributionen durch Reichstags- bzw. Kreistagsbeschlüsse, vor allem aber – die Entlassung Wallensteins! Die Reichsstände beider Konfessionen vereinigten sich in der antikaiserlichen Opposition.

Da gab der überraschte Kaiser nach in allen Dingen, ließ Wallenstein fallen und sich schließlich den alten Tilly als seinen Reichsfeldherrn aufnötigen. Wallenstein wurde, nachdem man vorsichtig bei ihm vorgefühlt, am 13. September 1630 vom Kommando entbunden. Er zog sich ohne Widerstand grollend und abwartend auf seine böhmischen Besitzungen zurück, Mecklenburg Gustav Adolfs Zugriff überlassend. Die Folge war ein rapider Verfall der kaiserlichen Armee. Der Kaiser aber sah sich schmählich von den Kurfürsten um den Preis seiner Konzessionen betrogen. Die Wahl seines Sohnes Ferdinand (III.) zum römischen König verweigerten sie ihm noch auf Jahre hinaus.

Am Restitutionsedikt freilich schieden sich ihre Geister. Ausgleichsversuche in den Religionssachen, die zuerst der Kurfürst von Mainz und dann seit September 1631 eine Frankfurter Tagung katholischer und evangelischer Reichsstände nochmals anstrengten, blieben ergebnislos, da beide Seiten wieder kräftig auf das Kriegsglück setzten, das sich soeben groß und launisch erhob.

3. *Das Eingreifen Gustav Adolfs von Schweden. Schwedens Kriegsziele.* Am 8. April 1630 ließ König Gustav Adolf die schwedischen Truppen von Stralsund nach Rügen übersetzen, am 29. Mai 1630 nahm er selbst bewegten Abschied auf immer von seinen Reichsständen in Stockholm, nachdem ihm der schwedische Reichstag (mit seinen vier Ständen aus Klerus, Adel, Bürger, Bauern) und der adelige Reichsrat schon das Jahr zuvor den deutschen Offensiv-

krieg opferbereit anheimgestellt hatte. Das schwedische Königtum trug andere Züge als die Monarchie im übrigen Europa mit ihrer höfisch-starren Etikette, ihren Ständekonflikten und absolutistischen Tendenzen. Es stützte sich auf die Kraft des Volkes, besonders seines unverbrauchten, wehrhaften Bauerntums, das der König in freier, feuriger Rede ebenso mitzureißen wußte wie seinen Reichstag, der ihm willig diente. Am 6. Juli 1630 landete der König siegreich und kriegserfahren aus den Kämpfen in Polen und im Baltikum bei Peenemünde; als er den Fuß auf deutschen Boden setzte, fiel er nieder zum Dank- und Bittgebet. Seit 1625 hatte er Livland erobert und sich in Ostpreußen festgesetzt. Nun beherrschte er die Ostseeküste von Schweden und Finnland über Riga bis Danzig und stand im Begriffe, sein gewaltiges Ostseeimperium in das Reich vorzuschieben, wo er sich zum Retter des lutherischen Glaubens berufen wußte. In der Tat hat Gustav Adolf den deutschen Protestantismus in ernster, bisher bedrohlichster Bedrängnis gerettet, und sein Andenken wird in den evangelischen Gemeinden Deutschlands bis heute auf den großen Gustav-Adolf-Festen zu Recht mit Dank gefeiert. Aber zugleich kam er auch als Eroberer im Griff nach Macht, Ruhm und Gewinn: Sieghaft, gewaltig, herrisch, heldenhaft, zugleich tief fromm, demütig, einfach, klar. Als Mann, der weltentschlossen nach den großen Zielen griff, dabei vor Zwang und Schrecken sich nicht scheute noch vor ihnen wich, war Gustav Adolf von starker Strahlkraft und innerer Geschlossenheit, geradlinig in seinem Tun und Denken, voll ungestümen Temperamentes, gewinnend offen und ganz ohne die gewundene Geziertheit des Jahrhunderts, auch frei von jener bindungslosen, lauernd-verschlagenen Berechnung, mit welcher Wallenstein sein hohes Spiel getrieben hatte und bald wieder trieb. Seit drei Generationen hatte den Evangelischen nach Geist und Charakter die führende historische Gestalt gefehlt. Als er nun im Reiche auftauchte, alle bisherigen Verhältnisse in Frage stellte und in Bewegung brachte, überkam die evangelischen Reichsstände das Bangen, ja das Grauen. Gewitzigt durch die bösen Erfahrungen des Religionskrieges in Ost und West klammerten sie sich in ihrer Schwäche an die gewachsene, wenngleich derzeit verwirrte Ordnung des Reichs. Der Schwedenkönig aber zog sie in Unabsehbares hinein; vielleicht erlitt er Mißerfolg und war dann ebenso plötzlich wieder verschwunden. So suchten sie sich diesem unheimlichen Befreier zu entwinden, das Bündnis mit Schweden wie die Rache des Kaisers zu vermeiden und den lutherischen Glaubensbruder lieber alleine kämpfen zu lassen. Es wurde die herbe Enttäuschung für den Retter aus dem Norden; bald empfand er Verachtung für seine mediokren evangelischen Standesgenossen im Reich, ließ ab, sie zu schonen, sondern drückte, ja erpreßte sie. Auf die hehre Glaubenshilfe fielen bald dunkle politische Schatten. Erstaunlich war ja die Ungebrochenheit, mit der dieser lutherische Fürst (die lutherische Unterscheidung der beiden Reiche überspielend) Gottes Ehre, seinen kriegerischen Ruhm und Schwedens imperiale Zukunft in eines setzte – auch ihn beherrschte die Einheitsidee von Kirche und Welt, wie sie in der Entsprechung die katholische Politik bestimmte und jetzt auch die Calvinisten überall in Europa zur Identifizierung der Reich-Gottes-Herrschaft mit ihren zeitbedingten politischen Befreiungs- und Herrschaftsinteressen in den ständischen Tageskämpfen trieb.

Der Feldzug wurde propagandistisch effektvoll aufgezogen. Die „evangelische Religionsfreiheit", die „deutsche Libertät" und „Restitution" waren die drei zündenden Ziele, die der großmütige Beschützer gegen die katholische Knechtung und kaiserliche Diktatur offiziell zum Panier erhob. Viel weitergehende Absichten aber zeichneten sich ab: Territorialgewinne an der Ost- und Nordseeküste sollten Schwedens Reich abrunden und sichern; freilich bedrohte dies die pommerschen Erbaussichten Brandenburgs, das hierüber erbittert mit Schweden stritt. Und zur Entschädigung seiner riesigen, immerfort steigenden Kriegskosten benötigte Schweden weitere Territorialgewinne in katholischen, besonders in den geistlichen Gebieten. Der Krieg trieb weiter in den Krieg, der Sieger brauchte Beute zum Bezahlen. Doch weiter: Aus der militärischen Führung Schwedens schälte sich schon das politische Zukunftsprojekt eines großen protestantischen, schwedisch-norddeutschen Reiches unter Schwedens Krone heraus, welches das Deutsche Reich in Trümmer legen mußte. Oder wollte Gustav Adolf statt solcher Nordreichspläne doch die deutsche Reichsverfassung erhalten und als der führende deutsche Reichsstand nach der – dann protestantischen – Kaiserkrone greifen? Dafür mehrten sich die Zeichen, als er im Herbst 1632, kurz bevor er fiel, sein Bündnissystem auf die Kreisverfassung des Reichs abstützte und die Rechte des Kaisers in den besetzten Gebieten in Anspruch nahm. Doch all dies liegt im Dunkel, da ihm der Tod bald Zepter und Schwert entriß. Die imperialen Pläne wuchsen mit den Siegen und brachten ihn in Widerspruch zu seinen proklamierten Anfangszielen. Im Falle des Gelingens hätten sie die deutsche Freiheit, Einheit und Religionsverfassung wohl stärker noch von dem System des Jahres 1555 abgeführt als das bekämpfte kaiserliche Restitutionsedikt.

4. *Die Operationen 1630/31. Magdeburg und Breitenfeld.* Die militärischen Operationen liefen auf beiden Seiten langsam und sehr vorsichtig an. Gustav Adolfs Landungscorps in Pommern betrug anfangs nur 13 000 Mann; es wurde bis zum Winter auf den dreifachen Stand gebracht. Es war im ganzen kampferfahren, diszipliniert, abgehärtet, taktisch gut gegliedert und bestens geschult, feuerstark ausgerüstet mit beweglicher Artillerie, die sich bei der Einnahme der festen Plätze Deutschlands vorzüglich bewährte. Die Schweden hatten Drill, Disziplin, Perfektion im Manövrieren und im Kampf, Beweglichkeit und Feuerkraft von den Niederländern, dem Prinzen Moritz von Oranien, abgeschaut. Die Massierung der geballten Kavallerieattacken und die Auflockerung des Infanterieeinsatzes, das Tempo ihres Bewegungskrieges sicherten ihnen eine staunenswerte Überlegenheit. Das kaiserliche Heer hingegen schien durch Seuchen, Soldrückstände, Zuchtlosigkeit und Fahnenflucht nach Abtritt seines Organisators und Oberkommandierenden ganz verwahrlost; erst langsam wurde es von Tilly wieder hochgebracht. Besser im Stande war die Armee der Liga mit etwa 24 000 Mann.

Auf allen Seiten waren die Operationen ungemein erschwert durch die Nachschub- und Quartierprobleme. Da sich die verarmte Bevölkerung die Natural- und Geldkontributionen nur durch präsenten, massiven militärischen Druck abpressen ließ, mußten die Einheiten weit im Raum verzettelt liegen und auch weithin getrennt marschieren. Zog man sie zusammen zum Schlagen, so wirkten Hunger und Seuchen oft schlimmer als der Feind, dem es nicht besser ging. Die häufigen großen Truppenbewegungen des Krieges waren deshalb Meisterleistungen der Strategie und Taktik, voller Risiken und Chancen, den überraschten Gegner im Augenblick der Schwäche zu fassen und zu vernichten. Die Heere waren kostspielig und nach einer Niederlage schwer zu reorganisieren. Das nötigte zu der Vorsicht, mit der man einander listig und behutsam auszumanövrieren suchte. Noch längst gab es ja keine zusammenhängende Front. Die Armeen bewegten sich wie Flottenverbände in der Weite des Raumes, besetzten abwechselnd dieselben Länder und gaben sie wieder auf. Man operierte immer wieder in den gleichen Kunstfiguren der Strategie: Eine Armee suchte der anderen zuvorzukommen, um einen strategisch wichtigen Übergang, Platz oder Landstrich zu passieren, zu besetzen, auszubeuten. Man verfolgte den Gegner, um ihn zu schlagen, oder man marschierte plötzlich in einer Diversion davon, um den Feind nachzuziehen und von seinen eigenen Zielen abzulenken. Man marschierte hintereinander oder nebeneinander oder gegeneinander oder aneinander vorbei. Man drohte und wich aus, stieß zu und floh, im Ernst und zum Schein, finassierte und wurde doch wieder unversehens überrumpelt. Gekämpft wurde keineswegs täglich, sondern nur dann und wann im Jahr für kurze, dann aber fürchterliche Stunden des massenhaften, mörderischen Kampfes Mann gegen Mann, die narbenbedeckten Generale und Obristen vielfach vorne im dichtesten Getümmel, um mit ihrem Schneid die Regimenter mitzureißen; so blieb ein Großteil der militärischen Führung auf der Walstatt, und wer davonkam, erlag in seinen besten Jahren den Strapazen, die den Traum von Ruhm und Reichtum zunichte machten.

Gustav Adolf sicherte sich zunächst von Stettin aus eine feste strategische Basis in Mecklenburg, Pommern und an der Oder. Dann rüstete er sich im Winter 1630/31 zur großen Offensive nach Süden in das Reich. Tilly aber war nach Magdeburg gezogen und legte einen eisernen Belagerungsring um die Stadt. Dort hatte sich das evangelische Volk nach kräftiger, kurzsichtiger Agitation von Predigern und Agenten gegen die Kaiserlichen erhoben und den vorsichtigen Rat am 11.8.1630 zum Bündnis mit Gustav Adolf gezwungen, welcher damit einen verführerischen Erwartungsdruck und Erfolgszwang schuf. Doch sein Entsatz verzögerte sich und kam zu spät: Im Morgengrauen des 20. Mai 1631, als Tillys letztes Ultimatum abgelaufen war, just zu der Stunde, als der Rat sich doch noch zur verspäteten Kapitulation durchringen wollte, wurde die Stadt vom Norden durch die Pappenheimer Reiter, des Kaisers gefürchtete Elitetruppe, im Straßenkampf gestürmt; das Grauen des Mordens, Schändens, Raubens der rasenden Soldateska erstickte in einer riesigen Feuersbrunst, die bis zum Mittag fast die ganze Stadt in Schutt und Asche legte, die verschreckten Einwohner in den Speichern und Kellern verbrannte und ausräucherte und auch vielen Kaiserlichen das Leben kostete. Von 30000 Einwohnern sollen kaum 5000 am Leben geblieben sein. So war der Krieg; kein Feldherr, auch der strenge, biederfromme Tilly nicht, konnte dergleichen hindern, wenn es zum Sturm gekommen war. Magdeburg war für Tilly als Stützpunkt verloren; die Protestanten erstarrten in Entsetzen und sahen in Tilly den Teufel; Schwedens Propaganda lief auf hohen Touren, schon um vom eigenen Versagen abzulenken. Gustav Adolf aber wandte sich nach Magdeburgs Fall wieder nach Norden, verbreitete seine Küstenbasis und zwang Brandenburg in den Verträgen vom 14.5. und 20.6.1631 zur Einräumung der Festungen Küstrin und Spandau neben beträchtlichen Kontributionen. Dann schob er seine Truppen in der Altmark über die Elbelinie vor.

Tilly aber zog nach Süden gegen Sachsen, brach in das Kurfürstentum ein und nahm am 5. September 1631 Merseburg. Dieser militärisch richtige Zug erwies sich als schwere politische Tölpelei, die Kursachsen an die Seite Gustav Adolfs trieb: Am 11. September 1631 kam das Bündnis Schwedens mit Kursachsen zustande. Am 15. September 1631 vereinigten sich die schwedische und sächsische Armee. Am 17. September verlor Tilly die große Entscheidungsschlacht von Breitenfeld, dem Dorfe vor den Toren Leipzigs. Es war die erste vernichtende Niederlage seines Lebens, die für das deutsche Schicksal zur tiefen Wende wurde. Der neuen Taktik Gustav Adolfs war der alte Heermeister nicht gewachsen. Die Schweden waren im Vorteil der größeren Beweglichkeit und Feuerkraft, der beiden klassischen Elemente der Kriegsführung nach Clausewitz. Gustav Adolf gliederte seine Infanterie in ein vorderes und hinteres Treffen; sie wurden jeweils in kleineren, beweglichen Einheiten mit Zwischenräumen aufgestellt. Seine Kürassiere waren mit Musketierabteilungen zur Feuerunterstützung kombiniert, seine Artillerie war in der Schußfolge dreifach überlegen. Auf beiden Seiten fochten etwa 25000 Mann zu Fuß und etwa 12000 zu Pferd, mit leichter Überlegenheit der schwedisch-sächsischen Kontingente. Tilly hatte seine Infanteriemassen in den herkömmlichen riesigen Vierecken, den schwerfälligen marschierenden Festungen der Terzios aufgestellt. Er überwältigte zuerst die Sachsen, die am linken Flügel der Schweden standen, während Pappenheims Kürassiere die rechte schwedische Flanke umfaßten. Da riß die Front der Kaiserlichen vorn entzwei, indes das hintere schwedische Treffen seitlich ausschwenkte und Tilly zum Stehen brachte. Und nun brach Gustav Adolf mit seiner Kavallerie und ihren Musketieren in der Mitte durch und rollte die Front des Gegners auf, der seine Artillerie, die Kriegskasse der Liga, die Hälfte seiner Reiter, zwei Drittel der Infanterie verlor und in wilder Flucht in alle Himmelsrichtungen auseinandersprengte.

Die Folgen des Sieges von Breitenfeld waren außerordentlich: Kursachsen und bald ganz Norddeutschland östlich der Elbe waren sicher in schwedischer Hand. Die Offensive Gustav Adolfs stieß nun zweifach weiter: Die schwedische Hauptarmee rückte nach Süden und Westen mitten ins Reich, nach Würzburg, Aschaffenburg, Mannheim, Mainz und Frankfurt, wo sich die Truppen vor allem in den Stiftslanden und in der befreiten Rheinpfalz ins Winterquartier begaben. Der andere Stoßkeil, den die Armee Kursachsens unter Arnim bildete, zielte nach Schlesien; doch nach Eroberung der Lausitz bog er rechts ab nach Böhmen und nahm im Handstreich Prag. In Norddeutschland operierten fünf kleinere

Armeen Gustav Adolfs zwischen Weser und Oder. Tilly hingegen brachte seine Truppen im westfälisch-niedersächsischen Gebiet sowie im fränkischen und schwäbischen Kreis ins Winterquartier. Vor allem aber gewann Gustav Adolf neben der militärischen jetzt auch die politische Initiative: Seiner bisher verschmähten Bündnis-politik mit den evangelischen Reichsständen schien endlich der Durchbruch zu gelingen. Erzbischof Philipp v. Sötern von Trier und Speyer aber betrachtete die Liga als aufgelöst, erklärte sich für neutral und begab sich in den Schutz Frankreichs, dem er die Fe-stungen Ehrenbreitstein und Philippsburg als Brückenköpfe rechts des Rheins versprach. Verschiedene Friedensinitiativen besonders Dänemarks und Kursachsens, auch Hessen-Darmstadts scheiterten. Die Entscheidung lag bei den Waffen.

5. *Wallensteins Rückkehr. Rain. Zirndorf.* Wallenstein wurde reaktiviert. Er kam, aber er zierte sich und zwang den Kaiser als notvollen Bittsteller zu exorbitanten Konzessionen. So übernahm er im Dezember 1631 zunächst nicht das Kommando, sondern nur die Aufstellung einer neuen, riesigen kaiserlichen Armee, die doch kein anderer führen konnte. Das Unternehmen lief: Obristen, Offiziere, Soldaten eilten wieder in Scharen unter seine Fahnen. Am 14. April 1632 „akkomodierte" er sich endlich der kaiserlichen Bestellung zum „General-Obersten-Feldhauptmann" mit extremen militärischen und auch politischen Vollmachten – gefährlich nicht nur für den Kaiser, sondern auch für ihn selbst, weil Wallenstein so ohne Rückhalt in dem gewachsenen System der Mächte und Stände Europas zur einsamen Großmacht wurde. Er erhielt den unumschränkten Oberbefehl, durfte die Armee vergrößern und ergänzen, künftige Konfiskationen für sie verwenden, Werbepa-tente und Obristen-Bestallungen verleihen. Als Lohn erhielt er eine Garantie für sein verlorenes Mecklenburg, zur Sicherheit das schlesische Fürstentum Glogau, ferner 400 000 Gulden Schuldener-laß aus seinen Güterkäufen. Diplomatische Vollmachten ermäch-tigten ihn (ohne feste Instruktionen!) zu Sonderfriedensverhand-lungen mit Kursachsen. Der Kaiser gab seine Autorität und sein Schicksal in die Hand seines undurchschaubaren Paladins. Aber der Krieg wandte sich nun wieder langsam zu des Kaisers Gunsten.
Gustav Adolfs Offensivpläne zielten im Frühjahr 1632 aus dem Raum von Mainz und Würzburg gegen Baiern und Österreich, um dort die militärische Entscheidung zu erzwingen. In Norddeutsch-land ließ er weiterhin fünf kleinere Armeen zur Reserve und Siche-rung des weitgestreckten Nachschub- und Rückzugsweges zu der Basis an der Küste, damit die Expeditions-Armee nicht abgeschnit-

ten wurde und ihre Bundesgenossen an den Feind im Rücken verlor. Wallenstein aber sammelte die Armee des Kaisers im Sommer 1632 in Böhmen. Ende Mai nahm er Prag. Die Liga ließ ein kleineres Heer unter Pappenheim im rheinisch-westfälisch-niedersächsischen Gebiete operieren, die Hauptarmee unter Tilly Oberdeutschland sichern.

Gustav Adolf eroberte auf seinem Zug nach Süden am 5. April Donauwörth und überschritt die Donau. Tilly suchte ihm nun den Brückenschlag und Übergang über den nahen Lech bei Rain zu sperren. Doch die Schweden siegten im harten Artilleriegefecht; den tapferen Tilly traf hier die Todeswunde. Baiern lag offen vor dem Sieger. Ulm hatte sich mit ihm verbunden. In Württemberg wurden die soeben entrissenen Klöster wieder entkatholisiert. In Augsburg zog der Schwedenkönig ein, die katholische Reaktion Ferdinands II. wurde hinweggefegt. Doch dann folgte die erste Niederlage Gustav Adolfs: Die starke bairische Festung Ingolstadt schlug seine viertägigen Angriffe zurück. So zog er vorbei nach München, hielt Ende Mai 1632 Hof in der Residenz und ließ das flache bairische Land planmäßig niedersengen. Auch er hatte sich nun zur furchtbaren Strategie der verbrannten Erde bekehrt.

Wallenstein wartete in Böhmen und ließ es geschehen. Er verharrte weiter in der Defensive, als sich Ende Juni die kaiserliche und bairische Armee in der nördlichen Oberpfalz vereinigten und Maximilian ihn bestürmte, die Offensive gegen Gustav Adolfs weit unterlegene Kräfte zu ergreifen. Aber Wallenstein stand nicht der Sinn nach riskanten Experimenten. Ab Mitte Juli verschanzte er die gewaltige Armee in einem riesigen, festungsmäßig fortifizierten und artilleristisch stark bestückten Lager bei Zirndorf, nahe Nürnberg, und überließ dem Gegner die Initiative. Der Schwedenkönig hatte seine Offensive nach Baiern und Österreich in einer plötzlichen Eingebung abgebrochen, weil er (zu Unrecht, wie sich dann ergab) Wallensteins Einfall in Sachsen und Sachsens Abfall fürchtete; so zog er im Juni Wallenstein entgegen über Donauwörth nach Nürnberg und verschanzte sich dort ebenfalls in einem Lager vor der Stadt. Süddeutschland entleerte sich wieder von den Schweden. Endlich, am 31. August 1632, traf die große, aus den verschiedenen Heeresgruppen zusammengezogene Verstärkungsarmee Gustav Adolfs vor Zirndorf ein. Noch abends begann der Kampf, auf den der König brannte. Vier Tage prallten die mörderischen Sturmangriffe ohne Rücksicht auf Verluste gegen Wallensteins Lager; die Infanterietreffen wogten Brust an Brust, die kaiserliche Artillerie schoß die Schwedischen von den Bastionen aus zusammen, besonders von der „Alten Veste", einer feuerspeienden Bergeskuppe, auf der die Verteidiger alle zwei Stunden abgelöst werden mußten. Hier, wo sich der Kampf entschied, führte Wallenstein selbst zu Pferd das Kommando, den roten Mantel um den Harnisch wallend. Furchtbar waren die Verluste auf beiden Seiten; viele der hohen Offiziere fielen. Die Schweden wurden immer wieder abgeschlagen und verzweifelten schließlich am Siege. Gustav Adolf führte die entmutigten und stark gelichteten Truppen ab in neue Nöte des Hungers, der Seuchen, des Mangels an Proviant. „... hat sich der König bei dieser Impresa gewaltig die Hörner abgestoßen ... das Prädicat invictissimi nicht ihm, sondern Eurer Majestät gebühret ..." meldete Wallensteins Rapport nach Wien. Wallenstein hatte richtig kalkuliert. Das heiße Temperament des Königs hatte seinen Meister gefunden in der vorsichtig-kaltblütigen Berechnung des Fuchses, der den Bau nicht verließ und seinen Gegner zum Verbluten brachte. Hatte den Schwedenkönig die Sicherheit des Urteils verlassen? Statt jetzt Kursachsen vor Wallensteins Einmarsch zu schützen, machte er sich wieder auf zur großen Offensive nach Süden, wie es seinem alten Plan entsprach. Anfang Oktober überschritt er südwärts die Donau bei Donauwörth – da wurde ihm klar, daß er Sachsen retten müsse, warf wieder um und zog nach Norden gegen Wallenstein.

6. *Lützen.* Anfang November lagen sich beide Heere bei Naumburg wiederum in zwei Meilen Abstand verschanzt in ihren Lagern gegenüber. Wallenstein rechnete offenbar jetzt nicht mehr mit einem Angriff; so ließ er seine Truppen am 14. November in die Winterquartiere auseinanderrücken. Da zwang ihn Gustav Adolf rasch entschlossen bei Lützen, zwischen Naumburg und Leipzig, am 16. November 1632 zu der mörderischsten Schlacht seit dem Beginn des Krieges vor 14 Jahren, die in ihren acht wechselvollen Stunden ganze Regimenter zu Leichenhaufen werden ließ. Beide Heere verbluteten sich in immer neuen Sturmangriffen und fielen schließlich ohne Sieg und Niederlage vor Erschöpfung voneinander ab. – Viel Zufall spielte mit. Wallenstein, der gichtgeplagte, stieg aus der Sänfte auf das Roß, vergaß sein Leiden, führte in vorderster Linie, geriet zeitweise mitten in die schwedische Infanterie, beugte sich quer über seinen Sattel, während die Musketensalven über seinen Rücken krachten, bis er von seinen Kürassieren wieder herausgehauen wurde. Er suchte wie zumeist die Defensive, hatte die Kaiserlichen taktisch klug hinter der dammartig ausgebauten Poststraße von Lützen nach Leipzig mit ihren vertieften Gräben aufgestellt. Die Artillerie stand gut postiert; die Infanterie war nun auch bei den Kaiserlichen beweglich und modern gegliedert mit

Zwischenräumen zur raschen Verschiebung und Zufuhr von Reserven; die Reiterei stand an den Flügeln, verstärkt mit Musketieren. Wallenstein hatte gelernt von seinem großen Gegner, der wieder auf den frühen Angriff brannte. Aber der Novembernebel lichtete sich erst gegen 11 Uhr, erst dann konnten die Schweden stürmen. Der schwache linke Flügel der Kaiserlichen mußte ihnen alsbald weichen – dort wo Wallenstein sehnlichst die Pappenheimer Reiter erwartete, die er in dringlichstem Eilbefehl zurückbeordert hatte; des Generalissimus Handschreiben „cito, cito, citissime!" zog man wenig später aus Pappenheims blutigem Waffenrock. Die Nacht hindurch sprengten sie von Halle her zurück, endlich um 12 Uhr erreichten sie das Schlachtfeld, schlugen sofort in massierten, frontalen Kürassierattacken unter Pappenheims draufgängerischer Führung den schwedischen Einbruch zurück – bis Pappenheim nach knapp einer Stunde fiel und seine Reiter in wilder Flucht zurückfluteten, so daß auch schon im Zentrum die kaiserliche Infanterie ins Wanken geriet und dort die große schwere Batterie verlorenging. Doch da fiel Nebel ein, den Kaiserlichen wiederum zu Hilfe; zugleich flogen rückwärts bei den Schweden die Pulverwägen in die Luft, wohin Pappenheim seine Kroaten in weitem Umgehungsmanöver noch hinbefohlen hatte. Und dann wurde der bedrängte linke kaiserliche Flügel gerettet durch die sieben legendären Kürassierattacken Piccolominis, des Haudegens, der hier zum Siege mitriß, obgleich er, mehrfach verwundet, fünf Pferde unter sich verlor. Indessen: Am rechten Flügel Wallensteins, vor den Windmühlen von Lützen, brach der schwedische Angriff im Feuer der starken kaiserlichen Batterien und unter den Gegenattacken der kaiserlichen Kürassiere zusammen. Dorthin also sprengte Gustav Adolf mit der Reserve zu Hilfe. Und als nun ein Musketenschuß den linken Arm des Königs zerschmetterte, er deshalb die Gewalt über seinen Schimmel verlor, sah sich der auffallende, kurzsichtige Mann, auf dem führerlosen Pferde treibend, plötzlich von einer Schar kaiserlicher Reiter umringt, die ihn mit Säbel und Pistol im Augenblick tothieben, -stachen, -schossen, ausplünderten und auszogen, so daß der nackte Leichnam alsbald im Gewühl des Gefechts unterging. Das war wohl gegen ein Uhr. Wallenstein glaubte nun den Sieg für sich gewonnen, da die Soldregimenter vielfach flohen, sobald der Bann des Feldherrn von ihnen wich. Er irrte: Die Schweden ergriff jetzt, da die siegverheißenden blauen Augen ihres geliebten Königs gebrochen waren und sie seinen Leichnam nackt und geschändet unter den Feinden wußten, ein Rachesturm, der das Schlachtenglück wieder wendete. Sechs Stunden trieben sie das mörderische Kämpfen weiter. Bernhard von Weimar übernahm mit jugendlichem Schwung und Ehrgeiz das schwedische Kommando. Der starke rechte Flügel Wallensteins vor den Windmühlen wurde jetzt von ihnen überrannt, die todspeienden Batterien der Kaiserlichen genommen und gegen deren eigene Reihen gewendet, wo sich die Infanterie mit Mühe hielt, indes die Reiter flohen. Infolgedessen wurden auch am anderen, linken kaiserlichen Flügel die glänzenden, bravourösen Reiterattacken Piccolominis um den Erfolg des großen Durchbruchssieges gebracht. Die Novembernacht trennte die Kämpfenden unentschieden. Wallenstein räumte das Schlachtfeld. Aber auch die Schweden scheinen es nicht besetzt und die verlassenen Kanonen der Kaiserlichen nicht mitgenommen zu haben. Ein heroischer Abschnitt des Krieges – keineswegs der Krieg als Ganzes – war zu Ende; Richelieu und Oxenstierna sorgten dafür, daß das blutige Ringen noch 16 Jahre weiterging.

7. *Das politische Ringen. Schwedens Bündnispolitik. Der Heilbronner Bund von 1633.* Die Bilanz: Die Kriegszüge der Jahre 1630–32 brachten Schlachten – Niederlagen und verlorene Siege –, aber nicht die militärische, noch weniger die politische End-Entscheidung. Das Auf und Ab des Kriegstheaters wurde begleitet vom Auf und Ab des Spiels der hohen Politik, das sich auch jetzt bedeutsam in Akten der Rechtspolitik darstellte: Hegemonie der Schweden in Bündnisform (mit Zügen einer societas leonina) – oder reichsständische Neutralität und Selbstbehauptung – oder Verstärkung der kaiserlichen Autorität auf der Grundlage des Restitutionsedikts und der Armee, das waren die drei Richtungen an Deutschlands Scheidewege.

Zur ersten Richtung: Die schwedischen Bündnisangebote fanden anfangs wenig Gegenliebe und Erfolg. Sie schwankten zwischen Hilfe und Herrschaft bis zur Dauerunterwerfung der Beschützten. Die recht verschiedenen Einzelverträge zielten von Anfang an auf das umfassende System eines großen Bundes. Sie waren rechtlich nicht gegen das Reich und Kaisertum formuliert, sondern gaben sich als Verteidigung des Reiches, der Reichsverfassung und des kaiserlichen Amtes gegen den Rechtsbruch seines derzeitigen Amtsinhabers als Person; in Wahrheit sprengten sie die verfassungsrechtlichen Bindungen der Reichsstände im Reiche. Inhaltlich umfaßten sie: Den gegenseitigen Schutz der betreffenden Reichsstände wie des Schwedenkönigs gegen alle rechtswidrige Gewalt, besonders gegen die kaiserlichen Besatzungen; die Verpflichtung zu militärischen Hilfskontingenten, Durchzug, Einquartierung, Besatzung, Kontributionen für den Schwedenkönig; die unbeschränkte „absolute Direktion" des Kriegswesens, also die poli-

163

tische und militärische Diktatur durch die Krone Schwedens; das Verbot separater Friedensverhandlungen ohne Genehmigung des Königs, der sich seinerseits freie Hand hierfür vorbehielt; ferner meist auch die Klausel der immerwährenden Bundes-Dauer.

Als erstes traf es den alten Herzog Bogislav von Pommern, der am 9.9.1630 mit Gustav Adolf paktieren mußte; innerhalb eines Jahres folgten zögernd die Administratoren von Magdeburg und von Bremen und der Landgraf von Hessen-Kassel – also kleine, zum Teil depossedierte Reichsstände ohne Macht und Ruhm, indes sich Kursachsen und Kurbrandenburg verweigerten, auf die es doch entscheidend ankam in den geopolitischen, militärischen und finanziellen Zwängen. Auch später fiel das schwedisch-sächsische Bündnis kurz vor Breitenfeld (S. 158) viel distanzierter aus als die Bündnisse mit den kleineren deutschen Reichsständen, die dann nach dem Breitenfelder Siege über Tilly zur schwedischen Klientel zusammenströmten: Anhalt und Sachsen-Weimar, Lüneburg und Wolfenbüttel, Württemberg, Culmbach, die Mecklenburger Herzöge und die Wetterauer Grafen, die Städte Braunschweig, Bremen, Frankfurt, Hildesheim, Lübeck, Lüneburg, Nürnberg, Straßburg, Ulm sowie der niedersächsische und der fränkische Kreis. Schweden selbst verzögerte dann wieder die Ratifizierung – die Bundespläne wuchsen mit den Siegen, vor Lützen waren sie sichtlich noch nicht ausgereift. Danach gewannen sie rasch gültige Gestalt. Der große Kanzler Oxenstierna übernahm nach Gustav Adolfs Tode die politische und militärische Führung kraft absoluter, für Krieg und Frieden erteilter Generalvollmacht der Königin und des schwedischen Reichsrats; mit seiner Erfahrung und Besonnenheit griff er die Bundespläne des Königs behutsamer und realistischer auf:

Er schuf den Heilbronner Bund vom 23. April 1633 zwischen der Krone Schwedens und den vier oberdeutschen Kreisen. Die Klugheit des Konzeptes lag in dem Einbau der schwedischen Hegemonie und Kriegsführung in gewisse Formen der deutschen Reichsverfassung, die man stückweise erhielt, zeitgerecht fortentwickelte und unter Betonung alter Fassadenelemente neu strukturierte. Der Bundeszweck war der gerechte freie Friede, also die Durchsetzung der protestantischen Rechtsbehauptung über Religionsfreiheit und reichsständische Libertät gegen den „Dominat" und „Rechtsbruch" des Kaisers und der Katholiken. Entsprechend ward die Geltung und Wahrung der Grundgesetze des Reiches beteuert. Das schloß die Abstellung der evangelischen Gravamina und die Klärung der Zweifel und Lücken des Religionsfriedens mit ein, das Recht der Kirchengutsreformen inbegriffen. Organisatorisch knüpfte der

Heilbronner Bund (wie zuvor schon die konkurrierenden Aktionen Sachsens, denen er dadurch den Wind aus den Segeln nahm) an die bestehende Kreisverfassung des Reiches an. Einstweilen wurde er abgeschlossen vom kurrheinischen, oberrheinischen, schwäbischen und fränkischen Kreis; das Armeewesen baute sich auf der Kreisdefension auf, die Unterhaltung traf die Stände der vier Kreise. Oxenstierna lockerte die harte schwedische Leitung durch einen schwedisch-reichsständischen Beirat (von je 3 und 7 Stimmen). In Kriegssachen freilich blieb „die endliche Resolution" dem schwedischen Kanzler reserviert. Die Pflicht zu Kontributionen, Einquartierungen, Besatzungsrechten, desgleichen das Verbot separater Friedensverhandlungen rundeten das Vertragswerk ab.

Oxenstiernas politischer Blick hatte das institutionelle Manko (S. 115) der deutschen Reichsverfassung erspäht, welche ja den (seit 1555 rechtlich geschützten) Belangen der Konfessionen keine Organisationsformen zur gesammelten und kontinuierlichen Entfaltung bot. Erstmals seit der Union gab es nun wieder eine machtvoll organisierte Vertretung der protestantischen Positionen, freilich in einer befremdlichen Verweltlichung und Verquickung mit den imperialen Interessen Schwedens.

Der Heilbronner Bund eröffnete politische und verfassungsrechtliche Zukunftsperspektiven, die denen des Restitutionsedikts von 1629 nicht nachstanden; doch sollte er ebenso Episode bleiben. Dieser Bund steht in der langen Kette der deutschen Bundesgründungen bzw. -experimente: Schon der Schwäbische Bund (1488–1534) hatte die österreichische Klientel zur Sicherung des Friedens und Stärkung des Habsburger Kaisertums institutionalisiert. Dieselbe Absicht verfolgten die verschiedenen Bundespläne Karls V., besonders in den Jahren 1547 und 1548, die dann am Widerstand der Fürsten (Baierns vor allem) scheiterten und zur Konsolidierung des Reichstags führten, der sich als feste Organisation der Reichsstände gegen die hegemonialen Bundesaktivitäten des Kaisers behauptete; infolgedessen wurde ja der Religionsfriede von 1555 auf dem Reichstag ausgehandelt und reichsständisch paktiert. – Aber auch der Schmalkaldische Bund und später die Union und Liga zeigen jenes paradoxe, doppelte Gesicht von Herrschaft und von genossenschaftlicher Rechtsgleichheit der Glieder: Das Bedürfnis nach gemeinschaftlicher Vertretung besonderer Belange (konfessioneller bzw. ständischer Art) zwang zur Anlehnung an hegemoniale Kräfte (Kurpfalz bzw. Baiern), die ihrerseits ihre Hegemonie durch freiwillige bündische Integration und Partizipation der Genossen fundieren und legitimieren mußten. Die Begründung und Stärkung von Herrschaft durch die Freiheits-,

Gleichheits- und Kooperationsformen einer bündischen Verfassung (jenseits des rohen, herrscherhaften Zwangs) ist seither ein Dauerthema des deutschen Föderalismus geblieben, der sich nach 1815 an Österreichs, nach 1866 an Preußens Hegemonie orientierte, den österreichisch-preußischen Dualismus aber sowenig vertrug wie er im 17. Jahrhundert den schwedisch-kaiserlichen Gegensatz aushalten konnte. Herrschaft durch bündische Elemente abzusichern und zu stärken war gerade auch das Leitprinzip des Heilbronner Bundes, das Schweden nutzte.

Bezeichnend für alle jene Bundesgründungen, auch für die jetzige von Heilbronn, war ihr ergänzender Charakter, gleichsam als wilder Anbau an die Reichsverfassung: Sie traten aus dem tradierten Verfassungsgefüge heraus bzw. zu ihm hinzu, um neuen Bedürfnissen in neuen Rechtsformen nachzukommen; aber sie suchten die bisherige Reichsorganisation nicht einzureißen, sondern erweiternd umzubauen. Der antagonistisch-offene, fortbildungsfähige Charakter der Reichsverfassung nach der Reichsreform unter Maximilian I. lud dazu ein, die Balance zwischen Kaiser und Reich und zwischen den Konfessionen vorteilhaft zu verschieben, wo sich den bündisch vereinten Kräften dazu Gelegenheit bot. Die leges fundamentales des Reichs, deren Unantastbarkeit man allerseits beschwor, waren ja sinnumstrittener, deutbarer und wandlungsfähiger, als sich die relativ rigiden Konstitutionen Europas seit 1789 gaben. Ein Bund im Reiche konnte sich als Aushilfs- und Ausgleichsinstrument zur gruppierten Integration der Glieder in das Reich entwickeln, wie es nachmals durch das Corpus Evangelicorum und Catholicorum mit den Religionsparteien geschah. Aber ein Bund konnte das Reich auch revolutionieren und sprengen, und gerade das war bei den Schweden zu befürchten.

8. *Der Widerstand der Reichsstände und des Kaisers. Schwedens Territorialpolitik.* Zur zweiten Richtung: Das Streben nach reichsständischer Unabhängigkeit und Neutralität – gegenüber Schweden wie dem Kaiser – fand deshalb bei vielen evangelischen Fürsten viel mehr Sympathie. Sachsen gelang es frühzeitig, auf der Leipziger Versammlung vom 20.2. bis 12.4.1631 fast alle protestantischen Reichsstände zu vereinen zu einem doppelten, scharfen Widerstand gegen das Restitutionsedikt und gegen das unerträgliche Kontributions- und Einquartierungsgebaren der kaiserlichen und ligistischen Armee. Doch das verlangte Rüstung und Gegenwehr. Die Mehrheit folgte Sachsens Vorschlag zur Unterhaltung einer großen Truppe von über 40000 Mann auf der Kreisebene in den ober- und niedersächsischen, oberrheinischen, schwäbischen und fränkischen

Kreisen. So wollte man die Kreisdefension nach der Exekutionsordnung des Reichs als Rechtsgrund für diese protestantische Aktion gegen den Kaiser und die Liga benützen. In der Tat stellte Sachsen eine nicht unbeträchtliche Streitkraft unter von Arnim ins Feld. Auf diese Sammlung der Evangelischen als dritte Kraft in bewaffneter Neutralität kam Kursachsen wiederholt zurück; es suchte auch den Heilbronner Bund Oxenstiernas von 1633 zu hintertreiben. Aber der Sog des Schwedenbundes auf die kleineren protestantischen Reichsstände war nicht mehr aufzuhalten, seit Tillys Einfall in Sachsen den sächsischen Kurfürsten selbst an Schwedens Seite und zum gemeinsamen Siege über Tilly bei Breitenfeld führte. Sachsens Politik der mittleren Linie wurde durch Oxenstierna kunstvoll ausmanövriert.

Zur dritten Richtung: Der Kaiser bekämpfte die Bündnisbestrebungen der Reichsstände und ihre Rüstungen alsbald entschlossen, erklärte die Beschlüsse der Leipziger Versammlung von Frühjahr 1631 für gesetzwidrig, bestritt den Reichsständen das Recht zum Abschluß von Bündnissen sowie das ius armorum ohne kaiserlichen Konsens, verbot die Werbungen und Rüstungen – unter der schweren Strafdrohung der Acht. Nach der Niederlage von Breitenfeld war dies freilich nicht mehr durchzusetzen. –

Die Schweden aber griffen als Eroberer immer unverblümter in die angestammten Rechte ein. Die Ländergier wuchs mit dem Waffenglück. Kraft Kriegsrechts verfügte Schweden besonders über die geistlichen Fürstentümer und wies sie den deutschen Verbündeten großzügig als Kriegsentschädigung zu: An Hessen-Kassel gingen 1632 die Stifte Paderborn, Fulda und Corvey, an Braunschweig-Wolfenbüttel das Bistum Hildesheim, an Lüneburg das Stift Minden, an Weimar aber Erfurt und das Eichsfeld. Die katholischen Besitzverschiebungen des Restitutionsedikts von 1629 wurden natürlich wiederum restituiert, ja weitere katholische Klöster und Kirchengüter eingezogen und als Lehen der Krone Schwedens verschenkt. Der Marschall Horn erhielt das Gebiet des Deutschen Ordens von Mergentheim als Fürstentum, eine Reihe von Obristen jeweils kleinere Herrschaften, Schlösser und Güter. Der König reservierte sich dabei die „Oberherrlichkeit", die er kraft Kriegsrechts und in der Nachfolge des Kaisers in Anspruch nahm. Nach Gustav Adolfs Tod kam der Länderhandel erst recht in Schwung. Der große schwedische Obristen-Aufstand vom April 1633 zwang Oxenstierna zu dem Schuldentilgungsabkommen vom 22.7.1633, das die Meutereidrohung der spekulierenden militärischen Unternehmer durch Überweisung weiter geistlicher Gebiete beschwichtigte. Schon am 20. Juni 1633 schenkte Oxenstierna das „Herzog-

tum Franken", das aus fürstbischöflich würzburgisch-bambergi-
schem Besitz zu bilden war, an Bernhard von Weimar als erbliches
Lehen der schwedischen Krone. Sold und Sicherung, Beute und
Bündnis waren das Pfand der Treue, das fortan verstärkt zum Siege
zwang. Immer deutlicher wurde der Reichsverband gesprengt.

V. Wallensteins Ende

1. *Die Ausgangslage.* Wallenstein war schlachtenüberdrüssig, ja
des ganzen Krieges müde. Er sah: Siege brachten nicht den Frieden,
der Krieg ging über des Kaisers Kraft. Kühle Köpfe sagten es dem
Kaiser. Ein Memorandum des kaiserlichen Rates Gundaker von
Liechtenstein riet zwei Monate nach Lützen – vergeblich – zum
Verzichtsfrieden und zur Preisgabe des Restitutionsediktes.
Schlecht stehe jetzt der Krieg; sollte der Kaiser aber wirklich siegen, so werde sein Zwangsfriede nicht von Dauer sein, sondern die
Rebellion von innen und die Koalition der Mächte Europas von
außen provozieren, zumal der Türke in der Ferne drohe. Ebenso
votierten der Vizekanzler von Stralendorf, Max Trauttmannsdorff
und der Bischof Antonius von Wien. Ebenso dachte Wallenstein.
Von Lützen war er nach Böhmen abgezogen; die kaiserlichen Erblande mußten wieder als Quartier herhalten. Das ausgeblutete
Heer bedurfte der Regeneration und Reorganisation; es brauchte
Ruhe, Ersatz, Werbungen, Rüstungen und vor allem Geld, das vom
Hofe ausblieb. So mußten die kaiserlichen Obersten enorme Vorschüsse aufbringen und folglich Wallenstein ihnen dafür Bürg-
schaft leisten; sie hatten sich dadurch gegenseitig in den Fängen,
militärisch, wirtschaftlich und politisch. Die Rollen Wallensteins
flossen ineinander: Er war der mächtigste Kriegsunternehmer
Europas, die Armee war seine Schöpfung, und er sah in ihr seinen
ureigensten Besitz, den er nicht riskieren und ruinieren wollte.
Daneben war er als Herzog von Friedland und Mecklenburg ein
deutscher Fürst und Reichsstand, Träger und Wahrer reichsständischer Libertät. Das überlagerte sich mit seiner Position als kaiserlicher Generalissimus mit jenen Vollmachten von gefährlicher Weite.
Er wollte Frieden, für sich und für das Reich, auch in des Kaisers
Namen und wohlverstandenem Interesse. Der seelenfeste Kaiser
aber konnte die Gefahren nicht begreifen: Eben jetzt gelang ja
Oxenstierna der große Coup des Protestanten-Bundes von Heilbronn, eben jetzt schloß Oxenstierna das neue, verhängnisvolle
Bündnis mit Frankreich; der große europäische Staatenkrieg
Schwedens, Frankreichs, Hollands, der deutschen Protestanten

gegen den Kaiser und das schwache Spanien stand unmittelbar bevor. Wieviel wog hier die Treue zu des Kaisers (erklärtem oder wahrem?) Willen und Nutzen? Wieviel die Hoffnung auf seine Billigung, wenn man den Widerstand der Schmeichler, Neider, Blender am Wiener Hofe überwand? Die Lage war verworren. Die protestantischen Reichsstände widerstrebten der kaiserlichen Religionspolitik, die katholischen dem kaiserlichen Dominat; die Reichsstände suchten Unterstützung bei Schweden gegen Frankreich, bei Frankreich gegen Schweden, bei beiden gegen den Kaiser. Auch Wallenstein wuchs die Wirrnis über den Kopf. Er war kein Diplomat; er hatte zuwenig Fühlung mit den Höfen und zuwenig Übersicht. Er wirkte abgefeimt, wenn seine Hektik zurückfiel in Lethargie, wenn seine Antwort zunächst ausblieb und dann um so verdächtiger und kühner drängte. Wallenstein verstrickte sich in ein Netz diplomatischer Fäden, die er erlaubt, halberlaubt und unerlaubt zugleich in verschiedenen Richtungen spann, fahren ließ und wieder aufnahm, bis ihm keiner mehr glaubte und er sich immer tiefer in den Verdacht des Verrates brachte, zu spät diese Gefahr bemerkte, dann wieder zögerte, den Verrat am Ende notgedrungen doch beging, d.h. begehen wollte und der Gegenwehr zum Opfer fiel, bevor er ihn vollends ausführen konnte. Das Unheimliche seines Wesens, die Mischung von Zaudern und zupackender Entschlossenheit, von kalter Berechnung und Phantasterei, Mißtrauen und Arglosigkeit wurde ihm zum Verhängnis, gerade nun, als es ihn zum Handeln drängte und er in der Zerrüttung der Verhältnisse wie seines kranken Körpers niedersank. Die Ärzte traktierten ihn mit Heiltränken, mit fatalen Einflüsterungen Seno, sein Astrolog, der von Gallas bestochen worden war.

2. *Verhandlungen.* Aus dem Knäuel der Ereignisse schälen sich drei Linien heraus: Da war die zunächst loyale Linie der Verhandlungen mit Sachsen zu dessen Trennung von den Schweden. So schonte Wallenstein die sächsische Armee, schloß dann mit Arnim, ihrem General, im Sommer und nochmals im Herbst 1633 einen Waffenstillstand und warb, ja rang um Sachsens Friedenswillen. Aber alsbald glitten seine Vorschläge ab in offene Insubordination: Er bot den Sachsen den Verzicht auf die katholischen Restitutionsmaßnahmen und die Rückkehr auf den Stand von 1618 an, wozu er den Kaiser nimmermehr entschlossen wußte; die Generale beider Seiten sollten sich durch die Vereinigung ihrer Armeen zusammentun und die Politiker zum Frieden zwingen, damit die Deutschen dann ihre Feinde, die Schweden und Franzosen, aus dem Reiche hinausschlügen. – Daneben liefen seine Kontakte mit den

Schweden und mit den Franzosen. Diese Verhandlungen waren hochverräterisch. Sie wurden durch die Agilität des Grafen Thurn (bekannt durch den kurzsichtigen Anfang allen Unglücks, den Prager Fenstersturz von 1618) noch über Wallensteins nebulöse Pläne hinaus vorangetrieben. Doch Oxenstierna, der Realist, verlangte Klarheit von Wallenstein, d.h. eine kaiserliche Vollmacht zum Friedensschluß oder Beweise von Wallensteins offener Rebellion, indes sich dieser in Schweigen hüllte. Oxenstierna wollte nicht den Frieden mit den Katholiken. Und Sachsen blieb an Schwedens Seite, hielt Wallenstein hin und verlangte die Einbeziehung Schwedens in den großen Friedensplan. Wallenstein geriet so in die Zwickmühle, weil sich seine deutsch-protestantische Friedenslinie (mit Sachsen für den Kaiser gegen Schweden) und seine schwedische Friedenslinie (mit Schweden gegen den Kaiser) verknüpften, verwirrten und blockierten. Um Wallenstein zur Rebellion gegen den Kaiser zu locken, boten die Schweden ihm durch böhmische Emigranten die Krone Böhmens an. Das lehnte er als „großes Schelmstück" ab. Auch die Franzosen suchten ihn zu locken mit der Krone Böhmens, mit einer militärischen Allianz, mit dem Plan einer protestantisch-katholischen Gesamtpartei der Reichsstände (einschließlich Baierns) zum Kampf gegen den Kaiser, indes die Schweden ohne solchen Ausgleich mit den Katholiken den Kaiser niederringen und die Restitution der böhmischen und pfälzischen Emigranten erzwingen wollten.

3. *Konflikte mit dem Hof.* All die Projekte zerschlugen sich im Ergebnis. Aber sie blieben natürlich nicht verborgen; gerade die Fetzen, die nach außen drangen, wuchsen sich aus zu einer fatalen Fama, die Wallenstein teils unterschätzte, teils zu benützen dachte, um sich in Positur zu setzen und mit ihrem Druck zu spielen. Das wurde sein Verhängnis. Er kam ins Zwielicht und wurde zu gefährlich – für seine neuen Friedensfreunde und insbesondere für den Kaiser selbst. Anlaß zu Sorgen und Zweifeln an seiner Treue hatte er ja im Übermaß geboten. Nach Lützen, seit November 1632, hatte er fast ein ganzes Jahr in militärischer Untätigkeit versäumt. Erst Mitte Oktober 1633 raffte er sich auf, überfiel in Eilmärschen eine schwedische Armee unter dem Grafen Thurn bei Steinau an der Oder, zwang sie zur Kapitulation und nahm im Handumdrehen den schlesischen Festungsgürtel von Liegnitz, Glogau, Sagan, Crossen. Er konnte also, wenn er wollte! Aber dann ließ er verdächtigerweise den Grafen Thurn aus der Gefangenschaft frei und fiel zurück in die alte, dem Hofe unbegreifliche Passivität seiner Kriegs-Operationen, obwohl Bernhard von Weimar in einer küh-

nen Diversion eben jetzt Baiern verheerte. So fiel die Festung Regensburg, das Bollwerk der Katholiken im Süden. Zu spät zum Entsatz kam Wallensteins ruinöser Reiterzug über den verschneiten Böhmerwald. Er brach ihn ab im bairischen Furth am Wald und kehrte zurück nach Böhmen, da ihm die Fortsetzung des grausigen Winterfeldzugs ohne Nachschub und ohne Artillerie und Infanterie der schiere Selbstmord schien. Mißerfolge meldeten sich auch an den anderen Fronten in Norddeutschland, Oberschwaben und am Oberrhein, wo Philippsburg den Kaiserlichen verlorenging. Von nun an eskalierte der Konflikt. Der Kaiser befahl ihm förmlich – für ihn ungewohnt und unerhört – die erneute Winterkampagne über das Gebirge nach Baiern, und ferner die Verlegung der Winterquartiere aus den Erblanden nach Sachsen, Thüringen und Brandenburg, was auch dort den Winterkrieg erzwungen hätte. Wallenstein widersetzte sich. Gegenbefehle Wallensteins und des Kaisers an die Truppe kreuzten sich. Das Wort des Generalissimus setzte sich durch. Da lenkte der Kaiser ein – zum Schein, und sann hinfort auf eine durchgreifende Lösung zur Wahrung der kaiserlichen Autorität. Wallensteins Gegner arbeiteten mit aufbauschenden Flugschriften und vorsichtigen Denkschriften; die Zirkel seiner Feinde – die Partei der Hofgeistlichen, des Hofkriegsrates, der Baiern, der Spanier – fanden sich zusammen. Und Wallenstein reizte weiter, überschätzte sich und manövrierte sich tiefer ins Verhängnis. Er griff halbernst zu der erprobten Rücktrittsdrohung. Die Generale und Obristen, fast fünfzig an der Zahl, bestürmten ihn, zu bleiben. Sie schwuren ihm dafür im Pilsener Schluß vom 12. Januar 1634 bedingungslose Treue bis zum Tode, um ihn an das Heer, das Heer vereint an ihn zu ketten. Sie waren über die Befehle vom grünen Tisch aus Wien empört, fürchteten aber vor allem, daß Wallenstein sich ihnen aus der Haftung für ihre Vorschüsse durch eine Art betrügerischen Bankrott entwinden könnte. Der Pilsener Schluß war eine Torheit, Ilows ungestüme Hetze vor den Offizieren hatte dies eingebrockt. Der Hof aber mußte darin den Beweis der Verschwörung gegen das Kaiserhaus erblicken. Als Wallenstein die Gefahr erkannte, ließ er am 20. Februar 1634 im Zweiten Pilsener Schluß die Unterzeichner – soweit sie jetzt noch zu ihm kamen – den Vorbehalt der Treue gegen den Kaiser und die katholische Religion beteuern, entließ sie auch insoweit aus dem Eide. Dadurch wurde der Pilsener Schluß für ihn vollends entwertet. Zu spät:

4. *Absetzung und Verurteilung Wallensteins.* Die Würfel waren längst gefallen. Am 24. Januar 1634 war (später zu publizieren) das

geheime kaiserliche Absetzungspatent ergangen und das geheime Strafurteil des kaiserlichen Sondergerichts gefällt worden: Gefangennahme und Überführung des notorischen Rebellen nach Wien, bei Widerstand seine sofortige Tötung. In der Krise wußte der Kaiser seit je sein frommes Phlegma in harte Entschlußkraft und zähe Beständigkeit zu verwandeln. Aber er rang sich die Entscheidung in schweren nächtlichen Gebeten ab. Er gab keinen Mordbefehl. Er ließ das Gericht sprechen; ohne Beweis und Urteil durfte kein Christ, auch kein Kaiser, einen Menschen töten. Es war ein Notgericht, die Größe der Gefahr erlaubte keine offene Verhandlung. Fair handelte der Kaiser bei der Ernennung der drei Richter: Eggenberg und Bischof Antonius waren Wallensteins Freunde, sie hatten vordem zur „Friedländischen Faktion" gehört. Auch Trauttmannsdorff, der dritte, war ihm bisher im ganzen wohlgesonnen. Keiner der Hasser und Neider saß über Wallenstein zu Gericht. Doch was dem Gericht an Kunde zugespielt wurde, schien bedrohlich genug: Die Überführung der Armee zu dem Feind, die Gefangennahme des Kaisers, die Ausrottung des Erzhauses, die Neuverteilung seiner Lande – diese tödlichen Anschwärzungen bestätigte Wallensteins Günstling, der Feldmarschall Piccolomini, der sich dem Kaiser als Retter und listiger Vollstrecker des Urteils erbot. Das Urteil hatte natürlich noch die Nebenwirkung, daß es mit einem Schlage die zerrütteten kaiserlichen Finanzen sanierte, die riesigen Schulden an Wallenstein, auch die Verpflichtung zum Ersatz für Mecklenburg tilgte und seinen unermeßlichen Besitz in Böhmen zur Verfügung stellte.

Nun mußte der Hof die Kommandeure gewinnen. Es gelang überraschend, ja beschämend leicht. Sie alle spürten, wie Wallenstein zauderte und seine Stellung wankte; den meisten eilte es, rechtzeitig aus dem Dunstkreis der Verschwörung und Ungewißheit auszubrechen. So machte sich einer nach dem anderen der alten Kameraden aus dem Staube. Wallenstein ließ sie ziehen mitsamt ihren Truppen, gab ihnen die gewünschten Befehle, lieh ihnen huldvoll seine prächtigen Karossen auf Nimmerwiedersehen, ahnte nichts und traute ihrer Treue und stand alsbald in Pilsen mit einem kümmerlichen Rest seiner Armee allein. Während sie ihn verließen, entfachte er nochmals hektische Verhandlungsaktionen mit den Sachsen, Schweden und Franzosen; zugleich suchte er doch noch einen Ausgleich mit dem Wiener Hofe und bat um einen ehrenhaften Abschied, womit er nun seinerseits seine Offiziere gegen den Pilsener Schluß betrog. Aber das alles war schon im Trubel des Geschehens überholt. Vom 18. Februar an ergingen weitere Patente des Kaisers an die Truppenkommandeure und hohen Behörden: Wallenstein wurde öffentlich zum Verräter und Rebellen erklärt, die Ausführung aller seiner Befehle verboten, der Wechsel im Oberbefehl auf Gallas, Piccolomini und andere kaisertreue Befehlshaber eröffnet, die Güter der Abgesetzten beschlagnahmt und inventarisiert. Der Condottiere, der die größte Militärmacht Europas aufgebaut und selbstherrlich befehligt hatte, stürzte ins Leere; die Staatsgewalt setzte sich historisch durch. Am 21. Februar erfuhr er, daß er verloren war. Sofort wich er nach Nordwesten aus, während sich seine kaiserlichen Gegner massenhaft in Prag formierten; mit kaum 3000 Mann kam er in Eger an. Er suchte jetzt verzweifelt die Verbindung mit den Protestanten, bat Bernhard von Weimar und Arnim um die Vorabentsendung von Kavallerie-Abteilungen. Sie aber zögerten, witterten eine Kriegslist Wallensteins. Sie ahnten nicht, daß er als verlassener Überläufer auf der Flucht zu ihnen war.

5. *Die Beseitigung.* Doch dieser letzte Schimpf des Schicksals auf seinen großen Namen blieb ihm erspart durch die Tragödie seines Untergangs, die seine Gegner ins Unrecht setzte und gemein erscheinen ließ. Bis heute ist umstritten, ob seine Mörder überhaupt das Todesurteil kannten, und jedenfalls war die Exekution durch das Urteil kaum gedeckt, da die Gefangennahme Wallensteins, des Isolierten, Kranken nach der Liquidierung der letzten führenden Mitverschwörer unschwer möglich schien. Der Platzkommandant von Eger, Oberstleutnant Gordon, sein Oberstwachtmeister Leslie und der irische Oberst Butler, dessen Dragonerregiment Wallenstein auf dem Marsch nach Eger getroffen hatte, beschlossen heimlich, den Verrat mitzuspielen und dann durch doppelten Verrat zu überbieten, weil nur dies Rettung und Lohn verhieß. So leisteten sie zuerst den Rebellen-Schwur auf Wallenstein, luden am Abend des 25. Februar 1634 ihre Mitverschworenen – Ilow, Trzka, Kinsky und den Rittmeister Niemann – zur Verbrüderung auf das Schloß zu Eger und ließen sie während des Gelages plötzlich durch Butlers Dragoner niedermachen. Anschließend schickten sie einen Trupp Butlerscher Dragoner hinab zu Wallensteins Wohnquartier in der Stadt, wo Hauptmann Deveroux im Schlafgemach den vom Lager Aufgescheuchten, um Gnade Stammelnden zwischen Tisch und Fenster mit der Hellebarde unter Verwünschungen erstach.

Die Übertragung des Oberbefehls auf den jungen König Ferdinand III. und auf Gallas an seiner Seite vollzog sich erstaunlich glatt. Die Kommandeure überboten sich in Ergebenheitsadressen, der Kaiser gab den Verführten huldvoll Pardon und band sie neu an sich durch freigiebigste Geschenke. So wurde die riesige konfiszierte Vermögensmasse wiederum wie 1620 vom Hof verschleudert. Wallensteins Güter gingen an seine Offiziere (seine Mitverschworenen von ehedem), an die übrigen Gläubiger des Hofes, an die Beamten, an die geistlichen Institute. Nur die drei Todesrichter hielten ihre Hände sauber. Der Kaiser ließ für die Seelen der Rebellen 3000 Messen lesen, die in exakter bürokratischer Kontingentierung auf die Kirchen und Klöster Österreichs angewiesen wurden. Das Religiöse war somit geregelt. Aber Peinlichkeiten gab es im Punkte des Rechts: In Wallensteins erbeuteter Kanzlei ließen sich keine handfesten Beweise, keine Verschwörerbriefe an die Schweden und Franzosen, nichts über die geplante Ausrottung des Kaiserhauses finden; darauf aber war ja das Urteil vom 24. Januar abgestützt. Auch scharfe Verhöre brachten wenig rechtlich Verwertbares ans Licht. Das war schlimm und entnervend für den Kaiser und die Katholiken. Das Recht war eine Großmacht in diesem Zeitalter der Rechtlichkeit und Raffinesse, so unsicher und zutiefst umstritten es zwischen allen Parteien galt; auch in dem Grauen des Krieges hatte sich der Glaube an das Recht, um das man sich verblutend verkämpfte, keineswegs in den Zynismus Machiavells verloren. Der Kaiser zögerte deshalb mit der Publikation des Urteils vom Januar. Das brachte die kaiserlichen Generale in Mordverdacht und in tiefe Erbitterung, und das war Wasser auf die Mühlen der Protestanten, die in großaufgemachter Propagandawelle den Kaiser, den Hof und die ganze Klerisei als habgierige Meuchelmörder vor aller Welt anschuldigten. Ein zweiter, posthumer Prozeß gegen Wallenstein, wie ihn der Thronfolger zur Bekräftigung des Todesurteils wünschte, wurde nach reiflicher Erwägung verworfen, weil er das erste Urteil relativiert hätte und die Dürftigkeit der Beweislage erst recht offenzulegen drohte. So half sich der Hof mit dem amtlichen „Ausführlichen und gründlichen Bericht der vorgewesenen Friedländischen und seiner Adhaerenten abscheulichen Prodition", den man in monatelanger Kompilation zusammenbraute. Dadurch nahm nun der Kaiser das Urteil und die Exekution offiziell auf seine Verantwortung und schloß damit den heiklen Rechtsfall ab. Aber ein zweiter Prozeß über Wallenstein wurde doch noch geführt, als 1842 ein später Nachfahr nach sieben Generationen durch mehrere Instanzen um Wallensteins Güter prozessierte, weil der Uroheim unschuldig gefallen sei und überdies der Familien-Fideikommiß nicht für sein persönliches Versagen hafte. Doch die Zivilgerichte verneinten korrekt ihre Kompetenz über die Vorfrage des kaiserlichen Strafurteils und wiesen die Klage ab. So blieben die neuen Grundbesitzerfamilien noch ein Jahrhundert bis zur neuerlichen Umwälzung aller Verhältnisse in Böhmen ungeschoren.

VI. Der europäische Krieg

1. *Der veränderte Charakter des Krieges.* Wallenstein war wegge-
räumt, die Friedenshoffnung begraben. Noch über lange vierzehn
Jahre wütete der Krieg weiter und zeigte zunehmend Züge unvor-
stellbaren Grauens, wie es die Pfarrbücher und Chroniken, die
Stiche Callots und die Romane Grimmelshausen füllt; das ist erst
wieder durch die Kriege und Massenliquidierungen des fortge-
schrittenen 20. Jahrhunderts erreicht und überboten worden. Wo
der Krieg durchzog, war das Land ausgebrannt und kahlgefressen.
Die Menschen wurden hinweggerafft durch Hungersnöte und
grassierende Seuchen; sie kosteten auch mehr Soldaten als der
Kampf. Alle Armeen schmolzen zusammen in entsetzlichen Verlu-
sten und wuchsen doch unaufhörlich durch Werbungen, weil weithin nur die Fahne Unterhalt und Sicherheit versprach.
Der Krieg löste sich mehr und mehr auf in einzelne Großoperatio-
nen, die die politische Entscheidung nicht herbeizwangen, weil sie
den Sieger unnachgiebig, den Verlierer bald wieder voll verderbli-
cher Hoffnung stimmten. Der Krieg war wesentlich Bewegungs-
krieg, wie Gustav Adolf ihn vorexerziert hatte; die Schweden
waren seine Meister in den staunenswerten Entfernungen und
Geschwindigkeiten ihrer kühnen Offensiven und Retiraden. Das
Erbe des großen Königs blieb lebendig in einer Fülle exzellenter
Generale – Horn, Banér, Torstensen, Wrangel. Ihrer strategischen
Führungskraft und Organisationsgabe zeigten sich die besten Köpfe
der Kaiserlichen wie Gallas und Piccolomini keineswegs gewachsen.
Hervorragend war hingegen zeitweise die bairische Führung der
Liga durch Franz von Mercy und den Reitergeneral Johann von
Werth. Die französische Armee gewann erst langsam die militä-
rische Erfahrung und Kraft ihrer kampferprobten Gegner und
Verbündeten; die späteren ruhmreichen Marschälle Ludwigs XIV.,
Turenne und der Herzog von Enghien, der Sohn des Prinzen
Condé, verdienten sich hier ihre ersten Sporen. In den ersten Jah-
ren waren die Kaiserlichen im ganzen in der Vorhand, bis ihre
Kräfte mehr und mehr erlahmten, indes sich ihre Gegner unüberwindlich erwiesen, die Kraft ihrer spanischen Bundesgenossen aber
verfiel.
Die Internationalisierung des Kriegsgeschehens zum „Weltkrieg"
Europas gibt dieser Zwischenepoche ihren historischen Akzent. Das
alternde Deutsche Reich wurde zum Kampfplatz, auf dem die
europäischen Mächte ihre Großmachtinteressen und -konflikte
austrugen und den Grund für das neue europäische Staatensystem
legten. Der Krieg wurde universal. Er fällte die universale Hege-

monie Habsburgs durch Frankreichs universale Gleichgewichtspolitik der europäischen Allianzen. Er mündete aus in einen universalen Frieden des europäischen Gleichgewichts, der den Grund für Frankreichs neue kriegerische Hegemonie in Europa legte. Aus den engen Ursachen der Ständewirren Böhmens und der deutschen Konfessionskonflikte war ein kriegerischer Weltbrand entstanden, der alle fremden Mächte zuerst zu Interventionen zwang, dann aber zum Weitermachen um der Folgen und Folgekosten willen, die sich schrittweise ins Unabsehbare auswuchsen. Deutschland dürfe man nicht sich selber überlassen, meinte Richelieu, sei es doch wie kein anderes Lande zur Universalmonarchie praedisponiert. Sie zu verhindern war das Ziel und Ergebnis der französischen Politik. Das war die große, unbeirrbare Konstante inmitten aller wechselhaften Wirrnis und Wüstenei des äußeren Geschehens.

Etwa ab 1640 griff der Krieg verstärkt über die deutschen Grenzen hinaus. Portugal und Katalonien fielen mit Frankreichs Unterstützung ab von Spanien. Die Niederländer versenkten 1639 die spanische Flotte, die stärkste seit der Armada von 1588, bei Downs vor Englands Küste. Die Franzosen zerstörten die spanische Landmacht 1643 in der Schlacht von Rocroy an der belgischen Grenze. Dänemark geriet wieder mit Schweden in den Krieg von 1643–45. In Italien und um die Pässe Graubündens wurde erbittert gekämpft. Der Fürst Rákóczy von Siebenbürgen verbündete sich mit den Franzosen und Schweden und rang mit dem Kaiser um die Herrschaft Ungarns.

Der Krieg war vollends zum Staatenkrieg geworden und hatte seinen Charakter als Religionskrieg abgestreift. Das katholische Frankreich unter der Leitung des großen Kardinals, das seine Protestanten als politische Macht im Inneren ausschaltete, führte ihn vereint mit dem lutherischen Schweden und den deutschen Protestanten; so vereitelte es den Sieg der katholischen Gegenreformation im Reich um der politischen Ziele Frankreichs willen. In den Armeen dienten Soldaten und Offiziere aus aller Herren Länder ohne Rücksicht auf ihre Konfession. Aber die Probleme des Religionsrechts besaßen noch erhebliches Gewicht, da sie sich weiter mit den politischen Verhältnissen untrennbar verquickten.

Das militärische Geschehen war wiederum begleitet von den Aktionen der hohen Politik: In den ersten Jahren strebten sie nach militärischer Stärkung durch Allianzen und durch die Isolierung des Feindes; dem diente auch im Reich der Prager Friede von 1635. In den letzten Jahren jedoch – schon seit Dezember 1641 – feilschten alle Mächte um den allgemeinen, den universalen Frieden.

2. *Prager Friede.* Die blutige Schlacht von Nördlingen, die Gallas am 6.9.1634 für den Kaiser gewann, brachte eine folgenschwere Wende: Der Heilbronner Bund löste sich faktisch auf. Süddeutschland war wieder in der Hand der Katholiken; die Zwangs-Restaurationen des Restitutionsediktes trafen erneut Württemberg, Augsburg, die Pfalz und Baden-Durlach. Vor allem aber: Sachsen fiel jetzt ab von Schweden und schloß seinen Frieden mit dem Kaiser. Auf den Präliminarvertrag von Pirna (24.11.1634) folgte der Friede von Prag (30.5.1635), in dem der Kaiser zäh und zielstrebig zahlreiche Nachbesserungen durchzusetzen wußte, die den Protestanten den Friedensschluß folgenschwer vergällten. Sein Programm – die Einigung des Reichs gegen die fremden Mächte durch Ausgleich der Konfessionen und Stärkung der Kaisermacht – blieb dadurch hohl und seine Wirkung eine Halbheit. Zunächst freilich gelang es, fast alle Reichsstände zum Anschluß an den Prager Frieden zu bewegen, auch Brandenburg und Baiern machten mit. So schien das Reich nach langer Zeit zum ersten Mal geeint. Der Friedensvertrag beanspruchte sogar Gesetzesgeltung für alle Reichsstände, sobald ihn eine Mehrheit vertraglich angenommen habe; verfassungsrechtlich schien dieses Verfahren ohne Reichstagsverhandlungen unerhört und auch als Notmaßnahme dubios. Die großen Themen von 1648 lagen schon auf dem Tisch: Restitution, Amnestie und die Normaljahrsregelung. Aber die Lösung war zu eng. Der Friede schloß die Pfälzer und Hessen-Kassel (natürlich auch die Böhmen) von der Rückerstattung und Verzeihung aus, weil diese erst ab 1630 (der Landung Gustav Adolfs), nicht ab 1618 gelten sollten; und diesen Ausschluß erstreckte der Kaiser einseitig noch auf Württemberg, Baden und eine Anzahl von Grafen und Baronen. Verfassungsrechtlich brachte der Prager Friede den Gipfel der kaiserlichen Machtsteigerung, wie Karl V. sie nicht hatte erreichen können. Das Ringen zwischen Monarchie und Ständetum, das sich allenthalben in Europa während der 1. Hälfte des 17. Jahrhunderts entschied, schien nunmehr auch im deutschen Reiche mit dem Siege der kaiserlichen Monarchie zu enden, der sich politisch schon mit dem Restitutionsedikt angebahnt hatte. Zugunsten der Reichseinheit wurde das Bündnisrecht der Reichsstände kassiert und alle ihre Bündnisse – einschließlich der Liga – aufgehoben. Ebenso wurde ihr ius armorum beschränkt durch die Reichskriegsverfassung; Sachsen, Baiern und Brandenburg behielten ihre Truppen nur als Corps der Reichsarmee unter dem Oberbefehl des Kaisers. Das war erkauft durch manche religionsrechtlichen Konzessionen: Der Kaiser gab das Restitutionsedikt von 1629 nun notgedrungen auf. Hinsichtlich des mittelbaren wie auch reichsunmittelbaren

Kirchenguts (das ja beide Konfessionen für sich als die wahre Kirche Christi beanspruchten) einigte man sich darauf, den (unlösbaren) Streit um die wahre (katholische oder evangelische?) Berechtigung auszuklammern durch die ganz äußerliche, weltlich-politische Lösung des „Normaljahrs"-Systems: Der bloße Besitz an einem zufälligen Stichtag (dem 12. November 1627) sollte dafür entscheidend sein, welcher Konfession jeweils das Kirchengut verblieb. Der Stichtag 1627 war für den Kaiser günstig gewählt; er lag zwar vor dem Restitutionsedikt von 1629, aber nach den Erfolgen Tillys und Wallensteins im niedersächsisch-dänischen Kriege und weit vor dem Siegeszuge Gustav Adolfs. Ferner wurde das neue Normaljahrs-System durch viele Sonderklauseln zuungunsten der Protestanten durchbrochen. Auch waren die Calvinisten ausgeschlossen, die Reichsstädte und Reichsritter nicht ins Normaljahr einbezogen, die protestantischen Bistumsadministratoren blieben von Sitz und Stimme in den Reichsgremien suspendiert, die Jurisdiktion des Kammergerichts und sogar des Hofrats wurde ausdrücklich vorbehalten. Damit war die zentrale protestantische Forderung nach Injustiziabilität der umstrittenen Religionsprobleme und ihrer verfassungsergänzenden Vereinbarung abgelehnt (S. 94). Und überdies: All diese mageren Konzessionen wurden von den Katholiken nicht für immer, sondern nur auf 40 Jahre und unter dem begrenzenden Vorbehalt des Wiedervereinigungsgebots (S. 43, 49) konzediert. Die Notrechtsproblematik (S. 55 ff.) war jetzt wieder unter den katholischen Theologen und Politikern um so heißer umstritten, als die Waffen für den Kaiser günstig standen, so daß man sich nur mit Bedenken zu diesem Frieden überwand.

Bald zeigte sich, daß die rechtlichen Regelungen von 1635 dem faktisch-politischen Kräfteverhältnis nicht entsprachen. Die evangelischen Reichsstände waren tief unbefriedigt über diesen Frieden, ließen den Kaiser hängen und hofften auf das Kriegsglück der Schweden und Franzosen. Vor allem aber war der Friede als innerdeutscher Sonderfriede ohne das Ausland nicht mehr zu erreichen, nachdem der Krieg universal geworden war; Wallenstein hatte dies erkannt und sich darin verfangen. Richelieu arbeitete mit Macht auf einen universalen Frieden hin, der Habsburg schwächen und einbinden mußte, und ließ jeden partikularen Frieden scheitern. Als Schweden nach den militärischen und politischen Mißerfolgen kriegsmüde wurde und von Frühjahr bis Herbst 1635 dem Kaiser einen Verzichtsfrieden gegen bloßen Ersatz seiner Kriegskosten anbot, hielt Frankreichs Diplomatie die Schweden auf dem Kriegsschauplatz fest. Frankreich schloß 1635 mit den Generalstaaten ein Bündnis zur Eroberung der spanischen Niederlande, mit Savoyen,

Mantua und Parma ein Bündnis zur Einnahme des spanischen Mailand, vermittelte auch einen neuen Waffenstillstand Schwedens mit Polen. Und dann entschloß es sich 1635 zum offenen Kriegseintritt gegen den Kaiser, da sein meisterhaft geführter „verdeckter" Krieg nach der Schlacht von Nördlingen nicht mehr genügte. Der Prager Friede zerrann, während der Krieg in sein langes letztes, schlimmstes Stadium trat.

3. *Die Operationen 1635–48.* An der Westfront gegen Frankreich gelang den Kaiserlichen und den Spaniern zunächst nach 1635 noch die Rückgewinnung strategisch beherrschender Plätze wie Philippsburg, Koblenz, Ehrenbreitstein und Trier, wo sie den Erzbischof, den französischen Parteigänger Philipp von Sötern, als Hochverräter gefangennahmen. Und 1636 glückte ihnen zweimal ein tiefer Einfall nach Frankreich in die Picardie und in die Bourgogne; Paris geriet in Panik, als der Feind in Compiègne stand. Aber 1638 kam der Umschwung: Bernhard von Weimar, der jetzt im Solde Frankreichs focht, erkämpfte sich in glänzenden Operationen den Rheinübergang, nahm die Festung Breisach, beherrschte fest den Oberrhein, das Oberelsaß und den Breisgau zu Vorstößen in den schwäbischen Kreis. Die Franzosen versprachen ihm als Lohn und Ersatz für sein verlorenes „Herzogtum Franken" (aus der Schwedenbeute) nun die österreichischen Besitzungen im Elsaß, das sie nach seinem frühen Tode 1639 ganz für sich in Besitz behielten. Frankreich setzte sich fest am Rhein, behauptete sich freilich vorerst mit Mühe. Die Baiern unter Mercy und Johann von Werth schlugen die Franzosen in den glänzenden Siegen von Tuttlingen (1643), Freiburg (1644) und Mergentheim (1645) und brachten ihren erneuten Vorstoß nochmals zum Stehen in der verlustreichen Schlacht von Allerheim bei Nördlingen (3.8.45), in der Mercy fiel.

Im Osten kämpften die Schweden unter Banér in Sachsen. Nach dem Prager Frieden zogen sie sich 1635 zunächst nach Mecklenburg zurück, besiegten die Kaiserlichen bei Wittstock (1636), stießen dann wieder vor nach Erfurt, das sie sich als ihren festen Waffenplatz fortifizierten. Abermals wichen sie mit ihrer Feldarmee (1637) zurück nach Pommern. In neuen, kühnen Offensiven schlugen sie die Kaiserlichen wiederum in Sachsen bei Chemnitz (1639) und verheerten Böhmen. 1640 wurden sie von Piccolomini erneut an die Weser zurückgedrängt, brachen dann aber 1641 wieder vor bis Regensburg, wo sie den Reichstag mit ihren Kanonenkugeln erschreckten. Banér starb. Doch der große Torstenson operierte nach ihm ebenso überlegen von 1641 bis 1643 in Schlesien, Mähren, Sachsen und Böhmen, schlug Piccolomini 1642 vernichtend in der zweiten Schlacht von Breitenfeld, bog 1644 in kühnem Zug zurück nach Norden und trieb die Dänen bis Jütland vor sich her, gefolgt von den Kaiserlichen unter Gallas, dessen Heer er dann aufrieb in der Schlacht von Aschersleben nahe Magdeburg, um alsbald wieder in Sachsen und Böhmen aufzukreuzen, den großen Sieg von Jankau bei Tabor 1645 zu erringen, ja vorzustoßen bis in die Nähe Wiens, sich aber bald danach zur Weser zurückzuziehen. All dies erwies die Überlegenheit und unverwüstliche Kraft der schwedischen Waffen.

Die endgültige Wende des Krieges aber brachte im Sommer 1646 die Vereinigung der schwedischen und französischen Armeen zur gemeinsamen strategischen Operation unter Turenne und Wrangel. Sie hatte lange auf sich warten lassen: Nach 1635 hatte Frankreich zunächst die Zahlungen an die Schweden eingestellt, damit sie zunehmend unter Druck gerieten, ihre Positionen am Rhein in der französischen Interessensphäre räumen mußten und sich hinfort auf den Kriegsschauplatz im Norden und Osten beschränkten. Erst 1638 und dann 1641 kam ein neues Bündnis Frankreichs mit Schweden zustande, das die Subsidiengelder für Schwedens Streitmacht wieder fließen ließ. Nun endlich, 1646, brach ihre vereinigte Offensive mit entsetzlichen Verwüstungen über Baiern herein, die Kurfürst Maximilian im März 1647 zum Waffenstillstand zwangen. Doch als im Sommer 1647 Turenne an die niederländische Front kommandiert wurde und Wrangel nach Norden bog und Böhmen verwüstete, trat Maximilian wieder an des Kaisers Seite. Das zog im Frühjahr 1648 die zweite französisch-schwedische Offensive Turennes und Wrangels über sein geplagtes Baiern, während die Schweden unter Königsmark nochmals Böhmen heimsuchten und zum Sturm auf Prag ansetzten, wo vor 30 Jahren der Kampf begonnen hatte. Da schloß sich der mörderische Kreis des Krieges: Der Westfälische Friede war soeben unterzeichnet und wurde überall mit Buß- und Dankgebeten eingeläutet.

Sechster Teil

DER WESTFÄLISCHE FRIEDE

I. Die Vorbereitung

1. *Die „dritte" Partei der Friedenswilligen.* Der Krieg war bereits
abgebröckelt. Die Friedenssehnsucht der Reichsstände wurde übermächtig und trieb sie allmählich zur Formierung einer „dritten
Partei", die immer stärker auf den Friedensabschluß drängte und
die auch zuletzt die Friedenstraktate über die großen Krisen rettete.
Alle Kurfürsten und viele kleinere Reichsstände fielen ihr nach und
nach zu. So siegte nun doch die Linie der bewaffneten Neutralität
der Reichsstände, die schon 1631 der Leipziger Konvent vergeblich
zu organisieren versuchte und die dann durch die schwedische
Bündnispolitik (besonders im Heilbronner Bund von 1634) und
durch den kaiserlichen Machtzuwachs im Prager Frieden von 1635
überrundet worden war.

Den Anfang machte Brandenburg. Im Mai 1641 verließ der junge
Friedrich Wilhelm, der später als der Große Kurfürst Geschichte
machte, den Kaiser und schloß einen Waffenstillstand mit den
Schweden. Sodann entließ er – der preußischen Legende recht
zuwider – die verlotterte brandenburgische Armee bis auf einen
kleinen, zukunftsträchtigen Kern, der auf den Landesherrn verei-
digt wurde. Das war ein schwerer Bruch des Prager Friedens, ein
Attentat auf die kaiserliche Militärhoheit, in deren Dienst als kaiserlicher Generalissimus er doch nicht über das Brandenburger
Corps der Reichsarmee verfügen durfte. Blitzartig beleuchtete dies
das Scheitern der einheitlichen, kaiserlichen Kriegsverfassung des
Reichs, ferner den Anspruch der Reichsstände auf ihre fürstliche
Souveränität und auf eine eigenständige Außenpolitik einschließlich ihres Bündnisrechts. Sachsens Waffenstillstand mit den Schweden folgte im Sommer 1645. Der Kurfürst von Mainz, seit 1644
links des Rheins vertrieben, schloß im Mai 1647 seinen Waffenstillstand mit den Franzosen, denen der Kurfürst von Trier ohnehin
verbunden blieb, auch nachdem ihn der Kaiser 1645 als Friedens-
Vorleistung wieder auf freien Fuß gesetzt hatte. Auch Kurbaiern

und Kurköln hatten im März 1647 zu Ulm ihren Waffenstillstand mit den Schweden und Franzosen vereinbart, ihn freilich bald darauf gekündigt. Doch tat dies Maximilian, um seine eigene Stellung zu stärken und den Kaiser als Bundesgenossen zum Frieden zu zwingen. So erreichte er wieder den alleinigen Oberbefehl über die bairische Armee und sammelte nun die gemäßigten katholischen Reichsstände für jene „dritte Partei", für die Brandenburg die Masse der evangelischen Reichsstände gewann.

2. *Die Vorverhandlungen.* Seit Jahren schleppten sich die Friedensverhandlungen hin. Schon am Weihnachtstage 1641 hatten sich der Kaiser, die Schweden und die Franzosen im Hamburger Präliminarvertrag zur Aufnahme von Friedensverhandlungen in den neutralisierten Kongreßstädten Münster und Osnabrück verpflichtet und das freie Geleit für die Gegner „und ihre Verbündeten" versprochen – diese Klausel wurde eminent bedeutsam für die Beteiligung der deutschen Reichsstände am Kongreß und damit für die föderalistische Auflockerung der deutschen Reichsverfassung seit 1648. Im Dezember 1644 wurde der Kongreß nach langwierigen Vorklärungen eröffnet, um endlich am 24. Oktober 1648 zum Abschluß zu kommen. – Wie auf dem internationalen Felde waren auch auf der innerdeutschen Ebene die Verhandlungen in Gang gekommen. Der Reichstag von Regensburg 1640/41, der nun 37 Jahre nach dem geplatzten Reichstag von 1603 erstmals wieder ausgleichsbemüht zusammentrat, offenbarte die Schwäche des Kaisers, die Zerrissenheit des Reichs und die Verbitterung der Protestanten, die sich vom Prager Frieden freimachten und die Rückkehr zum Status quo von 1618 forderten. Der große Abfall vom Kaiser begann.

3. *Die Verbindung der internationalen und innerdeutschen Verhandlungen.* Das rechtliche Verfahren wurde wiederum entscheidend für das politische und rechtliche Endergebnis. In einem erregenden Schauspiel wuchsen die internationalen Friedenstraktate und die innerdeutschen Reichsverhandlungen zusammen: Der alte deutsche doppelte Dualismus zwischen Kaiser und Reichsständen einerseits und zwischen den Religionsparteien andererseits verschmolz nun mit dem internationalen Gegensatz zwischen dem Kaiser und den fremden Mächten. Das führte zu einem umfassenden, vielseitig austarierten Gleichgewichtsverbund von Völkerrecht, Verfassungsrecht und Staatskirchenrecht im Herzen Mitteleuropas, der bis zur Schwelle des 19. Jahrhunderts galt. Der Westfälische Friede erwuchs aus diesem Zusammenwirken der deutschen reichsständischen Opposition mit Schweden und Frankreich.

So scheiterte in Deutschland der Absolutismus des Kaisers und siegte die Macht der Stände des Reichs mit Hilfe der fremden Kronen.

4. *Die Beteiligung der Reichsstände am Kongreß.* Der Kaiser versuchte natürlich diese für ihn üble Verquickung zu verhindern. Er wollte den Westfälischen Frieden (beim Abschluß und im Inhalt) auf die Beziehungen zu den auswärtigen Mächten beschränken, dabei die Kompetenz zur außenpolitischen Vertretung des Reichs ausschließlich der kaiserlichen Gewalt vorbehalten. Die innerdeutschen Fragen aber suchte er von den auswärtigen Verbindungen abzulösen und auf einen späteren deutschen Reichstag zu verschieben, weil dies der kaiserlichen Autorität und der katholischen Majorität größere Chancen versprach. Er wollte tunlichst die Stände von den fremden Mächten, die Mächte aber voneinander scheiden und gegeneinander ausspielen. Er unterlag. Die evangelischen Reichsstände hielten sich an die Schweden zur Wahrung ihrer Konfessionsinteressen, die Baiern und viele Katholiken an die Franzosen zur Sicherung ihrer Libertät. Am Anfang fielen schon die Würfel: Die Schweden und die Franzosen luden einfach alle Reichsstände zum Kongreß ein – über den Kopf des Kaisers hinweg, der diese vergeblich ermahnte, im schuldigen Gehorsam gegen die kaiserliche Autorität fernzubleiben und nicht mit den Feinden des Kaisers zu paktieren. Doch die Reichsstände kamen angereist und wurden schließlich von allen Seiten, zuletzt auch vom Kaiser selbst, im Sommer 1645 als vollberechtigte Kongreß-Teilnehmer mit eigenem Stimmrecht anerkannt. Das Reich war somit auf dem Kongreß nicht als Einheit vertreten; es wurde nicht lediglich vom Kaiser repräsentiert, sondern gleichberechtigt auch von der Gesamtheit seiner Stände.

5. *Die Bedeutung der Verfahrensfragen.* Durch diesen Modus der Friedensverhandlungen war auch der Friedensinhalt weithin vorgezeichnet. Schon im Verfahren der Friedenstraktate waren die einzelnen Reichsstände als völkerrechtlich selbständige Glieder in ihrem ius belli ac pacis anerkannt, so wie es der Friede ihnen dann auch für die Zukunft bestätigt hat. Damit hatten die beiden Großmächte den lange schwelenden, unentschiedenen deutschen Verfassungskonflikt zwischen Kaiser und Reichsständen im Sinne der reichsständischen Auffassung entschieden. Ähnliches galt auch für die Religionsprobleme: Als es den Protestanten mit Hilfe der Schweden gelang, die Religionsverfassungsfragen auf die Tagesordnung des Kongresses zu bringen, war damit vorentschieden, daß

die anstehende Interpretation und Ergänzung des Augsburger Religionsfriedens von 1555 nur durch freie Vereinbarung, nicht aber durch ein Religionsdiktat des Kaisers und der katholischen Majorität erfolgen konnte; dadurch war auch ein paritätisch ausgewogenes Ergebnis des materiellen Friedensinhalts gesichert. Der alte Widerstand der Protestanten gegen die konfessionelle Überstimmung in Religions- und Religionsfriedensfragen hat sich mit internationaler Hilfe im Verfahren der Friedenstraktate von 1645–48 durchgesetzt (vgl. S. 51, 93 f., 119 f.).

II. Der äußere Rahmen des Kongresses

1. *Der Schauplatz und das Zeremoniell.* Mit der Zulassung und dem ius suffragii der deutschen Reichsstände hatte der erste große Friedenskongreß der europäischen Geschichte nach langwierigen Vorverhandlungen seine Rechtsgestalt gewonnen. Fast ganz Europa fand sich in den beiden bescheidenen westfälischen Bischofsstädten ein; nur Rußland, die Türkei und das vom Bürgerkrieg zerfleischte England fehlten. Unter den hundertachtundvierzig Gesandten gaben die Großen den Ton an: Sie hielten Residenz mit Pomp und Prunk, Musik und Gobelins in den städtischen Adelshöfen, machten Staat mit ihren Visiten, Empfängen, Banketten, mit öffentlichen Auffahrten in acht- und zehnspännigen Karossen, eskortiert von einem Schwarm berittener Edelleute und Trabanten. Die jungen Staaten entfalteten ihre barocke Repräsentation, suchten einander an Aufwand, Pracht und Imponiergehabe zu übertrumpfen; man praßte und machte Schulden in schwindelnder Höhe, während das Land ringsum vollends im Grauen und Elend des Krieges versank. Derbe Tafelfreuden und Trinkgelage, Theater und Tanz bildeten den Rahmen für das harte und kaum lösbare politische Geschäft.

Alles war hier Anfang ohne Vorbild. Europa suchte seine neuzeitliche Gestalt. Die Mächte waren alle noch unfertig und erschüttert in ihrem inneren Staatsbildungsprozeß. Ebenso tastend und langsam fanden sie zu den Formen des zwischenstaatlichen Verkehrs mit allen seinen diffizilen, ja ridicülen und doch so praktisch-nötigen Protokollproblemen um Präzedenzen, Titel, Form und Rang. Erst diese symbolträchtigen Regeln und Zeremonien machten ja ein rationales und differenziertes politisches Handeln zwischen den Mächten Europas möglich, die nun alle die völkerrechtliche Ebenbürtigkeit und doch so ganz verschiedenes politisches Gewicht besaßen; erst dadurch gewann das politische Auftreten im Konzert der Mächte Kontinuität und Kalkulierbarkeit, vermittelte Verläßlichkeit und Vertrauen, erlaubte das vorsichtige Taktieren wie auch den diplomatischen Coup, auf den der Gegner dann wiederum rational reagieren konnte. Die Lage war kompliziert wie nie zuvor, die Aufgabe riesengroß. Bisher hatte es meist nur zweiseitige Friedensverhandlungen in Europa gegeben. Versammlungen dieser Größe und Bedeutsamkeit kannte nur die Kirche in den Konzilien, die ihren festen Rahmen im kanonischen Recht und in der Hierarchie besaßen. Nun mußte sich auf dem vagen Boden weltlicher Gleichheit und Souveränität das europäische Staatensystem der Neuzeit bilden, mit seinen Rangstreitigkeiten der Gesandten, die unendlich viel Zeit und Kraft verschlangen.

2. *Der Kongreß als Gesandtenkongreß.* Es war ja ein reiner Gesandtenkongreß: Keiner der führenden Staatsmänner hat sich selbst dort blicken lassen – wie hätte dies die Handlungen erleichtert und verkürzt! Keiner der Gesandten hatte natürlich eine Generalvollmacht, die die wechselnden Verhandlungsstadien und -ziele vorweg abdeckte. Alle waren auf ständige Rückverhandlungen mit ihren Höfen angewiesen, auf riskante und zeitraubende Kurierdienste durch das Kriegsgeschehen, auf die mühevolle Abgleichung ihrer fernen Regierungen untereinander, auf offene Direktiven zum Vorzeigen und geheime Eventualermächtigungen und Limitierungen, die doch nicht als unüberwindlich gelten konnten. Daß man zum Schlusse kam, war manchmal wie ein Wunder. Gerüchte blühten und wurden künstlich in Umlauf gebracht; das Spionieren und Finassieren hat hier erhellt und dort verwirrt. Bestechungen bewirkten Enormes auf allen Seiten; man hieß sie „Realdankbarkeit".
Rivalitäten innerhalb der Gesandtschaften kamen erschwerend hinzu. An der Spitze der französischen Diplomaten glänzte der Herzog von Longueville mit seiner schönen, geistreichen Frau in den Geselligkeiten, doch stand er ebenso wie der tüchtige Gesandte Avaux in Ungnade bei Mazarin; als dessen Vertrauter und Aufpasser agierte Servien, ein harter, erfolgreicher Diplomat aus der Schule Richelieus. Die schwedische Gesandtschaft führte Johan Oxenstierna, des Kanzlers brutaler und diplomatisch unerfahrener Sohn, der wie sein Vater die Gunst der friedensgeneigten Königin Christine zunehmend verlor, indes ihr Günstling Salvius seine Herrin geheim informierte und den harten Kurs des Kanzlers sabotierte. Die Zentralfigur des Kongresses war unbestritten Maximilian Graf Trauttmannsdorff, der als Gesandter des Kaisers den

Frieden mit exzellenter Überlegenheit, Gewandtheit und Geduld aushandelte und über alle Klippen brachte. Hart und zugleich elastisch verlor er nie die Nerven und nie das Ziel und Maß in allen Schwierigkeiten, wußte sich bald gemütlich-jovial, bald grob und polternd zu geben, erwarb sich aber durch seine Rechtlichkeit und ungespreizte Ehrenfestigkeit allseits Respekt, wo nicht Vertrauen. Als langjähriger Ratgeber Ferdinands II. hatte er 1635 schon den Prager Frieden ausgehandelt und war dann unter Ferdinand III. zum Präsidenten des Geheimen Rates avanciert. Die Treue zum Erzhause stand ihm über allem, wohl auch über den Reichsbelangen. Wie viele andere Räte des Kaisers war auch er als Protestant geboren. Auf die Pfaffen war er nicht gut zu sprechen und in den Konfessionsproblemen war er zum dauerhaften Ausgleich geneigt; mit Fassung trug er, daß er verhaßt war bei den militanten Katholiken um den Bischof Franz Wilhelm von Osnabrück, den Prior Adam Adami aus Kloster Murrhardt und den gelehrten Augsburger Ratsherrn Dr. Leuxelring. In seiner derben Konzilianz und Festigkeit traf er jedoch den Ton der protestantischen Gesandten. Unter ihnen genoß Dr. Jacob Lampadius von Braunschweig-Grubenhagen als berühmter Staatsrechtslehrer auch bei den Katholiken unbestrittene Autorität. Neben ihm führte der sächsisch-altenburgische Gesandte von Thumbshirn mit überlegener Tatkraft und Geschäftserfahrung das Direktorium des evangelischen Fürstenrats zu Osnabrück.

3. *Der Verhandlungsmodus.* Äußere Schwierigkeiten bereitete die Teilung des Kongresses: In Münster verhandelten die Gesandten des Kaisers mit denen Frankreichs, Spaniens, der Niederlande sowie der Mehrzahl der deutschen katholischen Reichsstände, in Osnabrück mit den Gesandten Schwedens, Dänemarks und der meisten reichsständischen Protestanten. Die Verhandlungen liefen an beiden Orten parallel, mit leichter Phasenverschiebung der Traktanden. Der Akzent rückte in Münster auf die internationalen Fragen, in Osnabrück auf die deutschen Reichsverfassungs- und Religionsprobleme. In Münster verhandelte man vorzugsweise schriftlich, mündlich hingegen in Osnabrück. Dennoch blieb der Kongreß eine Einheit, und die Verhandlungen wurden mühevoll aufeinander abgestimmt. Freilich hat der Kongreß niemals als Ganzes, in einer Vollversammlungs-Sitzung, getagt wie die späteren internationalen Konferenzen.

Beschwerlich wirkte die monströse Verquickung des europäischen Friedenskongresses mit den deutschen Reichstags-Verhandlungsformen: In ihrer umständlichen Kurien-Gliederung berieten sich nun die Reichsstände in Münster wie in Osnabrück über die gleichen Gegenstände, mußten also hin und her verhandeln, bis man zwischen den zerstrittenen Gliedern der Kurien, zwischen den Kurien untereinander, zwischen den Tagungsorten und zwischen den Schutzmächten zur Übereinkunft fand! Kein Wunder, daß die eigentlichen Verhandlungen weithin direkt zwischen den kaiserlichen Gesandten und den Großmächten stattfanden; daneben lief das offizielle Zeremoniell der Propositionen, Repliken, Dupliken, ihrer förmlichen Überreichung, Verlesung, Beratung in den öffentlichen Sessionen vor den Reichsständen ab, indes die Entscheidungen längst gefallen waren. Die Reichsstände waren deshalb ihrerseits auf einen um so engeren Austausch mit den Schweden und Franzosen angewiesen und so zur selbständigen Außenpolitik auch gegen den Kaiser genötigt.

Vor allem aber: Der Krieg ging weiter während des Kongresses. Das praktische Institut des Waffenstillstands war noch nicht erfunden. Die Diplomaten schielten deshalb beständig auf die letzten Szenen des Kriegstheaters, das eben durch diese Art der Friedenstraktationen mächtigen Auftrieb erhielt und wiederum die Seite, die sich gerade in der Gunst des Krieges glaubte, in findigen Diffikultäten temporisieren ließ. Rückten die Generale im Frühjahr ins Feld, so wurden die Verhandlungen unergiebig; „sonsten seind wir schon gewohnt, im Winter zu traktieren und im Sommer zu lavieren", schrieb der kluge Murrhardter Prior Adami vom Kongreß.

III. Charakter und Verhandlungsgang des Kongresses

1. Komplex war der Charakter des Kongresses. Er war ein *europäischer Friedenskongreß*, zugleich eine *deutsche Verfassungsversammlung*, ferner ein *Kongreß der Religionsparteien*. Und doch bildete er in sich eine Einheit im untrennbaren Zusammenhang seiner verschiedenen Funktionen. Die Ordnung Deutschlands war infolge seiner religiösen, rechtlichen und politischen Zerrissenheit weithin in die Hand der Nationen Europas geraten, bei denen seine Teile Schutz und Unterstützung suchten; der Prager Frieden, der Regensburger Reichstag, die Kurfürsten- und Deputationstage hatten sich zu einer innerdeutschen Lösung unfähig erwiesen.

Die Aufgaben waren ja überaus vielfältig und spannungsvoll: Die Amnestie, die Restitution, die Reichsverfassungsfragen, die Religionsgravamina, die Satisfaktion mit den territorialen Annexionen der fremden Mächte, die Assekuration und Garantie des Friedens.

Immer wieder drohten sie sich alle zu einem unlösbaren Knoten zu verschürzen.

2. *Der Verhandlungsgang* war situationsgemäß äußerst verschlungen. Man traktierte jeweils einen Problembereich, bis man zum toten Punkt gelangte, ließ ihn dann liegen und nahm den nächsten vor, um hier die Postulate und Konzessionen von dort zu kompensieren, bis man so langsam Stück für Stück des Gesamtpaketes verschnüren konnte. In seine schwerste Krise kam der Kongreß, als es im Frühjahr 1647 die Teil- und Vorverträge zum Gesamtwerk zu verschmelzen galt, man lange Monate auf der Stelle trat, Trauttmannsdorff abreiste und der Kongreß an seidenen Fäden hing.

Trauttmannsdorff arbeitete zunächst auf die Verständigung des Kaisers mit den Reichsständen beider Konfessionen hin, um sie von Schweden und Frankreich zu trennen, dann diese jeweils zu isolieren und so die fremden Interventions- und Satisfaktionsansprüche auszumanövrieren. Diese Politik zwang freilich den Kaiser zu großen Anfangskonzessionen an die Reichsstände in den Reichsverfassungsfragen und Religionsproblemen. Vor allem die Evangelischen erzielten denn auch beträchtliche Anfangserfolge in Punkto Amnestie und Religionsgravamina. Das aber erbitterte die Katholiken zu heftigen Protesten beim Kaiser. Die Versöhnung der Stände unter sich und mit dem Kaiser wurde immer fraglicher. Die Religionsverhandlungen ließen kein Ende absehen. Die Entfremdung der Protestanten von den Schweden wie auch der Baiern von den Franzosen erwies sich als Illusion.

So hielt Trauttmannsdorff jetzt auf dem bisherigen Wege inne und suchte statt dessen zuerst den Ausgleich mit den Franzosen. Diese Wendung sollte sich als höchst folgenreich erweisen: Der Kaiser mußte jetzt Frankreichs territoriale Forderungen vorweg erfüllen, also dessen „Satisfaktion" den anderen Fragen vorordnen, um Frankreich aus der gegnerischen Front mit den Schweden und Protestanten herauszulösen und für die gemeinsamen katholischen Interessen zu gewinnen. Die Franzosen haben die Chancen der neuen Situation alsbald geschickt genützt. So wurde der Weg beschritten, der zum Verzicht auf Habsburgs Besitz und Bastionen am Oberrhein führte, das Elsaß preisgab, Lothringen und die drei Bistümer Metz, Toul, Verdun vollends aus dem Reichsverbande löste und Frankreich die Einfallstore rechts des Rheins verschaffte.

Doch weiter: Frankreich zerschnitt damit die strategischen Verkehrsadern zwischen der spanischen Herrschaft in den Niederlanden, der Franche Comté und Oberitalien, an denen Spaniens europäische Bedeutung hing. Folgerichtig führte die Zession des Elsaß und Breisachs zu scharfen spanischen Protesten und dann zur wachsenden Entfremdung zwischen der spanischen und der deutschen Habsburger Dynastie, deren Verbundenheit seit anderthalb Jahrhunderten Europas Politik bestimmt hatte, und deren Auseinanderbrechen Frankreich künftig die Hegemonie Europas erringen ließ. Als erstes Ergebnis sah sich Spanien gezwungen, rasch einen Sonderfrieden mit den Niederlanden abzuschließen, der schon am 8. Januar 1647 sachlich ausgehandelt und am 30. Januar 1648 förmlich abgeschlossen wurde und die Generalstaaten aus dem antispanischen Bündnis mit Frankreich herauslöste. Schließlich blieb Spanien ganz aus dem allgemeinen großen Frieden ausgeschlossen und wurde von Frankreich in gnadenlosem, jahrelangem Kampfe bis 1659 niedergezwungen, während das Reich sich seit 1648 dazu neutral verhielt. Trauttmannsdorffs Wendung vom Frühjahr 1646 hat so eine neue Epoche des europäischen Staatensystems eröffnet.

IV. Der Europäische Friedenskongreß

Ein europäischer Friede setzte die Satisfaktion der fremden Kronen und die Assekuration des Friedenswerkes durch ein europäisches Garantiesystem für die Zukunft voraus.

1. *Die Satisfaktionen und Gebietsverluste. Frankreich* erreichte im Ergebnis die Abtretung des Elsaß, des Sundgaus, der Stadt Breisach, ein Besatzungsrecht in der Festung Philippsburg, sowie den endgültigen Verzicht auf die Lothringer Bistümer Metz, Toul und Verdun. Die Verhandlungen liefen äußerst zäh und undurchsichtig, der Schlußtext steckte nach der Manier der Zeit voller verdeckter Formelkompromisse und war zudem verkleistert durch die verschiedensten Zusatz- und Einschränkungsklauseln. Diese Zweideutigkeiten haben später der französischen Expansion nach Osten unter Ludwigs XIV. „Reunionen" wertvollste Vorarbeit geleistet. Die Kaiserlichen waren daran gewiß nicht ohne Schuld; sie arbeiteten bewußt mit Unklarheiten, um ihre Konzessionen aufzutreiben, und Frankreich nahm sie dann beim Wort und strich ein, worüber Österreich nicht hatte verfügen wollen und dürfen. Die Lage war ja kompliziert bis zur Groteske: Frankreich ging offiziell davon aus, nur mit dem Hause Österreich im Krieg zu stehen, nicht aber mit dem deutschen Reich, dessen Libertät es ja gegen den Habsburger Dominat zu schützen als sein Kriegsziel ausgegeben hatte. Eine

offizielle Kriegserklärung zwischen dem Reich und Frankreich war auch dann nicht erfolgt, als Frankreich aus dem verdeckten in den offenen Krieg eingetreten war, und der Reichstag von 1640 daraufhin intern für den Kaiser die Kriegssteuern bewilligt hatte. Das ius belli gab Frankreich darum keine Rechte gegen das Reich. Deshalb umfaßte das Friedensangebot des Kaisers zunächst auch nur den Besitz und die Rechte des Hauses Österreich im Elsaß; doch die Franzosen kamen mit Baierns Hilfe bald dahinter, daß Österreich nur Teil- und Streubesitz vorab im Oberelsaß und weithin nur geringfügige Vogteirechte im Unterelsaß besaß. So griff Frankreich nun zügig über die Rechte Habsburgs hinaus auf die des Reiches und nahm (mit leichten Formulierungsverschiebungen) das ganze Elsaß an; statt seiner bloßen Übertragung als Lehen des Reichs erzwang es ferner die volle Territorial-Abtretung und Einverleibung in das französische Staatsgebiet und Hoheitsrecht (cum omnimoda iurisdictione et superioritate supremoque dominio … incorporata intelligantur", §§ 73, 74 IPM). Der Kaiser selbst wünschte schließlich statt eines Lehnsverhältnisses lieber die volle Abtretung und Abtrennung vom Reich, um eine drohende Reichsstandschaft und Mitgliedschaft Frankreichs im Reichstag auszuschließen. Die vielen kleinen reichsunmittelbaren Stände des Elsaß mußten also die fremde Zeche bezahlen; sie kämpften verzweifelt um ihre alten Rechte und ihre fernere Zugehörigkeit zum Reich. Aber eine klare Garantie des Fortbestands ihrer alten Reichsunmittelbarkeit nach den ursprünglichen kaiserlichen Entwürfen („in *sua* libertate et possessione immedietatis erga Imperium Romanum …") wurde von den Franzosen durch Zusätze und Umformulierungn verwässert („in *ea* libertate …" § 87 IPM) und in ihrem Sinn verkehrt, weil sie den Vorrang der französischen Souveränität („ita tamen …" § 87 IPM) und die Einverleibung in das französische Gebiet durchsetzten. – Frankreich erhielt das Elsaß also abgetreten und erstreckte darauf seine eigene Staatsgewalt; es trat nicht lediglich als Rechtsnachfolger Habsburgs in dessen Rechte im unveränderten Reichsverbande ein; der Status der Reichsunmittelbaren im Elsaß änderte sich damit qualitativ, auch wenn dies durch die äußerliche Anknüpfung an die bisherigen Rechte verschleiert wurde. Die Elsaß-Klauseln waren ein Muster diplomatischer Umgehungsmanöver, die das deutsch-französische Verhältnis auf Generationen vergifteten und bis heute in ihrer Auslegung umstritten sind. – Ähnlich verhängnisvolle Unklarheiten betrafen Metz, Toul und Verdun. Die Kaiserlichen bezogen die Abtretung auf das weltliche Herrschaftsgebiet der Reichsbistümer, die Franzosen aber auf das viel weitere geistliche Diözesangebiet, das ganz Lothringen umfaßte. Frankreich verhinderte die Präzisierung des Vertragstextes, so daß es auch hier den fragwürdigen Rechtstitel für seine hegemonialen Expansionen in die Hand erhielt. Frankreich erzwang auch, daß die Restitution des mit dem Kaiser verbündeten Herzogs von Lothringen aus dem Frieden ausgeklammert wurde, weshalb Lothringen künftig dem Reich vollends verlorenging. Alle französischen Erwerbungen, so dunkel-vorsichtig sie formuliert waren, sollten sich als dauerhaft erweisen – im Unterschied zu den schwedischen Territorialgewinnen, die zunächst weiter griffen und mit weniger Courtoisie verklausuliert waren, jedoch kurzlebig blieben.

Schwedens Satisfaktion umfaßte Vorpommern mit Stettin und der Insel Rügen, die ganze Odermündung, Wismar als Flottenstation und die beiden Bistümer Bremen und Verden, vom Kaiser ohne Zimperlichkeit als weltliche Herzogtümer säkularisiert; die Mündungen der großen deutschen Ströme – Oder, Elbe, Weser – und mit ihnen die Seezölle lagen in Schwedens Hand. Die Landstände erhielten eine sehr pauschale Garantie ihrer Privilegien, deren Spezifizierung sie nicht erreichen konnten. Die Abtretungen erfolgten an die Krone Schwedens als erbliches Lehen des Reichs mit allen Berechtigungen einschließlich der Reichsunmittelbarkeit, der Reichsstandschaft und der Reichstagssession; Schweden trat voll ein in den Verband der Reichsverfassung (Art. X § 9 IPO). Exorbitant waren die schwedischen Geldforderungen zur Abfindung der schwedischen Armee, die mit ihren 51 Kavallerie- und 51 Infanterieregimentern vom Bodensee bis Pommern in Stellung stand, zur Peinlichkeit der schwedischen Gesandten wie eine selbständige Großmacht auftrat, die wahnwitzige Rechnung von 20 Millionen Reichstalern präsentierte und den Friedenskongreß in allerletzter Stunde nochmals an den Rand des Krieges trieb. Der Kaiser und die Katholiken hielten sich zur Entschädigung der schwedischen Armee aus keinem Rechtsgrund verbunden. Aber Oxenstierna machte ihnen klar, bei diesen Gestalten helfe keine Logik und keine Rhetorik, kein Demosthenes und kein Cicero. So wurde schließlich eine Entschädigung von immerhin 5 Millionen nach einem detaillierten mehrjährigen Stufenplan auf die Reichskreise verteilt, um die Plage langsam genug loszuwerden.

Brandenburg verzichtete auf Vorpommern, abgefunden durch die Stifter Halberstadt, Kammin, Minden und das Erzstift Magdeburg (letzteres erst nach dem Tode des derzeitigen sächsischen Administrators) als erbliche Lehen des Reichs mit allen zugehörigen Rechten der Reichsunmittelbarkeit, Reichsstandschaft, Session im Reichstag u. a. m. Eine vollständige Säkularisation suchte Trauttmannsdorff hier durch Garantieklauseln zu vermeiden, die sich freilich dann auf gewisse Kirchenguts- und Religionsgewährlei-stungen reduzierten; die Domkapitel verloren ihr Wahlrecht und die Stiftsregierung; die Territorialherrschaft Brandenburgs war erblich und die Säkularisation damit verschämt konzediert (Art. XI IPO). Freilich betrafen diese kaiserlichen Säkularisationen hier wie im Niedersächsischen im wesentlichen nur jene Reichsbistümer, die schon längst an die Protestanten verlorengegangen waren.

Die *Eidgenossenschaft*, von Basels rührigem Bürgermeister Wett-stein vorzüglich vertreten, pochte auf ihre volle Souveränität (als „ein freier Stand, so nächst Gott einzig von sich selbsten depen-diert …"), begnügte sich schließlich jedoch mit der Bestätigung ihrer „plena libertas vel exemptio *ab* Imperio" (Art. VI IPO), also der fast souveränen Stellung des „freien und ausgezogenen Stan-des", die bereits Lothringen und Burgund seit den Verträgen von 1542 und 1548 als „Anverwandte" des Reichs besaßen und die sich von der Reichsunmittelbarkeit (libertas *erga* imperium) unter-schied. So wurde die Schweiz aus der Hoheit und speziell der Ge-richtsbarkeit des Reichs entlassen.

Die *Niederlande* erlangten mit ihrer Unabhängigkeit von Spanien in dem vorweggezogenen niederländischen Frieden auch ihre völ-lige Abtrennung vom Reich. Die Lothringer Regelung wurde ver-tagt (§ 4 IPM). Der Kaiser mußte sich verpflichten, Spanien nicht in Burgund zu helfen, dessen formale Zugehörigkeit zum Reiche freilich bestätigt wurde (§ 3 IPM).

2. *Die universale Friedensidee.* „Pax sit Christiana, universalis, perpetua, veraque et sincera amicitia …" hebt das Westfälische Friedensinstrument programmatisch an. Diese Idee des universa-len, umfassenden, dauerhaften Friedens war maßgeblich bestimmt durch Richelieus Friedenskonzept. Die neuere Forschung hat das Bild des großen Kardinal-Ministers, der Frankreich auf den Weg zur ersten Macht Europas emporführte, wesentlich aufgehellt und statt Richelieus des Machiavellisten nun Richelieu den Friedens-denker, Friedenskämpfer, Friedensschöpfer präsentiert. In der Tat hat er sich wohl keineswegs nur von skrupelloser Machtpolitik leiten lassen, sondern viel stärker aus der politisch-ethisch-religiö-sen Tradition des gerechten Krieges gelebt, vor allem aber eine kühne Zukunftsvision künftiger kollektiver Friedenssicherung der europäischen Staatengemeinschaft erstrebt – ein hochmoderner, der Zeit weit vorauseilender Gedanke. Er hat die traditionelle Idee der Universalmonarchie – die im christlichen Denken seit der Scho-lastik tief verwurzelt war und sich auf die Geschichtsprophetie der vier Weltreiche Daniels und die translatio imperii Romani gründete

– endgültig durch die Idee des europäischen Gleichgewichts der neuen säkularen Mächte verdrängt; der Kampf Frankreichs gegen Habsburg, insbesondere gegen die spanische Umklammerung in den Niederlanden, Burgund, Mailand hatte dadurch seine prinzipielle Dimension. Und doch zählt es zu den zynischen Paradoxien der Geschichte, daß im realpolitischen Ergebnis kein anderer die verbrecherische Kriegsverlängerung so verschuldet hat wie dieser weltliche Friedens- und Kirchenfürst, der ja auch durch die machtpolitische Rivalität der großen katholischen Mächte letztlich den Sieg der Gegenreformation im Reich vereitelte.

Zum Ziele dieser umfassenden Friedenssicherung suchte Richelieu erstens das überkommene System regionaler Beistands- und Sicherheitspakte (wie es erstmals die italienische Liga von 1455 nach dem Frieden von Lodi versucht hatte) in den universalen europäischen Rahmen zu erweitern. Und zweitens baute er das neue völkerrechtliche Institut der Garantie, das die Rechte eines Staates gegen einen anderen durch eine dritte Macht gewährleistete, gedanklich zur wechselseitigen Kollektivgarantie aller für und gegen alle aus. Sein Konzept erforderte also einen Universalfrieden, in den alle partikularen Friedensabschlüsse eingeschmolzen werden mußten, und dann dessen Universalgarantie durch alle seine Unterzeichner. Überwunden werden sollte damit die große Konfrontation der partikularen Sicherheits- und Bündnissysteme Habsburgs und seiner Gegner, die bisher alle Mächte aneinanderketteten, dadurch ihre partikularen Konflikte zum allgemeinen Brande auflodern ließen und so destabilisierend und friedensverzögernd wirkten. Aber Richelieus universales Konzept ließ sich 1648 nicht voll verwirklichen. Schon Mazarin, der 1642 Richelieus Erbe und Linie übernahm, verzichtete auf die Verknüpfung des deutschen mit dem italienischen Vertragssystem. 1648 blieb der Kampf gegen Spanien auch auf den Schlachtfeldern Italiens und Burgunds im Gang und wurde aus dem Frieden ausgeklammert. Der universale Friede wurde nicht erreicht.

3. *Die Assekuration und Garantie* des Friedens konnte deshalb nur von dem reduzierten Kreise der Vertragschließenden unterzeichnet werden. Immerhin war damit doch ein breites „völkerrechtliches" Garantiesystem durch die vielen Paziszenten gegen künftige Rechtsbrüche erreicht. Diese Friedensgarantie des Völkerrechts stand freilich alsbald in Spannung zum internen „staatsrechtlichen" Friedens- und Rechtsschutz der Reichsverfassung, der ja dem Kaiser, den Reichsgerichten, die nun wieder funktionierten, und der Reichsexekution in den Reichskreisen oblag und jetzt (nicht ganz

zweifelsfrei) vorrangig vorbehalten wurde (Art. XVII §§ 5–7 IPO). Die Reichsstände bangten davor, daß das Gefüge der Reichsverfassung durch die Interventionen der auswärtigen Garantiemächte künftig gesprengt werden könnte; der Kaiser aber befürchtete, daß sich die Reichsstände (die ja das ius suffragii als Friedensunterzeichner mit Hilfe der fremden Kronen erstritten hatten) gleichsam als „völkerrechtliche" Vertragsunterzeichner und selbständige Garanten in angemaßter Selbsthilfe über die kaiserlich-gerichtlichen Rechtsweggarantien hinwegsetzen könnten. Auch diese Frage wurde mit einem unklaren Formelkompromiß verdeckt. – Später hat man darüber gestritten, ob sich die Garantieverpflichtung auf den gesamten Friedensinhalt (also auch die Regelungen mit den fremden Mächten) oder nur auf die innerdeutschen Verhältnisse erstrecke, wie es meist behauptet worden ist. Für ersteres spricht die ursprüngliche Intention und die Formulierung der Garantieverpflichtung; auf letzteres aber reduzierte sich in der Tat die praktisch-faktische Bedeutung, nachdem Richelieus ursprüngliche Idee des Universalfriedens zu einer Regelung der deutschen Fragen mit Beteiligung der fremden Mächte zusammengeschrumpft war.

4. Ein *säkularer Friede* war es: Dem zu erwartenden Protest des Papstes bauten die Kontrahenten – katholische und evangelische einmütig vereint – durch die *Antiprotestklausel* vor (Artt. V § 1, XVII § 3 IPO). 1555 hat man ohne, 1648 gegen den Willen des Papstes paktiert. Die europäische Staatengesellschaft löste sich ebenso wie zuvor das Reich aus dem Universalismus der katholischen Hierarchie und des kanonischen Rechts. Die Stellung des Papstes zu dem größten Friedenswerk der Neuzeit war prinzipiell schwierig und starr, praktisch jedoch gewunden und elastisch, und im Ergebnis tragisch wirkungslos. Die katholische Sicht der unverzichtbaren Universalität, Wahrheit, Einheit und Einzigkeit der Kirche, des Kirchenamts und Kirchengutes – unverfügbar gegründet auf das ius divinum und in der Hierarchie repräsentiert – verwehrte ihm die prinzipiellen Relativierungen und Konzessionen der katholischen Diplomaten. Für die Häretiker kannte die Instruktion des Papstes offiziell nur die Bekehrung oder Ausrottung (destruttione bzw. estirpatione). Aber in der geheimen Nebeninstruktion wurde dem Nuntius Chigi weitherzig-milde anheimgegeben, die Zuziehung der Protestanten zum Kongreß nicht zu sabotieren, da ihre Heimkehr in den Schoß der Kirche in diesem Jahrhundert nicht mehr zu erhoffen sei. Der Wiedervereinigungsauftrag der Reichsverfassung wurde damit vom Papste selbst als Fiktion desavouiert. Die Protestation und Nichtigkeitserklärung des Papstes

gegen den Osnabrücker Frieden im Breve Zelo domus Dei vom 20. November 1648 zeichnete sich schon seit 1640 immer deutlicher in der Kurie ab, angestachelt auch seitens der kleinen geistlichen Reichsstände, die sich in den Verhandlungen zu Münster ausmanövriert fühlten. Sie ist wirkungslos verhallt. Die katholische Kirche stellte sich mit ihrem Anspruch gespenstisch außerhalb der Völkerrechtsgemeinschaft. Die theologisch-juristische Unbedenklichkeit der Antiprotestklausel des Friedens ließ sich Trauttmannsdorff vorsorglich durch ein Gutachten der Wiener Hoftheologen – als zulässigen, ja gebotenen Schritt – bestätigen. Die katholische und evangelische Staatenwelt erklärte vorsorglich die päpstliche Kassation des Friedens für nichtig und unverbindlich. Die Epoche der Gewaltreformationen und Religionskriege ging zu Ende. Europa konstituierte sich friedlich, säkular und autonom.

V. Der deutsche Verfassungskongreß

Hier stand die rechtliche und faktische Liquidierung der inneren Kriegsfolgen an, sodann die grundsätzliche Entscheidung der umstrittenen Verfassungsfragen zwischen Kaiser und Reich.

1. Eine *Amnestie* war unumgänglich, die alle – angeblichen bzw. wirklichen – Rechtsverletzungen im Reiche bereinigte und also auch den Streit um die Autorität des Kaisers und das Widerstandsrecht der Reichsstände im nachhinein beseitigte (Art. II IPO). Das große, umfassende Vergessen und Vergeben wurde zur Basis und zum Prinzip des Friedens erhoben, das weise und weitblickend jede Kriegsschuldfrage ausschloß. Entscheidend war das Stichjahr: Vergeblich versuchte Trauttmannsdorff an den Prager Frieden von 1635 anzuknüpfen oder wenigstens ein kompliziertes Junktim mit den Religionskonzessionen (und deren Normaljahrslösung) durchzusetzen. So kam es doch zur Generalregelung der Amnestie ab 1618, durchbrochen durch Spezialbestimmungen für die kritischen Einzelfälle, deren Aushandeln den Friedensabschluß nicht unerheblich verzögerte.

2. Die *Restitution* der Reichsstände, die ihrer Rechte enthoben bzw. vom Kriege verdrängt worden waren, hing prinzipiell ab von der Amnestie und sah grundsätzlich die Wiederherstellung des Status-quo von 1618 vor (Art. III ss. IPO). Der Prager Friede wurde also aufgegeben. Karl Ludwig, der Sohn des Kurfürsten

Friedrich V. von der Pfalz (und böhmischen Winterkönigs), erhielt die Rheinpfalz restituiert und eine neue – achte – Kurwürde zugesprochen, indes die Oberpfalz mit der Pfälzer Kur bei Maximilian I. von Baiern verblieb. Dem Herzog von Württemberg wurden seine Klöster und einige weltliche Herrschaften bzw. Pfandschaften zurückgegeben. Hessen-Kassel, das 1638 mit dem Kaiser gebrochen hatte, als Reichsfeind vom Reichstag 1640/41 verwiesen worden war und für Frankreich gekämpft hatte, erhielt über die Restitution hinaus bedeutende Gebietserweiterungen, darunter die Abtei Hersfeld und Marburg, sowie eine Geldentschädigung für seine Armee. Baden-Durlach hingegen wurde auf den ungünstigen Status des Hofratsurteils von 1622 fixiert, weil ihm anders als den Pfälzern und Hessen-Kassel mächtige Fürsprecher fehlten. Viele Spezialbestimmungen ergänzten die allgemeine Restitutionskonzeption mit mannigfachen Territorial-Kompensationen.

3. Die *Stabilisierung der deutschen Reichsverfassung* aber wurde nun festgeschrieben – so gründlich und so „rechtsstaatlich", daß eine weitgehende, rechtlich bedingte politische Verfestigung (bzw. Erstarrung) das Schicksal des Reichs bis zu seinem Ende in den napoleonischen Kriegen bestimmte, während außerhalb in Europa und innerhalb in den großen Territorien eben jetzt sich die dynamische Entwicklung zum modernen, absoluten Macht-, Wirtschafts- und auch Wohlfahrtsstaat vollzog. Der Westfälische Friede wurde zum Reichsfundamentalgesetz erhoben (Art. XVII § 2 IPO); neben der Goldenen Bulle von 1356, der Wahlkapitulation, dem Reichslandfrieden von 1495 und den Reformgesetzen Kaiser Maximilians I. (1493–1519) war er das wichtigste Verfassungsgesetz des Reiches. Er wurde zum bedeutsamen Wendepunkt: War die charakteristische Verrechtlichung der politischen und religiösen Verhältnisse Deutschlands (S. 63, 67, 114) bisher in den wogenden rechtlichen Auseinandersetzungen, im dramatischen Auf und Ab der konträren Verfassungskonzeptionen verlaufen, so wurde sie nun rigide retrospektiv, archaisierend-statisch fixiert.

4. Der *Sieg des ständischen* über das monarchische Prinzip war im Reich erst jetzt mit dem Westfälischen Frieden entschieden. Noch Kaiser Karl V. und Ferdinand II. hatten zeitweise dezidiert monarchisch im Reich geschaltet und gewaltet, die Reichsjustiz mit Acht und Lehnsrecht für sich benützt, den Reichstag beiseite geschoben, die Wahlkapitulation gebrochen. Seit der Reichsreform Maximilians I. war der Kaiser zwar rechtlich beschränkt durch die Reichsstände, aber der Umfang seiner kaiserlichen Reservatrechte und

seiner Beschränkung durch die Kompetenz des Reichstags war bisher umstritten geblieben. Die Reichspraxis dazu war widersprüchlich und gestört infolge des Kriegsgeschehens, die Reichspublizistik aber gespalten in einen kaiserlichen (Antonii, Reinking) und einen antikaiserlichen Flügel (Hortleder, Arumaeus, Limnaeus, Hippolithus a Lapide alias Bogislav Chemnitz); beide waren reichlich doktrinfreudig und von den praktischen Rechtsquellen abgerückt. 1648 erfolgte nun die Klärung und Akzentuierung des bisher schwankenden Gefüges im Sinn der Reichsstände. Die Schweden und besonders die Franzosen nützten den deutschen Dualismus im Sinn des divide et impera und stärkten die Reichsstände auf des Kaisers Kosten; Richelieu beförderte vor allem ihre völkerrechtliche Selbständigkeit und ihr Bündnisrecht. Der Kaiser ging schon seit Herbst 1645 erstaunlich rasch und weit auf die Verfassungswünsche der Reichsstände ein, um sie in den Verhandlungen auf seine Seite herüberzuziehen und von den feindlichen Kronen zu entfremden. Um die Umschreibung der kaiserlichen iura reservata wurde dann noch gefeilscht, aber ihre exakte Spezifizierung unterblieb auch jetzt; der Kaiser wie die Mehrheit der Stände scheuten hier die Festlegung.

5. *Das Ergebnis* der bedeutsamen Verfassungsentscheidungen wurde deshalb relativ allgemein formuliert (Art. VIII §§ 1,2 IPO). Zunächst: Die Reichsstände erhielten ihre altüberkommenen Rechte, Freiheiten und Privilegien bestätigt, desgleichen ihre jüngere *Territorialhoheit* anerkannt (... libero iuris territorialis tam in ecclesiasticis quam politicis exercitio). So wurde nun der Prozeß der Territorialstaatsbildung des vergangenen Jahrhunderts vom Reich in der Fachsprache der neuen publizistischen Wissenschaft abgesegnet. Die großen Territorien entfalteten auf diesem reichsrechtlichen Grunde hinfort eine bedeutende Eigenstaatlichkeit, während die kleineren sich zu ihrem Schutze um den Kaiser und die Reichsgerichte scharten. Ausdrücklich verbürgt wurde das freie *Bündnisrecht* der Reichsstände untereinander wie mit auswärtigen Mächten, das sich seit Kriegsausbruch so schicksalsschwer erwiesen hatte; aber es wurde durch den Treuevorbehalt gegen Kaiser und Reich begrenzt (Art. VIII § 2 S. 2 IPO). Sodann: Den Reichsständen wurde die Mitbestimmung an den Reichsgeschäften garantiert. Der *Zustimmung des Reichstags* unterlag hinfort expressis verbis die Gesetzgebung und Gesetzesinterpretation (kaiserliche Verordnungen wie der Geistliche Vorbehalt und das Restitutionsedikt waren künftig ausgeschlossen), desgleichen Kriegserklärung, Friedensschluß, Bündnisse, Aushebungen, Einquartierungen und Befe-

stigungsbauten des Reichs (Art. VIII § 2 S. 1 IPO). Die Reichsstädte erhielten das beschließende, nicht nur beratende Reichstags-
stimmrecht zuerkannt (Art. VIII § 4 IPO). Vertagt (überwiegend ad
Calendas graecas) wurden die Reformen der Königswahl, der kaiserlichen Wahlkapitulation, der Lehnsgerichtsbarkeit und Achterklärung, der Kreisverfassung, Reichsmatrikel, Reichsjustiz, der
Exemtionen und Steuerermäßigungen u. a. m. (Art. VIII § 3 IPO).
Ungeklärt blieben der Umfang und Rang der *kaiserlichen Gewalt*,
soweit spezielle Verfassungsbeschränkungen fehlten; galt hier (in
den „Lücken") noch die unbeschränkte kaiserliche „maiestas" (d. h.
innere Souveränität) i. S. eines „monarchischen Prinzips", wie man
es später formulierte? Die Theorienfrage nach der Staatsform des
Reichs ließen die Praktiker der Friedenstraktate 1648 wohlweislich
offen; sie gaben damit das Feld frei für den verquälten Schulen-
streit der Reichspublizistik, bis der große Samuel Pufendorf 1667
den gordischen Knoten der hier verschlungenen aristotelischen
Staatsform-Kriterien durchhieb und das Reich als „monstro simile"
titulierte, und Johann Jakob Moser, der Praktikus, die sinnige
Formel prägte (1766): „Teutschland wird auf teutsch regiert".

VI. Der Religionsparteien-Kongreß

Der Westfälische Friede zog den Schlußstrich unter das hundert-
jährige rechtliche Ringen um die Reichs-Religionsverfassung; zum
letzten Mal schlugen sich die Religionsparteien ihre gebündelten
Gravamina um die Ohren. Aber der Krieg und seine große Not
hatte sie weichgemacht, und so wurden jetzt die verhärteten rechtlichen Einzelpositionen eingebracht in eine große Generalkompensation. Das hat die diffuse juristische Sprödigkeit überwunden,
welche bisher die Einzelstreitigkeiten wie in eine Falle trieb.

1. Der Augsburger Religionsfriede von 1555 wurde *sakrosankt
bestätigt* und als grundlegende Verfassungsnorm des Reichs i. S.
voller Legitimität und Parität der beiden Konfessionen präzisiert.
(Art. V § 1 IPO). Das war die dezidierte Absage an seine Anfechtung und Minderung als bloße Ausnahme- und Übergangsordnung
mit begrenzter Häretiker-Toleranz nach dem Leitbild der katholischen Kontroverstheologie und -jurisprudenz. Alle Spezialbestimmungen des IPO gaben sich trocken untertreibend als authentische
Verfassung-Interpretation (perpetua declaratio) zur Klärung der
Zweifel und Lücken von 1555: In amikabler Übereinkunft wurde

jetzt das rechtliche Ringen um den rechten Sinn des Rechts im Reich entschieden. Gewahrt wurde das Grundprinzip des Religionsfriedens, das nur den politischen, nicht den religiösen Frieden brachte, das aber nicht die Trennung von Reich und Religion bescherte, sondern ihre Verbundenheit bewahrte, indem es den religiösen Wahrheitsstreit in der Schwebe ließ und die dauerhafte politische Koexistenzordnung doch (formell!) interimistisch auf den religiösen Wiedervereinigungsfall bezog und durch ihn begrenzte – „donec per Dei gratiam de Religione ipsa convenerit". Die äußere Kontinuität springt ins Auge: Unter den seit 1555 (ja im Grunde seit 1526, 1529, 1532) altbekannten Fragen ist in den Verhandlungen kaum je ein neues Rechtsproblem zu finden.

2. Aber welche *inneren Wandlungen* haben sich seit 1555 vollzogen: Die Wiedervereinigung und das Unionskonzil waren in unerreichbare Ferne entschwunden. Die religiöse Wahrheitsfrage wurde weiter aus dem Recht des Reichs verdrängt. Die politische („Interims"-)Ordnung des Religiösen hat sich als Grund- und Dauernorm fest, ja sakrosankt etabliert. Der Absolutheitsanspruch der beiden Konfessionen wurde in fester Relation und Relativität politisch austariert, beschränkt und entschärft. Die Autonomie und Emanzipation der staatlichen Obrigkeit von der kirchlichen Gewalt hat sich gerade bei der Gestaltung der Religionsverhältnisse unbestritten durchgesetzt. Nunmehr, nach einem von Konfessionskämpfen erfüllten Jahrhundert ist der große, breite Prozeß der Politisierung, Neutralisierung und Säkularisierung des religiösen Anliegens und Gegensatzes in der Reichsverfassung zu einem gewissen Abschluß gelangt. Das festeingefahrene paritätisch-bikonfessionelle Staatskirchenrecht des Reiches, die „Teutsche Religionsverfassung", unterschied sich in seinem Normsinn und Begriffsarsenal scharf und tief vom inneren Kirchenrecht der beiden Konfessionen, also vom kanonischen Weltrecht ebenso wie vom Territorialkirchenrecht der Protestanten! Man war sich klar: Als „Norma und Richtschnur bey diesen Traktaten" durfte keine Konfession „ihre Consciency pro fundamento et limine Tractatuum setzen", weil man sonst „zur Haupt-Frage, welches die rechte, wahre Religion sey oder nicht, gedeyhen, dadurch man aber in Weitläufftigkeit gerathen und schwerlich etwas gutes aus dem Vergleich werden dürffte". Diese strukturelle Säkularisierung des Reichskirchenrechts ist ganz erstaunlich, aber unbestreitbar: Es fragte „formaljuristisch" beim ius reformandi nicht mehr nach Recht und Wahrheit der Reformation, beim Geistlichen Vorbehalt nicht mehr nach der Katholizität des Bischofsamtes, bei der weltli-

chen Religionsfreiheitsgarantie nicht mehr nach der lutherischen Freiheit des Christenmenschen allein aus dem Glauben, d. h. aus der Verkündigung der Wahrheit des Evangeliums. Die ursprünglich konfessionell gebundenen, eindeutigen Institute waren säkularisierend für beide Konfessionen relativiert, nivelliert und instrumentalisiert (Vgl. S. 44, 52 ff., 58). Aber diese Säkularisierung der Rechtsform stand noch im eigenartigen Kontrast zur fehlenden Säkularisierung des Geisteslebens; sie erfolgte aus dem Zwang der Not und ohne philosophisches System – der Umschlag des Konfessionellen Zeitalters in die Aufklärung stand noch vor der Tür. Und die Säkularisierung der Rechtsform diente gerade dem Schutz der Konfessionen vor dem fremdtheologischen Übergriff, freilich in so grober säkularisierender Veräußerlichung, daß sich der geistliche Ursprung der kirchenrechtlichen Formen ganz verflüchtigt hat, wie an allen Einzelheiten deutlich wird. Das macht auch manchen flinken Frontwechsel erklärlich, wenn sich etwa der Kaiser jetzt in den Erblanden auf das „protestantische" ius reformandi stützte, die Protestanten aber auf den zuvor perhorreszierten Geistlichen Vorbehalt! Die Formen waren religiös abgeflacht und austauschbar geworden.

3. *Das Normaljahr* war der Stein der Weisen zur Lösung allen Streites um Stifter, Klöster, Kirchengut, Religionsfreiheit und Kirchenorganisation: Das Friedensinstrument fror im Prinzip alle kirchlichen Verhältnisse örtlich und zeitlich auf den Besitzstand des Stichjahres 1624 (bzw. des Stichtages 1.1.1624) ein. Das war nun das krude weltliche Ergebnis allen inbrünstigen wie brutalen Ringens um die christliche Wahrheit und Einheit in Kirche und Reich, das vor vier Generationen um Ablaß und Buße, Sakrament und Glaube, Schrift und Tradition begonnen hatte!
Der zufällige, faktische Besitz am Stichtag (bzw. im Stichjahr) wurde zur rechtlichen Norm des Reichs erhoben, nach der sich hinfort die Verteilung des Kirchenguts und Kirchenwesens bemaß, so daß – wie das Corpus Evangelicorum dem Kaiser nachmals (1751) schrieb – „... sämmtliche dißfallsige Friedens-Schluß-Dispositiones sich dahin concentriren, daß die nuda possessio in anno normali ... das alleinige Fundament zu einer ewigen Manutenenz wider alle dargegen vortretenden Attentata abgeben solle, ... daß der ... annus decretorius ganz unwidersprechlichermaßen ... das einzige medium Compositionis zwischen beyden Religions-Theilen abgegeben". Dieser äußere politische Kompromiß war ja die einzig mögliche Lösung des bikonfessionellen weltlichen Staates und Rechtes aus der Aporie des Wahrheits- und Einheitsverlangens in

der Spaltung der Kirche und des Kirchenrechts. Die Normaljahrsregelung hatte sich in (interimistischen) Ansätzen schon in den frühen Friedständen vor 1555 gefunden; sie wurde dann im Prager Frieden 1635 weiterentwickelt und nun zum allgemeinen Prinzip erhoben. Der Termin 1624, auf den man sich zusammenraufte, lag nach dem Sieg des Kaisers im böhmisch-pfälzischen Krieg, aber vor den Erfolgen Wallensteins wie auch der Schweden.

4. Der *Geistliche Vorbehalt* wurde demgemäß modifizierend „aufgehoben" und doppelkonfessionell auch auf die Evangelischen erstreckt: Jede Konfession behielt (bzw. erhielt) die reichsunmittelbaren Bistümer und Abteien (mitsamt Belehnung, Reichstags-Sitz und -Stimme) nach dem Besitzstand des 1.1.1624. Dem Bischof oder Prälaten bzw. protestantischen Administrator blieb der Konfessionswechsel (entgegen dem kanonischen Recht) ohne Infamie garantiert, jedoch nur unter sofortigem Verlust ihrer Rechte, und dem Kapitel stand die Wahl eines Nachfolgers der Normaljahrs-Konfession zu (Art. V § 14 ss. IPO). Das war Formalparität säkularer Prägung; und doch schuf sie auch materiale Parität: Denn diese formal gleiche Rechtsform wirkte zwar faktisch imparitätisch zugunsten der Katholiken, weil sie die Vielzahl der katholischen Reichsstifter, aber nur lächerlich wenige protestantische schützte; diese imparitätische Auswirkung wurde jedoch dadurch aufgewogen, daß die Normaljahrsregelung auch die vielen protestantischen Bistums- und Kloster-Säkularisationen vor 1624 nachträglich anerkannte und schützte. – Seltsamste Blüten trieb das Normaljahrs- und Paritätssystem im Bistum Osnabrück, wo das IPO (Art. XIII § 6) den alternierenden Wechsel zwischen einem katholischen Bischof und einem braunschweigisch-lüneburgischen Prinzen im Bischofsamt vorschrieb.

5. Das *mittelbare Kirchengut* wurde ebenfalls nach dem Besitz am Stichtag 1.1.1624 definitiv verteilt bzw. restituiert, mit Spezialbestimmungen über die Einkünfte, Simultaneen, Präsentations-, Visitations-, Pfandrechte und dgl. (Art. V § 25 ss. IPO).

6. Das „*ius reformandi*" wurde allen Reichsständen über ihre Landstände und Untertanen zuerkannt. Es geschah in einer meisterhaft gewundenen, dissimulierenden Formulierung (Art. V §§ 30, 42 IPO), die vorsichtig auf die bloße Reichspraxis und das ius Territorii et Superioritatis Bezug nahm, damit den alten Streit über die „wahre" Rechtslage des Reichsrechts auch in dieser Frage offen ließ und den Widerspruch mit dem geistlichen Recht schonend

zudeckte. Dies „ius reformandi" war nun als juristisch-formale Religionsherrschaft gleichermaßen für die katholische wie für die protestantische Konfession und Territorialgewalt anerkannt; der Widerspruch zur geistlichen Begrenzung der weltlichen Gewalt im kanonischen Recht wie in der Lehre der Reformation war eklatant. Das ius reformandi hatte freilich seine Brisanz verloren, weil man es nun ebenfalls durch das Normaljahrssystem fesselte:

7. Die *Freiheit der Religionsausübung* und des Kirchenwesens (mit Konsistorien, Pfarren, Schulen) wurde ebenfalls so garantiert, wie sie im Territorium während des Normaljahrs 1624 (und sei es nur in einem Teil desselben) bestanden hatte (Art. V § 31 IPO). Sie ging fortan dem landesherrlichen obrigkeitlichen Religionsbann vor! Bei Konversion des Landesherrn war künftig die Zwangsbekehrung des Landes ausgeschlossen; die grausame Regel „cuius regio, eius religio" gehörte nun der Geschichte an. Dies zählte zum Segensreichsten, das den Diplomaten in Osnabrück einfiel. Das ius reformandi beschränkte sich nun auf die Zulassung bzw. Höherstufung anderer Bekenntnisse neben der unantastbaren Landeskonfession. So trug der Kampf der Protestanten um die allgemeine Religionsfreiheit (die „Freistellung" oder „Autonomia") jetzt doch noch späte Früchte; aus dem Emigrationsrecht erwuchs das Recht, zu bleiben und seinen Glauben frei zu bekennen und auszuüben. Und auch die Declaratio Ferdinandea (S. 47, 83) ging nun in der Normaljahrsregelung auf. Freilich: Die neue Freiheit wurde exakt dosiert und abgestuft, wie es dem Denken der Epoche entsprach, die nicht die allgemeine Freiheit (wie seit 1789), sondern nur besondere Privilegien und Standesrechte kannte. Je nach der Vorsehung des Jahres 1624 gab es nun erstens das *exercitium publicum religionis* mit öffentlichem Kult und Rang, d.h. mit Kirchen, Türmen, Glocken, Prozessionen, staatlich autorisierten Pfarrherrn und dem offiziellen Staatsbekenntnis, zweitens (daneben) ein *exercitium privatum religionis* der anderen Konfession, jedoch ohne öffentliche Staatsrangpositionen, nur mit Bethaus, Dachreiter, privaten Predigern (mit oder ohne Habit) usw. Und drittens war die *devotio domestica* („Hausandacht") für alle jene Anhänger der beiden Religionsparteien verbürgt, denen das Normaljahr kein öffentliches oder privates Religionsexercitium garantierte. Auch ihnen war Toleranz und Gewissensfreiheit (mit dem Recht des auswärtigen Gottesdienstbesuchs und der freien Religionserziehung) zu gewähren, solange sie im Lande lebten (Art. V § 34 IPO). Der Landesherr durfte sie nicht in ihrem Glauben bedrücken; er konnte ihnen freilich die Emigration auferlegen, die ihnen auch

ihrerseits frei gewährleistet blieb (Art. V § 36 ss. IPO). – In diesen differenzierten Graden war die Religionsfreiheit und „libertas conscientiae" (Art. VII § 1 IPO) fortan im Reich gesichert. Man hat hier die Begriffe der protestantischen Staatsrechtslehre in Gesetzesform gegossen; später wurden sie in weiteren Zwischenstufen ausdifferenziert. Komplementärgarantien sicherten vor religiöser Diskriminierung in bürgerlicher und wirtschaftlicher Beziehung (Art. V § 35 ss. IPO). – Die *Sekten* blieben freilich ausgeschlossen (Art. VII § 2 S. 4 IPO). Erst die Aufklärung ließ (reichsverfassungswidrig) „jedermann nach seiner Façon selig werden", wie Friedrich der Große bestimmte. Und vor allem: Die *Erblande* hatte der Kaiser unerbittlich aus diesen Religionskonzessionen ausgenommen. Hier galt das ius reformandi und damit die Gegenreformation, von einigen Zugeständnissen in Schlesien und Niederösterreich abgesehen (Art. V § 39 IPO). Trauttmannsdorff hatte diesem Ziele Vorrang einräumen und ihm beträchtliche Opfer (z. B. im Normaljahr) bringen müssen; der monarchische Staatsbildungsprozeß der Erblande gebot die endgültige Beseitigung des fremdkonfessionellen Karzinoms. Man wollte verhindern, daß der vertriebene protestantische Adel aus den demobilisierten Armeen zurückströmte auf seine längst vergebenen Güter und wieder anfing wie seinerzeit vor 1618 in Böhmen, Mähren, Oberösterreich.

8. Die *„Suspension" der geistlichen Jurisdiktion* blieb gegen die protestantischen Reichsstände und ihre Untertanen weiter garantiert und wurde präzisiert (Art. V § 48 IPO); die Reichsstaatslehre sah darin zutreffend ihre Kassation.

9. Die *Reichsstädte* wurden klar in den Frieden einbezogen; die konfessionell einheitlichen erhielten das ius reformandi zuerkannt, die konfessionell gemischten eingehende Sonderregelungen (Art. V §§ 3 ss., 29 IPO). – Die *Reichsritterschaft* wurde den Reichsständen ausdrücklich gleichgestellt (Art. V § 28 IPO).

10. Durch die Normaljahrsregelung hatte nun das *Prinzip des Status-quo* endgültig in der Reichskirchenverfassung gesiegt; fast ausgeschaltet war das gegenteilige Prinzip der Veränderbarkeit der Verhältnisse, das die Protestanten ursprünglich für sich in ihrer Forderung nach Freiheit der Verkündigung (bzw. Agitation) und „Freistellung" für jedermann, sowie nach unbeschränktem ius reformandi für alle Obrigkeiten vertreten hatten (so sehr sich beides im Grunde widersprach). Die Sehnsucht der Zeit nach Stabilisierung war damals übermächtig; sie wurde erst viel später in der

Erweckung und in der Aufklärung als drückender Immobilismus empfunden.

11. Vor allem wurde nun das Prinzip der *Parität* – der aequalitas exacta mutuaque – verbürgt, das wie ein Fanfarenstoß die religiösen Friedensartikel eröffnete (Art. V § 1 IPO). Sieht man genauer zu, so geschah es freilich in spezifischer, charakteristischer Form: Diese aequalitas betraf *explizit* nur die Lücken, nicht den Inhalt des Friedens selbst! Mit gutem Grund: Die Lücken (und Zweifelsfragen) waren (S. 51, 60, 92f.) z. T. bedeutsamer gewesen als die Normen, über die man sich soeben langwierig einigte, und die man künftig keineswegs durch ein Oberprinzip der Parität in ihrer Geltungskraft erschüttern lassen wollte; die katholische Besetzung des Kaisertums und die Rechte der Katholiken nach der Reichsverfassung sollten ja nicht etwa als Paritätsverstoß anzweifelbar sein! Über der Prozedur der Lückenschließung war ja einst die Reichsorganisation zerbrochen. Diese *spezielle Lückenschließungs-Parität* war also schon für sich wichtig genug. Sie hatte aber weiter eine hohe Allgemeinbedeutung, weil sich gerade an ihr der paritätische Grundcharakter des Reichs erwies: Sie strafte fortan die These Lügen, daß das Reich als ganzes in seinem Wesen und Selbstverständnis katholisch geblieben sei, daß also der Religionsfriede nur ein Ausnahmegesetz mit begrenzter Toleranz (nicht Parität) nur für die Häretiker darstelle, und daß die Reichsorgane deshalb die Lückenschließung einseitig in ihrem katholischen Verständnis des „Gemeinen" (besonders des kanonischen) Rechts vorzunehmen hätten; so wurde ja nicht nur im sinistren Vierklosterstreit argumentiert. In der speziellen Lückenschließungsparität war *implizit* deshalb auch *das allgemeine Paritätsprinzip* mitenthalten, das generell den Charakter des Religionsfriedens und den Sinn der einzelnen Friedensnormen bestimmte, ohne sie von außen auszuhebeln. – *Organisatorische* Paritätsregeln sicherten die Zahlengleichheit in der Besetzung der Reichsdeputationen und -Kommissionen sowie im Kammergericht und in den Revisionen (Art. V §§ 51 ss. IPO). Entscheidend abgestützt wurde dies aber durch die zentrale Regelung des Verfahrens:

12. Die *Verfahrens-Parität* der *itio in partes* (Art. V § 52 IPO, vgl. auch die Nebenformen in §§ 50, 56 IPO) hat die schlechthin entscheidende Paritätsgarantie gebracht. Sie nahm – wie mehrfach schon berührt – dem Mehrheitsprinzip in allen konfessionell relevanten Belangen die Geltungskraft; damit war die direkte wie die indirekte konfessionelle Vergewaltigung zwischen den Religions-

parteien ausgeschlossen. Die freie, amikable Vereinbarung der Religionsparteien umfaßte und trug nun also den Frieden als Gesamtheit, in seinem Inhalt wie in seinem Verfahren: Sie war bestimmend – wie 1555 und jetzt 1648 wieder praktiziert – nicht nur für den Abschluß des Friedens, sondern auch für seine künftige Auslegung und Lückenschließung, Fortbildung und Änderung, Anwendung und Vollstreckung in paritätischer Freiheit der Friedenspartner (S. 51, 93 ff., 119). Der Anwendungsbereich und der Verfahrensmodus dieser zentralen Verfassungsnorm waren denkbar weit gezogen und nicht ohne Kompliziertheit formuliert; die vertragsartige Verhandlungsweise galt für Gesetzgebung, Rechtsprechung und Exekution. Die Reichsstände traten sich also in Religionssachen stets, in anderen Angelegenheiten auf Verlangen als zwei getrennte „partes", d.h. eben als Religionsparteien gegenüber; das sonst übliche Beratungs- und Abstimmungsverfahren (mit Mehrheitsbeschlüssen) in den Reichstagsgremien wurde dadurch unterbrochen und in das gütliche Vereinbarungsverfahren übergeleitet. So hatte die itio in partes die Wirkung eines Vetorechts der Minderheit. Aber sie war letztlich nicht auf diesen (hochgefährlichen) negatorischen Trennungseffekt hin konzipiert, der ja das Reich zerstören konnte, sondern sie war auf die „Integration" der beiden konfessionell konträren Reichshälften zu einer neuen Einheit in Freiheit und Gleichheit ohne Glaubenszwang gerichtet! Nur so ließ sich die tiefe Spaltung des Rechts nach der Glaubensspaltung im Reich „herrschaftsfrei" überbrücken, und dieses säkulare Integrationsverfahren der „amicabilis compositio" hat im ganzen erstaunlich gut funktioniert.

Diese Verfahrensparität der itio und compositio des IPO zwang heilsam und folgenreich zum ständigen konfessionellen Kompromiß; sie hat es mitbewirkt, daß sich das Reichskirchenrecht ab 1648 von einem Konfliktssystem zur Ausgleichsordnung zurückverwandelte (S. 114 ff.). Sie war ein Rechtsinstitut von genialer Einfachheit, das zwanglos viele jener Wirkungen zeitigte, die später nur durch zahlreiche institutionelle Garantien erreicht worden sind: Sie sicherte die Absonderung der Konfessionen voneinander ohne ihr äußeres rechtliches Auseinanderfallen im Reichsverbund. Sie sicherte die religiöse Eigenständigkeit und Selbstbestimmung, jedoch ohne die Auflösung der alten geistlich-weltlichen Einheit in die Trennung von Kirche und „Staat"; sie wirkte für die Konfessionen gleichsam als die Ersatzform der modernen Kirchenfreiheitsgarantie (Artt. 137 III WRV/ 140 GG) und wie die Abwehrfreiheiten moderner liberaler Grundrechte. Als korporative Freiheitsgarantie formierte sie ferner die Konfessionen zu Verfassungsparteien und integrierte sie in das Verfassungsgefüge (S. 115 f.). Sie vermittelte Freiheit, Mitgestaltung und Mitverantwortung durch Formen der Partizipation in der Reichsorganisation. So wurden die Religionskorpora aus ihren Ursprüngen als Widerstandsbünde außerhalb der Verfassung befreit und als Verfassungsträger für das Reich gewonnen (S. 117). Diese zentrale Verfahrensnorm des Art. V § 52 IPO hat geradezu symbolhaft die historische Entwicklung des Reichs seit vier Generationen umrissen; das Auseinandertreten der Konfessionen wie ihr Sehnen nach der Einigung, der amicabilis compositio, ist hier auf den prägnanten juristischen Nenner gebracht und weitergeführt. Sie hat durch ihre juristische Institutionalisierung und Neutralisierung die religiöse (und die daraus folgende rechtliche und politische) Spaltung des Reichs faktisch hingenommen, rechtlich anerkannt und integrierend überwunden; so hat sie Frieden und Freiheit, Gleichheit und Einheit des Reichs säkular stabilisiert.

Die Verfahrensfragen hatten ja im ganzen Konfessionellen Zeitalter kardinalen Rang. Erinnern wir uns: Schon die Anfänge des deutschen Reichskirchenrechts lagen im Verfahren und nicht im materiellen Recht! (S. 36 ff., 42 ff., 51 ff., 119 ff.). Weil man sich nicht mehr einigen konnte über die materielle Wahrheitsverpflichtung der Kultus- und Kirchengutsordnung, des weltlichen Vogtei- und Schutzamtes, behalf man sich (seit 1526, verstärkt seit 1532) mit den prozessualen Kompromissen jener „Suspensionen" (der Acht, der Prozesse, der Bischofsjurisdiktion). Und auch nach 1555 spitzte sich der Kampf um den Religionsfrieden schließlich ganz auf den Streit um das Verfahren seiner Auslegung und Fortbildung zu: Was der Friede inhaltlich besagte und bewirkte, hing von dem Verfahren der Majorisierung oder der Vereinbarung ab, das letztlich über den Friedensinhalt entschied.

Die Bedeutung des Vereinbarungsverfahrens gemäß Art. V § 52 IPO wird auch für die spätere Zeit weithin unterschätzt. Das liegt daran, daß es so überaus selten offiziell und förmlich angewendet worden ist. Die alte Reichspublizistik hat nach 1648 weniger als ein Dutzend solcher Fälle in eineinhalb Jahrhunderten gezählt. Und diese betrafen vielfach ausgesprochene Nebenfragen, so daß die itio hier mehr als Warnschuß statt als Waffe im Ernstfall eingesetzt erscheint. Aber dies kann die enorme Auswirkung dieses zentralen Instituts nicht schmälern. Es war eine jener Waffen, die mehr durch ihre potente Existenz als durch ihren aktuellen Einsatz wirken und deren abschreckende Funktion sich deshalb nicht nach Zahl und Rang ihrer Anwendungsfälle bemißt. Zu seiner Dialektik gehörte es, daß es seinen langen Schatten vorauswarf: Weil die maiora von der Minderheit jederzeit ausgeschlossen werden konnten, hat nach 1648 der Zwang zur Einigung meist schon im Vorfeld die Überwältigung der Minderheit verhindert und die förmliche Einleitung des umständlichen Verfahrens der itio und compositio erübrigt. Das Mehrheitsprinzip wurde also durch Art. V § 52 IPO teilweise aufgehoben, teilweise aber tief verändert; soweit es weiterhin zur Anwendung kam, verlor es den Charakter des rigiden konfessionellen Kampf- und Herrschaftsinstruments und wirkte als Institut des Ausgleichs, weil es im Ernstfall nicht mehr griff.

13. Blieb noch die Regelung für die *Reformierten:* Das reformierte Brandenburg und Hessen-Kassel pochten vehement auf die völlige Gleichstellung mit den Lutheranern, doch diese, der Kaiser, die Katholiken und auch die Schweden widerstrebten. Zwar dachte niemand mehr im Ernste an die Verfolgung und Ausmerzung der Reformierten, die ja in Deutschland keineswegs dem strengen Calvinismus anhingen. Die Lutheraner bejahten durchaus deren Duldung und politischen Schutz, bekämpften aber ihr ius reformandi gegen die Lutheraner (nicht gegen die Katholiken). Die Lösung war ebenfalls eine Normaljahrsregelung und zwar hier nach dem Stand von 1648: Auch der innerevangelische Konfessionsstand wurde auf alle Zukunft eingefroren; den Landesherrn wurde die obrigkeitliche Änderung des öffentlichen Exercitiums der Landeskonfession und ihrer Kirchenorganisation gegen den Willen der Untertanen verwehrt (Art. VII § 1,2 IPO). Auf dieser Basis wurde dann die Gleichberechtigung und Einbeziehung der Reformierten in das Friedensinstrument (mitsamt dem zurückgestutzten ius reformandi) beschlossen. Der Große Kurfürst bestand darauf, daß die Reformierten offiziell im IPO als Untergruppe der Augsburger Konfessionisten (d.h. der Lutheraner) tituliert wurden, was doch deren orthodoxe Theologen heftigst bestritten. Aber das Reichskirchenrecht hatte sich ja nach der Vorarbeit der Staatsrechtslehre längst von der theologischen Terminologie emanzipiert und machte sich – „sensu politico", nicht „sensu theologico" – seinen eigenen, säkularisiert verballhornten Begriff von der Augsburger Konfession (S. 80 f.).

VII. Der Ausklang

1. Natürlich wurde das ganze Friedenswerk begleitet von einer gewaltigen, z.T. gespenstischen Schlacht der Geister. Die Unver-

söhnlichen unter den katholischen Theologen, vorab der streitbare Dillinger Jesuit Wangereck, kämpften gegen die Nachgiebigen, gegen die Beichtväter und Hoftheologen, die an der Not der Welt und der Last der Entscheidung litten – wie die Patres Vervaux in München und Quiroga in Wien sowie Caramuel a Lobkowitz. Ihnen ist auch Hermann Conring, der große protestantische Jurist, unter einem katholischen Pseudonym mit allen Raffinessen katholischer Moraltheologie zu Hilfe geeilt. Da wurden nochmals alle Varianten der Notrechts-Argumentation des letzten Jahrhunderts durchventiliert, Trauttmannsdorffs Konzessionen grausam zerpflückt, Gott und die Welt, die heilige Tradition und das Eschaton beschworen. Aber die Diplomaten waren abgebrüht und selber Christen, die wie der Kaiser und Kurfürst Maximilian wußten, daß sie Gott den Frieden schuldig waren. So ist die hektische Öffentlichkeits-Verantwortung dieser Theologen damals ebenso wie der Protest des Papstes ergebnislos verpufft.

2. Das große Werk war getan. Am 15. September wurde das französische, am 16. das schwedische Friedensinstrument signiert (paraphiert). Am 24. Oktober 1648 folgte die feierliche Unterzeichnung durch die Gesandten der fremden Kronen, des Kaisers und auch einer Deputation der deutschen Reichsstände – das Reich war auch durch sie repräsentiert. Die Demobilisierung der Armeen zog sich noch über Jahre hin; das Arrangement über ihre Phasen wurde in Nürnberg im September 1649 unter den Generalen und Obristen mit einem prunkvoll-überbordenden Festbankett und derben Soldatenspäßen abgefeiert.

3. Das *Urteil über den Frieden* enthüllt selbst ein Stück Geistesgeschichte: Die Zeitgenossen haben ihn überschwenglich als ein Geschenk des Himmels, als Anbruch eines guten, neuen Zeitalters der Gerechtigkeit und der Versöhnung gepriesen. Sein Lob wurde weiterhin einhellig im 17. und 18. Jahrhundert im Inland wie im Ausland, etwa auch von Voltaire, gesungen, bis dann in Deutschland um die Mitte des 19. Jahrhunderts die Stimmung jäh umschlug. Dem anhaltenden französischen Lobpreis trat jetzt der bittere deutsche Tadel gegenüber, daß 1648 die Völkerrechtsgemeinschaft und das europäische Gleichgewicht auf Deutschlands Ohnmacht gegründet worden sei und seine nationale Einheit verhindert habe. Erst nach 1945 ist die Zeit für eine distanzierte, positiv-kritische Würdigung reif geworden, die dieses Instrument mit seinen Leistungen wie Säumnissen aus den Gegebenheiten und Maßstäben seiner Epoche weder verdammt noch verklärt. Bleiben-

den Wert besaß: Erstens sein Beitrag zum Frieden Europas als Völkerrechtsordnung des Gleichgewichts, der Souveränität, der Gleichberechtigung der Staaten mit einer (fast modern anmutenden) supranationalen Öffnung und Verflechtung des deutschen Verfassungsrechts (vgl. Artt. 25,26 GG). Zweitens die „rechtsstaatliche" Festigung der Reichsverfassung und Absage an den Machtstaatsgedanken, die im Reich den Absolutismus westlicher Prägung ausschloß und ihn in den Territorien von außen her beschränkte, dadurch dem ancien regime in Deutschland einen milderen, freieren Zug verlieh. Drittens die Koexistenz und Parität der Konfessionen, die die religiöse Freiheit in Deutschland teilweise (d.h. in der paritätischen Beschränkung auf die Großbekenntnisse) weit über den Status rechtlich beschränkter, schwankender Toleranz hinausführte, wie er sich in West und Ost erst langsam in der Folgezeit entwickelte.

In mancher Hinsicht steht die Rechtsstaats- und Koexistenzordnung des IPO – mit ihrer verklingenden Wiedervereinigungshoffnung, ihrer weltweiten ideologischen Konfrontation und ihren Nöten der internationalen Friedenssicherung – unserer Epoche des späten 20. Jahrhunderts näher als dem dazwischen liegenden Zeitalter der europäischen Nationalstaatsbildung und der großen Staatenkriege. Speziell die große intellektuelle Leistung der Religionsverfassung des Reichs wird man erst heute gerechter würdigen können. Sie hat die verhängnisvolle Glaubensspaltung ja nicht verursacht, sondern vorgefunden und durch deren Neutralisierung die politische Einheit des Reichs vor dem Auseinanderbrechen bewahrt. So hat sie die Grausamkeiten der Verfolgung und Ausrottung konfessioneller Minderheiten verhindert, die weithin in Europa wüteten. Gewiß ist die beklagenswerte innere und äußere Schwäche des Reichs nach 1648 nicht zu verkennen. Doch ist seine monströse Überalterung, Kompliziertheit, Inhomogenität und Reformunfähigkeit ja nicht primär die Folge des Reichskirchenrechtes gewesen, das den Zeitgenossen trotz seiner Unvollkommenheit und notvollen Kompromisse wie eine Erlösung erschien.

Siebter Teil

GEISTIGE GRUNDLAGEN UND WANDLUNGEN

I. Vergewisserung

1. Das Ringen um Gewißheit, um innere Versicherung des Gültigen – inmitten aller gewaltigen Umbrüche, Unsicherheiten und Zweifel – stellt ein Charakteristikum der Epoche dar. Das Konfessionelle Zeitalter war das Zeitalter der großen *Objektivierungs- und Stabilisierungsversuche*, wobei sich seine verschiedenen Stabilisierungstendenzen auch gegenseitig überlagerten und blockierten. In diesem Zuge zur Absicherung und Verfestigung, ja Erstarrung liegt ein bezeichnender Unterschied zur Periode der Reformation. Der große Aufbruch war nun abgeebbt oder doch kanalisiert, die Spontaneität und Originalität divinatorischen Denkens abgeklungen. Jetzt wurden die Ergebnisse der vorangegangenen Eruptionen, der Gott suchenden Gedanken und Religionsgespräche in Form gebracht, orthodox systematisiert und politisch realisiert. Die Phase des geistigen Stellungskrieges und Befestigungswesens begann. Auf allen Lebensgebieten dominierte die Festlegung und Entscheidung, als sollte dadurch eine tiefe innere Unsicherheit, ja eine existentielle Krise überspielt werden. Über diese „Krise des 17. Jahrhunderts" ist in jüngster Zeit viel gerätselt worden. Allenthalben in Europa war sie zu spüren, in jeder Region äußerte sie sich verschieden. Höchst komplex floß sie zusammen aus der religiösen Unruhe und dem geistigen Umbruch der Zeit, aus Kriegsverwüstungen und Wirtschaftsdepressionen, aus dem sozialen Wandel (stärker im Ausland als hierzulande) und dem Werden der europäischen Staaten wie ihrer inneren Verfassungsverhältnisse. Die sozio-ökonomischen Gegebenheiten (des „Unterbaus"), die seit dem 19. Jahrhundert an Gewicht gewannen, wirkten freilich im Konfessionellen Zeitalter noch weniger stark und tief als die bewußtseinsbildenden geistig-religiösen Kräfte, die eine wirtschafts- und gesellschaftsbetonte Historiographie allzuleicht unterschätzt. Aber statt über die Gewichtung der Ursachen zu rechten, sei hier die Frage in den Vordergrund gerückt, wie und d.h. mit welchen

Formen der Vergewisserung das Zeitalter seine Krise zu bewältigen suchte? Erst in der letzten Phase der Epoche wich das charakteristische Stabilisierungsstreben einer neuen geistigen Aufbruchstimmung, die in ihrer Kritik der Überlieferung, Vernunftgewißheit und Neuerungsfreude die Wende zur Aufklärung einleitete.

2. Im Religiösen war die *Objektivierung* und Normativierung des Glaubensinhalts *in Bekenntnisdokumenten* die bedeutsamste Frucht dieses Vergewisserungsvorgangs. Der Glaube verlangte nach Sicherheit, damit er sich nicht in schweifende menschliche Selbstbespiegelung verirrte. Die fides qua creditur suchte sich der fides quae creditur zu vergewissern. Die Objektivierung wurde durch die Sozialisierung des Bekennens im Konsens der Väter und Brüder vermittelt und bestärkt. Aber alle Bekenntnisse haben höhere Sicherheit gesucht als sie eine menschliche Massenmeinung, ein soziologisches Kollektivphänomen zeitigen kann: Sie wollten die menschliche Wahrheitsverzweifelung durch das Zeugnis, ja die Verbürgerung der göttlich offenbarten Wahrheit überwinden. Aus diesem höchsten Anspruch menschlicher Versicherung folgte die Unerbittlichkeit der Konfessionskämpfe, aber paradoxerweise auch die tiefste Verunsicherung der Epoche, weil die Bekenntnisformulierung der einen Konfession die der anderen Konfession innerlich relativierte, zugleich jedoch die äußere Verfestigung der „Konfessionen" zu geistlich-weltlichen, politisch-militärischen Parteien nach sich zog, so daß die Bekenntnisblöcke sich äußerlich bedrohten und sich innerlich um so fester absichern mußten. Die Steigerung des inneren und äußeren religiösen Sicherheitsverlangens stellte so die Sicherheit selbst in Frage.
Das umfassende System konfessioneller Sicherung war ferner durch starke Spannungen belastet, weil seine weltliche Bekenntniswahrung die Bekenntniswahrheit vielfach zutiefst diskreditierte. Wenn sich das ius reformandi von der theologischen Wahrheitsfrage löste und sich juristisch zum politischen Zwangsrecht des beliebigen Bekenntniswechsels verselbständigte, dann spaltete sich sein Sicherheitseffekt: Es garantierte nur noch die äußere, politische Sicherheit der Bekenntnisgeltung i. S. einer menschlich verfügten Staatsdoktrin, ohne die innere, theologisch-kirchliche Sicherheit und Einigkeit zu bewirken, von welcher der Geltungsanspruch des staatlichen Bekenntnisrechts im vorsäkularen Denken der Zeit letztlich doch abhängig schien. So lag hinter der autoritären Rigorosität der Konfessionsnormen eine strukturbedingte geistliche Unsicherheit verborgen, die das Staatskirchentum des Konfessionellen Zeitalters nie verwand. Man mußte sie durch die

verstärkte Pflege (bzw. Verhetzung) des konfessionellen Bewußtseins übertönen.

3. Im politischen Bereich zeigte sich ein analoges Sicherungsbestreben: Der Autoritätsverfall und die Autoritätsbestreitung, die mit der Glaubensspaltung und ihren kirchlichen und politischen Umwälzungen eingerissen waren, haben im nachfolgenden Konfessionellen Zeitalter einen wahren *Autoritätshunger* hervorgerufen, der nach fester Begründung und Sicherung der staatlichen wie kirchlichen Autoritäten verlangte. Alle Konfessionen predigten den Obrigkeitsgehorsam als Ausfluß des 4. Gebotes; der *Landesvater* war das Abbild Gottvaters, seine obrigkeitliche Gewalt das Abbild und Werkzeug des göttlichen Weltregiments. Der Hausvater war der Archetypus der Gesellschaftsordnung, seine väterliche Autorität war ihr Grundprinzip. Die väterliche Rechtsgewalt wurde geheiligt. Das hat die Entwicklung zum Fürstenstaat mächtig vorangetrieben, so stark auch die ständische Gegenbewegung im späten 16. und frühen 17. Jahrhundert noch gewesen ist. Die Rechtsunsicherheiten des großen Krieges, die Beschaffung der Kriegskontributionen, die Beseitigung der Kriegsschäden, die Notwendigkeiten des Wiederaufbaus, ja der neuen Peuplierung ganzer Landstriche haben dann den Ruf nach einer kräftigen Territorialstaatsgewalt verstärkt.
Aber die Autorität konnte Freiheit und Recht nicht einfach überwältigen, sondern mußte sich auf sie stützen. Die obrigkeitliche Gewalt stand unter Gottes Gebot, auch der Fürst durfte nicht stehlen, nicht in fremde Rechte einbrechen, nicht Abgaben willkürlich auferlegen. Der staatliche Absolutismus steht noch in der Ferne. Sicherheit suchte man insbesondere durch das Recht.

4. So äußerte sich das Sicherungsbedürfnis in zahlreichen *Verträgen* und vertragartigen Abmachungen, wie sie uns auf Schritt und Tritt bei unserem Gang durch das Jahrhundert begegnet sind. Diese Sisyphusarbeit der Sicherung durch Verträge in einer hohen Zeit permanenter Vertragsverdrehungen und -verletzungen wirkt ergreifend hilflos, ja verzweifelt: Man rang um Grund- und Fundamentalverträge mit Vorrang und Dauergeltung, daneben um Spezial- und Situationsregelungen mit Übergangs- bzw. Suspensionsbestimmungen. Sie entfalteten sich auf der Ebene des Reiches wie der Territorien, besonders über Fragen der Verfassung, der Verwaltung, des Gerichts- und des Finanzwesens; sie waren mit den sonstigen feudalen, patrimonialen und privatrechtlichen Vertragsbeziehungen verflochten. Gesetze und Statuten, etwa in den Städ-

ten und Korporationen, hatten weit weniger Bedeutung. Verträge formierten auch die politischen und religiösen Kräfte in den parteiartigen Zusammenschlüssen und Militärbündnissen. Noch überwog im Recht ja nicht die Typik der einseitig-obrigkeitlichen, sondern der zweiseitigen, vertragsartig ausgehandelten und angewandten Rechtssetzung, die auf Konsens gegründet und auf Kooperation angelegt war und dabei Momente der Koordination und der Subordination in sich verschmolz. Dem modernen Rechtsempfinden, das durch den Absolutismus, die Volkssouveränität und die Herrschaft des Gesetzes geprägt wurde, ist jenes alte Formenarsenal fremd geworden, das Bindung und Freiheit noch in ganz anderer Weise miteinander verband. Im Reichsrecht, im Territorialrecht, im Völkerrecht – überall war der Vertrag das einzige Mittel zur Überwindung der tiefgreifenden Erschütterung und Unsicherheit des Rechts, welche die frühe Neuzeit vom späten Mittelalter und von der Reformation geerbt hatte. Vertraglich bzw. vertragsartig wurde die reichsständische Reichsreform z.Z. Maximilians I. begründet und seither praktiziert, wie jeder Reichsabschied zeigte. Vertraglich wurde die ständische Verfassung im Territorium geschaffen und vollzogen. Auch die Reichsgrundgesetze des Religionsfriedens und des Westfälischen Friedens waren vertraglich paktiert worden, und ihr Vertragscharakter brach im Streit um den Vollzug des Religionsfriedens immer wieder vehement durch, bis ihn das IPO 1648 durch die vertragsmäßige amicabilis compositio bekräftigte.

5. Das System dieser *vertraglichen* Rechtssicherung muß in der *Parallele zur Bekenntnisbildung* gesehen werden: Beides, Bekenntnis und Vertrag waren Formen der Vergewisserung als Folgen der Unsicherheit, in die die tradierten Formen des geistlichen und weltlichen Lebens gerissen worden waren. Bekenntnis und Vertrag verbanden die innere Verbindlichkeit mit äußerem Geltungsanspruch, der auch den Widerstrebenden band. Bekenntnis wie Vertrag gründeten sich jedoch auf den Konsens, der in stets neuen Vergewisserungs-Anstrengungen lebendig erhalten werden mußte, wenn sie nicht hinfällig werden sollten. Bekenntnis und Vertrag waren wesensmäßig auf Freiwilligkeit ausgerichtet; wenn und soweit sie dennoch erzwungen worden sind und die Approbation nicht nachwuchs, haben sie ihre innere Bindung wie ihre äußere Geltung rasch verloren. Bekenntnis wie Vertrag waren traditionsbezogen und doch zugleich auch zukunftsgerichtet: Die Bekenntnisse wollten nur die alte, verdunkelte Wahrheit der Offenbarung durch Reform gereinigt neu im Konsens zur Geltung bringen, ähnlich wie die Verträge den tradierten Rechtszustand in Überein-

kunft erhalten und erneuern wollten. Das Bekenntnis wirkte geistesgeschichtlich retardierend und die Tradition stabilisierend gegen den kritisch zersetzenden Rationalismus; auch der Vertrag war überwiegend ein Rechtsinstitut der Bewahrung, das die Tradition, die Privilegien und Ungleichheiten des sozialen Gesamtaufbaus festigte. Das alte Recht galt ja im traditionsbestimmten Rechtsverständnis der Zeit unverletzlich weiter, aber es war weithin bestritten – ähnlich wie auch der alte wahre Glaube weitergelten sollte, wiewohl die Glaubenslehren (und ihre weltlichen Konsequenzen) zwischen den Konfessionen dubios und kontrovers geworden waren. Die Verträge waren das einzige Mittel zur Klärung und Fortbildung des Rechts, wie die Bekenntnisse zur Klärung und Fortbildung des Glaubens – beide in approbierter und doch autoritativer Weise. Verträge wie Bekenntnisse waren zwar Menschenwort, zeugten aber von den überindividuellen Mächten des Glaubens und des Rechts, wobei freilich der Spielraum verschieden weit gezogen schien: Soweit es im Bekenntnis um die göttliche Wahrheit ging, gab es menschlich nichts nachzulassen oder zu verändern; bei den Verträgen aber war dies möglich, soweit menschlich Verfügbares auszuhandeln war oder das Recht der Not zu Konzessionen bzw. Suspensionen zwang.

6. Das warf besondere Probleme auf, wo die beiden Sicherungsinstrumente sich knotenhaft verschürzten: Bei den Konfessionsverträgen wurde iure humano paktiert über die Geltung der Konfession, welche doch die göttliche Offenbarung bezeugte und deshalb an sich iure divino Vorrang vor aller menschlichen Hantierung hatte. Die Sicherheit aus solchen Abreden war deshalb prekär und vorbehaltsbelastet. Beide Teile mußten die ursprüngliche Zulässigkeit und fortdauernde Verbindlichkeit dieser Pakte ständig mit extraordinären Argumenten ihrer Moral- und Rechtstheologie rechtfertigen (über Notrechtsprobleme und die Suspendierbarkeit ihrer Kirchengewalt) – welche sie zwar jeweils beim anderen Teil im Grunde (als häretisch) nicht anerkannten, aber dennoch als Vertragsgrundlage voraussetzen und akzeptieren mußten. Wir sahen: Gerade die Treue zu den tiefsten, den religiösen Rechtsgrundlagen hat die tiefste Rechtsunsicherheit hervorgerufen. Das tiefe Sehnen der Zeit nach Vergewisserung und Geltung des wahren Glaubens im Bekenntnis hat somit die Sicherheit und Gültigkeit der Verträge, ja allen Rechtes zwischen den Konfessionen erschüttert. Darüber haben auch die feierlichsten Eide nicht hinweggeholfen, standen sie doch selbst unter den gleichen Vorbehalten, wenn hier der

Mensch bei Gott dem Herrn beschwor, die göttliche Wahrheit
menschlich einzugrenzen, ja zu verleugnen und preiszugeben.

II. Verfestigung

1. Das Streben nach Absicherung, Abgrenzung, überhaupt nach
Förmlichkeit drückte allen Lebensbereichen sein Gepräge auf. Die
äußeren Lebens- und Umgangsformen wurden pompös und gravitätisch, voll gespreizter Würde; Etikette und Zeremoniell überzo-
gen das Leben bei Hoch und Niedrig mit symbolhaften Formen des
Anspruchs und der Distanzierung, um deren Anerkennung man
beständig ringen mußte. Schon die Sprache wurde schwer und
schwulstig, gefiel sich in der barocken Pracht getürmter Satzperi-
oden, wurde weitschweifig und gezwungen, prätentiös und kompliziert, verlor ihre treffende Schlichtheit und bündige Kraft, die sie
in der Reformation, geprägt durch die Lutherbibel, noch besaß. Der
Sinn suchte sich in abundanter Beredsamkeit zu verbergen und
abzusichern; die Mischung von Imponiergehabe und Konzessions-
bereitschaft, Ungreifbarkeit und Dreistigkeit verriet das Sicherheitsverlangen einer Zeit, die aus dem Absoluten lebte und dies
doch in Stücke gehen sah.
Im Alltag wichen Lebenslust und Überschwang weithin gemessener
Förmlichkeit und Künstlichkeit. Die Mode wurde gravitätisch
schwarz und später schwärzlich-braun; die bunten Seidenstoffe,
geschlitzten Ärmel, Schmuck- und Pelzbehänge der Renaissance und
Reformationszeit verschwanden. Die Damen zeigten sich bleich
und hochgeschlossen, die Männer stolzierten mit gewichtig aufge-
blähtem Leib auf dünnen Spinnenbeinen, in gestärkte Halskrausen
eingezwängt. Das Anspruchsgehabe und Abgrenzungsbedürfnis
einer streng disziplinierten Gesellschaft suchte sich inmitten des
Zerfalls der Einheit des Glaubens und der Welt durch Formen und
Haltung zu behaupten. Die kirchliche Sitte, die staatliche Kleider-
ordnung, die wirtschaftlich-soziale Gliederung bezeugten auf
Schritt und Tritt die Verhärtung des Lebens in den Formen der
öffentlichen Kirchlichkeit, staatlichen Reglementierung und gesellschaftlichen Tradition.

2. Das *öffentliche* Leben verlief in festen Formen: Der junge Staat
machte Staat im großen Stil, entfaltete seine Pracht in imponieren-
der Repräsentation, der auch die Künste, vorab die Baukunst, dienten. Er hat die Sphäre der Öffentlichkeit mit Beschlag belegt, be-

herrschte sie mit seinen Symbolen und Staats-Akten, war eifersüchtig auf Präzedenz, Würde und Rang bedacht. Der Pomp der großen öffentlichen Feiern zu Geburt, Hochzeit, Krönung und Tod im Herrscherhaus, zu Staatsbesuchen, Siegen, Friedensschlüssen hatte eine eminente politische Stabilisierungsfunktion. Diese Öffentlichkeitspflege sicherte die Subordination und Approbation der Untertanen. Sie hing engstens zusammen mit der Ausbildung des öffentlichen Rechts und seiner Privilegierung und Monopolisierung der öffentlichen Gewalt, des öffentlichen Dienstes, des öffentlichen Wehrwesens, des öffentlichen Vermögens in der Hand des Staates. Dies wurde weiter abgesichert durch die religio publica als öffentliche, öffentlich-rechtlich geltende Staatsdoktrin und Staatsanstalt mit privilegiertem exercitium publicum religionis, ministerium verbi publicum und öffentlichem Kirchengut. Die öffentlich-rechtliche Körperschaftsqualität der großen Religionsgesellschaften im späten 20. Jahrhundert ist ein letzter Abglanz dieser Position der Publizität und Repräsentation, die sich in das System der öffentlichen Vergewisserungs- und Selbstdarstellungsformen zentral einfügte.

3. Förmlichkeiten öffentlicher, ritualer Selbstdarstellung fanden sich allenthalben bei den universitären Feiern, Disputationen, Promotionen, in den Verhandlungen der großen Ratsversammlungen und der Gerichte, bei öffentlichen Hinrichtungen und Prunkbegräbnissen, Wasserfesten und Feuerwerken, im Theater und in der Oper des Barock, vor allem auch in den religiösen Prozessionen, Wallfahrten, Ablässen und staatlichen Buß-, Bitt- und Dankgottesdiensten, die nun überall das Verlangen nach Halt und Regel, Einordnung und Geborgenheit, Sicherheit und Strenge stillten. Dem katholischen Empfinden für Hierarchie und abgestufte Ordnung kam jetzt die Zeit bereitwillig entgegen. Aber auch bei den Protestanten hat sich eine Sozialethik der gestuften Ordnung der Berufe und Stände entwickelt, die das öffentliche Amt als Gottes-Dienst ansah, deshalb die obrigkeitliche Weltbewältigung des Christen als „Amtsperson" heiligte und vom Handeln des Christen als „Christperson" unterschied, für das allein die Bergpredigt den Selbstverzicht im Unrechtleiden lehrte. So bildeten sich feste soziale und politische Formen mit stabilen Bindungen und Abgrenzungen aus. Das altüberkommene „suum cuique" im hierarchisch gestaffelten Weltaufbau wurde auch bei den Protestanten das beherrschende Sozialprinzip, indes die Gleichheit des allgemeinen Priestertums sich auf das unmittelbare Verhältnis zu Gott beschränkte.

4. Die Verfestigung der Gesellschaft durch die *Standesschranken*
ist ein merkwürdiges, gesamteuropäisches Phänomen, das seit dem
letzten Drittel des 16. Jahrhunderts von Spanien und Frankreich bis
Venedig und Polen zu beobachten ist und sich im 17. Jahrhundert
noch verstärkt; es wird im folgenden Bande dieser Reihe dargelegt.
Die Schranken der Abstammung wurden weithin unübersteigbar,
nicht nur in Spanien, wo der Gegensatz gegen Mauren und Juden
zum Kult des „reinen Blutes" trieb. Der Adel schloß sich ab von
Bürgertum und Bauernschaft, wie diese sich von ihm und untereinander schieden; ja selbst innerhalb der Stände haben sich die hohen
und niederen Adels- und Bürgerschichten zunehmend abgesondert.
Lebensführung, Heirat, Beruf, Besteuerung, Privilegien, Ehrenklei-
dung, alles richtete sich nun nach der Standeszugehörigkeit. Die
soziale Differenzierung schritt fort und die soziale Mobilität nahm
zugleich ab. Schon seit dem Ausklang des Mittelalters, das noch das
Aufsteigen der Ministerialen aus der Unfreiheit in den Adel er-
lebte, waren die Standesschranken zunehmend erstarrt. Aufstiegs-
chancen öffneten sich jetzt noch den Theologen, den gelehrten
Juristen und vor allem den Soldaten; Handwerksburschen konnten
zum Obristen, ja General aufsteigen und sich durch Kriegsbeute in
den Grundbesitzer-Adel zwängen. In den Reichsstädten schloß sich
der Kreis der Ratsfamilien in typischer Verfestigung und Oligarchi-
sierung ab, die gegen Ende des 16. Jahrhunderts zu sozialen Konflikten führte. Manche Domkapitel wie Köln und Straßburg waren
dem Hochadel vorbehalten, andere der Ritterschaft; die erforder-
liche Zahl ebenbürtiger Ahnen wurde drastisch erhöht. Wallensteins Aufstieg in den Reichsfürstenstand war eine absolute Ausnahme, die ihm mit zum Verhängnis wurde.

5. Die Abschließung der Stände ergab sich auch aus der *Stände-
staats-Verfassung*. Sie setzte die institutionalisierte Schichtung
und distanzierende Selbstorganisation der Stände im korporativen
Zusammenschluß voraus. Jeder Stand mußte sich seiner Standesgenossen vergewissern, und jeder Landesherr – wie auch der Kaiser in
der Reichsverfassung – mußte wissen, welche Partner ihm gegenüberstanden. So wurden die reichs- bzw. landständischen Familien
exklusiv in den Matrikellisten festgelegt. Die Differenzierung und
Erstarrung der Stände war damit besiegelt, wie es den Standesinteressen und den moral- und sozialtheologischen Prinzipien entsprach: Der Adel diente am Hofe, in der Verwaltung, im landwirtschaftlichen Großbetrieb und im Heer, besonders in der Reiterei –
die westdeutschen reîtres waren gefürchtet schon in den Hugenottenkriegen. Für seine Unterwerfung unter den Fürstenstaat wurden

dem Adel seine lokalen Privilegien und Herrschaftspositionen weithin garantiert; die Territorialstaatsbildung stützte so die altständische Gesellschaftsordnung. Unternehmertum, Handel und Handwerk waren die Sache des großen und des kleinen Bürgertums. Darunter standen die Bauern und die unterste Schicht der „fahrenden" Leute, die weder Haus noch Herrschaft noch Standesehre hatten und sich als Landsknechte, Gaukler, Schauspieler, Dirnen, Marketender und Hausierer durchschlugen. Wer nicht standesgemäß leben konnte, sank ab und büßte seine Standschaft ein – die Standesschranken blieben dadurch unverrückt. Alles blieb festgelegt nach Tradition: Der Hof- und Heerestrompeter genoß Ansehen bei den Renaissancehöfen, er durfte in Württemberg ins landständische Patriziat, in die schwäbische „Ehrbarkeit", ebenso einheiraten wie der welsche Architekt, indes die Lautenisten, die doch den Ruhm der herzoglichen Hofkapelle bildeten, ihre Ehefrauen aus der Ehrbarkeit in ihren niedrigeren Stand hinunterzogen. Mit dem Zusammenbruch der großen süddeutschen Handelshäuser in der 2. Hälfte des 16. Jahrhunderts war auch ihre Nobilitierungschance geschmolzen. Die Fugger retteten ihre Vermögensreste in die stabile adelige Grundbesitzexistenz; auch hier verwandelte sich Risikobereitschaft in Sicherheitsverlangen. Selbst der Pfarrberuf schloß sich weithin ständisch ab und hat sich nach regionalen sozialgeschichtlichen Stichproben zu drei Vierteln aus Pfarrersöhnen rekrutiert. Erst im Gefolge des 30jährigen Krieges wurden die erstarrten Ständegrenzen zeitweilig aufgebrochen, als die entvölkerten Kriegsgebiete wieder zu besiedeln waren, die Flüchtlings- und Einwandererströme zwischen den Armeen hin- und herwogten, mittellose Knechte freie Bauern wurden, wie auch Bauern zu Knechten und Soldaten absanken. Bald nach dem Kriege freilich war die soziale Schichtung in ihrer alten Verfestigung wiederhergestellt.

6. Auch die *Wirtschaft* fand im Laufe des Jahrhunderts zu festeren Formen, Autorität und Sicherheit. Der Territorialstaat wurde im großen Kriege zum Krisenmanager durch Preispolitik, wirtschaftliche Reglements, Besiedlungshilfen, begrenztes fürstliches Unternehmertum. Als Schöpfer einer frühen merkantilistischen Wirtschaftspolitik gab er den Anstoß zu neuer Rationalität, Effizienz und Emanzipation aus alten Traditionen, strebte nach Überwindung der wirtschaftlichen Nöte und nach Stärkung seiner militärischen und politischen Macht. Der Einsatz seines modernen Beamtentums und seiner Finanzwirtschaft, die Neuerungen in der Handelspolitik, Technik und Landwirtschaft schufen neue, ungeahnte

Möglichkeiten der Regelung und Sicherung, die in die nächste Epoche der absolutistischen Wirtschaftspolitik hinüberleiteten. Die wirtschaftliche Krisenbewältigung hing freilich eng mit jenem Zug zur Verfestigung in Religion, Staat und Gesellschaft zusammen, die sich mit Ordnung und religiösem Arbeitseifer einer unsicheren und gestörten Welt neu zu versichern suchte. – Doch dieses Streben der Epoche nach Vergewisserung und Verfestigung ist nur aus ihrem Verständnis von Tradition und Fortschritt zu verstehen.

III. Traditionsgebundenheit

1. Bisher galt das Alte als das Wahre, Gute und hinfort Gültige. Das Neue war verdächtig und vermessen, gerade auch im Griff nach neuer Erkenntnis, wie Adams Fall als Ursprung allen Übels lehrte. Die christliche Botschaft hatte zwar die Dimension des Geschichtlichen dem Denken der Christenheit aufgetan; sie löste das Abendland aus dem zyklischen Weltbild der Antike, die vom Werden und Sterben, vom Jugend-, Mannes- und Greisenalter der Völker und Kulturen ausgegangen war. Die Geschichte hatte einen Anfang in der Schöpfung und ein Ende im Weltgericht, hatte Geradlinigkeit und Einmaligkeit im Handeln Gottes mit seinem auserwählten Volk und seiner Kirche des Neuen Bundes. Aber Fortschritt hatte sie nicht: Das Wesentliche war bereits geschehen in der absoluten Einmaligkeit und Unwiederholbarkeit der Menschwerdung, des Erdenwandelns, des Opfertodes und der Auferstehung Jesu Christi. Diese Offenbarung Gottes in Christo war abschließend. Ihre Nachbesserung war nicht verheißen. Die Einmaligkeit der Offenbarung und die Verpflichtungskraft der Tradition waren allseits als schlechthin beherrschend anerkannt. Die göttliche Offenbarung bildete die Ur-Tradition, welche die menschlichen Traditionen weiter zu tradieren hatten. Gewiß: Die Protestanten hatten die kirchliche Tradition bekämpft und nur die Heilige Schrift als Offenbarungsquelle gelten lassen. Aber das taten sie nicht im („modernen") Kampf gegen Tradition schlechthin, sondern im Kampf um die wahre, göttlich tradierte Tradition ohne die Trübung durch Menschenwerk und Menschenwort. Sie haben die altchristlichen Dogmen auch in jenen tradierten Formen, die sie im Weg des Christentums durch den griechischen Geist angenommen hatten, ehrfurchtsvoll bewahrt und gegen die Sekten am „linken Flügel" der Reformation verteidigt. Die Titulierung als „Neuerer" bzw. „Neuerung" war ein Schimpfwort von metaphysischer, Glaub-

würdigkeit zerstörender Brisanz; Katholiken wie Evangelische haben es einander gegenseitig angehängt, sich aber selbst darauf berufen, die alte wahre Kirche darzustellen. Daß die Katholiken in der Rechtssprache des Reichs als „der-alten-Religion-Verwandte", die Evangelischen aber als „Augsburger-Konfessions-Verwandte" (also nach diesem relativ jungen Dokument von 1530) bezeichnet wurden, bedeutete eine gewisse Bevorzugung der Katholiken, deren sachliche Berechtigung die Protestanten um so nachdrücklicher durch ihren Rückgriff auf den Geist der alten Christenheit bestritten.

2. Änderungen hatte es zwar seit den Reformkonzilien, seit der Reichsreform und seit der Reformation in der Fülle gegeben. Aber sie wurden als *Rückkehr* zum ursprünglichen, besseren Zustand verstanden, als Re-Formen, die das sündige Chaos wieder in seine ursprüngliche, gottbestimmte Form zurückzuführen hatten. Wo Änderung anstand, mußte das Schlechte, Verfallene, Irdische geändert werden zugunsten des Guten, Unversehrten, Göttlichen; das Gute mußte man nicht ändern, sondern davor schützen. Seit dem Sündenfall stand die Geschichte unter *Verfalls*-Aspekten: In der Spanne zwischen Fall und Endgericht war der Menschheit nicht der Fortschritt verheißen; möglich war allenfalls eine – reformierende – stückweise Annäherung an den Urzustand der Schöpfung, wie sie einst gewesen war und als das eigentliche Wesen der Welt ewig währte. Davon rührte die Faszination her, welche der paradiesische „Urstand" für Theologie, Rechts- und Soziallehre als Richtmaß der wahren Gottverbundenheit und Naturrechtsordnung besaß und allem Utopie-Verlangen damals Genüge bot. Änderung galt bis ins 17. Jahrhundert vor allem als Umkehr und Buße; der Mensch galt als der verlorene Sohn, der zu Gott dem Vater zurückzukehren habe. Eine Verweltlichung i. S. der Lösung des Menschen aus Gottes Schöpfungs- und Heilsordnung suchte die Reformation ebenso abzuwehren wie die katholische Reformbewegung, die das Renaissancepapsttum von innen überwand. Die neuen Bekenntnisse wollen den alten christlichen Glauben, die alte reine Lehre neu formuliert wieder zur Geltung bringen, die eingerissenen Neuerungen aber gerade wiederum beseitigen.

3. Auch *das Recht* war ganz auf Tradition gestellt. Das alte Recht galt als das gute Recht, das neugefaßt von den Entstellungen gereinigt werden sollte. Als Recht galt nur, was sich aus historischen Titeln nachweisen ließ; sein Archiv war der kostbarste Schatz jedes Regenten. Die Rechtsordnung war durch die Traditions-Werte

bestimmt: Durch die Treue zum Vergangenen, die Respektierung des überkommenen Rechts, die Hingabe an das überlieferte und übertragene Amt, die personale Bindung an die angestammte Herrschaft, die Selbstlosigkeit und Dienstbereitschaft, Ehrerbietung und Bescheidenheit. Das Suum cuique bildete seit der Scholastik das Grundprinzip der Soziallehre, das Hoch und Niedrig an ihren Platz im traditionellen Sozialaufbau verwies. Bindung und Ungleichheit waren bestimmend, und zwar in der Konkretheit des tradierten Rechts. Auch Freiheit verstand man als überlieferte konkrete Freiheit, also als Privileg, nicht als abstrakte, allgemeine Freiheit auf dem Grund moderner Gleichheit, zu der sie viel später erst erwuchs.

Aber in dieser Traditionsgebundenheit war das Recht kaum imstande, den geistigen und wirtschaftlich-sozialen Veränderungen der Zukunft gerecht zu werden. Und es war heillos zersplittert und bestritten, so daß meist Anspruch gegen Anspruch stand. Noch bis zum Ende des Alten Reichs ist es der Lehre und der Praxis z. B. nicht gelungen, eindeutige Kriterien für die Rechtsgrundlage und Entstehung der Landesfürstlichen Obrigkeit zu finden, wo sich im gleichen, umkämpften Territorium verschiedene Herren um diese Obrigkeit aus verschiedenen Rechtsquellen (Vogtei, Regalien, Gerichtsbarkeiten usw.) stritten. Wegen seiner traditionsverhafteten Reformunfähigkeit hat die hochgepriesene „Rechtsstaatlichkeit" des Alten Reichs die politische Entwicklung Deutschlands im Inneren und nach außen nicht nur gefestigt, sondern zugleich auch destabilisiert und desintegriert; sie hat die nötigen politischen Kompromisse sehr erschwert und vielfältig anfechtbar werden lassen, da sie den juristischen Streit aller gegen alle provozierte. Man darf sich hier nicht von den zeitgenössischen Theorien des Staates und Rechts seit Bodin, Grotius und Pufendorf blenden lassen, die in der Praxis der Gerichte weniger bedeuteten. Das eigenartige, unabgestimmte Nebeneinander der großen rationalen Rechts- und Staatstheorie einerseits und der traditionsgerichteten, konkret-positivistischen Rechtswissenschaft und Gerichtspraxis andererseits ist bis zum Ende des Reichs für Deutschland charakteristisch geblieben.

4. Auch im *Sozialaufbau* und im *Wirtschaftsleben* zeigte sich eine ähnliche religiös-traditionalistische Struktur und Mentalität. Auch hier bildeten die ersten Jahrzehnte des 17. Jahrhunderts eine Epochenzäsur, markiert durch das rationale, auf planvolle Neugestaltung angelegte Kriegswirtschaftssystem Wallensteins und Gustav Adolfs. Der tiefe sozio-ökonomische Wandel, der sich daraus ent-

wickelte, wird das Thema des folgenden Bandes dieser Reihe sein. Wo es vorher Wandlungen gab, geschah das Vorwärtsschreiten stets mit dem Blick zurück. Das *Ordo-Ideal* des Mittelalters blieb weithin bis ins 17. Jahrhundert bestimmend, auch wenn es zu Anfang des 16. Jahrhunderts zeitweise von dem „frühkapitalistischen" Wirtschaftsliberalismus (mit wirtschaftlichen Autonomie-Vorstellungen gegenüber religiösen und staatlichen Dirigismen) überlagert worden ist. Die lutherische Dreiständelehre hat die statisch-transzendente Ordo-Lehre und ständische Gesellschaftsordnung des Mittelalters in ihrer Unterscheidung des status politicus, oeconomicus, ecclesiasticus fortgeführt und als Damm gegen die Neuerung verwendet. Der göttliche Ordo der Welt erschien in die geistlichen und weltlichen Hierarchien und Stände gegliedert, bewirkte die sinnvolle Zusammenordnung aller sozialen Glieder und Lebensbereiche zur gottgewollten Einheit im Dienste der übergreifenden religiösen Bestimmung. Alle Obrigkeit hatte die Amtsaufgabe, Störungen dieses Ordo-Gefüges auszuräumen und es zu sichern, etwa durch ihre Preis- und Gewerbepolitik in den Landes- und Reichspolizeiordnungen. Aber das beschränkte sich auf Einzeleingriffe punktueller Art, die nur Vollzugscharakter trugen. Eine umfassende, rationale Umgestaltung der sozialen Welt setzte erst nach und nach im 17. Jahrhundert ein, als das traditional-transzendente Weltbild verblaßte. Erst dann kam es zur planvollen Förderung wirtschaftlichen Wachstums, zur kontinuierlichen staatlichen Machterweiterung und auch zu vorsichtigen sozialen Strukturveränderungen.

IV. Religiosität

1. Das „Konstantinische System" der Verchristlichung der Welt hat sich im Konfessionellen Zeitalter – ein Jahrtausend nach der Christianisierung Europas – noch einmal in einer letzten, unerhörten Steigerung vollendet, die gerade im Zerfall der alten Einheit aus der Konkurrenz der Konfessionen erwuchs. Die transzendente Bindung der Staatsgewalt zur Durchsetzung des Dekalogs und zum Dienst und Schutz der wahren Kirche galt allseits als unbestrittenes Axiom, das die Sittlichkeit und Sitte, die öffentliche Ordnung und Volkserziehung und den Gesellschaftsaufbau zutiefst bestimmte. Das irdische Regiment diente im Vollzug des göttlichen Gesetzes als Erhaltungsordnung für die Erlösungsordnung, der Nährstand dem Lehrstand, die Unterweisung dem Glauben, die

Wissenschaft der Gottesgelehrtheit, die Kunst dem göttlichen Ruhm. Beherrschend waren die großen Themen der Gotteslehre: Der Trinität, der Inkarnation, des Sühnetodes und der Wiederkehr Christi im Endgericht, der Schöpfung, Gefallenheit und Erlösung der Welt, der Aneignung des Heils im Glauben und im Mysterium des Sakraments, der göttlichen Ordnung und Regierung der Welt und der Herrschaft Christi über die Seinen in der Kirche. Beide Konfessionen teilten diese christlichen Gemeinsamkeiten, so verschieden sie jeweils die Kirche und Kirchengewalt, die Rechtfertigung des Sünders und die Sakramente interpretierten und definierten. Und wenn nun dennoch Sünde und Schuld, Unglaube und Irrglaube, Frevel und Kampf bestehen blieben und die Einigkeit des Glaubens und der Liebe pervertierten, so paßte auch dies durchaus in das Konzept, das mit dem Satan rechnete und sich in der Nüchternheit seiner Eschatologie die Utopie auf Erden versagte. Die Unvollkommenheit des Irdischen war nicht ein Grund zur Anfechtung, sondern zur Bewährung des Glaubens in der Welt, der das Sündengefühl verstärkte und die Erlösungsbedürftigkeit steigerte, ohne den transzendenten Grund des Seins in Gottes Schöpfung, Gebot und Erlösung zu erschüttern.

2. Der Prozeß der *Konsolidierung der Konfession* und ihrer allgemeinen Weltdurchdringung hat sich in den Stammländern der lutherischen Reformation schon im zweiten Drittel des 16. Jahrhunderts im wesentlichen durchgesetzt; ab etwa 1580 war er im evangelischen Deutschland abgeschlossen. Zu dieser Zeit brach sich in den katholischen Ländern erst die innere geistliche Erneuerung nach dem Tridentinum Bahn und holte so die äußere, politisch bestimmte Gegenreformation gewissermaßen geistlich ein; auch sie brauchte etwa ein halbes Jahrhundert, um sich in allen Lebensbereichen zu entfalten. Dann aber zeigte sich bei beiden Konfessionen ein ähnlicher Lebenstyp von Glaubenseifer und strenger Kirchlichkeit in öffentlicher Geltung. Die Höfe wurden zu Zentren des religiösen Lebens; Gottesdienst, Gebet und religiöse Einkehr prägten den Tageslauf vieler Fürsten, die ihre cura religionis für das Seelenheil der anvertrauten Untertanen übten und in einer frühen christlichen Sozialstaatsverantwortung für das Wohl der Schwachen sorgten, vor allem durch den Bauernschutz des Landesherrn, der in den größeren Territorien den Adel in Schranken hielt.

Das geistige Leben an den Universitäten war von der Theologie als Königin der Wissenschaften geprägt, die enzyklopädisch und scholastisch den gesamten Wissensstoff der Zeit in ihre Glaubenspositionen einbezog. Die Theologie der Orthodoxie wird bis heute weithin unterschätzt; in ihrem wissenschaftlichen Niveau übertraf sie im ganzen die anderen Disziplinen. Ein Bellarmin zählt zu den großen Gestalten der katholischen Theologiegeschichte, wie in der evangelischen etwa Johannes Gerhard, dem alle Enge fehlte. Auf evangelischer Seite wurden nun die großen Fragen aufgearbeitet, die die Reformation aufgeworfen und nicht voll gemeistert hatte. Die großen Kontroversen gingen nach dem Tode Luthers um die Abgrenzung der unverzichtbaren Glaubensfragen von den kompromißfähigen Äußerlichkeiten (adiaphoristischer Streit), um die guten Werke (maioristischer Streit), um das göttliche Gesetz (zweiter antinomistischer Streit), um das Verhältnis von Gnade und menschlicher Willensfreiheit (synergistischer Streit), um die Erbsünde (flacianischer Streit), um die Rechtfertigung des Sünders als seine göttliche Gerechterklärung oder innere Erneuerung (osiandrischer Streit), um die göttliche und menschliche Natur Christi und andere Fragen der Christologie, um Christi Realpräsenz im Abendmahl, um die Allgegenwart Christi (Ubiquität bzw. Ubivolipräsenz) und um die Prädestination. Die „Philippisten" auf Melanchthons Spuren stritten sich mit den „Gnesiolutheranern" im Gefolge des Flacius, bis sich dieser mit seiner Erbsündenlehre isolierte; auch nach der einigenden lutherischen Konkordienformel 1580 spaltete sich das evangelische Deutschland auf in verschiedene, territorial radizierte Richtungen des Luthertums, der Reformierten und auch vermittelnder Positionen.

Zur Volkserziehung dienten die Schulen und Katechismen. Die Predigt war die große, nie wieder so erreichte Form der Erwachsenenbildung. Die Kirchenmusik schuf das reiche Werk der Kantaten und Passionen für den Gottesdienst. Erbauungsliteratur war die verbreitetste literarische Gattung. Die Dichtung gipfelte im evangelischen Kirchenlied, das dogmatische Klarheit und Fülle mit der Innigkeit des Gemüts verband; als vornehmstes Mittel der Volksbildung half es in schweren Zeiten, Leid und Not ohne Verzweiflung zu durchstehen, in der bösen Welt doch Gottes Schöpfung zu erkennen, aus dem irdischen Jammertal den Blick auf die Ewigkeit, die schöne, zu erheben und seinem Schöpfer und Erlöser durch alle Anfechtungen der Welt nachzufolgen. Die katholische Volksfrömmigkeit wußte in der bunten Sinnenhaftigkeit des Gottesdienstes und der kirchlichen Sitte ihre jubilierende Weltfreude mit Weltentsagung und asketischer Weltüberwindung zu verbinden und in Wallfahrten, Prozessionen, Marien- und Heiligenverehrung aufzublühen. Der Rhythmus des Kirchenjahres war mit Festen und Fasten zur Andacht und Einkehr ausgeschmückt, die irdische Zeit so im Überirdischen geborgen; die heiligen Zeiten und heiligen Orte gaben dem Leben Erhebung und Zuflucht.

3. Das *konfessionelle Bewußtsein* war ein neues Phänomen, das nun die Gesamtheit des Lebens auf beiden Seiten prägte. In ihm ist die Tiefe der Theologie und des Glaubenslebens jeweils mit zeitbedingten Äußerlichkeiten zu einer typischen Einheit verwachsen, die auch sehr weltliche Züge konfessioneller Rechthaberei und Streitlust, Verhetzung und unflätiger Verketzerung aufwies. Zur Kontroverstheologie und Kontroversjurisprudenz kam die Kontroverspropaganda. Sie wurden von den Obrigkeiten vielfältig angeheizt und eingesetzt und auch vom Pöbel ausgetobt, der sich an Gottesdienststörungen und Gewaltdemonstrationen berauschte. Am Konfessionsgegensatz haben sich viele andere Interessengegensätze kristallisiert bzw. hinter ihm versteckt, was nur die überragende Bedeutung des Religiösen für „die Welt" in dieser Zeit bestätigt.

4. Der *Tiefstand der religiösen Bildung* wurde freilich auch häufig beklagt; doch war es um die weltliche Bildung des Volkes nicht besser bestellt. Die Breite der Bevölkerung lebte ungeschlacht in derben Vergnügungen, galten doch auch bei Hofe Gelage und Völlerei, Hetzjagd und Hofnarr als Hauptlustbarkeiten neben dem Kuriositätenkabinett. Die Visitationsprotokolle aus der zweiten Hälfte des 16. Jahrhunderts berichten immer wieder von erschrekkender Verwahrlosung und Unbildung, so daß sich gelegentlich nicht einmal eindeutig ermitteln ließ, ob ein Gebietsteil im Normaljahr 1624 nun als evangelisch oder katholisch anzusehen war.

Besonders ein landesherrlich angeordneter *Konfessionswechsel* zog oft ein Chaos von Verwirrung und Unsicherheit nach sich, bis sich der neue Konfessionsstand durchsetzte und der Widerstand der alten Geistlichkeit und des renitenten Adels, der vielfach das Patronatsrecht hatte, ausgeschaltet war. Die Bevölkerung hing manchmal treu an ihrem alten Glauben und zeigte auch nach Vertreibung ihrer alten Pfarrer und Lehrer hinhaltenden Widerstand. Oft aber ging der Konfessionswechsel überraschend reibungslos vonstatten, das schlichte Volk folgte obrigkeitsfromm. Bei mehrmaligem Zwangs-Bekenntniswechsel, der z.B. in der Pfalz und in Baden zwischen Luthertum, Calvinismus und Katholizismus hin- und hersprang, war es auch abgestumpft, fügte sich äußerlich und tat insgeheim, was es nicht lassen mochte. Konfessionelle Mischverhältnisse wurden freilich nur selten von den Landesherrn begünstigt wie in Jülich-Kleve-Berg. Meist waren sie temporärer Wildwuchs, der sich aus Herrschaftswechsel oder aus Kondominaten ergab, begünstigt durch die bunte Mischung verschiedengläubiger Länder, En- und Exklaven mit ihren zerfaserten Grenzen, die insbesondere im Westen, Südwesten und in Franken das Hinüberlaufen zum nahen fremden Gottesdienst förmlich provozierten.

Alle Konfessionen hatten ferner mit *religiösen Entartungen* zu kämpfen. Schlimmer als der Irrglaube gedieh vielfach der Aberglaube und die Zauberei. Den Sakramenten half man nach durch die Magie. Die Astrologie galt als seriöse Wissenschaft und brachte auch dem Astronomen an Hof und Universität seinen Nebenverdienst. Das Volk deutete die Zeichen am Himmel, glaubte an Blutregen und Teufelsbeschwörung, Hexenunwesen und Hexenbekämpfung, übte auch heimlich heidnische Opfer und Spezialzauber gegen Krankheit, Viehseuchen, Unwetter und Ernteschäden; dagegen sind die Kirchen- und Landesordnungen immer wieder vergeblich angegangen. Die Religiosität war allgemein stark superstitiös, hatten doch auch Luther und Calvin fest mit der Schwarzen Kunst gerechnet, gegen die der reine Glaube an das reine Gotteswort am besten half. An diesen Störungen und Hindernissen läßt sich erst die enorme Leistung ermessen, die die Konfessionen damals mit ihrer religiösen Volkserziehung erbrachten. Selbst in den Verheerungen des 30jährigen Krieges blieben die Grundlagen christlicher Weltbejahung und Weltverantwortung intakt. Familie, Gemeinde, Obrigkeit, Berufsethos und Arbeitssinn haben die Kriegsschäden in erstaunlich kurzer Zeit behoben.

V. Der Umbruch zur Rationalität und Immanenz

1. Und doch hat sich bereits im Schoße des Konfessionellen Zeitalters eine umstürzend neue, *diesseitige Weltsicht* und Welthaltung entwickelt: Die Transzendenz des Denkens wurde durch Immanenz, die Wahrheitssuche durch Skepsis überlagert, statt der Theonomie die Autonomie proklamiert und statt der Offenbarung die menschliche Vernunft inthronisiert. In den ersten Jahrzehnten des 17. Jahrhunderts wurden davon fast gleichzeitig die Theologie, das Staatsdenken, die Rechtswissenschaft, die Naturwissenschaften und die Geschichtswissenschaft, die Philosophie, die Kunst und die allgemeine Moral und Religiosität in gegenseitiger Verstärkung erfaßt. Man hat darin den eigentlichen Umbruch vom mittelalterlichen Denken in die Moderne erblickt und dies insgesamt als „Natürliches System der Geisteswissenschaften" (Wilhelm Dilthey) charakterisiert – ein historiographischer (nicht zeitgenössischer)

Begriff, der freilich die Komplexität des Phänomens ex post stark vereinfacht und systematisiert.

2. Die *Gründe* lagen zunächst in der ungeheuerlichen religiösen und intellektuellen Zumutung, in die gerade die ernsten Christen durch den *Kampf der Konfessionen* gerissen wurden: Die Einheit, Wahrheit, Einzigkeit, Ausschließlichkeit der universalen christlichen Verkündigung und Kirche wurde nun schon seit mehr als drei Menschenaltern von allen, den großen wie den kleinen Kirchentümern in voller Absolutheits- und Identitätsbehauptung jeweils für sich beansprucht. Sie wollten alle dem einen Herrn als sein einer Leib, aufgrund der einen Heiligen Schrift und urchristlichen Tradition gegen den Widersacher dienen. Das geistlich wie weltlich Unmögliche der Situation wurde gerade jetzt mit Entsetzen bewußt, nachdem sich die Konfessionen in ihren Bekenntniskirchen, Bekenntnisstaaten und Bekenntnisbünden durchorganisiert gleichsam im Stellungskriege gegenüberlagen – viel quälender als in den Anfangszeiten des Glaubenskampfes, als jeder Teil mit Gottes Hilfe noch die Alleinherrschaft zu erringen hoffte. Jetzt aber führte das Streben nach Absolutheit zur Relativität, nach Gewißheit zum Zweifel, nach Einheit zur Vielheit, nach Autorität zur Emanzipation, nach Tradition zur Neuerung. Die Unvereinbarkeit der Spaltung mit jenen tieferen theologischen Positionen, aus denen sie doch wieder zwangshaft erwuchs, wurde zunächst einzelnen Denkern in der Distanz deutlich. Es scheint begreiflich, daß dies nicht bei den Theologen geschah, die ihren Scharfsinn im konfessionellen Nahkampf verbrauchten. So ist das Bündel neuer Fragen von den anderen wissenschaftlichen Disziplinen an die orthodoxen Theologen herangetragen worden und hat sie in ungeschickte Abwehr- und Rückzugsreaktionen manövriert. Die minutiös ausdifferenzierten theologischen Systeme taten sich schwer, den berechtigten theologischen Kern der neuen Fragen zu erkennen und die Auseinandersetzung mit dem modernen Geiste theologisch überzeugend und zukunftsoffen zu behandeln.

3. Die Gründe lagen aber auch in der *Fragwürdigkeit der Verrechtlichung des Religiösen*: Die juristische Lösung im konfessionellen Koexistenzsystem war eben nur eine äußere politische Notlösung gewesen (S. 45, 68) und keine Lösung der religiösen Aporien selbst. Sobald die juristische Neutralisierung und Fixierung der konfessionellen Sphären erreicht war und das aktuelle rechtliche Schutzbedürfnis zurücktrat, blickten die sensibleren Geister statt auf die schützende Rechtsform wieder stärker auf die geistlichen Fragen selbst.

Auch wurde das Zwangskirchensystem überhaupt neu zum Problem: Die rohe weltliche Entscheidung der heiligsten geistlichen Fragen durch die Staatsgewalt wurde zunehmend als unangemessen, ja als Belastung der Politik empfunden. Besonders die obrigkeitliche Einbindung des individuellen Glaubens und Gewissens traf mit dem Fortschreiten der Individualisierung wachsend auf Widerstand. Religiöser Zwang, früher eine Selbstverständlichkeit auf dem Grunde der allgemeinen öffentlichen Wahrheitsgeltung, wurde zutiefst problematisch mit der Ausbreitung des Wahrheitszweifels. Die widerstreitenden Absolutheitsforderungen bewirkten, daß das Individuum die inneren Lebensfragen autonom entschied, indes der Staat die äußeren regelte. Das Individuum wie der Staat lösten sich so langsam, doch unaufhaltsam aus der kirchlich-konfessionellen Gebundenheit. Beide haben sich dabei verbündet; gerade der absolute Staat ist in seiner Konkurrenz zur kirchlichen Gewalt der Hüter der Toleranz und individuellen Gewissensfreiheit geworden.

4. Auch andere, geistige Ursachen trugen zu jenem epochalen Umbruch bei: Das traditionelle *biblische Welt- und Geschichtsbild kam ins Wanken*. Es bot bisher die Zusammenschau allen Wissens und aller Weisheit der Heiligen Schrift, der Natur und der Historie; auch alles Erbe der Antike war darin eingebracht. Die theologischen Grundelemente waren völlig mit den tradierten physikalisch-astronomisch-historisch-geographischen Erkenntnissen verschmolzen, die also auch von der göttlichen Verbalinspiration der Heiligen Schrift umfaßt sein sollten. Der Sinn der Weltgeschichte erschloß sich durch die Kirche aus der Schrift. Der weltliche Geschichtsverlauf war theologisch determiniert: Am Anfang stand die Schöpfung, das Paradies und der Sündenfall, am Ende das Weltgericht; die Mitte bildete die Menschwerdung des Gottessohnes, sein Erlösungshandeln im Kreuzestod, die Gnadenwirkung und Gegenwart des Auferstandenen in Wort und Sakrament. Auf die Schrift als Geschichtsquelle hatten auch die Reformatoren unbedingtes Vertrauen gehabt; die ersten naturwissenschaftlichen Zweifel an manchen ihrer Aussagen hatten sie – wie ihre katholischen Gegner – für menschliche Vermessenheit gegen Gottes Wort gehalten. Wesen und Aufbau der Welt verlief von oben nach unten, von Gott zum Menschen und zur Schöpfung, vom Ganzen zu den Teilen, vom göttlichen Zweck zur irdischen Erscheinung. Das Weltbild war theozentrisch, weil es in der Inkarnation und Heilsgeschichte gipfelte, und es war zugleich anthropozentrisch, weil alles in der Welt auf das Heil der Menschen als Krone der Schöpfung angelegt war.

Das teleologische Denken des Aristotelismus war in die abendländische Theologie seit dem 13. Jahrhundert eingeschmolzen, weil es lehrte, die Einzeldinge aus dem bewegenden Prinzip, den Stoff aus der gestaltenden Form zu begreifen und das Weltganze auf Gott als Grund und Sinn alles Seins zurückzuführen.

Aber die neuen Beobachtungen und Beweise in der Physik, Astronomie, Geographie, Chronologie, Historie und Jurisprudenz waren alarmierend: Sie stimmten mit den Aussagen der Bibel weithin nicht überein. Die Erde stand nicht im Mittelpunkt des Weltalls, das keine geschlossene Kuppel darstellte, sondern sich in die Unendlichkeit des Raumes verlor. Die Erde war keine vom Ozean umflossene Scheibe, Palästina keineswegs ihre Mitte, Jerusalem nicht dessen Zentrum. Mit dem Paradiese kam man noch zurecht: Wenn sich seine Lage von keinem Geographen ausmachen ließ, so mußte es ein untergegangener Kontinent sein, da sich Zweifel an seiner Existenz verboten. Aber die sonstigen geographischen Angaben der Bibel waren im Zeitalter der Entdeckungen durch keine kühne Hypothese zu retten. – Ähnlich hoffnungslos versagte die biblische Chronologie, wenn man sie nun, beginnend mit Adams 930 Jahren, nachrechnete und dabei auf 1656 Jahre bis zur Sintflut und auf etwa vier Jahrtausende bis zu Christi Geburt kam. Nach der uralten Chronologie der Ägypter und Chinesen mußte man damit rechnen, daß es bereits vor Adam Menschen gab; die Präadamiten-Frage brachte (seit La Peyrères, 1655) die Schöpfungsgeschichte in Mißkredit. Bodin bezweifelte das Vier-Weltreiche-Schema nach dem Propheten Daniel – das deutsche Reich mit seiner kläglichen, nur ein Hundertstel der Welt umfassenden Verfassung konnte für ihn nicht identisch sein mit dem vierten Weltreich, das bis zum Ende der Zeiten währt! Die politischen Realitäten zwangen zur kritischen Reflexion einer absurd erscheinenden theologischen Doktrin. – Und die aristotelische Denkform der Teleologie wurde nun durch die naturwissenschaftliche Kausalitätsidee verdrängt: Die teleologische Schau der Welt wich der kausalen Erklärung; das ganzheitliche Denken wurde in stupender Einseitigkeit durch das atomisierende, quantifizierende ersetzt; die traditionale Betrachtungsweise sah sich durch die rationale, die religiöse durch die säkulare, die transzendente durch die immanente überwunden. Und nun begann man die Welt von unten nach oben, vom Irdischen her zu begreifen und zu ordnen. Die mechanistisch-atomistische Denktypik hat gerade auch das Denken über Staat und Recht berauscht. Auch hier erstrahlte nun die Faszination des Allgemeinen: Über und jenseits der zerstrittenen christlichen Konfessionen, ja auch der außerchristlichen Religionen, suchte man nach gemeinsamen, gültigen

Grundlagen des Seins und Sollens, nach ewigen Gesetzen, die die Bahnen der Staaten und Individuen den Gestirnen gleich bestimmten. Die Rückwirkungen der neuen Entdeckungen auf das theologische System stürzten die Christenheit in tiefe existentielle Nöte.

5. Indessen ist diese neue Weltsicht *nicht im Kampf gegen das Christentum*, sondern durch seine *innere Wandlung* i.S. seiner Säkularisierung entstanden. Die großen Astronomen und Juristen des frühen 17. Jahrhunderts waren fromme Bibelchristen. Den Widerspruch ihrer Ergebnisse gegen die Wahrheiten der Heiligen Schrift suchten sie tief erschrocken durch angestrengte Konstruktionen auszuschließen bzw. abzumildern. Schon bei Kepler zeigten sich die Ansätze zur späteren sogenannten Akkomodationstheorie, und Osiander, der große Nürnberger Theologe und Editor von Keplers Schriften, hat dessen Thesen in die schützende Form bloßer Hypothesen eingekleidet und so gegen die orthodoxen Angriffe verteidigt. Sogar die moderne Bibelkritik ist bezeichnenderweise nicht aus der Ablehnung, sondern gerade aus der Anwendung des protestantischen Schriftprinzips erwachsen: Wenn die kleine Sekte der Sozinianer – die sich in Polen seit Fausto Sozzinis Ankunft dort 1570 bis zu ihrer Vertreibung 1658 gegen den Widerspruch der ganzen übrigen christlichen Welt behauptete – die Lehre von der Trinität und Gottheit Christi, seinem Opfertode, seiner stellvertretenden Genugtuung und der Versöhnung des Sünders im Glauben verwarf, so wollte sie nur die Offenbarung Gottes in der Schrift von jenen menschlichen Trübungen reinigen, die sie in der dogmatischen Tradition der großen Kirchen entdeckt zu haben glaubte. Die Schriftkritik war durchaus nicht ihr ursprüngliches Ziel; sie suchte vielmehr die certitudo, perspicuitas und Suffizienz der Schrift nach dem Maßstab ihrer sozinianischen „sana ratio" neu zu erweisen, ist dabei aber in einen scharfen antibiblischen Rationalismus abgeglitten, der die Vernunft über die Heilige Schrift erhob. Die Bibelkritik und Dogmenkritik ist seither nicht mehr verstummt, sondern wurde von Laien und theologischen Außenseitern wie Grotius und Hobbes behutsam mit großer Gelehrsamkeit und Scharfsicht weitergeführt.

Auch in den anderen Wissenschaften mühte sich die menschliche Vernunft, fides und ratio zu versöhnen, Gott den Herrn nicht nur im göttlichen Wort, sondern auch in den göttlichen Werken, d.h. in den Gesetzen der Natur zu erkennen. Daraus entwickelte sich der Deismus, nach dessen Bild der Schöpfer nun der Welt in göttlicher Distanz gegenüberstand, sowie der Pantheismus, der Gott in der Schöpfung immanent, die Welt also von Gottes Gegenwart als dem Grundprinzip allen Lebens erfüllt ansah.

VI. Das natürliche System

1. Der *Gottesbegriff* wandelte sich so im 17. Jahrhundert. Die alten, inhaltsschweren biblischen Themen von Christi Menschwerdung, Kreuz und Auferstehung und der Rechtfertigung des Sünders räumten den Platz für eine rationale Schöpfungstheologie mit naturgesetzlicher Akzentuierung: Gott war danach der Architectus mundi und Weltregent, der die Welt nach dem Kausalgesetz eingerichtet hatte und sie als der Unwandelbare und Erhabene allein dadurch erhielt, so daß sich die göttliche Teleologie in der naturwissenschaftlichen Kausalität und Allgemeinheit offenbarte. Gott erschien nicht mehr („anthropozentrisch") als der persönliche Gott, der sich schon im Alten Testament in Wundern und Zeichen zu erkennen gab, der dann im Neuen Bunde seinen Sohn auf Erden sandte, um durch sein Sterben am Kreuz das gefallene Geschlecht zu erlösen, und der dem Menschen in Gebot, Geschick, Gebet von Du zu Du stets gegenwärtig ist. Die Gottesbeweise sind bei Descartes, Newton, Locke ontologisch-kosmologisch-physikotheologisch aus der Gesetzlichkeit der Natur abgeleitet.

2. Die Idee der *„natürlichen Religion"*, die die gemeinsame Wahrheit aller Konfessionen, ja Religionen umfasse, gewann in den ersten Jahrzehnten des 17. Jahrhunderts mehr und mehr an Boden. Nach der Vorarbeit der niederländischen Humanisten und Theologen, vor allem Coornherts und Ariminius', ist sie von Herbert von Cherbury (1581–1648) in der Breite entwickelt worden: Der evangelische Gedanke der wahren geistlichen Kirche ist hier in rationalistischer Allgemeinheit fortgebildet bzw. säkularisiert; statt auf den Heiligen Geist ist die natürliche Religion auf die natürliche menschlich-vernünftige Gotteserkenntnis gebaut. So schwindet die – katholische wie evangelische – Überzeugung von der Verderbtheit der gefallenen Natur und ihrer Angewiesenheit auf die göttliche Gnade, um Gott zu erkennen und nachzufolgen. Der große Einfluß der römischen Stoa auf diese Gedanken ist nicht leicht zu überschätzen. Die allumfassende Wahrheit ist keiner der besonderen Religionen geschenkt: Kriterium der Wahrheit ist die Allgemeinheit, nicht die besondere Offenbarung Gottes, geschweige denn ein besonderes Bekenntnis, das Wahrheit nur besitzen kann, soweit es an jener Allgemeinheit Anteil hat.

Die Folgen greifen tief: Zum ersten Mal in der Geistesgeschichte Europas wird damit die Gottesvorstellung von den besonderen christlichen Voraussetzungen abstrahiert – die Theologie ist hier zur autonomen Religionswissenschaft geworden. Das Urteil über den Wahrheitsanspruch der besonderen Konfessionen (bzw. Religionen) aber kann offen bleiben; die wahre, die natürliche Religion ist in ihnen allen präsent und doch mit keiner zu identifizieren. Schon Jean Bodins Religionsvergleich (in seinem Heptaplomeres von 1593) hatte sich mit der Suspension des Wahrheitsurteils im Konfessionskonflikt begnügt, nachdem er auf der Suche nach dem Wahrheitskriterium verzweifelt war. Die persönliche Glaubensentscheidung schien dann freilich für das Seelenheil nicht mehr erforderlich.

3. Der Gedanke der *„natürlichen Moral"* hat sich auf Recht und Staat folgenschwer ausgewirkt. Giordano Bruno in Italien, Montaigne, Bodin und Charron in Frankreich, Bacon und Hobbes in England haben sie, fußend auf der Stoa, entwickelt: Die sittlichen Ordnungen der Menschheit entspringen dem Naturgesetz, das allen Menschen gemeinsam ist. Die menschliche Vernunft, das lumen naturale, erschließt den Weg zur Weisheit und Erkenntnis der moralischen Welt. So wird die Unabhängigkeit der natürlichen Ethik von der Offenbarung, die Emanzipation der sittlichen Welt von der Kirche und Theologie zum Prinzip proklamiert. Dem Religiösen verbleibt nur eine Ergänzungsrolle, die Vernunft ist auch in den moralischen Dingen durch die Allgemeinheit der Erkenntnis und Forderung bestimmt.

Inhaltlich wurde die Moral nun rationalistisch und immanent, individualistisch und utilitarisch aus der Gesellschaft, dem vernünftigen Verhalten der Menschen abgeleitet. So kam es zu einer Revolution der ethischen Tradition, die ein Jahrtausend lang das Abendland bestimmt hatte: Der Eigennutz des Einzelnen im Diesseits, nicht Nächstenliebe und Gottes Lohn und Strafe im Jenseits wurde ihr archimedischer Punkt. Eine weltlich-diesseitsbezogene Zweck- und Wohlfahrtsethik wurde geboren, die man auch in die Gebote der Schrift, z.B. in die Goldene Regel, als allgemeine, „natürliche" Verhaltensnormen projizierte. Aus Selbstsucht gesellen sich die Menschen um ihrer Sicherheit und Wohlfahrt willen zusammen, gesitten sich im allgemeinen Konsens, vertragen sich im Gesellschafts- und Herrschaftsvertrag. In ihm, als diesseitig-menschlicher Erscheinung und Entscheidung (nicht als Stiftung und Gebot Gottes), seien Gesellschaft und Staat begründet. Um ihres allgemeinen Nutzens willen sollen die Menschen auf ihre ursprüngliche, anarchisch unbegrenzte Freiheit des Naturzustandes verzichtet haben; der zurückbehaltene Freiheitsrest des Individuums erschien als Ausgangspunkt für eine neue Doktrin naturrechtlicher Menschenrechte. So trägt der moralische Rationalismus ein eigenartig januskōpfiges Gesicht: Ein amoralisches, ja zynisches Bild der Natur, die sich in Selbstsucht, Krieg aller gegen alle, Vergewaltigung durch den Stärkeren offenbart, ist sein Ausgangspunkt; er soll durch die rationale, utilitarische Seite des menschlichen Naturvermögens moralisch zu domestizieren und zu sublimieren sein. – Gerade das anstößig Paradoxe dieser Lehren hält der Epoche schonungslos den Spiegel vor das Antlitz: Die hohe theologische Ethik der Gottes- und Nächstenliebe und christlichen Eintracht hatte zum dogmatisch-fanatisierten Kampf und Haß, zum Chaos der allgemeinen religiösen wie politischen Zerfleischung der Welt geführt, aus deren Greueln nun die rationalistische, utilitarische Verflachung und Veräußerlichung der moralischen Gebote führen sollte und auch zum Teil tatsächlich führte.

4. Auch in der *Wissenschaft* wird so die transzendente, religiöse Begründung der Welt durch die immanente, naturalistische und rationalistische abgelöst, die in den Naturgesetzen die Immanenz des Göttlichen erschließt. Sie hat in doppeltem Zugriff und tiefem Zusammenhang die Rechtstheorie und die Naturwissenschaften erfaßt; beide entwuchsen unter Erschütterung der bisherigen mythisch-religiösen Welterklärung, beiden war das Streben nach Allgemeinheit, Gleichförmigkeit, Regelhaftigkeit eigen, das den großen Gang der Welt mit all ihren bunten Besonderheiten neu, rational und zureichend erklären wollte. Die ungeheure Faszination, die von den Entdeckungen Keplers, Galileis, Newtons auf das gesamte Denken der Epoche ausging, ist für die Nachgeborenen kaum zu ermessen. In allen Wissenschaften zeigte sich nun eine neuartige, erstaunliche Kombination von Empirie und Theorie: Sie vereinigte die exakteste, voraussetzungslose Beobachtung und Analyse des Konkreten mit der Kraft der Synthese, Abstraktion und hypothetischen Erklärung, wie sie die Geschichte des abendländischen Denkens seit der Antike so nicht kannte. Der Zauberschlüssel schien gewonnen, der die Gesetze der Natur von außen wie von innen erschloß. Freilich: Ihre mechanistisch-kausale, quantifizierende Methode veräußerlichte das Historisch-Soziale und vergewaltigte die qualitative Differenziertheit des geistigen Seins; sie sah die Welt und die Menschen atomisiert und ignorierte bzw. destruierte die überindividuellen Lebenseinheiten, aus denen sich soziale Ordnung doch primär entwickelt. In seiner starken, tradi-

tionsblinden Künstlichkeit hat das „Natürliche" System gerade das natürliche Wachstum und die natürlichen Bindungen zu liquidieren und durch rationalistische Konstruktionen zu ersetzen versucht.

Als erste Welle dieser Wissenschaftsrichtung wurde – erstaunlicherweise – die rationale *Naturrechtsidee* etwa zwischen 1600 und 1625 ausgeformt, als die großen Entwürfe des Althusius (1603) und Grotius (1625) erschienen; Bodins Staatslehre war schon 1577 vorangegangen. Erst in den vierziger Jahren folgte die breite Aufbereitung der Naturerkenntnisse im Banne Galileis und später Descartes, um sich alsbald mit der natürlichen Moral zum umfassenden System auszubilden, das das folgende Jahrhundert der Aufklärung bestimmte.

5. In diesem *natürlichen Rechtssystem* findet sich die erste konsequente Emanzipation eines grundlegenden Lebensbereichs aus der christlich-dogmatischen Autoritätskultur. Als Teil der natürlichen Moral wurde auch die traditionsschwere Naturrechtslehre nun inhaltlich stark säkularisiert. Das göttliche Gesetz verlor seine besonderen konfessionellen Konturen als Instrument der weltlichen Erhaltungsordnung im Dienst der geistlichen Erlösungsordnung Gottes, wie es bisher allen Kirchen in ihrer verschiedenen Sicht von Gesetz und Evangelium, Natur und Übernatur erschienen war. Jetzt wurde eine allgemeine Jurisprudenz konzipiert, die unabhängig von theologischen Prämissen für alle Völker Gültigkeit beanspruchte. Die Pluralität aller religiösen Alleinwahrheiten und Absolutheitsansprüche wurde überspielt durch die Universalität einer allgemeinen Rechtsidee, die auf das gemeinsame Humane der wahren menschlichen Natur gegründet sein wollte: Die Sätze des Naturrechts galten, „auch wenn es keinen Gott gäbe" (Grotius). In ihrer immanenten göttlichen Vernünftigkeit, Autorität und Allgemeinheit erschienen sie jetzt gefeit gegen den Zweifel und Widerstand durch eine konfessionell bestimmte Rechtsidee, die ja nur im Besonderen verhaftet war. Schon Bodin hatte die staatliche Souveränität in den konfessionellen Bürgerkriegen als Hüterin eines weltlichen Friedens und Rechts über den Religionsparteien beschworen; seit der Pariser Bartholomäus-Nacht 1572 wurden die antiken Lehren vom Herrschaftsvertrag verstärkt aufgegriffen, von den Monarchomachen auch radikal fortentwickelt. Durch den Vertrag findet der Mensch nach Grotius Sicherheit, Freiheitsverbürgerung und die vernünftige Erfüllung seiner natürlichen Anlage als geselliges Wesen. Das Recht und der Staat erscheinen hier als eigene Schöpfung der Menschen für die Menschen, im Dienste ihrer Freiheit, Wohlfahrt und Glückseligkeit, nicht primär als

Mittel der Liebe und des Zornes Gottes, um den Dekalog gegen die sündige Menschheit durch die Obrigkeit als Gottes Amtmann bis zum Endgericht durchzusetzen.

Als Grundgedanken dieser frühen Naturrechtslehre des 17. Jahrhunderts lassen sich mithin skizzieren: In Diesseitigkeit beschränkten sich Staat und Recht auf irdische Zwecke, Strukturen und Legitimitätsgrundlagen. In Autonomie emanzipierten sie sich von der konfessionellen Begründung, Bestimmung und Begrenzung, um religiös unangreifbar den Religionsstreit weltlich zu befrieden. Der Rationalismus strebte nach Allgemeinheit und Widerspruchslosigkeit der Normen. Der Egoismus und Utilitarismus wurden zum Grundprinzip des Sozialen anstelle einer asketischen oder altruistischen Opferrigorosität. Eine positiv-optimistische Anthropologie baute auf die natürliche Güte und Weisheit des humanen Geschlechts; sie kehrte sich ab vom christlichen Sündenpessimismus und Erlösungssehnen besonders der Reformatoren. Auf göttlich-immanente Harmonie gestimmt, gewährte die rationale Naturrechtstheorie so schon im Diesseits den verdienten Lohn der guten, klugen Tat – gewissermaßen in vernünftig vorgezogener, säkularisierter Eschatologie. Mündigkeit wurde zum Axiom; früher bekämpfte sie im evangelischen allgemeinen Priestertum der Gläubigen die Gesetzlichkeit und Privilegierung der klerikalen, hierarchischen Gewalten; jetzt säkularisierte sie sich zur Mündigkeit gegen die religiöse Bindung überhaupt. Freiheit und Gleichheit aller Menschen im Recht wurden nun neu definiert; noch lange blieben sie freilich bloß theoretische Elemente (des „Gesellschaftsvertrages"); als politischer Sprengsatz der Revolution und der modernen Verfassungsbewegung haben sie sich erst viel später aktualisiert. Hingegen war die Forderung nach Toleranz ein erstes praktisches Ergebnis der Suspendierung der Wahrheitsfrage und der rationalen Ausrichtung des Staatsbegriffs wie des Menschenbildes. So brach sich ein neuer Typ des überkonfessionellen Staatskirchenrechts langsam Bahn. Die Humanitätsidee folgte aus der Säkularisierung der christlichen Nächstenliebe und der Renaissance stoischen Denkens.

6. *Die Emanzipation der anderen Wissenschaften* von der Theologie wurde im 17. Jahrhundert ständig vorangetrieben. In der Theologie galt nach Keplers Wort die auctoritas, in der Philosophie aber die ratio; nach Galilei war bei der Naturerkenntnis nicht vom Bibeltext, sondern von der empirischen Erfahrung und dem naturwissenschaftlichen Beweise auszugehen. Die Natur erschien als das andere Wort Gottes, das ebenfalls seine Gesetze lehrt. Gegen den Einspruch der Theologen des 17. Jahrhunderts wurde die Bibel als

Autorität in allen Fragen ausgeschaltet, die nicht das Heil speziell betrafen. Die Theologie wurde widerstrebend zu einer Spezialwissenschaft neben den anderen, auf ihrem Felde kompetenten Fachwissenschaften. Die Einheit der Welt wurde in den Augen der Zeitgenossen seit Descartes durch die Philosophie statt durch die Theologie demonstriert und repräsentiert.

7. *Neuerung und Fortschritt*, ein neues Denken und Lebensgefühl brachen sich nun überall Bahn, während das traditionale Weltbild Stück für Stück in Trümmer fiel. Die Bibelkritik und das Staatskirchenrecht hatten tiefe Breschen in die Geltung der Überlieferung geschlagen; die rationale Naturrechtstheorie, Astronomie, Geographie, Historiographie sind darin eingerückt; die merkantilistische Wirtschafts- und Sozialpolitik begann mit innovatorischen Wiederaufbau- und Förderungsmaßnahmen. Seit Galilei und Kepler hatten alle Argumente, die lediglich auf Tradition und Autorität beruhten, ihre Überzeugungskraft weithin eingebüßt. Tradition und Autorität kraft Tradition wurden bald auch in den anderen Lebensbereichen durch Kritik, Erfahrung und Berechnung überwunden, die überall statt der Bewahrung zur Veränderung drängten. In der Philosophie Descartes (Discours de la méthode, 1637; Meditationes, 1641; Principia philosophiae, 1644) wurde schließlich der Bruch mit der Tradition zum Prinzip erhoben: Nicht das Verbürgte und Überlieferte sei das Wahre, sondern das Demonstrierte und Erwiesene. Die ratio verließ sich nur auf sich selbst, der universale Zweifel galt nun als einziges Mittel der Erkenntnis. Cogito, ergo sum. Das reflektierende Subjekt fühlte sich als Mittelpunkt des Universums. Während man bisher die unvollkommene menschliche Vernunft der göttlichen Vollkommenheit der Schrift unterordnete, hat Descartes das Verhältnis umgekehrt. Generationen von Philosophen, Theologen, Mathematikern, Physikern, Juristen, Medizinern sind ihm hierin gefolgt und jeweils in ihrer Disziplin zu neuen Ufern aufgebrochen.

8. Wo *traditio und ratio* einander widersprachen, zeichneten sich drei Lösungsmöglichkeiten ab. Die erste behauptete die traditionelle orthodoxe Überordnung der Schrift und Theologie über die Vernunft. Sie war in Deutschland in der Hochblüte der Orthodoxie noch weit über 1650 hinaus führend, während im Westen schon das Natürliche System das Feld beherrschte. – Als zweite Lösung vertraten die vermittelnden Cartesianer (etwa Christoph Wittich, 1625–1687; Balthasar Bekker, 1634–1698) die Trennung von Theologie und Philosophie nach Materien und Methoden, folglich die unverringerte Autorität der Schrift in den spezifisch-theologischen

Problemen, hingegen die uneingeschränkte Gültigkeit der philosophisch-natürlichen Kritik und Erkenntnis in den res naturales – was auf der Widerspruchsfreiheit zwischen Offenbarung und Vernunft, Theologie und Philosophie beruhte, da Gott durch beide gleichermaßen zum Menschen spreche. Das nötigte zur vermittelnden Bibel-Interpretation nach „vernünftigen" Kriterien; diese sog. Akkomodationstheorie der rationalistischen Exegese suchte so die Unabhängigkeit der Philosophie von theologischen Beschränkungen ebenso zu sichern wie die Autorität der Offenbarung und der Theologie in einer veränderten geistigen Welt. – Als dritte Lösung haben die radikalen Cartesianer die Überordnung der säkular verselbständigten Vernunft über die Offenbarung ohne Rücksicht auf Tradition, Dogma und Kirche proklamiert. Aus dem Meer der Ungewißheit und der Zweifelsfragen im Streit der Konfessionen helfe nur die Philosophie; sie gelte nicht nur in den res naturales, sondern auch in den theologischen Fragen als norma normans der Schriftsauslegung; gescheitert sei das römische Prinzip der kirchlich normierten Schriftinterpretation wie die protestantische Selbstauslegung der Schrift durch die Erleuchtung des Geistes. Seit Spinoza führte dies allmählich in die moderne Religionskritik. Im Ergebnis hat hier später die Herrschaft der Vernunft die Autorität der Heiligen Schrift verdrängt.

In diesen theologischen Auseinandersetzungen ist das Zentrum des tradierten christlich-aristotelischen Weltbildes zerstört und die Macht der Tradition überhaupt gebrochen worden, so daß sie dann auch auf den anderen Lebensgebieten ihre Evidenz und Autorität verlor. Erst mit der Entstehung des historischen Denkens, das im 18. und 19. Jahrhundert die Welt in ihrem Werden begriff und das die Einmaligkeit, Individualität und Entwicklung der historischen Phänomene erkannte, ist sich das Denken in allen Wissenschaften der Bedeutung der Überlieferung wieder bewußt geworden. Freilich erkannte man nun auch die Relativität der Tradition, so daß der Historismus hinfort die Tradition mit Ehrfurcht und Unverbindlichkeit zugleich wahren, weiterführen und überwinden konnte. Und die Vernunft hatte sich inzwischen selbst diskreditiert in der Widersprüchlichkeit ihrer abstrakten, absoluten Konzepte; ihre vermeintliche Zeitlosigkeit hatte sich als Selbsttäuschung, ja selbst als ein Stück geistiger Tradition entlarvt. Das historisch-kritische Verstehen der Bibeltexte hat dann neue Dimensionen erschlossen, um das Wirken der Offenbarung Gottes in den zeitbedingten Formen und Entwicklungen der Geschichte zu begreifen und die alten Fronten des 17. und 18. Jahrhunderts zwischen Orthodoxie und Rationalismus zu überwinden.

ABKÜRZUNGEN

AR	=	Augsburger Religionsfriede
ARG	=	Archiv für Reformationsgeschichte
CA	=	Confessio Augustana
GWU	=	Geschichte in Wissenschaft und Unterricht
HJb.	=	Historisches Jahrbuch
HPBl.	=	Historisch-politische Blätter
HZ	=	Historische Zeitschrift
HV	=	Historische Vierteljahrsschrift
IPO	=	Instrumentum Pacis Osnabrugense
IPM	=	Instrumentum Pacis Monasteriense
Jb.	=	Jahrbuch
LG	=	Landesgeschichte
ThQ	=	Theologische Quartalschrift
ZRG GA	=	Zeitschrift der Savigny-Stiftung für Rechtsgeschichte, Germanistische Abteilung
ZRG KA	=	Dasselbe, Kanonistische Abteilung
Zs.	=	Zeitschrift

BIBLIOGRAPHISCHE HINWEISE

Bibliographie und Quellenkunde: Althusius-Bibliographie, Hg. *H.U.Scupin, U.Scheuner,* Bearb. *D.Wyduckel,* 2 Bde., 1973; Bibliographie de la Réforme 1450–1648, Hg. Commission Int. d'Histoire Ecclésiastique, Länderheft Deutschl.: Fasc. 1, Hg. *G.Franz,* 1958 (Lit. v. 1940–56); Dahlmann-Waitz. Quellenkunde d. dt. Gesch., Hg. *H.Heimpel, H.Geuss,* [10]seit 1965 (Lief. zu Abschn.275–312 – Reform. u. Konfessionskriege – liegen bislang nicht vor, vgl. daher noch [9]1931, Hg. *H.Haering*); *J.St.Pütter, J.L.Klüber,* Litteratur des teutschen Staatsrechts, 4 Tle., 1776–91, Ndr. 1965 (klass., bis heute unentbehrl. Bibliogr. des alten dt. Staatsrechts); *K.Schottenloher* (Hg.), Bibl. d. dt. Gesch. im Zeitalter d. Glaubensspaltung 1517–1585, Bd.1–6, [2]1956–58, Bd.7, bearb. v. *U.Thürauf,* 1966 (Lit. bis 1960); *G.Wolf,* Quellenkunde der dt. Reformationsgesch., 3 Bde., 1915–23, Ndr. 1965. – *Lfd. Bibliographie, Forschungs- u. Literaturberichte:* Jahresberichte f. dt. Geschichte, Hg. *A.Brackmann, F.Hartung,* Jg. 1925–39/40, 1927ff., fortges. als Jahresberichte f. dt. Geschichte, N.F., Hg. Akad. d. Wissenschaften der DDR, Zentralinst. f. Gesch., Jg. 1949ff., 1952ff.; Jahrbuch der hist. Forschung i. d. Bundesrepublik Deutschland, Hg. Arbeitsgemeinschaft außeruniversitärer hist. Forschungseinrichtungen i. d. Bundesrep. Deutschland, 1974ff.; *M. Brecht,* Gesamtdarstellungen des Zeitalters d. Ref. u. des Konfessionalismus (Verkündigung u. Forschung. Beih. zu: Ev. Theol., 25, 1980, 74–119); *E.W.Zeeden,* Das Zeitalter d. Glaubenskämpfe, Literaturbericht (GWU 4, 1953, 590–597, und öfter, zuletzt 30, 1979, 40–64, 114–28).

Hilfsmittel – Atlanten: Bayer. Schulbuch-Verlag (Hg.), *J.Engel, E.W. Zeeden* (Red.), Großer hist. Weltatlas, 3. Tl., Neuzeit, [4]1981; *H.JEDIN, K.S.Latourette, J.Martin,* Atlas z. Kirchengesch., 1970. – *Lexika:* Biographisches Wörterbuch zur dt. Geschichte, begr. v. *H.Rössler, G.Franz,* Bearb. *K.Bosl, G.Franz, H.H.Hofmann,* 3 Bde., [2]1973–75; *A.Erler, E.Kaufmann* (Hg.), Handwörterbuch zur dt. Rechtsgesch., 2 Bde., 1971/78, 17.–22. Lief., 1978–83; *K.Galling* (Hg.), Die Religion in Gesch. u. Gegenwart, 6 Bde., Reg.bd., [3]1957–65; *J.Höfer, K.Rahner,* Lex. f. Theologie u. Kirche, 10 Bde., Reg.bd., [2]1957–67; *H.Kunst, R.Herzog, W.Schneemelcher,* Evang. Staatslexikon, [2]1975.

Quellen: F.Dickmann (Bearb.), Renaissance, Glaubenskämpfe, Absolutismus, 1966 (Auswahl f. d. Schulunterricht); *H.H.Hofmann,* Quellen zum Verfassungsorganismus des Hl. Röm. Reiches dt. Nation 1495–1815, 1976; *K.Zeumer* (Hg.), Quellensammlung zur Gesch. d. dt. Reichsverfassung, [2]1913. – *M.C.Londorp*, Acta publica, 18 Bde., Reg.bd., 1668–1721, fortges. v. *M.Meyer*, 1739–67 ; *J.Chr.Lünig*, Das teutsche Reichs-Archiv, 24 Bde.,1710–22 (wichtigste ält. Sammlung v. Verf.urkunden ; das unübersichtl. Werk erschließt die Einleitung zum Registerbd. 24) ; *ders.*, Codex Germaniae diplomaticus, 1732 (ergänzt das Reichsarchiv) ; *ders.*, Europäische Staats-Consilia, 2 Tle., 1715 ; *J.J.Schmauß*, (Bearb.), Corpus iuris publici S.R.I. academicum …, 1722 u. zahlr. Ausg. bis 1794 (Standardhilfsmittel des 18.Jhs., noch heute nützlich ; u.a. mit dt./lat. Text des Westf. Friedens) ; *J.J.Schmauß-H.Chr.Senckenberg*, Neue und vollständigere Sammlung der Reichs-Abschiede, 4 Tle., 1747 (maßgeb. Ausg. d. Reichsabschiede) ; *J.Ph.Abelin* (Hg.), Theatrum europaeum, 21. Bde., 1635–1738 ; *E.Faber*, Europ. Staatskanzlei, 115 Tle., 1697–1760 ; *F.D.Häberlin*, *R.K.v.Senckenberg*, Neueste teutsche Reichs-Geschichte, 28 Tle., 1770–1804 ; *J.A.Reuss*, Teutsche Staatskanzlei, 15. Bde., 1785 ff. – Nuntiaturberichte aus Deutschland, 1. Abt. (1533–1559), 3. Abt. (1572–1585), 4.Abt. (17.Jh.), Hg. Deutsches (vormals Preuß.) Hist. Institut in Rom, 1892 ff. ; 2. Abt. (1560–1572), Hg. Hist. Komm. d. Öst. Akad. d. Wiss. (und deren Vorläufer), 1897 ff. ; Nuntiaturberichte aus Deutschland (1584–1590), Hg. Görres-Gesellschaft, 1. Abt., Die Kölner Nuntiatur, 1895 ff., 1969 ff. (mit Unterbrechungen bis 1624) ; 2. Abt., Die Nuntiatur am Kaiserhofe (1587–92), 1912 ff.

Handbücher: J.Engel (Hg.), Die Entstehung des neuzeitlichen Europa (Handbuch d. europ. Geschichte, Hg. *Th.Schieder*, Bd.3), 1971, Ndr. 1979 ; *H.Grundmann* (Hg.), Gebhardt. Handbuch d. dt. Geschichte, Bd.2, [9]1970, 2. Ndr. 1981.

Gesamtdarstellungen: K.Brandi, Dt. Gesch. im Zeitalter der Reformation und Gegenreformation, [3]1960 ; *ders.*, Gegenreformation u. Religionskriege (Ausgew. Aufsätze, 1938, 443–466) ; *O.Brunner*, Das konfessionelle Zeitalter 1555 bis 1648 (Dt. Gesch. im Überblick, Hg. *P.Rassow*), [3]1973 ; *G.Droysen*, Gesch. d. Gegenreformation, 1893 ; *J.H.Elliott*, Das geteilte Europa : 1559–1598, 1980 (engl. [6]1974) ; *H.J.Grimm*, The Reformation Era (1500–1650), [2]1974 ; *F.Hartung*, Dt. Gesch. im Zeitalter der Reformation, Gegenreformation und des Dreißigj. Krieges, [3]1971 ; *E.Hassinger*, Das Werden des neuzeitl. Europa (Gesch. d. Neuzeit, Hg. *G.Ritter*, Bd.1) [2]1964, Ndr. 1976 ; *H.Hauser*, La prépondérance espagnole (1559–1660), Paris, La Haye [3]1973 ; *E.Hinrichs*, Einführung in die Gesch. d. frühen Neuzeit, 1980 ; *W.Hubatsch*, Das Zeitalter des Absolutismus 1600–1789 (Gesch. d. Neuzeit, Hg. *G.Ritter*, Bd.2), [4]1975 ; *H.Lehmann*, Das Zeitalter des Absolutismus (Christentum u. Gesellschaft, Hg. *H.Gülzow*, *H.Lehmann*, Bd.9), 1980 ; *H.Lutz*, Reformation und Gegenreformation (Oldenbourg Grundriß d. Gesch., Hg. *J.Bleicken* u.a., Bd.10), [2]1982 ; *ders.*, Das Ringen der Konfessionen und die Neugestaltung der europäischen Staatenwelt 1556–1598 (Propyläen-Weltgeschichte, Hg. *G.Mann* u.a., Bd.7, 1964, 94–132) ; *G.Mentz*, Dt. Gesch. im Zeitalter der Reformation, Gegenreformation u. d. Dreißigj. Krieges, 1913 ; *W.Platzhoff*,

Gesch. des europ. Staatensystems 1559–1660, 1928 ; *L.v.Ranke*, Dt. Gesch. im Zeitalter d. Reformation, Hg. *P.Joachimsen*, 6 Bde., 1971 ; *K.Repgen*, Die röm. Kurie und der Westf. Frieden, 2 Tle., 1962, 65 ; *G.Ritter*, Die Neugestaltung Deutschlands und Europas im 16.Jh., ²1967 ; *M.Ritter*, Dt. Gesch. im Zeitalter d. Gegenreformation u. d. Dreißigj. Krieges (1555–1648), 3 Bde., 1889–1908, Ndr. 1962 ; *H.Rössler*, Europa im Zeitalter von Renaissance, Reformation und Gegenreformation (1450–1650), 1956 ; *M.Steinmetz*, Deutschland v. 1476–1648 (Lehrbuch d. dt. Gesch., Bd.3), Berlin [Ost] 1965 ; *H.R.Trevor-Roper* (Hg.), Die Zeit des Barock. Europa und die Welt 1559–1660, 1970 ; *R.B.Wernham* (Hg.), The counter-reformation and price revolution 1559–1610 (The new Cambridge modern history, Bd.3), Cambridge 1968 ; *E.W.Zeeden*, Hegemonialkriege u. Glaubenskämpfe 1556–1648 (Propyläen-Gesch. Europas, Bd.2), 1977 ; *ders.*, Das Zeitalter d. Gegenreformation, 1967. – *Einzelne Länder*: *B.Bilgeri*, Gesch. Vorarlbergs, Bd.3, 1977 ; *H.Hantsch*, Die Gesch. Österreichs, Bd.1, ⁴1959 ; *R.Kötzschke, H.Kretzschmar*, Sächs. Geschichte, 1935, Ndr. 1965 ; *H.Lutz, D.Albrecht*, Das konfess. Zeitalter (Handbuch d. bayer. Gesch., Hg. *M.Spindler*, Bd.2, 1969, 2. Ndr. 1977, 297–409) ; *H.Patze, W.Schlesinger* (Hg.), Gesch. Thüringens, Bd.4, 1972, 5/1, 1982 ; *F.Petri*, Im Zeitalter d. Glaubenskämpfe (1500–1648) (Rhein. Gesch., Hg. *F.Petri, G.Doege*, Bd.2, 1976, 1–217) ; *L.Petry, J.J.Menzel* (Hg.), Gesch. Schlesiens, Bd.2, Die Habsburger Zeit 1526–1740, 1973 ; *K.Richter*, Die böhmischen Länder v. 1471–1740 (Handb. d. Gesch. d. böhm. Länder, Hg. *K.Bosl*, Bd.2), 1974 ; *J.Schultze*, Die Mark Brandenburg, Bd.4, Von der Ref. bis zum Westf. Frieden (1535–1648), 1964.

Einzelgebiete – Kirchengeschichte, Kirchenrecht: *K.Bihlmeyer, H.Tüchle*, Kirchengeschichte, Bd.3, ¹⁸1969 ; *K.Eder*, Die Kirche im Zeitalter des konfessionellen Absolutismus (1555–1648) (Kirchengesch., Hg. *J.P.Kirsch*, Bd.3/2), 1949 ; *H.E.Feine*, Kirchliche Rechtsgesch. Die kath. Kirche, ⁵1972 ; *E.Hirsch*, Gesch. d. neueren ev. Theologie, 5 Bde., ⁵1975 ; *E.Iserloh, J.Glazik, H.Jedin*, Reformation. Katholische Reform und Gegenreformation (Handbuch d. Kirchengesch., Hg. *H.Jedin*, Bd.4), ²1975 ; *H.Jedin*, Kirche des Glaubens, Kirche der Gesch. Ausgew. Aufsätze u. Vorträge, 2 Bde., 1966 ; *J.Lecler*, Gesch. d. Religionsfreiheit im Zeitalter d. Reformation, 2 Bde., 1965 (franz. 1955) ; *W.Maurer, H.Hermelink*, Reformation u. Gegenreformation, ²1931 ; *K.Müller*, Kirchengeschichte, Bd.2/2, ³1923 ; *W.M.Plöchl*, Das kath. Kirchenrecht d. Neuzeit, Tl.1, ²1970, Tl.2, 3, 1966, 69 (Gesch. d. Kirchenrechts 3–5) ; *O.Ritschl*, Dogmengesch. d. Protestantismus, 2 Bde., 1908/12 ; *R.Seeberg*, Lehrbuch der Dogmengesch., Bd.4/2, ²⁻³1920 ; *E.Sehling*, Gesch. d. prot. Kirchenverfassung, ²1914 ; *F.X.Seppelt*, Gesch. d. Päpste, Bd.5, neu bearb. v. *G.Schwaiger*, ²1959 ; *H.Tüchle*, Reformation und Gegenref. (Gesch. d. Kirche, Hg. *L.J.Rogier* u.a., Bd.3), 1965 ; *V.Vajta*, Die ev.-luth. Kirche (Die Kirchen der Welt, Hg. *H.H.Harms* u.a., Bd.15), 1977. – *Politik, Staatsdenken:* *J.W.Allen*, A history of political thought in the 16. century, ³1951 ; *F.Meinecke*, Die Idee der Staatsräson in der neueren Geschichte, ³1963 ; *G.Oestreich*, Geist und Gestalt des frühmodernen Staates. Ausg. Aufsätze, 1969. – *Recht, Verfassung*: *R.Aulinger*, Das Bild des Reichstags im 16.Jh., 1980 ; *F.L. Carsten*, Princes and Parliaments in Germany, 1959 ; *H.Coing* (Hg.), Handbuch der Quellen u. Lit. der neueren europ. Privatrechtsgesch., 2 Bde., Neuere Zeit (1500–1800), Tl.1, 2, 1976/77 ; *H.Conrad*, Dt. Rechtsgesch., Bd.2, 1966 ; *E.Forsthoff*, Dt. Verf.gesch. d. Neuzeit, ⁴1972 ; *O.v. Gschließer*, Der Reichshofrat, 1942 ; Ndr. 1970 ; *F.Hartung*, Dt. Verfassungsgeschichte, ⁸1964 ; *O.Hintze*, Ges. Abhandlungen, Bd.1, Staat u. Verf., ²1962, Bd.3, Regierung u. Verw., ²1967 ; *G.Kleinheyer*, Die ksl. Wahlkapitulationen, 1968 ; *M.Lanzinner*, Fürst, Räte u. Landstände. Die Entstehung der Zentralbehörden in Bayern 1511–98, 1980 ; *H.Maier*, Die ältere dt. Staats- u. Verwaltungswissenschaft, ²1980 ; *Chr.-F.Menger*, Dt. Verf.gesch. d. Neuzeit, ²1979 ; *H.-M.Möller*, Das Regiment d. Landsknechte [Verf., Recht u. Selbstverständnis d. dt. Söldnerheere des 16.Jhs.], 1976 ; *J.J.Moser*, Neues Teutsches Staatsrecht, 1766–83, Ndr. 1967/68 ; *G.Oestreich*, Verf.gesch. vom Ende des Mittelalters bis zum Ende des alten Reiches (Gebhardt. Handbuch d. dt. Gesch., Bd.2, ⁹1970, 360–436) ; *J.St. Pütter*, Hist. Entwicklung der heutigen Staatsverfassung des teutschen Reichs, 3 Tle., ³1798/99 ; *E.Reibstein*, Völkerrecht. Eine Gesch. seiner Ideen in Lehre u. Praxis, Bd.1, 1958 ; *R.Scheyhing*, Dt. Verf.gesch. d. Neuzeit, 1968 ; *F.H.Schubert*, Die dt. Reichstage in der Staatslehre der frühen Neuzeit, 1966 ; *R.Smend*, Das Reichskammergericht, Tl.1, 1911 ; *J.A.Vann*, *St.W.Rowan* (Hg.), The old Reich, Brüsel 1974 ; *R. Vierhaus*, (Hg.), Herrschaftsverträge, Wahlkapitulationen, Fundamentalgesetze, 1977 ; *D.Willoweit*, Rechtsgrundlagen d. Territorialgewalt, 1975. – *Wirtschafts-, Sozial- u. Kulturgeschichte*: *W.Abel*, Gesch. d. dt. Landwirtschaft v. frühen MA bis zum 19.Jh., ²1967 ; *H.Aubin*, *W.Zorn* (Hg.), Handbuch d. dt. Wirtschafts- u. Sozialgesch., Bd.1, 1971 ; *R.Baumann*, Das Söldnerwesen im 16.Jh. im bayer. u. süddt. Beispiel, 1978 ; *O.Brunner*, Neue Wege der Verf.- u. Sozialgesch., ³1980 ; *H.Haussherr*, Wirtschaftsgesch. d. Neuzeit vom Ende des 14. bis zur Höhe des 19.Jh., ⁴1970 ; *F.-W.Henning*, Das vorindustrielle Deutschland 800–1800, ³1977 ; *H.Kellenbenz* (Hg.), Schwerpunkte der Eisengewinnung u. Eisenverarbeitung in Europa 1500–1650, 1974 ; *ders.*, (Hg.), Schwerpunkte der Kupferproduktion u. des Kupferhandels in Europa 1500–1650, 1977 ; *F.Lütge*, Dt. Sozial-u. Wirtschaftsgeschichte, ³1966 ; *G.v.Pölnitz*, Die Fugger, ³1970 ; *W.Rausch* (Hg.), Die Städte Mitteleuropas im 17. und 18. Jh., 1981 ; *E.Rich*, *C.H.Wilson* (Hg.), The Cambridge economic history of Europe, Bd.4, 1967 ; *H.Rössler*, (Hg.), Deutscher Adel 1555–1740, 1965 ; *W.Treue*, Kleine Kulturgeschichte des dt. Alltags, 1942 ; *ders.*, Wirtschaft, Gesellschaft u. Technik in Deutschland v. 16. bis zum 18.Jh. (Gebhardt. Handbuch d. dt. Gesch., Bd.2, ⁹1970, 437–545).

Erster Teil

1.I: (Quellen zur Konfessionsbildung): Die Bekenntnisschriften d. evang.-luth. Kirche, Hg. Rat der Evang. Kirche in Deutschland, ⁶1967 ;

Bekenntnisschriften u. Kirchenordnungen der nach Gottes Wort reform. Kirche, Hg. W. Niesel, ³1938; Corpus confessionum. Die Bekenntnisschriften der Christenheit, Hg. C. Fabricius, 1931 ff.; C. Mirbt, K. Aland (Hg.), Quellen zur Gesch. des Papsttums und des römischen Katholizismus, I, ⁶1967; Reformierte Bekenntnisschriften und Kirchenordnungen in dt. Übersetzung, Hg. P. Jacobs, 1949; E. Sehling (Hg.), Die evang. Kirchenordnungen des 16. Jhs., 1902–13 (Bde. 1–5), 1955 ff. – K. Blaschke, Wechselwirkungen zwischen der Reformation und dem Aufbau des Territorialstaates (Der Staat 9, 1970, 347–369); H. Bornkamm, Das Jahrhundert der Reformation, ²1966; ders., Die rel. u. pol. Problematik der Konfessionen im Reich (ARG 56, 1965, 209–218); M. Brecht, R. Schwarz (Hg.), Bekenntnis u. Einheit der Kirche. Studien zum Konkordienbuch, 1980; H. J. Cohn (Hg.), Government in Reformation Europe 1520–1560, 1971; W. U. Deetjen, Studien zur württ. Kirchenordnung Herzog Ulrichs 1534–1550, 1981; G. Ebeling, Zur Gesch. des konfessionellen Problems (Ökumen. Rundschau 105, 1952/56, 98–110); W. Elert, Morphologie des Luthertums, 2 Bde., ³1965; D. Gerhard, Regionalismus u. ständisches Wesen als ein Grundthema europ. Gesch. (HZ 174, 1952, 307–337); F. Hartung, Staatsbildende Kräfte der Neuzeit, 1961; M. Heckel, Säkularisierung. Staatskirchenrechtl. Aspekte einer umstrittenen Kategorie (ZRG KA 66, 1980, 1–163); H. Heppe, Geschichte des dt. Protestantismus i. d. Jahren 1555–81, 4 Bde., 1852–59; K. Holl, Die Kulturbedeutung der Reformation (Ges. Aufs. z. Kirchengesch., Bd. 1) ⁶1932; W. Kaegi, Humanistische Kontinuität im konfessionellen Zeitalter, 1954; G. Maron, Geschichtl. Aspekte neuzeitl. Konfessionalität (Jahrb. d. Ev. Bundes, 1973, 48–59); V. Press, Formen des Ständewesens in den dt. Territorialstaaten des 16. u. 17. Jhs. (Ständetum u. Staatsbildung in Brandenburg-Preußen, Hg. P. Baumgart, ersch. 1983); W. Reinhard, Konfession u. Konfessionalisierung in Europa (Bekenntnis u. Gesch. Die Confessio Augustana im hist. Zus., Hg. W. Reinhard, 1981, 165–189); ders., Gegenreform. als Modernisierung? Prolegomena zu einer Theorie des konfess. Zeitalters (ARG 68, 1977, 226–251); U. Scheuner, Staatsräson u. rel. Einheit des Staates (Staatsräson, Hg. R. Schnur, 1975, 363–405); H. Schilling, Konfessionskonflikt u. Staatsbildung [Gfschaft Lippe], 1981; R. Schnur, Die franz. Juristen im konf. Bürgerkrieg des 16. Jhs., 1963; J. Wallmann, Die Rolle der Bekenntnisschriften im älteren Luthertum, 1980; E. Troeltsch, Gesammelte Schriften, Bd. 4: Aufsätze zur Geistesgeschichte und Religionssoziologie, 1925; ders., Die Bedeutung des Protestantismus f. d. Entstehung d. mod. Welt ⁵1928, Ndr. 1963; H. Weber, Die Bedeutung der Dynastien f. d. europ. Gesch. i. d. frühen Neuzeit (Zs. f. bayer. LG 44, 1981, 5–32); J. R. Weerda, Nach Gottes Wort reformierte Kirche, 1964; E. W. Zeeden, Aufgaben der Staatsgewalt im Dienste der Reformation. Untersuchungen über die Briefe Calvins an Fürsten u. Obrigkeiten (Saeculum 15, 1964, 132–152); ders., Die Entstehung der Konfessionen, 1965.

1.II: H. Jedin, Katholische Reformation oder Gegenreformation?, 1946; E. W. Zeeden, Zur Periodisierung u. Terminologie d. Zeitalters d. Reformation u. Gegenref. (GWU 7, 1956, 433–437).

1.III: J.*Bohatec,* Calvins Lehre von Staat u. Kirche mit bes. Berücksichtigung des Organismusgedankens, 1937, Ndr. 1968; A.G.*Dickens,* The Germans Nation and Martin Luther, London 1974; D.*Gerhard*(Hg.), Ständische Vertretungen in Europa im 17. u. 18.Jh., [2]1974; *ders.,* Regionalismus (1.I); W.G.*Grewe,* Die Epochen d. mod. Völkerrechtsgeschichte, Tl.1: Das span. Zeitalter 1491–1648 (Zs. f. d. ges. Staatswiss. 103, 1943, 38–66, 260–294); C.*Hinrichs,* Deutschland zwischen Kaisertum u. Libertät 1500–1648 (Die dt. Einheit als Problem d. europ. Gesch., Hg. C.*Hinrichs,* W.*Berges,* GWU Beiheft 6, 1960, 97–124); G.*Höffner,* Kolonialismus und Evangelium. Spanische Kolonialethik im Goldenen Zeitalter, [3]1972; J.*Huizinga,* Herbst des Mittelalters, [7]1953; W.*Kienast,* Die Anfänge des europ. Staatensystems im späten MA (HZ 153, 1936, 229–271); H.G.*Koenigsberger,* The Habsburgs and Europe, 1516–1660, 1971; H.*Lehmann,* Universales Kaisertum, dynamische Weltmacht oder Imperialismus: Zur Beurteilung der Politik Karls V. (Beiträge zur neueren Gesch. Österreichs, 1974, Hg. H.*Fichtenau, E.*Zöllner,* 71–83); W.*Näf,* Die Entwicklung des Staatensystems (Schweizer Beitr. z. allg. Gesch. 9, 1951, 5–33); K.v.*Raumer,* Ewiger Friede, 1953; E.*Reibstein,* Völkerrecht, Bd.1, 1958; K. V.*Selge,* Die Wirkung mittelalterlicher Traditionen in der Herausbildung der reformatorischen Gewißheitsfrage (Der Übergang zur Neuzeit u. die Wirkung von Traditionen, Veröff. d. Joach. Jungius Ges. 32, 1978, 141–164).

Zweiter Teil

Quellen: K.*Brandi,* Der Augsburger Religionsfriede v. 25.9.1555, [2]1927; Deutsche Reichstagsakten, Jüngere Reihe, Hg. Hist. Komm. b. d. Bayer. Akad. d. Wissenschaften, 1893 ff.; A.v.*Druffel, K.*Brandi* (Hg.), Beiträge zur Reichsgesch. (1546–55), 4 Bde., 1893–96; V.*Ernst* (Bearb.), Briefwechsel des Herzogs Christoph v. Wirtemberg, 4 Bde., 1899–1907; E.*Fabian* (Hg.), Schriften zur Kirchen- u. Rechtsgeschichte, 31 Bde., 1956 ff.; H.*Chr. Leh(en)mann,* De pace religionis acta publica et originalia, Frankfurt/M. 1707; Lehmannus suppletus et continuatus, ebd. 1709; H.*Lutz, A.*Kohler* (Hg.), Das Reichstagsprotokoll des Ksl. Kommissars Felix Hornung vom Augsb. Reichstag 1555, 1971; H..*Virck* u.a. (Hg.), die pol. Correspondenz der Stadt Straßburg im Zeitalter d. Reformation, 5 Bde., 1882–1933.

Allgemein: H.*Bornkamm,* Der Augsb. Religionsfriede (*ders.,* Das Jh. d. Reformation, [2]1966, 242–253); M.*Heckel,* Art. „Augsburger Religionsfriede" (Ev. Staatslexikon, Hg. H.*Kunst* u.a., [2]1975, 91–97); M.*Ritter,* Der Augsburger Religionsfriede 1555 (Raumers hist. Taschenbuch, Bd.6, 1882, 215–264); M.*Simon,* Der Augsburger Religionsfriede, 1955; St. *Skalweit,* Reich u. Reformation, 1967; *ders.,* Reichsverfassung und Reformation (Probleme der Kirchenspaltung im 16.Jh., Hg. R.*Kottje, J.*Staber,* 1970, 33–58); G.*Wolf,* Der Augsburger Religionsfriede, 1890.

2.I: H. *Angermeier,* Begriff u. Inhalt der Reichsreform (ZRG GA 75, 1958, 181–205); K. E. *Born,* Moritz v. Sachsen und die Fürstenverschwörung gegen Karl V. (HZ 191, 1960, 18–67); K. *Brandi,* Kaiser Karl V., Bd. 1 ⁷1964, 2 1941 (Ndr. 1973, Ksr. Karl V. und sein Weltreich); *ders.,* Passauer Vertrag u. Augsburger Religionsfriede (HZ 95, 1905, 206–264); F. B. v. *Bucholtz,* Gesch. d. Reg. Ferdinands I., 9 Bde., 1831–38, Ndr. 1968, 71; R. *Decot,* Religionsfrieden und Kirchenreform. Der Mainzer Kurfürst u. Erzbischof Sebastian v. Heusenstamm 1545–1555, 1980; O. v. *Habsburg,* Karl V., 1967; F. *Hartung,* Karl V. und die Reichsstände 1546–55, 1910; E. *Hühns,* Nationale Propaganda im Schmalkaldischen Krieg (Zs. f. Gesch.wiss. 6, 1958, 1027–1248); P. *Lahnstein,* Auf den Spuren von Karl V., 1979; H. *Jedin,* Fragen um Hermann von Wied (HJb. 74, 1955, 687–699); M. *Köhn,* Martin Bucers Entwurf einer Reformation des Erzstiftes Köln, 1966; A. P. *Luttenberger,* Glaubenseinheit u. Reichsfriede, 1982; H. *Lutz,* Christianitas afflicta. Europa, das Reich und die päpstliche Politik im Niedergang der Hegemonie Kaiser Karls V. 1552–1556, 1964; W. *Maurer,* Hist. Kommentar zur Confessio Augustana, 2 Bde., 1976, 78; B. *Moeller,* Deutschland im Zeitalter der Reformation, ²1981; P. *Rassow,* Forschungen zur Reichs-Idee im 16. u. 17. Jh., 1955; *ders.,* Die pol. Welt Karls V., ²1947; P. *Rassow,* F. *Schalk* (Hg.), Karl V., 1960; W. *Reinhard,* Die kirchenpol. Vorstellungen Ksr. Karls V., ihre Grundlagen u. Wandlungen (Confessio Augustana und Confutatio. Reformationsgesch. Studien u. Texte 118, 1980, 61–100, 113–126).

2.II: H. *Bornkamm,* Die religiöse u. pol. Problematik im Verhältnis der Konfessionen im Reich (ARG 56, 1965, 209–219); F. *Elsener,* Das Majoritätsprinzip in konfess. Angelegenheiten und die Peligionsverträge der schweiz. Eidgenossenschaft vom 16.–18. Jh. (ZRG KA 55, 1969, 238–281); H. *Goetz,* Die Vertreter der Kurie am Augsburger Reichstag 1555 (Festgabe L. v. Muralt, Hg. M. *Haas,* R. *Hauswirth,* 1970, 197–208); J. *Grisar,* Die Stellung der Päpste zum Reichstag und Religionsfrieden von Augsburg (Stimmen d. Zeit 156, 1954/55, 440–462); K. *Müller,* Kirche, Gemeinde u. Obrigkeit nach Luther, 1910; U. *Scheuner,* Das Mehrheitsprinzip in der Demokratie, 1973.

2.III: K. H. *Oelrich,* Weltl. Obrigkeit u. geistl. Jurisdiktion im 16. Jh., masch. Habilschrift Bonn 1970; N. *Paulus,* Religionsfreiheit und Augsburger Religionsfriede (HPBl. 149, 1912, 356–367, 401–416); G. *Pfeiffer,* Der Augsburger Religionsfrieden u. die Reichsstädte (Zs. d. Hist. Ver. f. Schwaben 61, 1955, 213–321); L. W. *Spitz,* Particularism and Peace Augsburg 1555 (Church History 15, 1956, 110–126).

2.IV, V: F. *Dickmann,* Das Problem d. Gleichberechtigung der Konfessionen im Reich im 16. u. 17. Jh. (Friedensrecht u. Friedenssicherung, Hg. F. *Dickmann,* 1971, 7–35); M. *Heckel,* Autonomia und Pacis Compositio. Der Augsburger Religionsfriede in der Deutung der Gegenref. (ZRG KA 45, 1959, 141–248); *ders.,* Parität (ZRG KA 49, 1963, 261–420);

245

K. *Schlaich*, Maioritas – protestatio – itio in partes – corpus Evangelicorum (ZRG KA 61, 1977, 264–299) ; L. *Weber*, Die Parität der Konfessionen in der Reichsverfassung von den Anfängen der Reformation bis zum Untergang des alten Reiches im Jahre 1806, Diss. Bonn 1961.

2. *VI*: B. v. *Bonin*, Die praktische Bedeutung des ius reformandi, 1902 ; J. *Heckel*, Cura religionis. Ius in sacra. Ius circa sacra (FS U. Stutz. Kirchenr. Abh. 117/118, 1938, 224–298, sep. Ndr. 1962) ; K. *Holl*, Luther u. d. landesherrl. Kirchenregiment (Ges. Aufsätze z. Kirchengesch., Bd. 1, ⁶1932, 326–389) ; H.-W. *Krumwiede*, Zur Entstehung des landesherrlichen Kirchenregiments in Kursachsen u. Braunschweig-Wolfenbüttel, 1967 ; J. J. *Moser*, Von der teutschen Religions-Verf. (Neues teutsches Staatsrecht, Bd. 7, 1774, Ndr. 1967) ; *ders.*, Von der Landeshoheit im Geistlichen (ebd., Bd. 15, 1773, Ndr. 1967) ; P. *Münch*, Zucht und Ordnung. Reformierte Kirchenverfassungen im 16. u. 17. Jh. (Nassau-Dillenburg, Kurpfalz, Hessen-Kassel), 1978 ; L. *Petry*, Der Augsburger Religionsfriede von 1555 und die Landesgeschichte (Bl. f. dt. LG 93, 1957, 150–175) ; G. *Schwanhäusser*, Das Gesetzgebungsrecht der evang. Kirche unter dem Einfluß des landesherrlichen Kirchenregiments im 16. Jh., 1967 ; H. *Tüchle*, Der Augsburger Religionsfriede. Neue Ordnung oder Kampfpause? (Zs. d. hist. Ver. f. Schwaben 61, 1955, 323–340).

Dritter Teil

Allgemein, 3. I: V. *Bibl*, Maximilian II., 1929 ; E. *Bizer*, Studien zur Gesch. des Abendmahlstreits im 16. Jh., ³1972; D. *Blaufuß*, Das Verhältnis d. Konfessionen in Augsburg 1555–1648 (Jb. d. Ver. f. Augsb. Bistumsgesch. 10, 1976, 27–56) ; H. *Duchhardt*, Protest. Kaisertum u. Altes Reich, 1977 ; E. v. *Frauenholz* (Hg.), Des Lazarus v. Schwendi Denkschrift über die pol. Lage des dt. Reiches von 1574, 1939 ; H.-J. *Herold*, Markgraf Joachim Ernst v. Brandenburg-Ansbach als Reichsfürst, 1973 ; F. W. *Kantzenbach*, Die kirchenbildende Kraft der dt. Reformation (von 1530–1648) (V. *Vajta*, Hg., Die ev.-luth. Kirche. Vergangenheit u. Gegenwart, 1977, 42–63) ; A. *Laufs*, Die Reichskammergerichtsordnung von 1555, 1976 ; W. *Mogge*, Nürnberg u. d. Landsberger Bund (1556–1598), 1976 ; E. *Naujoks*, Vorstufen d. Parität i. d. Verf.gesch. der schwäb. Reichsstädte [Augsburg] (J. *Sydow*, Hg., Bürgerschaft u. Kirche, 1980, 38–66) ; V. *Press*, Calvinismus und Territorialstaat. Regierung u. Zentralbehörden d. Kurpfalz 1559–1619, 1970 ; L. v. *Ranke*, Zur dt. Geschichte. Vom Religionsfrieden bis zum Dreißigj. Krieg, ³1888 ; W. *Schulze*, Reich u. Türkengefahr im späten 16. Jh., 1978 ; H. *Schwendenwein*, Staatskirchenrechtl. Grundfragen der Seldschen Denkschrift zur Kaiserproklamation von 1558 (ZRG KA 95, 1978, 116–138) ; E. *Wolgast*, Die Religionsfrage als Problem des Widerstandsrechts im 16. Jh., 1980 ; E. W. *Zeeden*, Die Einwirkung d. Ref. auf die Verf. des Hl. Röm. Reiches Dt. Nation (Trierer theol. Zs. 1950, 207–215).

3.II: G.Glawischnig, Niederlande, Kalvinismus u. Reichsgrafenstand 1559–1584 [Nassau-Dillenburg], 1973 ; J.B.Götz, Die religiösen Wirren in der Oberpfalz 1559–1620, 1937 ; J.Heckel, Die ev. Dom- u. Kollegiatstifter Preußens, 1924 ; W.Hollweg, Der Augsburger Reichstag von 1566 u. seine Bedeutung f. d. Entstehung der Ref. Kirche u. ihres Bekenntnisses, 1964 ; L.Paul, Nassauische Unionspläne. Unters. zum pol. Programm des dt. Kalvinismus im Zeitalter der Gegenref., Diss. Münster 1966 ; R.Stuppe-rich, Die Reformatoren und das Tridentinum (ARG 47, 1956, 20–63) ; G.Westphal, Der Kampf um die Freistellung auf den Reichstagen zwischen 1556 und 1576, 1975.

3.III: F.Brunstäd, Theologie der luth. Bekenntnisschriften, 1951 ; H.Fa-gerberg, Die Theologie der luth. Bekenntnisschriften von 1529–1537, 1965; M.Heckel, Die reichsrechtl. Bedeutung des Bekenntnisses (M.Brecht, R.Schwarz, Hg., Bekenntnis u. Einheit der Kirche. Studien zum Konkor-dienbuch, 1980, 57–88) ; H.Leube, Kalvinismus u. Luthertum im Zeitalter d. Orthodoxie, Bd.1, 1928, Ndr. 1966 ; E.Schlink, Theologie d. luth. Bekenntnisschriften, ³1948.

3.IV – Quellen: Concilium Tridentinum, Hg. Görres-Ges., 13 Bde., 1901ff., 1961ff.; Monumenta Historica Societatis Jesu, 63 Bde., 1894–1936 ; G.Pfeilschifter (Hg.), Acta reformationis catholicae, 1520–70, 6 Bde., 1959–74. – Darst.: R.Bäumer (Hg.), Reformatio ecclesiae, Fest-gabe E.Iserloh, 1980 ; H.Becker, Der Speyerer Reichstag von 1570, Diss. Mainz 1969 ; V.Conzemius, Jakob III. v. Eltz. Erzbischof v. Trier 1567–81, 1956 ; H.Foerster, Der Magdeburger Sessionsstreit, Diss. Breslau 1890 ; E.Gothein, Reformation und Gegenreformation, 1924 ; H.Jedin, Ge-schichte des Konzils von Trient, 4 Bde., 1949–1975 ; ders., Die dt. Teil-nehmer am Konzil von Trient (ThQ 122, 1941, 238–261, 123, 1942, 21–39) ; Th.Klein, Der Kampf um die Zweite Reformation in Kursachsen 1586–1591, 1962 ; J.Köhler, Das Ringen um die tridentinische Erneuerung im Bistum Breslau, 1973 ; J.Krasenbrink, Die Congregatio Germanica und die kath. Reform in Deutschland nach dem Tridentinum, 1972 ; G.Maron, Das Schicksal der kath. Reform im 16.Jh. (Zs. f. Kirchengesch. 88, 1977, 218–229) ; F.Merzbacher (Hg.), Julius Echter u. seine Zeit, 1974 ; H.Mo-litor, Kirchl. Reformversuche der Kurfürsten u. Erzbischöfe von Trier im Zeitalter d. Gegenref., 1967 ; G.v.Pölnitz, Julius Echter v. Mespelbrunn, 1934, Ndr. 1973 ; R.Reinhardt, Restauration, Visitation, Inspiration [Weingarten 1567–1627], 1960 ; F.Rottstock, Studien zu den Nuntiaturbe-richten aus dem Reich i. d. 2. H. d. 16.Jhs., 1980 ; G.Schreiber (Hg.), Das Weltkonzil von Trient, 2 Bde., 1951 ; F.Siebert, Zwischen Kaiser und Papst. Kardinal Truchseß von Waldburg und die Anfänge d. Gegenref. in Deutschland, 1943 ; H.-E.Specker, Die Reformtätigkeit d. Würzburger Bischöfe Fried. v. Wirsberg (1558–73) u. Julius Echter v. Mespelbrunn (1573–1617) (Würzb. Diözes.-Gesch.bl. 27, 1965, 29–125) ; E.W.Zeeden (Hg.), Gegenreformation, 1973.

3. V, VI: T. *Bloem*, Verfassungsgerichtl. Probleme von 1495–1806, Diss. Kiel, Augsburg 1970 ; A. *Haas*, Der Reichstag von 1613, Diss. Würzburg 1929 ; H. *Rabe*, Der Augsburger Religionsfriede und das Reichskammergericht 1555–1600 (Festgabe f. E. W. Zeeden, Hg. H. *Rabe*, 1976, 260–280) ; F. *Schrader*, Ringen, Untergang u. Überleben d. kath. Klöster i. d. Hochstiften Magdeburg u. Halberstadt v. d. Ref. bis zum Westf. Frieden, 1977.

Vierter Teil

4 – *Quellen:* H. *Altmann*, Die Reichspolitik Maximilians I. v. Bayern 1613–18, 1978 ; Briefe u. Acten zur Gesch. des Dreißigj. Krieges, Hg. M. *Ritter*, F. *Stieve*, A. *Chroust*, 10 Bde., 1870–1906 ; G. *Khevenhüller-Metsch* (Hg.), Hans Khevenhüller, ksl. Botschafter bei Philipp II., Geheimes Tagebuch 1548–1605, 1971. – *Allg.:* H. *Dollinger*, Studien zur Finanzreform Maximilians I. von Bayern in den Jahren 1589–1618, 1968 ; F. *Lütge*, Die wirtsch. Lage Deutschlands vor Ausbruch des Dreißigj. Krieges (Forschungen z. Sozial- u. Wirtschaftsgesch., Hg. F. *Lütge*, 5, 1963, 336–395) ; G. D. *Ramsay*, The state of Germany (to 1618) (The new Cambridge modern hist., Bd. 4, 1970, 283–305) ; W. *Schulze*, Die Erträge der Reichssteuern zwischen 1576 u. 1606 (Jb. f. d. Gesch. Mittel- u. Ostdeutschl. 27, 1978, 169–185) ; K. *Vocelka*, Die inneren Auswirkungen d. Auseinandersetzung Österreichs mit den Osmanen (Südostforsch. 36, 1977, 12–34).

4.I: R. *Breitling*, Der Streit um Donauwörth 1605–1611. Eine Ergänzung (Zs. f. bayer. LG 2, 1929, 275–298) ; J. *Bücking*, Frühabsolutismus u. Kirchenreform in Tirol (1565–1665), 1972 ; P. *Dedic*, Der Protestantismus in der Steiermark im Zeitalter d. Ref. u. Gegenref., 1930 ; K. *Eder*, Glaubensspaltung und Landstände in Österreich ob der Enns 1525–1602, 1936 ; R. J. W. *Evans*, The Making of the Habsburg Monarchy, 1550–1700, 1979 ; ders., Rudolf II., 1980 (engl. 1973) ; U. *Floßmann*, Landrechte als Verfassung, 1976 ; *Hammer-Purgstall*, Khlesls ... Leben, 4 Bde., 1847–51 ; H. *Hassinger*, Die Landstände d. öst. Länder im 16. bis 18. Jh. (Jb. f. Landeskunde v. Niederöst. 36, 1964, 939–1035) ; E. *Kossol*, Die Reichspolitik des Pfalzgrafen Philipp Ludwig v. Neuburg (1547–1614), 1976 ; J. *Loserth*, Die Reformation u. Gegenref. in den inneröst. Ländern im 16. Jh., 1898 ; C. *Mecenseffy*, Gesch. des Protestantismus in Österreich, 1956 ; F. *Ortner*, Reformation, katholische Reformation und Gegenreformation im Erzstift Salzburg, 1981 ; F. *Quarthal*, Landstände und landständisches Steuerwesen in Schwäbisch-Österreich, 1980 ; W. *Schulze*, Landesdefension u. Staatsbildung [Kriegswesen Inneröst. 1564–1619], 1973 ; H. *Sturmberger*, Georg Erasmus Tschernembl, 1953.

4.II: H. *Gürsching*, Die Unionspolitik d. Reichsstadt Nürnberg vor dem Dreißigj. Kriege, 1608–1618, 1932 ; F. *Neuer-Landfried*, Die Kath. Liga,

1608–1620, 1968; *M. Ritter*, Gesch. d. dt. Union, 2 Bde., 1867/73; *ders.*, Politik u. Gesch. d. Union z. Zt. des Ausgangs Ksr. Rudolfs II. u. d. Anfänge des Kg. Matthias (Abh. d. Hist. Kl. d. Kgl. Bay. Akad. d. Wiss., 2. Abt., 15, 1880, 83–170).

4.III: *F. Elsener*, Majoritätsprinzip (2.II); *A. Haas*, Der Reichstag von 1613, Diss. Würzburg 1929; *M. Heckel*, Itio in partes. Zur Reichsverfassung des Hl. Röm. Reiches Dt. Nation (ZRG KA 64, 1978, 180–308); *U. Scheuner*, Mehrheitsprinzip (2.II); *K. Schlaich*, Maioritas (2.IV, V und ZRG KA 64, 1978, 139–179).

4.IV: *A. Gindely*, Gesch. der Ertheilung des böhm. Majestätsbriefes von 1609, 1858; *J. B. Götz*, Die religiösen Wirren in der Oberpfalz (3. II); *R. R. Heinisch*, Habsburg, die Pforte u. der böhm. Aufstand (1618–1620) (Südostforschungen 33, 1974, 125–165, 34, 1975, 79–124); *M. Ritter*, Die pfälzische Politik und die böhm. Königswahl 1619 (HZ 79, 1897, 239–283); *J. Schmidlin*, Die kirchl. Zustände in Deutschland vor dem Dreißigj. Krieg nach den bischöfl. Diözesanberichten an den Heiligen Stuhl, 3 Bde., 1908–1910; *H. Sturmberger*, Aufstand in Böhmen. Der Beginn des Dreißigj. Krieges, 1959; *H. Weigel*, Franken, Kurpfalz u. d. böhm. Aufstand 1618–20, Tl. 1, 1932.

Fünfter Teil

Quellen: Briefe und Akten zur Geschichte des Dreißigj. Krieges. N. F. Die Politik Maximilians I. von Bayern und seiner Verbündeten 1618–51, Tl. 1, 2 Bde. *(G. Franz, A. Duch)*, 1966, 70, Tl. 2, 1., 4. Bd. *(W. Goetz)*, 1907, 48, 5. Bd. *(D. Albrecht)*, 1964; Documenta bohemica bellum tricennale illustantia, Hg. Tschechoslowak. Ak. d. Wiss., 7 Bde., 1971–81; *A. Ernstberger*, Ludwig Camerarius u. Lukas Friedrich Behaim (Briefwechsel), 1961; *H. Jessen*, Der Dreißigj. Krieg in Augenzeugenberichten, 1963; *F. Chr. Khevenhiller*, Annales Ferdinandei, 12 Tle. in 9 Bdn., 1721; *H. Tüchle* (Hg.), Acta S. C. de propaganda fide Germaniam spectantia, 1962; *H. de Beaucaire* (Hg.), Memoires du Cardinal de Richelieu, 10 Bde., 1907 ff.

Allgemein: *D. Albrecht*, Die auswärtige Politik Maximilians von Bayern 1618–35, 1962; *ders.*, Zur Finanzierung des Dreißigj. Krieges. Die Subsidien der Kurie f. Ksr. u. Liga 1618–35 (Zs. f. bayer. LG 19, 1956, 534–567); *J. Baur*, Philipp von Sötern, 2 Bde., 1897, 1914; *E. A. Beller*, The Thirty years war (The new Cambridge modern hist., Bd. 4, 1970, 306–358); *R. Bireley*, Maximilian von Bayern, Adam Contzen S. J. und die Gegenref. in Deutschland 1624–35, 1975; *F. Dickmann*, Friedensrecht u. Friedenssicherung. Studien zum Friedensproblem in der Gesch., 1971; *G. Droysen*, Bernhard von Weimar, 2 Bde., 1885; *ders.*, Das Zeitalter des Dreißigj. Krieges, 1888; *A. Egler*, Die Spanier in der linksrhein. Pfalz

1620–1632, 1971; *J.F.Foerster*, Kurfürst Ferdinand von Köln. Die Politik seiner Stifter in den Jahren 1634–50, 1976; *G.Franz*, Der Dreißigj. Krieg u. d. dt. Volk. Unters. z. Bevölkerungs- u. Agrargesch., [4]1979; *E.v.Frauenholz*, Das Heerwesen i. d. Zt. des Dreißigj. Krieges, 2 Tle., 1938/39; *A.Gindely*, Gesch. d. Dreißigj. Krieges, 3 Abt., 1882, 83; *H.Günter*, Die Habsburger-Liga 1625–1635, 1908; *H.Hantsch*, Kaiser Ferdinand II. (1578–1637) (Gestalter d. Gesch. Österreichs, Hg. *H.Hantsch*, 1962, 157–170); *W. v. Hippel*, Bevölkerung u. Wirtschaft im Zeitalter d. Dreißigj. Krieges [Württ.] (Zs. f. hist. Forsch. 1978, 413–48); *F.Hurter*, Gesch. Ksr. Ferdinands II., 11 Bde., 1850–64; *J.Kessel*, Spanien und die geistl. Kurstaaten am Rhein während der Regierungszeit der Infantin Isabella (1621–1633), 1979; *E.Keyser*, Bevölkerungsgesch. Deutschlands, 1938; *M.Koch*, Gesch. d. dt. Reiches unter der Reg. Ferdinands III., 2 Bde., 1865, 66; *H.Langer*, Kulturgesch. d. Dreißigj. Krieges, 1978; *G.Mann*, Das Zeitalter des Dreißigj. Krieges (Propyläen-Weltgesch. Bd.7) 1964; *G.Mecenseffy*, Habsburger im 17.Jh. Die Beziehungen der Höfe von Wien und Madrid während des Dreißigj. Krieges (Archiv f. öst. Gesch. 121, 1955, 1–91); *J. V.Polišenký*, The thirty years war, London 1971; *ders.*, Der Krieg u. die Gesellschaft in Europa 1618–48 (Doc. Bohem. Bellum tricennale illustrantia, Bd.1), 1971; *K.v.Raumer*, Zur Problematik des werdenden Machtstaates (HZ 174, 1952, 71–79); *K.Repgen*, Art. „Dreißigj Krieg" (Theol. Realenzykl. 9, 1982, 169–188) (Lit.!); *H.U.Rudolf* (Hg.), Der Dreißigj. Krieg, 1977; *G.Rystad*, Kriegsnachrichten u. Propaganda während des Dreißigj. Krieges, 1960; *J.Schmidlin*, Kirchl. Zustände u. Schicksale des dt. Katholizismus während des Dreißigj. Krieges nach den bischöfl. Romberichten, 1940; *F.H.Schubert*, Ludwig Camerarius 1573–1651, 1955; *K.Schweinesbein*, Die Frankreichpolitik Kurfürst Maximilians I. von Bayern 1639–45, 1967; *S.H.Steinberg*, Der Dreißigj. Krieg u. d. Kampf um die Vorherrschaft in Europa 1600–1660, 1967; *E.Straub*, Pax et Imperium. Spaniens Kampf um seine Friedensordnung in Europa zwischen 1617 u. 1635, 1980; *H.Sturmberger*, Adam Graf Herberstorff. Herrscher u. Freiheit im konfess. Zeitalter, 1976; *ders.*, Kaiser Ferdinand II. und das Problem des Absolutismus, 1957; *C. V.Wedgwood*, Der Dreißigj. Krieg, 1967. – *Wallenstein*: *H.Diwald*, Wallenstein, 1969; *G.Mann*, Wallenstein, 1971; *J.Pekař*, Wallenstein 1630–1634, 2 Bde., [2]1937; *L.v.Ranke*, Gesch. Wallensteins, [4]1878, Ndr. 1967.

5.I,II: Th.Christiansen, Die Stellung Kg. Christians IV. v. Dänemark zu den Kriegsereignissen im Dt. Reich u. zu den Plänen einer ev. Allianz 1618–1625, Diss. Kiel, Rendsburg 1937; *F.Magen*, Reichsgräfl. Politik in Franken. Zur Reichspolitik der Grafen von Hohenlohe am Vorabend und zu Beginn des Dreißigj. Krieges, 1975; *F.H.Schubert*, Wallenstein u. der Staat des 17.Jh. (GWU 16, 1965, 597–611); *E.Weiß*, Die Unterstützung Friedrichs V. von der Pfalz durch Jakob I. und Karl I. von England im Dreißigj. Krieg (1618–32), 1966; *H. bei der Wieden*, Die ksl. Ostseeflotte 1627–1632 (Aus tausend Jahren mecklenburg. Gesch., FS f. G.Tessin, 1979, 67–96); *E.Wilmanns*, Der Lübecker Friede 1629, Diss. Bonn 1904.

5.*III*: *H.Günter*, Das Restitutionsedikt von 1629 und die kath. Restauration Altwirtembergs, 1901; *H.Jedin*, Kath. Ref. (1.II); *G.Menk*, Restitution vor dem Restitutionsedikt. Kurtrier, Nassau und das Reich 1626–1629 (Jb. f. westdt. LG 1979, 103–130); *M.Ritter*, Der Ursprung des Restitutionsediktes (HZ 76, 1896, 62–102); *Th.Tupetz*, Der Streit um die geistl. Güter und das Restitutionsedict (Sitzungsberichte d. k. Akad. d. Wiss., Phil. hist. Cl., 102, 1883, 315–566); *H.Urban*, Das Restitutionsedikt, Diss. Berlin, München 1968.

5.*IV*: *D.Albrecht*, Richelieu, Gustav Adolf und das Reich, 1959; *A.Altmann*, Der Regensburger Kurfürstentag von 1630, 1913; *D.Böttcher*, Propaganda u. öffentl. Meinung im protest. Deutschland 1628–1636 (ARG 44, 1953, 181–203; 45, 1954, 83–99); *S.Goetze*, Die Politik des schwed. Reichskanzlers Axel Oxenstierna gegenüber Kaiser und Reich, 1971; *W.Hahlweg*, Die Heeresreform der Oranier. Das Kriegsbuch des Grafen Johann von Nassau-Siegen, 1973; *J.Kretzschmar*, Der Heilbronner Bund, 3 Bde., 1922; *K.Å.Modéer*, Gerichtsbarkeiten der schwed. Krone im dt. Reichsterritorium, 1975; *V.Press*, Die Bundespläne Kaiser Karls V. und die Reichsverfassung (Schriften des Hist. Kollegs, Kolloquien 1. Das röm.-dt. Reich im polit. System Karls V., Hg. *H.Lutz*, 1982, 55–106); *J.Seidler*, Untersuchungen über die Schlacht bei Lützen 1632, 1954; *P.Suvanto*, Wallenstein und seine Anhänger am Wiener Hof z.Zt. des zweiten Generalats 1631–1634, 1963. – *Gustav Adolf*: *N.Ahnlund*, Gustav Adolf, 1938; *G.Barudio*, Gustav Adolf d. Große, 1982; *U.Bracher*, Gustav Adolf von Schweden, 1971; *G.Droysen*, Gustav Adolf, 2 Bde., 1869/70; *M.Roberts*, Gustavus Adolphus. A History of Sweden 1611–32, 2 Bde., 1953/58.

5.*V*: *H.v.Srbik*, Wallensteins Ende. Ursachen, Verlauf und Folgen der Katastrophe, [2]1952.

5.*VI*: *B.Baustaedt*, Richelieu u. Deutschland, 1936; *K.Bierther*, Der Regensburger Reichstag von 1640–41, 1971; *C.J.Burckhardt*, Richelieu, Bd.1, [17]1978, Bd.2 [2]1966, Bd.3 [2]1978, Bd.4 [3]1980; *W.F.Church*, Richelieu and Reason of State, 1972; *P.Erlanger*, Richelieu, 1975; *H.Haan*, Der Regensburger Kurfürstentag von 1636/37, 1967; *ders.*, Kaiser Ferdinand II. und das Problem des Reichsabsolutismus. Die Prager Heeresreform von 1635 (HZ 207, 1968, 297–345); *P.-C.Hartmann*, Bayern als Faktor der franz. Politik während des Dreißigj. Krieges (Wittelsbach und Bayern, II/1, 1980, 448–455); *P.Sörensson*, Das Kriegswesen während der letzten Periode des Dreißigj. Krieges (HV 27, 1932/33, 575–600); *W.Stein*, Protection Royale. Eine Untersuchung zu den Protektionsverhältnissen im Elsaß zur Zeit Richelieus 1622–1643, 1975; *A.Wandruszka*, Reichspatriotismus u. Reichspolitik zur Zeit des Prager Friedens von 1635, 1955; *G.Zillhardt*, Der Dreißigj. Krieg in zeitgen. Darstellung. Hans Heberles „Zeytregister" (1618–1672), 1975.

Quellen: Acta pacis westphalicae, Hg. *M. Braubach-K. Repgen*, 1962 ff.; Acta pacis westphalicae publica. Hg. *J. G. v. Meiern*, 6 Tle., 1734–36; *ders.*, Acta pacis executionis publica, 2 Tle., 1736, 38; Reg. zu allem: *J. L. Walther*, 1740; *K. Müller* (Bearb.), Instrumenta Pacis Westphalicae, ³1975 (dt./lat. Text); *I. della Rochetta, G. u. V. Kybal*, La nuntiatura di Fabio Chigi (1640–51), Bd. 1, 2 Tle., 1943, 46. – *Bibliographie: H. Thiekötter*, Pacis Westphalicae bibliotheca germanica 1648–1948 (Pax optima rerum, Hg. *E. Hövel*, 1948, 197–292); *ders.*, Bibliographie zur Gesch. d. Westf. Friedens (Ex officina literaria. Beiträge z. Gesch. d. westf. Buchwesens, Hg. *J. Prinz*, 1968, 301–55). Neuere Lit. i. d. zuletzt ersch. Bden. der Acta pacis, Hg. *K. Repgen.*

Allgemein: M. Braubach, Der Westf. Friede, 1948; *F. Dickmann*, Der Westfäl. Frieden, ³1972; Forschungen u. Studien zur Gesch. d. Westf. Friedens. Vorträge bei dem Colloquium franz. u. dt. Historiker v. 28. 4.–30. 4. 1963 in Münster (Schriftenr. d. Vereinigung zur Erforsch. d. neuer. Gesch. 1), 1965; *M. Heckel*, Zur Historiographie des Westf. Friedens. Die Bedeutung des Werkes von Fritz Dickmann f. d. dt. Verf. u. Kirchenrechtsgesch. (ZRG KA 57, 1971, 322–335); *E. Hövel* (Hg.), Pax optima rerum, Beitr. z. Gesch. des Westf. Friedens, 1948; *H. Lutz, F. H. Schubert, H. Weber*, Frankreich und das Reich im 16. u. 17. Jh., 1968; *K. v. Raumer*, Westfälischer Friede (HZ 195, 1962, 596–613); *K. Ruppert*, Die ksl. Politik auf dem Westf. Friedenskongreß (1643–1648), 1979; *U. Scheuner*, Die großen Friedensschlüsse als Grundlage d. europ. Staatenordnung zw. 1648 u. 1815 (Festgabe f. M. Braubach, Hg. *K. Repgen, St. Skalweit*, 1964, 220–250); *H. Weber*, Frankreich, Kurtrier, der Rhein und das Reich 1623 bis 1635, 1969.

6. I: R. v. Kietzell, Der Frankfurter Deputationstag von 1642–45 (Nassauische Annalen 83, 1972, 99–119); *E. Opgenoorth*, Friedrich Wilhelm. Der Große Kurfürst von Brandenburg, Tl. 1, 1620–1660, 1971.

6. II, III: H. Lahrkamp, Der Friedenskongreß zu Münster im Spiegel der Ratsprotokolle (Quellen u. Forschungen zur Gesch. d. Stadt Münster, NF. 2, 1962, 197–297); *A. Schindling*, Der Westf. Frieden u. d. Reichstag (Pol. Ordnungen u. soziale Kräfte im Alten Reich, Hg. *H. Weber*, 1980, 113–153); *H. Wagner*, Die ksl. Diplomaten auf dem Westf. Friedenskongreß (Diplomatie u. Außenpolitik Österreichs, Hg. *E. Zöllner*, 1977, 59–73).

6. IV: H. Bücker, Der Nuntius Fabio Chigi (Papst Alexander VII.) in Münster 1644–49 (Westf. Zs. 108, 1958, 1–90); *C. J. Burckhardt*, Richelieu (5. VI); *G. Lorenz*, Das Erzstift Bremen u. d. Administrator Friedrich während des Westf. Friedenskongresses, 1969; *P. Mikat*, Römische Kurie und Westf. Frieden (ZRG KA 54, 1968, 95–135); *W. Mommsen*, Richelieu, Elsaß u. Lothringen, 1922; *A. Randelzhofer*, Völkerrechtl. Aspekte des Hl. Röm. Reichs nach 1648, 1967; *K. Repgen*, Über den Zusammenhang von Verhandlungstechnik u. Vertragsbegriffen. Die ksl. Elsaß-Angebote vom 28.3. u. 14.4.1646 an Frankreich (Hist. Klopfsignale für die Gegenwart, Hg. *K. Repgen*, 1974, 64–96); *ders.*, Der päpstliche Protest gegen den Westf. Frieden u. die Friedenspolitik Urbans VIII. (HJb. 75, 1956, 94–122); *R. v. Thadden*, Die brandenburgisch-preußischen Hofprediger im 17. und 18. Jh., 1959. – *Schweiz. Eidgen.: F. Gallati*, Die Eidgenossenschaft u. d. Kaiserhof z. Zt. Ferdinands II. u. Ferd. III. 1619–1657. Gesch. d. formellen Lostrennung der Schweiz vom Dt. Reich im Westf. Frieden, 1932; *J. Gauss*, Bgm. Wettstein u. d. Trennung der Eidgenossenschaft vom Dt. Reich, 1948; *H. Viehl*, Die Politik des Basler Bgm.s Wettstein in Münster u. Osnabrück 1646/47 u. die Reichsstände, Diss. Mainz 1967.

6. V: *E.-W. Böckenförde*, Der Westf. Frieden und das Bündnisrecht d. Reichsstände (Der Staat 8, 1969, 449–78); *G. Buchstab*, Reichsstädte Städtekurie und Westf. Friedenskongreß, 1976; *H. E. Feine*, Zur Verfassungsentwicklung des Hl. Röm. Reiches seit dem Westf. Frieden (ZRG GA 52, 1932, 65–133); *H. Weber*, Empereur, Électeurs et Diète de 1500 a 1650 (Revue d'Hist. diplomatique 89, 1975, 281–297).

6. VI, VII: *W. Becker*, Der Kurfürstenrat, 1973; *U. Belstler*, Die Stellung des Corpus evangelicorum in der Reichsverfassung, Diss. Tüb. 1968; *F. Dickmann*, Gleichberechtigung d. Konfessionen (2. IV, V); *H. Duchhardt*, Prot. Kaisertum und altes Reich, 1977; *H. E. Feine*, Die Besetzung der Reichsbistümer vom Westf. Frieden bis zur Säkularisation, 1921; *M. Heckel*, Parität (ZRG KA 49, 1963, 261–420); *ders.*, Itio in partes (4. II); *R. Philippe-v. Kietzell*, Württemberg und der Westf. Friede, 1976; *G. Schmid*, Konfessionspolitik u. Staatsräson bei den Verhandlungen des Westf. Friedenskongresses über die Gravamina Ecclesiastica (ARG 44, 1953, 203–223); *F. Wolff*, Corpus Evangelicorum u. Corpus Catholicorum auf dem Westf. Friedenskongreß, 1966.

Siebter Teil

7.1 – *Quellen: J. Althusius*, Politica methodice digesta, [1]1603, [3]1614, Ndr.e 1932, 1961; *J. Limnaeus*, Ius publicum imperii, 5 Tle., 1645–1660; *S. de Monzambano (S. v. Pufendorf)*, De statu imperii Germanici, 1667, dt. (Reclam) 1976; *D. (Th.) Reinkingk*, Tractatus de regimine seculari et ecclesiastico, [1]1619, [2]1632. – *Darst.: P. Chaunu*, Europ. Kultur im Zeitalter d. Barock, 1968; *W. Dilthey*, Weltanschauung u. Analyse des Menschen seit Renaissance u. Reformation (Ges. Schr., Bd. 2) [5]1957; *H. Dreitzel*, Das dt. Staatsdenken in der frühen Neuzeit (Neue pol. Lit. 16, 1971, 17–42, 256–271, 407–422); *W. Elert*, Morphologie des Luthertums, 2 Bde., 1931/32; *E. Friedell*, Kulturgesch. der Neuzeit, 3 Bde., 1927–31, Ndr. 1974;

E. Hassinger, Religiöse Toleranz im 16. Jh., 1966 ; *H. H. Hofmann*, Die Entstehung des modernen souveränen Staates, 1967 ; *H. Kamen*, Intoleranz u. Toleranz zwischen Reformation u. Aufklärung, 1967 ; *H.-W. Krumwiede*, Gesch. des Christentums III. Neuzeit, 17–20. Jh., 1977 ; *Chr. Link*, Herrschaftsordnung u. bürg. Freiheit, 1979 ; *F. Lütge*, Die wirtsch. Lage Deutschlands vor Ausbruch des Dreißigj. Krieges (*ders.*, Hg., Studien zur Sozial- u. Wirtschaftsgesch., 1963, 336–395) ; *H. Lutz*, Ragione di Stato u. christl. Staatsethik im 16. Jh., 1977 ; *F. Meinecke*, Die Idee der Staatsräson in der neueren Gesch., ⁴1976 ; *G. Möbus* (Hg.), Pol. Theol. rien, Tl. 2, ²1966 ; *G. Oestreich*, Geist und Gestalt des frühmodernen Staates, 1969 ; *ders.*, Strukturprobleme d. frühen Neuzeit. Ausg. Aufsätze, Hg. *B. Oestreich*, 1980 ; *G. Parker, L. M. Smith* (Hg.), The General Crisis of the 17. Century, London 1978 ; *N. Paulus*, Protestantismus u. Toleranz im 16. Jh., 1911 ; *F. Rice*, The renaissance idea of wisdom, Cambridge (Mass.), 1958 ; *H. Schilling*, Niederl. Exulanten im 16. Jh., 1972 ; *R. Schnur* (Hg.), Staatsräson, 1975 ; *H.-J. Schoeps*, Dt. Geistesgesch. d. Neuzeit, Bd. 2, 1978 ; *E. A. Seils*, Die Staatslehre des Jesuiten Adam Contzen, 1968 ; *M. Stolleis*, Grundzüge der Beamtenethik (1550–1650) (Die Verwaltung 13, 1980, 447–475) ; *ders.* (Hg.), Staatsdenker im 17. u. 18. Jh., 1977 ; *H. R. Trevor-Roper*, Religion, Reformation und sozialer Umbruch. Die Krisis des 17. Jhs., 1970 ; *E. Troeltsch*, Prot. Christentum u. Kirche in der Neuzeit, ²1909 ; *M. Weber*, Die prot. Ethik, Hg. *J. Winkelmann*, Bd. 1 ⁴1975, Bd. 2 ³1978.

7. I: *E. Bussi*, Das Recht des Hl. Röm. Reiches Dt. Nation (Der Staat 16, 1977, 521–537) ; *H. Dollinger*, Kf. Maximilian I. v. Bayern u. Justus Lipsius (Arch. f. Kulturgesch. 46, 1964, 227–308) ; *U. Floßmann*, Landrechte als Verfassung, 1976 ; *O. v. Gierke*, Johannes Althusius und die Entwicklung der naturrechtl. Staatstheorien, 1880 ; *F. Hartung*, Herrschaftsverträge u. ständischer Dualismus in dt. Territorien (*ders.*, Staatsbildende Kräfte der Neuzeit. Ges. Aufs., 1961, 62–77) ; *M. Heckel*, Staat u. Kirche nach den Lehren der ev. Juristen Deutschlands in der ersten Hälfte des 17. Jh., 1968 ; *G. Henkel*, Untersuchungen zur Rezeption des Souveränitätsbegriffs durch die dt. Staatstheorie in der 1. H. des 17. Jhs., Diss. Marburg 1967 ; *O. Hintze*, Kalvinismus u. Staatsräson in Brandenburg zu Beginn d. 17. Jhs. (Ges. Abh., Hg. *G. Oestreich*, Bd. 3, ²1967, 255–312) ; *R. Hoke*, Die Reichsstaatsrechtslehre des Joh. Limnaeus, 1968 ; *ders.*, Die Emanzipation d. dt. Staatsrechtswiss. von der Zivilistik im 17. Jh. (Der Staat 15, 1976, 211–30) ; *M. Honecker*, Cura religionis magistratus christiani [Kirchenrecht im Luthertum d. 17. Jhs.], 1968 ; *W. Kaegi*, Humanistische Kontinuität (1. I) ; *G. Oestreich*, Strukturprobleme der europ. Absolutismus (*ders.*, Geist u. Gestalt des frühmod. Staates, 1969, 179–197) ; *H. Quaritsch*, Staat u. Souveränität, Bd. 1, 1970 ; *K. v. Raumer*, Absoluter Staat, korporative Libertät, persönl. Freiheit (HZ 183, 1957, 55–96) ; *St. Skalweit*, Der „moderne Staat", 1975 ; *ders.*, Das Herrscherbild des 17. Jhs. (HZ 184, 1957, 65–80) ; *D. Wyduckel*, Princeps Legibus Solutus, 1979.

7.II,III: O.Brunner, Adeliges Landleben und europ. Geist, 1949;
H.Decker-Hauff, 300 Jahre Instrumentalmusik am Stuttgarter Hof (FS
350 Jahre Württ. Staatsorchester, Hg. Württ. Staatstheater, 1967, 25–56);
H.Dollinger, Kurfürst Maximilian I. v. Bayern u. Justus Lipsius [Staats-
theorie eines frühabsol. Fürsten] (Arch. f. Kulturgesch. 46, 1964,
227–308); D.Gerhard (Hg.), Ständische Vertretungen in Europa im 17. u.
18.Jh., ²1974; O.Hintze, Typologie der ständ. Verfassungen des Abendlandes (ders., Staat u. Verf., ²1962, 120–139); K.Holl, Luther und das
landesherrl. Kirchenregiment (Ges. Aufs. z. Kirchengesch., Bd.1, ⁶1932,
326–380); Th.Klein, Recht u. Staat im Urteil mitteldt. Juristen des späten
16.Jhs. (FS f. W.Schlesinger, Hg. H.Beumann, Bd.1, 427–512); A.Kraus,
Le développement de la puissance de l'etat dans les principautés allemandes
(16./17.Jh.) (Revue d'hist. diplom. 89, 1975, 298–319); H.Krause, System
der landständischen Verf. Mecklenburgs i. d. 2. H. d. 16.Jhs., 1927;
G.Oestreich, Strukturprobleme (7.I); J.Petersohn, Fürstenmacht u. Ständetum in Preußen während d. Reg. Hzg. Georg Friedrichs 1578–1603,
1963; V.Press, Adel im Reich um 1600 (Spezialforschung u. „Gesamt-
gesch.", Hg. G.Klingenstein, H.Lutz, 1981, 15–47); ders., Steuern, Kredit
u. Repräsentation. Zum Problem d. Ständebildung ohne Adel (Zs. f. hist.
Forschung 2, 1975, 59–93); A. v. Reden, Landständische Verfassung und
fürstl. Regiment in Sachsen-Lauenburg (1543–1689), 1974; H.Rössler
(Hg.), Dt. Patriziat 1430–1740, 1968; K.-V.Selge, Die Wirkung ma.
Traditionen i. d. Herausbildung der reform. Gewißheitsfrage (Der Übergang zur Neuzeit u. d. Wirkung v. Traditionen, Veröff. d. Joachim-Jun-
gius-Ges. d. Wiss. 32, 1978, 141–164).

7.IV: P.Althaus, Die Prinzipien d. dt. reform. Dogmatik im Zeitalter der
aristotelischen Scholastik, 1914, Ndr. 1967; R.Bäumer (Hg.), Reformatio
ecclesiae, Beiträge zu kirchl. Reformbemühungen von der Alten Kirche bis
zur Neuzeit, Festgabe E.Iserloh, 1980; J.Baur, Einsicht u. Glaube. Aufs.,
1978; ders., Die Vernunft zw. Ontologie u. Evangelium. Eine Unters. z.
Theol. Joh. Andreas Quenstedts, 1962; E.Bizer, Frühorthodoxie u. Rationalismus, 1963; F.Brunstäd(3.III); H.Fagerberg (3.III);M.Brecht,R.Schwarz
(Hg.), Bekenntnis (1.I); W.Gericke, Glaubenszeugnisse u. Konfessions-
pol. d. brandenburg. Herrscher bis zur preuss. Union 1540–1815, 1977;
E.Gothein, Schriften zur Kulturgesch. d. Renaissance, Reform. u. Ge-
genreform., Bd.2, 1924; M.Greschat (Hg.), Gestalten d. Kirchengesch.,
Bd.7, Orthodoxie u. Pietismus, 1982; K.Holl, Luther u. d. landesherrl.
Kirchenreg. (7.II); F.W.Kantzenbach, Orthodoxie u. Pietismus, 1966;
H.W.Krumwiede, Vom reformat. Glauben Luthers zur Orthodoxie
(Jb. d. Ges. f. niedersächs. Kirchengesch. 53, 1955, 33–48); Landesherr u.
Landeskirchentum im 17.Jh. (Pietismus u. Neuzeit. Ein Jahrb. z. Gesch.
des neueren Protestantismus, Bd.6, 1980); H.Leube, Orthodoxie u. Pietis-
mus, Hg. D.Blaufuß, 1975; ders., Die Reformideen d. dt. luth. Kirche im
Zeitalter d. Orthodoxie, 1924; H.Lutz (Hg.), Zur Gesch. der Toleranz und
Religionsfreiheit, 1977; F.Merzbacher, Die Hexenprozesse in Franken,
²1969; C.H.Ratschow, Luth. Dogmatik zw. Reformation und Aufklärung,

255

2 Tle., 1964/66; *W. Reinhard*, Konfession u. Konfessionalisierung (1.I); *H. Reller*, Vorreformat. und reformat. Kirchenverf. im Fürstentum Braunschweig-Wolfenbüttel, 1959; *J.-F. Ritter*, Friedrich v. Spee 1591–1635, 1977; *E. Schlink* (3.III); *H. Schmid*, Die Dogmatik d. evang.-luth. Kirche, ¹1843, neu hg. v. *H.G. Pöhlmann*, ⁹1979; *H.-J. Schönstädt*, Antichrist, Weltheilsgeschehen u. Gottes Werkzeug [Reformationsjubiläum 1617], 1978; *A. Seifert*, Weltl. Staat u. Kirchenreform. Die Seminarpol. Bayerns im 16. Jh., 1978; *H. E. Weber*, Reformation, Orthodoxie und Rationalismus, 2 Bde. in 3 Tln., 1937–51, Ndr. 1966; *L. A. Veit*, *L. Lenhart*, Kirche und Volksfrömmigkeit im Zeitalter des Barock, 1956; *E. W. Zeeden* (1.I).

7. V. VI: *G. Abel*, Stoizismus u. frühe Neuzeit, 1978; *E. Bizer*, Frühorthodoxie (7. IV); *M. Boas*, Die Renaissance der Naturwissenschaften 1450–1630. Das Zeitalter des Kopernikus, 1965; *H. Butterfield*, The Origins of modern Science 1300–1800, London ¹1949; *A. C. Crombie*, M. A. *Hoskin*, The scientific movement and its influence 1610–50 (The new Cambridge mod. hist., Bd. 4, 1970, 132–168); *J. Dillenberger*, Protestant Thought and Natural Science, 1960; *W. Dilthey*, Weltanschauung u. Analyse (7.I); *H. Fenske*, Art. „Gleichgewicht, Balance" (Geschichtl. Grundbegriffe, Hg. *O. Brunner* u. a., Bd. 2, 1975, 959–996); *E. Hirsch*, Gesch. d. neuern ev. Theol., Bd. 1, 1949; *R. Hooykaas*, Science and Reformation (Cahiers d'hist. mondiale 3/1, 1956, 109–139); *K.-H. Ilting*, Art. „Naturrecht" (Gesch. Grundbegriffe, Hg. O. Brunner u. a., Bd. 4, 1978, 245–313); *W. Janssen*, Die Anfänge des mod. Völkerrechts u. die neuzeitl. Diplomatie. Ein Forschungsbericht, 1965; *E. Kaeber*, Die Idee des europ. Gleichgewichts in der publizist. Lit. vom 16. bis zur Mitte des 18. Jhs., 1907; *H. Kamen*, Intoleranz und Toleranz zwischen Reformation und Aufklärung, 1967; *F. Krafft* u. a. (Hg.), Int. Kepler-Symposium Weil der Stadt, 1971, 73; *G. L. Mosse*, Changes in religious thought (The new Cambridge mod. hist., Bd. 4, 1970, 169–201); *P. Münch*, Göttliches oder weltl. Recht? [Joh. Althusius u. d. Herborner Theologen] (FS f. E. Naujoks, Hg. *F. Quarthal*, *W. Setzler*, 1980, 16–32); *E. Reibstein*, Die Anfänge des neueren Natur- und Völkerrechts. Studien zu den „Controversiae illustres" des F. Vasquius, 1949; *A. Schmitz*, Staat u. Kirche bei Jean Bodin, 1939; *K. Scholder*, Ursprünge u. Probleme d. Bibelkritik im 17. Jh., 1966; *E. Troeltsch*, Aufs. z. Geistesgesch. u. Religionssoziologie (Ges. Schr., Hg. *H. Baron*, Bd. 4), 1925; *E. Trunz*, Der dt. Späthumanismus um 1600 als Standeskultur (*R. Alewyn*, Hg., Dt. Barockforschung, 1965, 147–181); *P. Urban*, *B. Sutter* (Red.), Johannes Kepler 1571–1971. Gedenkschr. d. Univ. Graz, 1975; *P. J. Winters*, Die „Politik" des Johannes Althusius und ihre zeitgen. Quellen, 1963; *Erik Wolf*, Hugo Grotius (*ders.*, Große Rechtsdenker, ⁴1963, 253–310); *P. Wrzecionko* (Hg.), Reformation und Frühaufklärung in Polen. Studien über den Sozinianismus und seinen Einfluß auf das westeurop. Denken im 17. Jh., 1977.

ZEITTAFEL

1555	Reichstag zu Augsburg. 25.9. Augsburger Religionsfriede
1555–59	Papst Paul IV. (Carafa)
1556	Abdankung Kaiser Karls V. (1519–56; Tod 1558)
1556–64	Kaiser Ferdinand I.
1556–98	Philipp II. von Spanien
1556–59	Krieg zwischen Spanien und Frankreich
1558–1603	Elisabeth I. von England
1559	Friede von Cateau-Cambrésis zwischen Spanien und Frankreich. Spaniens europäische Hegemonie
1559–65	Papst Pius IV. (Medici)
1562–98	Religionskriege in Frankreich (Acht „Hugenottenkriege")
1563	Beendigung des Konzils von Trient (1545–47 erste, 1551–52 zweite, 1562–63 dritte Sessionsperiode)
1564–76	Kaiser Maximilian II.
1566	Reichstag zu Augsburg. Annahme der Trienter Konzilsdekrete durch Kaiser und katholische Reichsstände
1566–72	Papst Pius V. (Ghislieri)
1566/68–1648	Freiheitskampf der Niederlande gegen Spanien
1571	Seesieg Don Juans d'Austria über die Türken bei Lepanto
1572–85	Papst Gregor XIII. (Buoncompagni)
1572	Pariser Bluthochzeit und Calvinistenverfolgung in Frankreich
1576	„Heilige Liga" in Frankreich gegen die Calvinisten
1576	Reichstag zu Regensburg. Scheitern der „Freistellungsbewegung"
1576–1612	Kaiser Rudolf II.
1576	Genter Pazifikation: Bund aller niederländischen Provinzen
1577	Konkordienformel. Reichspolizeiordnung
1579	Union von Arras der niederländischen Südprovinzen mit Spanien
1579	Union von Utrecht der niederländischen Nordprovinzen
1581	Unabhängigkeitserklärung der niederländischen Nordprovinzen
1582	Reichstag zu Augsburg. Magdeburger Sessionsstreit. Konfessionswechsel und Heirat Erzbischofs Gebhard Truchseß von Köln
1583	Kölner Krieg
1583–1604	Straßburger Kapitelstreit

1585–90	Papst Sixtus V. (Peretti)
1587–1604	Krieg zwischen England und Spanien
1587	Hinrichtung Maria Stuarts
1588	Niederlage der spanischen Flotte („Armada") vor England
1588–1648	Christian IV. von Dänemark
1588	Ende der Kammergerichtsvisitationen
1589–1610	Heinrich IV. von Frankreich (Haus Bourbon, 1593 katholisch)
1592–1605	Papst Clemens VIII. (Aldobrandini)
1593–1606	Türkenkrieg
1595–98	Krieg zwischen Frankreich und Spanien
1597–1653	Maximilian I. von Baiern
1598	Edikt von Nantes. Ende der franz. Religionskriege
1598	Friede von Vervin zwischen Frankreich und Spanien
1598–1621	Philipp III. von Spanien
1603–25	Jakob I. von England
1604	Friede zwischen England und Spanien
1608	Reichstag zu Regensburg ohne Reichsabschied
1608	Streit um Donauwörth
1608	Gründung der Union
1609	Gründung der Liga
1609–14	Erbfolgestreit um Jülich-Kleve-Berg
1608–11	Habsburger Bruderzwist
1609	Majestätsbrief für Böhmen
1609–21	Waffenstillstand Spaniens mit den Generalstaaten
1610–43	Ludwig XIII. von Frankreich
1611–32	Gustav II. Adolf von Schweden
1612–19	Kaiser Matthias
1618	Herzogtum Preußen fällt an Hohenzollern-Brandenburg
1618–48	Dreißigjähriger Krieg:
1618–23	1. Böhmisch-pfälzischer Krieg
1625–29	2. Niedersächsisch-dänischer Krieg
1630–35	3. Schwedischer Krieg
1635–48	4. Europäischer Krieg
1618	Prager Fenstersturz. Wahl Friedrichs V. von der Pfalz zum König von Böhmen
1619–37	Kaiser Ferdinand II.
1620	Vertrag von Ulm: Nichtangriffspakt zwischen Liga und Union
1620	Schlacht am Weißen Berge vor Prag
1620	Die Pilgerväter mit der „Mayflower" nach Amerika
1621	Auflösung der Union
1621–29	Krieg Schwedens gegen Polen
1621–65	Philipp IV. von Spanien
1624–42	Richelieu Leiter der französischen Politik
1625–49	Karl I. von England
1623–44	Papst Urban VIII. (Barberini)

1625	Wallensteins Aufstellung einer kaiserlichen Armee
1626	Sieg Tillys über Christian IV. von Dänemark bei Lutter am Barenberge
1628	Petition of Rights, Habeas-Corpus-Akte
1629	Restitutionsedikt Kaiser Ferdinands II.
1629	Friede zu Lübeck mit Christian IV. von Dänemark
1630	Regensburger Kurfürstentag. Entlassung Wallensteins
1630	Landung Gustav Adolfs in Pommern
1631	Sieg Gustav Adolfs über Tilly bei Breitenfeld
1631	Französisch-schwedischer Subsidien-Vertrag von Bärwalde
1632–34	Wallensteins zweites Generalat
1632	Schlacht von Zirndorf und von Lützen. Tod Gustav Adolfs
1633–35	Heilbronner Bund
1634	Absetzung und Ermordung Wallensteins
1634	Sieg der Kaiserlichen bei Nördlingen
1635	Prager Friede
1635	Eintritt Frankreichs in den Krieg gegen den Kaiser und Spanien
1637–57	Kaiser Ferdinand III.
1638	Rheinübergang Bernhards von Weimar
1640/41	Reichstag zu Regensburg
1640	Abfall Portugals von Spanien
1640	Kurzes, dann Langes Parlament (1640–60) von England
1641	Hamburger Präliminarfriedensvertrag
1642–46	Erster Bürgerkrieg in England
1643–61	Mazarin Leiter der französischen Politik
1643–45	Schwedisch-dänischer Krieg
1644–55	Papst Innozenz X. (Pamfili)
1644–48	Westfälischer Friedenskongreß
1646	Vereinigung der französischen und schwedischen Armeen
1648	Sonderfriede zwischen Spanien und den Generalstaaten
1648	24. 10. Unterzeichnung des Friedens von Münster und Osnabrück
1648	Zweiter Bürgerkrieg in England
1649	Hinrichtung Karls I. von England
1653–58	Cromwell Lordprotektor
1658	Friede von Roskilde zwischen Schweden und Dänemark
1659	Pyrenäenfrieden zwischen Spanien und Frankreich. Aufstieg Frankreichs zur Hegemonie in Europa
1660	Friede von Oliva zwischen Schweden und Polen
1661	Friede von Kardis zwischen Schweden und Rußland

REGISTER

Aachen 73, 84 f., 100
Aachener Händel 84, 87, 96
Abbas I., Schah v. Persien 20
Abendmahl 76 f., 81 f., 100, 105, 133
Aberglaube 226
Abgrenzungsbedürfnis 215
Ablaß 86, 200
Absetzungspatent 172
Absolutheitsanspruch 15, 39 f., 65, 199, 227
Absolutismus 64, 69, 114, 145, 183, 209, 212 f., 228
Abzugssteuern 134
Acht 36, 130 f., 142, 196, 198, 206
Adami, Prior v. Murrhardt 186 f.
Adel 118, 120, 133, 153, 203, 217, 223, 225
Adiaphoristischer Streit 224
Aequalitas exacta mutuaque 204
Agnes v. Mansfeld 83
Akkomodationstheorie 230, 237
Alba, Fernando Alvarez, Hzg. v. Toledo 48, 102
Albert, Erzherzog 127
Albrecht Alkibiades, Mgf. v. Brandenburg-Bayreuth 123
Albrecht V., Hzg. v. Baiern 102
Alessandro Farnese, Hzg. v. Parma und Piacenza, Statthalter der Niederlande 85
Allerheim (Schlacht) 179
Allgemeine Freistellung 47
Allgemeines Priestertum 41, 70, 79, 216, 235
Allgemeinheit 231
Altdorf 137
Althusius, Johannes 234
Altmark 157
Amicabilis compositio 98 f., 118, 120, 205 f., 213
Amnestie 187 f., 195

Amt 40
Ämterbesetzung 22
Ämterhäufung 65
Amtsperson 216
Anarchie 28
Anhalt 111, 164
Annexion 72
Ansbach 110 f.
Anthropologie 235
Antinomistischer Streit 224
Antiprotestklausel 194 f.
Antonius, Bf. v. Wien 168, 172
Antonius, Gottfried 197
Aragon 22
Ariminius, Jakobus 231
Aristotelismus 228
Armada 100, 176
Armenwesen 73
Arnim-Boitzenburg, Hans-Georg v. 158, 167, 173
Artillerie 158
Arumaeus, Dominicus v. 55, 197
Aschaffenburg 158
Aschersleben (Schlacht) 180
Assekuration 102, 187, 189, 193
Assessoren 95
Astrologie 226
Astronomie 236
Aufklärung 40, 42, 50, 53, 64, 68, 121, 200, 203, 211, 234
Augsburg 113, 148, 160, 177
Augsburger Konfession 9, 35 f., 49, 51 f., 60, 62, 76 f., 80 ff., 102, 111, 136, 148, 150, 200, 207
Augsburger Reichstag s. Reichstage
Augsburger Religionsfrieden 18 f., 27, 33, 35, 39, 42 f., 45, 56, 74, 118, 150, 184, 198
Ausgleichsordnung 44, 114, 205, 207
Auslegungsdifferenzen 124

272

Deutsche Geschichte

in zehn Bänden. Herausgegeben von Joachim Leuschner

Kleine Vandenhoeck-Reihe

* In Vorbereitung   Stand: 1.5.1983

Vandenhoeck & Ruprecht · Göttingen

Heinz Reif (Hg.)
Die Familie in der Geschichte

Mit Beiträgen von G. Dohrn van Rossum, S.-A. Fusco, J. Kocka, J. Mooser, I. Peikert, H. Reif, T. Schuler. 1982. 190 Seiten, kartoniert (Kleine Vandenhoeck-Reihe 1474)

Wolfram Fischer
Armut in der Geschichte

Erscheinungsformen und Lösungsversuche der »Sozialen Frage« in Europa seit dem Mittelalter. 1982. 143 Seiten, kartoniert (Kleine Vandenhoeck-Reihe 1476)

Wilhelm Abel
Stufen der Ernährung

Eine historische Skizze. 1981. 78 Seiten mit mehreren Tabellen und Schaubildern, kartoniert (Kleine Vandenhoeck-Reihe 1467)

Wilhelm Abel
Massenarmut und Hungerkrisen
im vorindustriellen Deutschland

2. Aufl. 1977. 83 Seiten, kartoniert (Kleine Vandenhoeck-Reihe 1352)

Gerhard Schormann
Hexenprozesse in Deutschland

1981. 140 Seiten, kartoniert (Kleine Vandenhoeck-Reihe 1470)

Otto Hintze
Beamtentum und Bürokratie

Herausgegeben und eingeleitet von Kersten Krüger. 1981. 163 Seiten, kartoniert (Kleine Vandenhoeck-Reihe 1473)

Peter Kriedte
Spätfeudalismus und Handelskapital

Grundlinien der europäischen Wirtschaftsgeschichte vom 16. bis zum Ausgang des 18. Jahrhunderts. 1980. 223 Seiten, 45 Tabellen, 30 Abbildungen, kartoniert (Kleine Vandenhoeck-Reihe 1459)

Vandenhoeck & Ruprecht · Göttingen